罗源年鉴

2023

中共罗源县委党史和地方志研究室 编

方志出版社
Publishing House of Local Records

《罗源年鉴2023》编纂委员会

郑良亨　县民政局局长
余　勇　县司法局局长
叶自楠　政协副主席、县财政局局长
黄云峰　县人力资源和社会保障局局长
陈振煌　县自然资源和规划局局长
许兆文　福州市罗源生态环境局局长
游永棋　县应急管理局局长
黄秀建　县住房和城乡建设局局长
叶潮炎　县交通运输局局长
游勇辉　县水利局局长
林　辉　县农业农村局局长
黄宝忠　县文化体育和旅游局局长
项新耀　县卫生健康局局长
余光健　县退役军人事务局局长
赵秀瑛　县审计局局长
李晶晶　县政府办公室副主任、县政府外事办公室主任
谢建斌　县林业局局长
陈敏国　县海洋与渔业局局长
兰凉平　县市场监督管理局局长
黄　霖　县统计局局长
陈　锋　县人民防空办公室主任
林小洪　福州市罗源医疗保障局局长
李恒来　县信访局局长
林应鑫　县机关事务服务中心主任
张昌宝　县总工会常务副主席
雷仝福　共青团罗源县委书记
叶若昀　县妇女联合会主席
游垂元　县社会科学界联合会主席
张　燕　县文学艺术界联合会主席
郑晓刚　县残疾人联合会执行理事会理事长
林　升　县科学技术协会主席
雷康俤　县归国华侨联合会主席
余养叶　县委党校常务副校长
空　缺　县供销合作社联合社主任

《罗源年鉴（2023）》编辑部

《罗源年鉴（2023）》撰稿人名单

丁路路	王水英	王娜凤	王容辉	王蓉桦	尤　婷	尤昌波	方　宇
甘乾林	叶宏弘	兰枝钗	兰春英	邢淑桢	朱嘉玮	全艳芳	刘小清
江　汭	江　东	许则标	阮小玲	孙秀清	李　恩	李晓航	李斯琼
杨　阳	杨善飞	肖宁扬	吴　键	吴世杰	吴凌云	吴烨虹	邱雄芳
辛　欣	辛　晟	汪　啸	沈庆焉	张子业	张月平	张美婷	陆淑钗
陈　芳	陈　捷	陈　锦	陈少华	陈月银	陈志朝	陈言榆	陈灼芳
陈忠康	陈佳霖	陈莹艳	陈晓华	陈惠纹	陈婷婷	范远琳	范晓岚
林　珍	林　淮	林　韬	林雨鑫	林朋基	林炜林	林诗泓	林建新
林荣泽	林柯衍	林莉玲	林夏心	林晓强	林楚欣	易建忠	周　斌
周天顺	周少玉	郑文信	郑文熙	郑丽婷	郑昱岚	郑炳旺	郑晓君
郑晓杭	郑晨涛	郑棋杨	郑颖素	孟振宁	胡文玲	胡聪琳	柯妙恬
钟建慈	洪晨淼	高　琛	高伟杰	郭　云	唐英俊	黄　文	黄　红
黄　真	黄　峰	黄　琴（自规局）		黄　琴（红十字会）		黄　琛	黄　锋
黄友平	黄伙彬	黄美坤	黄艳芬	黄莺妹	黄夏璐	黄道津	黄新强
黄增荣	康　钰	程　远	曾　煌	温舜策	游　婷	游艳青	游路欣
游颜卿	谢　平	谢飞峰	谢美燕	谢凌珊	谢凌清	赖丽群	雷大义
雷弘彰	雷华信	颜志炜	魏清伙	缪建文			

编辑说明

一、《罗源年鉴》是由中共罗源县委、罗源县人民政府主办，中共罗源县委党史和地方志研究室编纂的年度资料性文献。《罗源年鉴（2023）》以马克思列宁主义、毛泽东思想、邓小平理论、“三个代表”重要思想、科学发展观、习近平新时代中国特色社会主义思想为指导，坚持辩证唯物主义和历史唯物主义的立场、观点和方法。旨在全面、系统、准确地反映2022年度罗源县自然、政治、经济、社会等方面的基本情况，为读者了解和研究罗源县提供资料查询。

二、《罗源年鉴（2023）》主体内容由类目、分目、条目组成，以条目为表现内容的基本形式。全书条目统一用黑体加【】表示，下一层次标题用楷体区别。记述时限为2022年1月1日至2022年12月31日，个别事项的记述时间适当上溯或下延。

三、《罗源年鉴（2023）》全书主体设有特载、专文、大事记、县情概况、中国共产党罗源县委员会、罗源县人民代表大会、罗源县人民政府、中国人民政治协商会议罗源县委员会、纪检监察、群众团体、法治、军事、应急管理、外事 台湾事务、自然资源管理、生态环境、经济管理、市场监督管理、财政 税务、农业 农村、工业、建筑业 房地产业、贸易、金融业、开发区建设、城市建设与管理、交通 邮政 通信、科学技术、教育、文化 体育 旅游、新闻宣传 广电网络、卫生健康、民生保障、乡镇、先进集体与先进个人、附录等。卷首设彩页，卷末设索引。

四、《罗源年鉴（2023）》采用规范汉语记述。数字用法、标点符号用法分别采用国家标准《出版物上数字用法》（GB/T 15835—2011）、《标点符号用法》（GB/T 15834—2011）；计量单位采用国家技术监督局1993年12月发布的《量和单位》系列国家标准。

五、《罗源年鉴（2023）》相关材料主要由各部门、各乡镇、各单位提供，并经相关单位领导审核。《罗源年鉴（2023）》有些全局性的工作，考虑到各部门、各单位职能交叉、工作分工不同，有些条目内容记述采取详略不同、角度不同的交叉描述。由于各供稿单位资料来源、统计口径及统计时点不尽相同，因此个别数据可能略有差异，读者在引用相关数据时应以罗源县统计局正式公布的统计数据为准。全书随文图片由各供稿单位提供，不再标注具体供图者。

罗源县地图

比例尺 1：285 000

编制单位：福建省地图出版社　审图号：榕图审〔2023〕42号　资料截至：2022年12月

领导活动

6月11日，县委书记张新怿（前排左二）调研重点项目　　（林荣亮　摄）

9月14日，县长林志斌（前排左二）赴台商投资区调研　　（林荣亮　摄）

11月9日，县人大常委会主任肖永建（右）到福建联塑新材料科技有限公司调研视察（县人大办 供）

9月28日，县政协主席兰可明（左二）赴泉州晋江调研服装加工产业 （县政协办 供）

经济建设

2月7日，福州（台商）万洋众创城项目开工　（刘舒婷 摄）

2月8日，罗源县“春风行动”暨“爱乡回报家乡 爱家照顾家人”招聘举办　（刘其燚 摄）

2月22日，罗源县与东方电气集团东方电机有限公司签订项目合作协议　　　（林荣亮 摄）

4月30日，罗源县举办企业服务年启动仪式暨优化营商环境落实惠企政策对接会（刘舒婷 摄）

6月8日，罗源抽水蓄能制造产业链推进组揭牌仪式举行　　（黄益辉　摄）

6月20日，罗源滨海玉石城认筹签约仪式举行　　（刘舒婷　摄）

6 月 28 日，绿色环保抗菌不锈钢管材管件项目开工

（黄佳文 摄）

12 月 27 日，南平铝业罗源新基地首条生产线试产

（林荣亮 摄）

12 月 27 日，南铝福蓉源第一条生产线试投产 （刘其燚 摄）

霍口水库建设春节不停工

（黄益辉 摄）

宝钢德盛5G智慧中心 （刘其燚 摄）

德塔项目 （刘其燚 摄）

罗源闽光H型钢项目
（刘其燚 摄）

福州台商投资区松山片区
（刘其燚 摄）

松山北山养殖 （刘其燚 摄）

鉴江鲎人工养殖科研基地 （刘其燚 摄）

霍口食用菌 （刘其燚 摄）

起步绣球菌 （刘其燚 摄）

洪洋脐橙 （刘其燚 摄）

城乡建设

中房镇雪景　　（黄益辉　摄）

林可彝事迹陈列馆　　（林荣亮　摄）

通天洞　　（黄益辉　摄）

2 月 14 日，罗源县开展“护河爱水 清洁家园”活动 （黄益辉 摄）

科教文卫体

1 月 15 日，罗源县举办元旦春节文化体育旅游系列活动“广电网络杯”乒乓球邀请赛（林荣亮 摄）

1 月 18 日，罗源县在松山镇巽屿村举办文化科技卫生“三下乡”活动启动仪式（林荣亮 摄）

松山镇八井村山哈剧场（刘舒婷 摄）

1月26日，罗源县举行教育系统校际共建帮扶签约仪式　　（林荣亮　摄）

2月10日，罗源县举办2022“七彩罗源　可爱家乡”少儿书画比赛　　（林荣亮　摄）

5月4日，罗源第一中学举办80周年校庆活动　　　　（林荣亮 摄）

5月20日，“榕博汇”智库到“儿童之家”图书室开展赠书活动　　（黄益辉　摄）

5月25日，“福见罗源 一见粽情　粽叶飘香 福满畲乡”活动在起步镇庭洋坂举行　　（黄益辉　摄）

5月31日，2022年吴氏·杨过基金会奖教助学活动举行
（黄益辉 摄）

6月7日，罗源县开展助力高考志愿活动（林荣亮 摄）

学子进高考考场（林荣亮 摄）

6月11日，福州民族小学举办“同在蓝天下 同享音乐美——圆乡村儿童钢琴梦”活动
（黄益辉 摄）

6 月 11 日，罗源援沪医疗队凯旋归来欢迎仪式举行（黄益辉 摄）

7 月 13 日，罗源县“两馆一宫”二期项目开工仪式举行（林荣亮 摄）

8 月 19 日，村民在罗源县凤山镇劳动就业服务驿站咨询就业情况 （刘其燚 摄）

8月29日，罗源派福州国际健康驿站队员凯旋欢迎仪式举行

（林荣亮 摄）

9月1日，罗源县教师进修学校附属小学开学

（林荣亮 摄）

9月5日，罗源县举行2022年“中华慈善日”捐赠活动启动仪式

（林荣亮 摄）

9月13日，罗源县举办庆祝第38个教师节大会（刘舒婷 摄）

9月21日，罗源县举办职工技能大赛 （刘舒婷 摄）

9月30日，罗源县举行公祭活动 （黄益辉 摄）

松山围垦精神展示馆　　（刘其燚 摄）

12 月 6 日，霍口水库移民安置群众选房　　（刘其燚 摄）

目录

特载

专文

大事记

县情概况

中国共产党罗源县委员会

罗源县人民代表大会

罗源县人民政府

中国人民政治协商会议罗源县委员会

纪检监察

群众团体

军 事

应急管理

外事 台湾事务

自然资源管理

生态环境

经济管理

市场监督管理

财政　税务

农业　农村

工 业

建筑业 房地产业

贸 易

金融业

开发区建设

城市建设与管理

卫生健康

民生保障

乡 镇

先进集体与先进个人

附录

罗源县人民政府工作报告

——2022 年 12 月 26 日在罗源县第十八届人民代表大会第二次会议上

罗源县人民政府县长 林志斌

各位代表：

现在，我代表罗源县人民政府，向大会作政府工作报告，请予审议，并请县政协各位委员和其他列席人员提出意见。

2022 年工作回顾

2022 年，我们认真学习贯彻党的二十大精神，全面落实党中央决策部署和省委、市委、县委工作要求，与全县人民一道，真抓实干、攻坚克难，各项工作取得了来之不易的成绩。

一年来，我们紧紧围绕县委确定的“启航新时代，做强北大门，打响四大国家级品牌，建功丝路海港城”的奋斗目标，突出干好打基础、利长远、增潜力的十件大事，全力抓落实、强推进、求突破，在历届县委、县政府接续奋斗的基础上：我们实现了牛坑湾围填海项目重新获批；我们落地建设了福蓉源新材料、东恒新能源等重大产业项目；我们招引清华大学重大科研项目，积蓄创新发展新动能；我们拓宽改造了罗源湾高速口，全面提升罗源门户形象；我们顺应群众期盼，正式动建了县总医院。27 万罗源人民在全面建设现代化美丽海湾城市的道路上，迈出了新的坚实步伐。主要做了十个方面工作：

（一）把稳增长作为头等大事。坚持稳字当头、稳中求进，上榜“全国县域发展潜力百强县”第 33 位，“全国县域经济投资潜力百强县”第 89 位。全年预计完成地区生产总值 400 亿元，比上年增长 6.5%；三次产业增加值分别比上年增长 5.2%、7.1%、6.2%。地方一般公共预算收入同口径比上年增长 32.7%；城镇居民人均可支配收入 42552 元，比上年增长 7%；农村居民人均可支配收入 20944 元，比上年增长 8%。全社会固定资产投资 251 亿元，比上年增长 15.2%，其中民间投资占比达到 64%。社会消费品零售总额 66 亿元，比上年增长 5%。

（二）把强要素作为当务之急。直面财政收支矛盾，多方筹措发展资金。结合新增建设用地、重点流域治理、废弃矿山生态修复等工作，新增非税收入近 4 亿元，比上年增长 189%。围绕园区建设、民生基础设施补短板，争取地方政府债券 10.2 亿元、上级各类补助 4.3 亿元，运用政策性、开发性金融工具融资 5.5 亿元。努力突破要素保障瓶颈，倾力破解用地难题。金港工业园区、白塔产业园区成片开发方案通过审查，成功报批产业用地 555 亩，推动宝太冷轧、沪闽环保等 7 个重点项目顺利建设。出台“净地”交付机制，全年供地 2220 亩，盘活闲置土地 466 亩，新增连片工业用地 800 亩。新建“生态公益林”和“沿海基干林”储备库 4211 亩，完成用林审批 1728 亩，保障 20 个重点项目顺利实施。

（三）把抓项目作为重中之重。全年落地投资 50 亿元以上项目 1 个，投资 5 亿元以上项目 18 个。力促 58 个项目开工、39 个项目竣工，实施技改项目 85 个，全年完成投资 240 亿元。宝钢德盛、罗源闽光相继完成百亿技改，万洋众创城多栋厂房建成封顶，37 个重点工业项目动工建设。投入 13 亿元，实施园区道路、管网、防洪等园区标准化建设项目 20 个。新建标准厂房 4.5 万平方米，松岐中路跨大获溪桥提前通车，LED 生态修复工程通过验收。一季度“五个一批”考评全省第一，1-11月全市“项目攻坚落实年”考评全市第三。“群贤毕至、筑梦港城”的发展环境加速形成。

（四）把优环境作为发展之先。深入开展强产业扩投资、促消费惠企业等专项行动。全年减税降费14.37亿元，缓缴税费8478万元，兑现惠企政策资金6310万元，帮助市场主体纾困解难。推出203组高频事项“一件事打包办”套餐，891项行政许可事项“最多跑一趟”，2000余项政务服务事项“跨域通办”，网办事项超92%。“五轮驱动”招商机制运行顺畅，建立招商项目“一机制三靠前”落地服务体系，全市首设项目审批协调服务中心，推行全流程“模拟审批”，7个洽谈项目实现“百日内落地，拿地即开工”。出台20条金融赋能措施，新增企业贷款余额50.3亿元，比上年增长60%。鼓励科技创新，全社会研发投入（R&D）比上年增长22.7%，投入强度达2.54%。新增国家高新技术企业8家、科技小巨人5家、专精特新企业3家。

（五）把兴三农作为重大任务。努力促进农业高质高效、农村宜居宜业、农民富裕富足。“中国秀珍菇第一县”品牌在央视打响，香菇全产量标准化基地入选全国现代农业试点。全市首个苗木产业合作基地落户罗源。中房河洋湖水蜜桃亮相“数字峰会”，西兰七境茶荣获“海丝国际茶王赛”金奖，“罗源鲍鱼”商标获得国家知识产权局认定。新增市级农业龙头企业6家，认证“三品一标”15个。成功创建14个省、市级“一村一品”专业村，获评省级“林下经济重点县”“笋竹精深加工示范县”。村庄清洁“六清一改一管”整治成效获全省通报表扬。“全民护河，爱我罗川”活动、南洋村农村人居环境“双积分制”在全市推广。实施乡村振兴试点项目66个，孵化乡村振兴五星级村1个、四星级村20个，国家级传统村落2个，绿盈乡村19个，森林村庄6个。霍口畲族乡获评“筑牢中华民族共同体意识”乡村振兴示范乡。开展文创旅游产业链行动，新改建民宿12家，松山镇获评省级“全域生态旅游小镇”，白塔乡百丈村获评省“金牌旅游村”，特色乡村游成为旅游新靓点。

（六）把提品质作为城建之要。努力使居民生活更便利、更舒心、更美好。汉昇观澜、金尊名城等地产项目陆续交付，新增保障性租赁住房2.2万平方米。岐阳二期路网全面通车，涉迁群众顺利回迁。完成莲花东区、岐阳小区老旧小区改造，整治提升东大路等5条市政道路，城区步道、岸线夜景等17个串珠公园项目建成开放。霍口水库提速扫尾，昌西水库百米大坝全线浇筑。城乡供水一体化启动建设。“美丽罗源”监管平台运行顺畅，拆违拆临面积超7.5万平方米。投入2475万元，实施起步集镇环境整治项目11个，打造宜居宜业集镇样板。获评省“城乡建设品质提升综合绩效优异县”。

（七）把护生态作为长远大计。树牢“绿水青山就是金山银山”理念，全面打响生态环保“三大战役”。谋划生态治理项目32个，制定工作措施110条，受理办结环保投诉件337件。淘汰16座10蒸吨以下燃煤锅炉，完成钢铁行业阶段性超低排放改造，完成华东船厂、闽联木业等6家大型企业VOCs2.0治理，空气质量优良率达99.4%。深入整治河湖“四乱”，清淤疏浚河道500千米，清理罗源湾内“僵尸船”480艘，退出关停畜禽养殖场96家、非法砂场2家、小水电站16家。建成罗源湾卷羽鹈鹕公园，造林8231亩，绿化公路305千米，治理水土流失9500亩，除治互花米草2900多亩，种植红树林1600亩，重点流域水质不断向好。

（八）把惠民生作为施政之本。用心用情办好惠民安民实事，完成为民办实事项目23个，完成率达96%，全年用于民生的财政支出超过75%。全省首创村级就业服务驿站，建立驿站80个，新增城镇就业1550人，转移农村富余劳动力2322人。县社会福利中心康养医院和6个长者食堂建成投用。低保特困、残疾人补贴标准稳步提高，累计救助1.1万人次。实施“凤川雏鹰培尖”等八项工程，实幼岐阳园、滨海二实幼、附小扩建项目投入使用，新增学位1920个，引进高层次教育人才9名。县医院扩建病房大楼、通关大楼健康驿站、方舱隔离点建成启用。与省立、协和、省肿瘤等医院开展协助帮扶，医联体诊疗机制更加健全。城市形象宣传曲《明月照罗源》正式发布，林可彝事迹陈列馆、松山围垦精神展示馆开馆。举办首届罗源玉石文化艺术节，吸引4位国家级工艺美术大师、14位省级工艺美术大师及近百名雕刻界人才回归，打造中国罗源滨海玉石文化城。建成智慧体育公园等公共体育设施23个，组织全民健身活动150场，罗源健儿在省运会上勇夺4银1铜。畲族民俗活动多次亮相央视，霍口畲族乡、松山镇获评“全省民族团结进步重点单位”。国防动员、退役军人服务卓有成效，实现省级“双拥模范县”五连冠。

（九）把保稳定作为创业之基。扎实推进平安罗源建设，荣获省级“平安县”称号。县域治理现代化试点有力推进，夏季治安打击整治“百日行动”深入开展，“盗案清零”创新机制取得实效，信访积案动态清零，社会大局稳定向好。出台“粮七条”，遏制“非农化”、管控“非粮化”，建设高标准农田1300亩，治理抛荒撂荒超2000亩，稳定粮播面积9.35万亩，粮食生产安全稳定。金融风险防范化解精准有力，政府隐性债务化解完成年度目标，县域不良贷款率保持低位。深入实施质量强县战略，“点题整治”校园食品、网络餐饮，严厉打击药品安全违法行为。统筹做好道路交通、自建房、危化品、燃气、景区和非景区景点、防汛防台等领域安全生产工作。

（十）把防疫情作为平安底线。坚持人民至上、生命至上，优化调整疫情防控领导架构，毫不动摇坚持“外防输入、内防反弹”总策略，创新“一圈两线多点”机制，持续提高防控精准化水平，顶住了宁德、福州等多轮疫情考验。坚持防疫工作“一盘棋”，先后派出9批次5100多名党员干部、医务工作者驰援上海、广州、福州等地。广大党员干部和各界爱心人士用行动创造了罗源速度，用服务彰显了罗源温度，用果敢书写了罗源担当，构筑起联防联控的钢铁长城，让罗川大地处处春意盎然，让“七彩罗源”充满人间大爱！

各位代表，过去一年，工会、共青团、妇联、社科联、文联、残联、慈善总会、红十字会的作用进一步发挥，平安建设、仲裁、司法行政、诚信体系、海防、人防、反走私等工作进一步加强，编制、信访、民族宗教、融媒体、审计、统计、科普、气象、防震减灾、史志、档案、老龄、对台、外事侨务等各项事业进一步提升。

各位代表，过去一年，我们持续推进政府自身建设，深入开展“提高效率、提升效能、提增效益”和“转作风、强服务、办实事、促发展”活动，严格落实全面从严治党主体责任，持续加强意识形态阵地管理和党风廉政建设。严格依法行政，自觉接受人大及其常委会的法律监督、工作监督以及政协的民主监督，定期向人大报告工作，向政协通报情况，执行县人大及其常委会的决议决定，积极处理各类审议意见，全年办理市、县人大代表建议6件、71件，市、县政协提案5件、101件。重大事项、重要决策全部通过合法性审查，并邀请公职律师、法律顾问共同参与。“八五”普法扎实推进，规范性文件备案审查机制全面落实，政府信息依法公开。

各位代表，过去一年，罗源发展翻开了新篇章，开启了新征程。我们取得的每一点成绩，都要归功于县委的正确领导，归功于县人大、县政协的监督支持，归功于全县人民的团结奋斗，归功于我们共同打造的“罗源情怀”“罗源担当”和“罗源力量”。在此，我谨代表县人民政府，向全县人民，向人大代表、政协委员、离退休老同志，向民主党派、无党派人士、人民团体、工商联，向省直、市直机关企事业单位和驻罗部队指战员、武警官兵、公安干警、消防救援队伍指战员，向奋战在抗疫一线的医务人员、社区工作者、志愿者们，向所有关心、支持罗源发展的社会各界人士，表示衷心的感谢！

各位代表，回顾2022年，我们深深体会到：

——无论形势怎样变化，讲团结始终是干事创业的基础，必须把团结奋斗摆在首位。

——无论困难怎样叠加，谋发展始终是永恒不变的主题，必须把推动发展作为第一要务。

——无论任务怎样繁重，为了人民始终是砥砺奋进的方向，必须把人民至上作为根本要求。

——无论考验怎样严峻，守住底线始终是做人做事的准则，必须把底线思维贯穿到工作的各领域各方面。

清醒认识当前面临的形势和挑战

各位代表，成绩令人鼓舞，经验弥足珍贵。在看到成绩的同时，我们更要对照习近平总书记“四个更大”的重要政治嘱托，对照群众之需、时代之问，对照四大“国家级品牌”发展目标，清醒认识当前的形势和挑战：

一是“双龙抱珠”的产业集群尚未成形。绿色冶金产业链条不够完善，产业中间环节缺失，下游精深加工企业薄弱，缺少不锈钢终端制品、高附加值产品。新能源产业刚刚起步，缺乏龙头型的领军企业，招大引强的力度还要加强。二是罗源湾“门户效应”仍未充分释放。罗源湾北岸作业区码头布局零散，大型深水泊位不足、港口配套缺乏。全年货物吞吐量仅4000万吨，与可门港尚有差距，岸线精细管理、成片开发的科学化水平亟待提升。三是财力保障严重不足。重点行业税源增长乏力，土地基金收入多年空白，历史欠债已进入还本高峰期，“三保”、发展、偿债三重压力叠加，财政仍处于较为困难阶段。四是教育基础设施依然薄弱。滨海新城教育资源不足，产业工人子女就近“入学难”、公立幼儿园“入园难”现象依然存在，校园基础设施、软硬件配备与现代教学需求矛盾突出。城乡教学质量参差不齐，重点学科教师缺口严重，亟待建立一支领军型、教研型师资队伍。五是医疗资源相对不足。县医院、中医院承担着全县75%左右的诊疗量，总占地仅30亩，优秀医疗人才紧缺，优质医疗资源供给不足，无法满足群众高质量的医疗服务需求。六是交通基础设施亟待提升。西兰隧道尚未实质性动建，西北片区大部分未迈进“半小时高速圈”。台商投资区外联通道存在瓶颈，罗源湾开发区内部道路不够通达，交通设施成为园区发展的重大“短板”。七是土地要素保障仍然不足。近5年工业用地仅报批1950亩、出让2900亩，用地不足成为产业发展的最大瓶颈，台商投资区、松山围垦用海遗留问题亟待解决。八是城市建设进展缓慢。老城区地下管网跑冒滴漏严重，老旧小区居住环境较差，市政路网“白改黑”未全部完成，滨海新城基础设施管理薄弱，生活设施配套短板较多，城市居民生活幸福感、满意度有待提升。九是作风建设永远在路上。一些部门衙门习气较重，服务意识不强，执行能力不足。干部谋长远、抓落实的能力不够，研究工作不透彻，“佛系”思想、“躺平”心态有所抬头。

对此，县政府将始终保持赶考的清醒，以愚公移山的执着、弱鸟先飞的勤勉、滚石上山的勇毅，尽心竭力改进工作，绝不辜负人民的期待，绝不辜负伟大的时代！

奋力实现 2023 年的目标和任务

各位代表，2023 年是全面贯彻落实党的二十大精神的开局之年，做好全年工作意义重大。县政府工作的总体要求是：以习近平新时代中国特色社会主义思想为指导，全面贯彻落实党的二十大精神，坚持“3820”战略工程思想精髓，围绕强县和富民两大任务，以“双龙抱珠”打造绿色冶金、新能源两大千亿产业集群，以“七彩罗源”推动乡村振兴，启航新时代，做强北大门，打响四大国家级品牌，建功丝路海港城，全面建设现代化美丽海湾城市，为福州建设现代化国际城市贡献罗源力量。

经济社会发展的主要预期目标是：地区生产总值增长 7%，地方一般公共预算收入 15 亿元以上，固定资产投资增长 8%，出口总额增长 5%，社会消费品零售总额增长 6%，城镇居民人均可支配收入增长 8%，农村居民人均可支配收入增长 10%。

新的一年，我们要继续举全县之力，重点推动 10 个重大项目建设：一是动建牛坑湾围填海工程。二是加速清华大学重大科研项目建设。三是启动 S207 线白塔至西兰段（西兰隧道）建设。四是动建罗源湾公共运输廊道项目。五是启动北门巷历史文化街区建设。六是完成台商投资区围填海历史遗留问题整改验收。七是完成县总医院一期门诊楼、医技楼、住院楼主体建设。八是完成县特殊教育学校新校区、福州民族小学二期等 5 个教育设施项目主体建设。九是完成中心市场改造项目。十是推进城乡供水一体化项目。

新的一年，我们将以前瞻性思考、全局性谋划、整体性推进八个方面工作：

（一）在产业发展上取得重大突破。坚持产业主导，做强做优实体经济。加快园区标准化建设。全年完成园区基础设施投入 17 亿元以上，力促台商投资区松岐路、通屿路完成主体建设，松山 A 片区滞洪区工程完成湖体开挖，第二污水处理厂正式动工。完成罗源湾经开区站前北路、岐鹤东路、江北中路提升改造，提速建设松岐北路、金港纵路，加快北片污水管网及提升泵站施工。突出抓好招商引资。加强与国企、名企、高校的沟通对接，积极承接周边领军企业、龙头企业上下游产业链，争取海峡印务等重大项目早日落地，至少再引 1 个 30 亿元以上的战略投资项目，引进 15 个亿元以上项目，力争战略性新兴产业产值突破 520 亿元、增长 10% 以上。狠抓产业项目建设。力促福蓉源新材料、东恒新能源、宝太冷轧等项目竣工投产，推动宝钢德盛精品不锈钢和特种钢项目投产。加速罗源闽光产能置换等 21 个技改项目建成投产，实施德盛镍业节能减排改造等 47 个技改项目，完成技改投资 100 亿元以上。发展壮大第三产业。支持宝钢德盛申报信息技术与制造业融合发展项目，鼓励华东船厂等重点企业做大服务外包总量，亿鑫钢铁、时代包装等 5 家企业主辅分离，推动生产性服务业向专业化和价值链高端延伸。建设亿阁广场商业综合体，支持溪尾街、后张巷等历史文化街区业态活化，构建多元业态商圈体系，新增限上商贸企业 40 家以上，实现社会消费品零售总额增长 6% 以上。

（二）在要素保障上谋划更加有力。实现高质量发展，要靠资金来支持，要靠项目来承载，要靠土地来支撑。高质量壮大财力。实施企业技改专项行动，推动钢铁产业扩容提质，培植壮大支柱财源。围绕“双龙抱珠”产业集群，加快引进一批好项目、大项目，大力深挖新兴财源。盘活经布岩等砂石土地资源，力争全年创收 10 亿元以上，有效挖掘潜在财源。用足用好地方政府债券、新增中央投资，实现财政金融联动，竭力放大有限财源。高水平谋划项目。紧盯专项债券、中央预算内投资等国家政策投向，围绕产业园区、乡村振兴、生态环保、交通、水利、能源等重点领域，谋划项目、做实储备、做细前期、加快实施，形成梯次推进、接续跟进的项目建设局面。力争年度再入库一批重大项目，争取资金超过 10 亿元，确保持续投资有抓手、长远发展有后劲。高标准保障用地。提速凤贵山二期等地块征收、报批工作，力争新增建设用地 2000 亩，出让工业用地 1000 亩。盘活低效闲置用地 1500 亩。完成 4200 亩用林报批，保障牛坑湾围填海等重大项目动工。

（三）在城乡建设上实现跨越赶超。坚持以人为核心，大力推进基础设施建设，提升宜居水平，扩大承载能级。突出规划引领。高质量统筹推进县、乡国土空间总体规划编制。完成牛坑湾片区、鉴江湾片区、竹兜山片区、碧里作业区后方陆域等重要区域控规编制。完善城乡规划体系，合理布局生产生活要素，补足城市基础设施短板，让居民望得见山、看得见水、记得住乡愁。扩大综合承载。动建深水航道二期，启动 G228 国道迹头至选屿段提升改造，实施“四好农村路”建设项目 18 个。霍口水库实现下闸蓄水、并网发电，扎实推进昌西水库建设。加快建设宝钢德盛屋面光伏等发电项目，力争华能混合储能项目开工建设。积极运作抽水蓄能项目，争取列入我省中长期规划。提升品质品位。继续实施一批背街小巷整治、雨污管网提升项目，完成学前洋街、学前路、府前街市政道路改造。完成高速路口、滨海新城南片区等重点路段灯光亮化改造。持续推进生活垃圾分类。结合新建农贸市场、交通堵点疏通，谋划渡头片区城市更新项目。加快“数字城市”建设，提速建设应急指挥数字化平台、智慧停车云平台等 10 个项目。

开展中心城区城市秩序和环境整治提升行动，下足“绣花”功夫，雕琢精致品质城市。

（四）在改革创新上迈出坚实步伐。 通过深化改革破解发展难题，全面激发发展活力。全面深化改革。严格按照中央统一部署，完成好各项改革任务。深化“放管服”和供给侧结构性改革。健全完善县、乡、村三级政府投资项目决策、组织、实施、验收制度。壮大国有资本。完善国有企业资产管理机制，提高国有资产管理水平和使用效益，稳妥推进39家县属国有企业“瘦身减体”、优化重组。夯实县建发集团“AA”主体信用评级基础，力争净资产规模超20亿元。提速行政审批。深化“一窗受理、集成服务”模式，试行“全科全域通办”，开通不分版块、不分部门的“全科受理窗口”，全面打通部门障碍、区域阻隔。优化营商环境。推行无偿代办、“云代办”“一企一议”“联合竣工验收”“审批专班靠前服务”机制，建立“345”服务模式，优化项目从洽谈到开工的一条龙服务机制，实现“签约出红线，拿地即开工”。

（五）在乡村振兴上展现更大作为。 深耕“七彩罗源”，让农业更有奔头，让农村留住乡愁，让农民过得更有盼头。壮大农业产业。推进农业规模化、高端化、智能化，打造国家级海洋牧场。谋划建设西北部现代农业示范区，建成食用菌珍稀品种示范基地、下廪羊保种场、水产良种场。建设鉴江冷库、智慧冷链分拣中心，改造5个乡镇共配中心，畅通本地农产品内购外销通道。美化农村环境。投入资金5000万元以上，再实施一批乡村振兴试点示范项目。再培育乡村振兴星级村17个以上。纵深发展农村人居环境积分制，深入实施“六清一改一管”行动，持续开展“护河爱水、清洁家园”活动，大力实施“五个美丽”工程，打造66个人居环境整治示范村。增加农民收入。鼓励发展观光农业、乡村旅游，支持农业电子商务平台建设。发展专业大户、农民合作社、家庭农场10个以上。加快乡镇工业园区转型，提供1000个就业岗位，发展劳务经济，健全就业供需对接机制，推动农村富余劳动力转移。保障农民对承包地、集体资产和土地增值的收益权，依法推进土地经营权流转。

（六）在改善民生上保障更有温度。 深入贯彻以人民为中心的发展思想，着力解决群众急难愁盼问题。织密社会保障网络。严格落实“四个不摘”要求，守牢不发生规模性返贫底线。实施“本地就业万人计划”，力争本地群众就业比上年增长5%以上。建成区域性养老服务中心、社区嵌入式家园等一批养老设施。加快县级公益性公墓建设。重视和发展慈善事业。实施新一轮妇女儿童发展纲要。办好优质均衡教育。实施总投资16.5亿元的扩容提质攻坚工程和数字资源普及工程，加快职业中学新校区及二中、三中田径场馆等项目建设，启动民族中学宿舍楼、松山中学提升改造项目。优化城区教育布局，支持特殊教育发展。加强学校文化、师资力量、师德师风和平安校园建设，做好捐资助学工作。提升健康罗源水平。投入3亿元以上，加快实施鉴江卫生院迁建等4个医疗卫生基础设施项目，医疗卫生机构能力建设提档升级。不断优化完善疫情防控措施，建立健全医疗资源整合机制，提升基层防疫治病能力。加强医德医风建设，大力引进高层次卫健人才，入驻一批名医工作室，促进中医药、畲医畲药传承创新发展。促进文体事业繁荣。用足用好“天下石 罗源工”品牌，做大做强中国罗源滨海玉石文化城项目，持续提升罗源玉石文化影响力和美誉度。组织开展“三月三”畲族风情节等民族团结进步系列活动。完成“两馆一宫”主体建设。推动全民健身中心建设，不断完善群众健身场地设施，大力培养竞技体育人才，让健康生活成为一种新时尚。

（七）在生态建设上开创全新局面。 把生态环境“三大战役”作为践行习近平生态文明思想的总抓手。加快环境治理。实施尾气扬尘整治等10个大气治理项目，确保空气优良率达到省评要求。系统治理山水林田湖草，完成敖江流域综合提升项目14个。建立旧城区管网巡查修复机制，新改建污水处理项目16个。投资3000万元，完成起步溪防洪工程等5个水利项目建设。重拳整治流域畜禽养殖、鳗鱼尾水污染，提速16个入海排污口治理。严格源头管控。以“河湖长制”推动河湖长治，建立监督执法负面清单，严查盗采资源、偷放排污等违法行为，完成18处矿山尾碴点覆土绿化。健全森林巡护体制改革，强化森林督查图斑监管。创新完善测管联动、闽东北跨区域联动机制，全面实行“3+3+1”工作机制，有效运行河湖物业化管护机制。加快绿色转型。严把“三位一体”环境准入关，谋划罗源湾北岸美丽海湾EOD项目。全面完成宝钢德盛、罗源闽光等4家重点企业超低排放改造，提速时代包装、德胜能源等7家企业VOCs2.0治理。健全海上环卫工作机制，加快推动养殖海权改革试点、海上养殖设施转型升级任务完成。

（八）在社会大局上确保安定稳定。 把维护国家安全、人民安全作为重要政治任务，深化“平安罗源”建设，促进社会公平正义。强化风险防控。密切关注财政运行风险，稳妥化解政府隐性债务存量。高度警惕房地产、金融等领域风险，守住不发生系统性风险底线。建立大安全大应急框架，完成第一次自然灾害综合风险普查，推进应急指挥中心和基层防汛能力标准化建设。压实安全责任。深入开展安全年活动，统筹做好12个重点领域安全生产工作，坚决遏制重特大事故发生。落实“米袋子”“菜篮子”责任制，继续开展治理抛荒撂荒专项行动，确保粮播面积稳定9.35万亩，产量稳定4.35万吨，新建高标准农田千亩以上。保障粮油、生猪供给。持续推进质量强县战略，大力治理“餐桌污染”，建设“食品放心工程”，加强药品医疗器械质量安全监管。创新社会治理。严厉打击电信网络诈骗、网络赌博、非法集资、走私偷渡等违法犯罪行为，加大个人信息保护力度。力促信访部门和责任单位双满意、双提升。加快建设数字乡村、智慧社区，持续创建“民主法治村（社区）”。持续挖掘国防潜力，加强民兵队伍建设，强化应急、公安、驻军联动联管，不断提升双拥工作和退役军人服务保障水平。

全面推进高效实干的服务型政府建设

做好今年政府工作，必须坚持把党的政治建设摆在首位，深入学习贯彻党的二十大精神，忠诚拥护“两个确立”、坚决做到“两个维护”。

坚决把团结奋斗贯穿始终。要把讲团结落实到自觉维护县委权威上，对县委制定的政策、部署的任务、提出的要求，一定要雷厉风行、坚决执行、一抓到底。决不允许有令不行、有禁不止，决不允许推诿扯皮、推卸责任；决不允许造谣生事、动摇军心；决不允许表面拥护、暗地应付。要在干事创业中，汇聚起同心同德、同向同行的澎湃力量。

坚决把担当尽责贯穿始终。要把实干担当作为政府工作的生命线，事不避难、义不逃责。凡是事关打基础、利长远、惠民生的事，工作再难也要尽力推进，资金再紧张也要优先保障。一切有利于罗源未来的事情都要认真谋划，一切有益于百姓福祉的政策都要积极争取，一切有助于罗源发展的项目都要全力保障，引导全县干部勇于担当、善于作为。

坚决把务实勤勉贯穿始终。政府工作必须用心用情用力，对群众急难愁盼的事“零懈怠”，对群众深恶痛绝的事“零容忍”。要大兴钻研业务之风，培养干部队伍专业能力、专业精神，倡导立足实际、聚焦实战，攻项目、争资金、跑政策、强要素，实打实服务市场主体，实打实发展实体经济，实打实破解发展难题，以工作提速换取发展提效。

坚决把依法行政贯穿始终。政府工作的要义在于尊重宪法、尊重法律、尊重人民。要严格依照法定权限和程序行使职权、履行职责，主动接受人大法律监督和政协民主监督，加强审计监督、司法监督、监察监督、统计监督、群众监督、舆论监督，让权力在阳光下运行。形成办事依法、遇事找法、解决问题用法、化解矛盾靠法的良好法治氛围。

坚决把干净做事贯穿始终。想干事是境界，会干事是水平，干成事是能力，不出事是底线。要坚持全面从严治党，纵深推进党风廉政建设，让党规法纪成为全县干部的“习惯”和“遵循”。要坚持党政机关过“紧日子”，把宝贵的资金更多用于为发展增后劲、为民生增福祉。要坚持在政治上跟党走，经济上莫伸手，守住底线，不越红线。

各位代表，汇力磅礴向大海，奋楫扬帆启新程。让我们更加紧密地团结在以习近平同志为核心的党中央周围，高举中国特色社会主义伟大旗帜，弘扬伟大建党精神，在县委的正确领导下，自信自强，守正创新，踔厉奋发，勇毅前行，为全面建设现代化美丽海湾城市而团结奋斗！

（编辑 林烨欣）

关于罗源县 2022 年国民经济和社会发展计划执行情况及 2023 年国民经济和社会发展计划草案的报告

——2022 年 12 月 26 日在罗源县第十八届人民代表大会第二次会议上

罗源县发展和改革局局长 林秀华

各位代表：

受罗源县人民政府委托，现将罗源县 2022 年国民经济和社会发展计划执行情况及 2023 年国民经济和社会发展计划草案提请县第十八届人民代表大会第二次会议审议，并请县政协委员和列席人员提出意见。

一、2022 年国民经济和社会发展计划执行情况

2022 年，全县上下坚持以习近平新时代中国特色社会主义思想为指导，深入贯彻落实党中央“疫情要防住、经济要稳住、发展要安全”重大要求，全面落实党的二十大精神，坚持稳中求进工作总基调，坚持“3820”战略工程思想精髓，围绕“启航新时代，做强北大门，打响四大国家级品牌，建功丝路海港城”，深入开展“三提三效”“项目攻坚落实年”等专项行动，着力稳增长稳市场主体保就业保民生，全力以赴推动经济社会平稳健康发展。初步预计，全县地区生产总值 400 亿元，增长 6.5%；固定资产投资 251 亿元，增长 15.2%；出口总额 16 亿元；实际利用外资 622 万美元；一般公共预算总收入和地方一般公共预算收入同口径分别比上年增长 14.7%、32.7%；城镇居民人均可支配收入 42552 元，增长 7%；农村居民人均可支配收入 20944 元，增长 8%。

（一）优结构、稳增长，产业发展稳步向好

工业转型升级步伐加快。规上工业增加值预计增长 8.2% 左右。深入实施技改攻坚专项行动，全年实施技改项目 85 个，投入 97.27 亿元。持续推进“引龙头、强链条、进千企、优服务”专项行动，动建宝钢德盛绿色不锈钢产能置换项目、三钢集团产能置换（罗源闽光部分）及配套项目等强链补链项目。持续推动“海上福州”建设，20 个重点项目完成投资 40 亿元。新兴产业蓬勃发展，聚焦新型材料、新能源汽车等领域，支持联塑、德塔、东恒等一批企业快速做大，战略性新兴产业产值预计突破 400 亿元。开展工业（产业）园区标准化建设行动，投入 13 亿元，实施园区标准化建设项目 20 个。

第三产业拉动作用明显。第三产业增加值预计增长 6.2%。有效落实促进消费增长等政策措施，常态化开展“罗川惠民消费季”“罗源县市级美食体验示范城开街”等促消费活动。社会消费品零售总额预计完成 66 亿元，增长 5%。开展第三产业“提升年”行动，新增限额以上商贸业和规模以上服务业 64 家。引进罗源滨海玉石城项目，打造玉石商贸旅游一条街，带动文旅产业发展。完成金尊名城、汀州云墅建设工作，形成 1.5 万平方米大型商业面积。强化“菜篮子”“米袋子”工程建设，保障市场供应量足价稳。举办“乡约罗源”乡村旅游季、“世界冠军和你一起过端午节”“中国旅游日”等文化旅游系列活动，打造“畲风”“海韵”2 条精品旅游线路，持续扩大“畲风海韵、七彩罗源”

文旅品牌影响力，促进旅游消费，全年预计接待游客 243.6 万人次，创旅游收入 19.06 亿元。

现代农业稳步发展。一产增加值预计增长 5.2%。落实粮食安全生产责任制，全年粮播面积 9.35 万亩，总产量 3.45 万吨。全力开展耕地抛荒撂荒整治专项行动，完成治理任务 2000 亩，建成高标准农田 1300 亩。做大农业龙头，新增 6 家市级农业产业化龙头企业，创建 14 个省、市级“一村一品”专业村。做优品牌农业，新增 15 个绿色食品认证，15 个“三品一标”认证。大力发展乡村特色产业，香菇全产量标准化基地成功入选全国现代农业试点名单，获评省级“林下经济重点县”“笋竹精深加工示范县”。

创新实力持续增强。实施 R&D 稳增长计划，全社会研发投入（R&D）达 9.13 亿元，比上年增长 22.7%，投入强度达 2.54%。新增国家高新技术企业 8 家，省科技小巨人企业 5 家。完成技术合同成交金额达 2500 万元。省市级科技特派员实现乡镇全覆盖，县级科技特派员实现行政村全覆盖。钢铁生产线 5G 智慧提升工程投入运行、罗源闽光二期项目全线热负荷试车，企业“智造”水平不断提升。新增德塔电源数字丝路物联信息化平台等市级数字经济重点项目 10 个，完成投资 35.14 亿元。

（二）抓项目、扩投资，发展后劲持续增强

投资效益稳步提升。第一季度“五个一批”综合考评位列全省各县（区）第一名。组织 8 批次 39 个重大项目集中开工，总投资达 300.6 亿元。“亮晒比学”活动，位居全市第四名。重点项目建设有序推进，12 项省重点项目、122 项市重点项目、196 项县重点项目分别完成投资 88.47 亿元、217.85 亿元、242.4 亿元，分别超序时进度 8.5 个、17.3 个、14 个百分点。要素保障支撑有力，共向上争取地方政府专项债券资金 9.1883 亿元，政策性、开发性金融工具（基金）5.53 亿元，预算内资金 3938.23 万元。2022 年上榜“全国县域发展潜力百强县（市）”“全国县域经济投资潜力百强县（市）”。

攻坚行动扎实开展。开展“攻坚 2022”专项行动，成立 11 个项目攻坚指挥部专班，生成攻坚项目 203 个，聚焦财政增收、项目建设、用地保障、乡村振兴等目标任务，完成财政创收 6 亿元，实现项目供地 2220 亩，出让用地 1889 亩，盘活弘景木塑等低效闲置土地 882 亩，集中力量攻坚突破，全力加强项目要素保障，破解项目建设难题，积极推动铝精深加工、恒允升装配式建筑等项目施工，加快建设丝路海港城。

“项目攻坚落实年”进展顺利。深入推进“项目攻坚落实年”专项行动，推动时代聚丙烯深加工、中网电力等 139 个项目攻坚提速建设，全年完成开工项目 58 项，竣工项目 39 项，完成年度投资额 240 亿元。落实重点企业和项目协调服务机制，着力提高项目服务水平，累计协调问题 780 个，已办结问题 780 个，办结率 100%。

招商引资提质增效。持续引进大项目、好项目，引进落地福蓉源年产 18 万吨消费电子铝型材及加工、东恒新能源电池配件等项目 169 个，总投资 385.23 亿元。其中产业链重大项目 1 个、总投资 42.8 亿元；产业链项目 15 个、总投资 38.75 亿元；重点项目 14 个、总投资 155.64 亿元；外贸项目 3 个、总投资 0.67 亿元；外资项目 1 个、总投资 0.5 亿元；台资项目 1 个、总投资 0.65 亿元；一般项目 112 个、总投 141.22 亿元；合同台资项目 22 个、总投资 5 亿元。创设产业链招商攻坚指挥部，锚定“双龙抱珠”产业链招商、创新“五轮驱动”招商机制，不断优化营商环境，推动罗源招商引资工作再上新台阶。

（三）促改革，优服务，发展动能不断增强

企业服务成效明显。举办罗源县企业服务年暨优化营商环境落实惠企政策对接会，达成企业授信 30 亿元，兑现惠企政策资金奖励 2000 余万元，为罗源玉石雕刻文化产业项目提供泛金融支持 20 亿元。启动“企业服务年”专项行动，结合“千名干部进千企”活动，推动“万名干部下基层”常态化长效化，创新提出“9+1+ N”模式，组织干部深入企业纾难解困，累计协调解决问题 575 个。及时出台克服疫情影响决胜年末收官战行动方案，推出强产业稳增长、抓项目扩投资、促消费稳市场、优服务惠企业、保安全促稳定等五大专项行动，综合施策帮助市场主体纾困解难，把疫情造成的损失抢回来、补回来。

重点领域改革持续深化。深化国资国企改革，县建发集团成立董事会，选优配齐董事会成员。推进“三医”集成改革，完善分级诊疗建设，县乡医疗单位加入市一医院医联体，县级医院分别与省立医院、附一医院等省市有关医院建立各种协作关系。实施基层中医药服务能力提升工程，完成罗源县中医院畲医药研究室建设，县中医院通过二级中医专科医院复评。积极推进养殖海权改革建设，预计发放养殖凭证 1623 本。农村公共基础设施管护体制改革成效显著，有关经验得到上级部门肯定并推广。

营商环境不断优化。实施营商环境 4.0 改革，持续压减企业开办审批手续、办理时限和办事成本，实现企业开办“零费用”。推行政务服务“跨域通办”，实现 157 个事项“跨省通办”、29 项高频事项“省内通办”、72 个事项“福州都市圈”通办以及 2000 余项政务服务事项“全市通办”。推行“一件事打包办”，推出 203 组高频事项“打包办套餐”，满足企业、群众跨部门、跨事项办事的需求。持续深化“互联网 + 政务服务”，实现 92% 以上政务服务事项全流程网办。提升公共资源交易平台功能，推进公共资源交易全流程电子化建设，实现产权交易系统招投标全流程电子化。

对外开放水平不断提升。积极融入海丝核心区建设，加快罗源湾北岸产港城发展专项规划编制，推动形成产港城联动发展的良好态势。罗源湾港区一类口岸开放水平持续提升，福州港罗源湾南北航路正式通航，泊位通过能力提升至2366万吨，港口货物吞吐量4000万吨。19个项目列入丝路海港城项目库，总投资额454.03亿元。以钢铁产业为龙头，港口物流、机械制造、新型建材、船舶修造等为重点的临港产业集群初步形成。实施闽东北协同发展区重大协作项目3个，完成投资38.99亿元，强省会项目29个，完成投资95.27亿元。积极推进海峡青年节平台建设，联合福州日报社开展第十届海峡青年节之“海峡两岸好文章”征文活动，推进两岸文化交流。

（四）抓创建、提质效，城乡更新步伐加快

城市品质不断提升。实施县城提质工程，改造提升东大路、岐阳二期路网建设等5条市政道路工程，新建电动汽车公共充电桩31个，新增停车泊位132个，完成城区30公顷郊野公园、10千米福道建设，推进南江滨儿童主题公园、滨水公园步道、5个街头小公园及5处立体绿化建设，建成生活垃圾分类投放屋23座。提升城乡公共照明节能改造，亮灯率达99.31%。实施红毛里后山排水管渠道建设项目、污水应急调节池及开发区至污水厂管道建设工程和溪尾溪上游污水收集及河道治理工程，进一步完善城区管网系统。

基础设施日益完善。完成乡镇污水配套管网5千米、养护雨污水管道46千米、燃气管网敷设10千米。加快推进起步溪港头至余家塘段防洪工程、罗源县鉴江镇澳里溪综合治理等项目建设。不断夯实路网基础，完成罗源湾高速口堵点改造，新改建农村公路7千米，二级汽车站消防竣工通过验收。加快建设罗源县城乡供水一体化项目，提升改造8个农村饮用水工程。完成农网10千伏线路改造3条，新建改造供电台区19个。“罗源110kV寿桥变10kV档厝线#29杆至#64杆改造工程”获评优质工程。

乡村振兴战略持续发力。实施省市乡村振兴试点项目66个，总投资达0.86亿元。推动食用菌产业高质量发展，新增珍稀食用菌产业集群项目6个。人居环境不断优化，171个行政村全部推行农村人居环境整治积分制。完成危桥改造2座、裸房整治135栋、新建“绿盈乡村”19个，创建“美丽庭院”100个。起步镇集镇环境整治项目荣获全省第一名，新增实施霍口乡集镇环境整治市级样板工程，打造宜居集镇整治样板。巩固扶贫开发成效，坚持“四个不摘”，发放小额信贷款350万元，为脱贫人口提供产业扶贫保险288.65万元。

（五）守底线、促转型，生态环境优化改善

生态环境持续优化。持续打好“三大攻坚战”，推进大气污染防治，县域环境空气达标率99.4%。流域水质总体稳中向好，县级水源地水质达标率为100%。加强土壤污染源头防控，重点企业均建立自行监测制度。扎实推动18处废弃石碴新一轮生态修复工作，提升综合整治效果。强化底线管控，完成补充耕地118.04亩，完成率78.69%。持续巩固三级林长责任体系，完成造林绿化8231亩，省级森林村庄6个，森林覆盖率54.26%。

绿色发展持续推进。健全减污降碳和能耗双控机制，引导宝钢、闽光等17家重点企业开展能耗在线监测系统数据运维工作。督促重点用能企业落实固定资产投资项目节能审查，推动企业节能降耗，不断提升绿色发展的实力。探索智慧治水新模式，引进智能巡河App、“5G智能河长助手”，搭建河湖巡护“两张网”，实现从“治水”到“智水”的蝶变。

（六）惠民生、增福祉，社会事业均衡发展

社会保障不断夯实。用心用情做好服务保障工作，兜住兜牢民生保障底线，全年用于民生的财政支出超过75%。发放城乡低保金、特困金5936.78万元，临时救助金256.546万元，残疾人“两项”补贴1459.48万元，医疗保障待遇、养老金及低保标准得到提高，扶残助残等各项制度进一步完善。加强保障性安居工程建设，完成保障性租赁租房1371套。健全就业保障机制，全县新增城镇就业1550人，全省首创就业服务驿站村级服务点工作模式，在11个乡镇设立就业服务驿站80个，输转农业富余劳动力转移就业2322人。聚焦人才培养，罗源职中与闽光钢铁实施“订单式”培训。举办互联网营销师培训23期，参训人数1068人，助力乡村振兴和新经济业态发展。

民生事业加快发展。教育布局更加优化，县实验幼儿园（岐阳园）、滨海第二实验幼儿园投入使用，新改扩建中小学5所，新增幼儿园学位720个，小学学位4590个，初中学位2400个。县域医共体建设加快推进，实施省市“千名医师下基层”对口支援活动，选派13名县级医疗机构中高级职称医师开展基层医疗机构帮扶工作。启动罗源县总医院建设，县医院扩建病房大楼投入使用。“一老一小”服务保障体系建设得到加强，县社会福利中心康养医院投入运营，白塔乡农村区域性养老服务中心、松山镇滨岐社区嵌入式家园等项目建设有序推进。新增长者食堂6个，提升三星级及以上农村幸福院21所。试点开展家庭养老床位建设，实现养老服务机构生活照护、康复护理、精神慰藉、紧急救援等专业服务向家庭延伸。委托第三方专业企业，实施全县376户困难老年人家庭适老化改造。实施“福蕾行动计划”，结对帮扶184名留守儿童。婴幼儿照护服务规范发展，新增托育托位数180个。

社会治理持续提升。市域治理试点工作取得实效，西兰乡建成“智慧邻居”安防系统，霍口乡建成智慧福湖数字信息平台，凤美社区“厝边‘他’力量 点睛近邻服务”试点经验被推荐至省民政厅。获评“省级双拥模范县”称号，福建省第四轮第三批“平安县”称号。深入实施质量强县战略，重拳整治校园食品、网络餐饮，严厉打击药品安全违法行为。围绕“防风险、保安全、迎二十大”工作主线，持续深化安全生产专项整治三年行动，集中开展重点行业领域安全生产大检查，累计排查整治各类隐患1989处。文明创建成效明显，打造卫生示范小区10个、文明示范小区3个、交通文明示范路3条，提升农贸市场3个、新时代文明实践所10个，打造新时代文明实践示范站24个。

文化事业持续繁荣。举办2022年罗源县文化科技卫生“三下乡”活动4场。开展体育类比赛和罗源县歌手赛、义写春联、优秀摄影作品展等文化类活动33项。成功举办罗源县“启航新时代 筑梦罗源湾——首届罗源玉石文化艺术节暨《凤山雅集》潘惊石师徒传承展”。精心筹办“七一云献礼”——罗源县2022年第十四届“畲族·凤”民俗文化旅游节暨“明月照罗源”新歌发布会线上活动。福州民族小学评选为福州市第七批非物质文化遗产项目传承示范基地名录。

总体上看，2022年受新冠疫情和严峻复杂外部环境影响，我县经济社会发展受到一定冲击，但随着稳经济“一揽子”政策和接续措施有效落地，经济社会总体平稳发展，主要经济指标保持增长，和年初人代会通过的目标相比，一产、固投、地方一般公共预算收入等指标有望高于预期，其余经济指标增幅将不同程度低于预期。另外，居民消费价格指数、单位GDP能耗、亿元GDP生产安全事故死亡率等社会发展相关指标将在控制目标之内。但我们也清醒地认识到当前疫情反复对经济社会发展影响仍将持续，外部环境不断变化，不确定因素增多，经济社会发展面临不少挑战：经济总量偏小；重大项目储备不足；科技创新、技术人才支撑作用不够；教育、医疗、养老等优质资源总量还不够足，环境保护和生态治理任重而道远。为此，我们要增强风险意识，坚定信心，迎难而上，主动作为，精准施策，推动全县经济在新的一年里稳中有进、稳中提质。

二、2023年国民经济和社会发展主要预期目标和任务

2023年是全面贯彻落实党的二十大精神的开局之年，是实施“十四五”规划承前启后的关键一年。全县上下要以习近平新时代中国特色社会主义思想为指导，全面贯彻党的二十大精神，落实习近平总书记来闽考察重要讲话精神，坚持稳字当头、稳中求进，完整、准确、全面贯彻新发展理念，积极服务和融入新发展格局，高效统筹疫情防控和经济社会发展，统筹发展和安全，全方位推进高质量发展，突出做好稳增长、稳就业、稳物价工作，巩固经济回升向好趋势，全面建设现代化美丽海湾城市。

按照上述总体要求，2023年经济和社会发展的预期目标是：地区生产总值增长7%，其中第一产业增加值增长5%，规模以上工业增加值增长8.3%，建筑业增加值增长6%，第三产业增加值增长8%；固定资产投资增长8%；社会消费品零售总额增长6%；出口总额增长5%；实际利用外资完成1500万美元；一般公共预算总收入20亿元；地方一般公共预算收入15亿元；城镇居民人均可支配收入增长8%，农村居民人均可支配收入增长10%；主要污染物排放总量减少、单位地区生产总值二氧化碳排放降低、能源消费总量和强度双控实现年度目标；亿元生产总值生产安全事故死亡率控制在0.029以内。

为确保完成上述目标，重点要做好以下几个方面的工作：

（一）厚植产业优势，提升经济发展质量

推动现代农业加快发展。严格落实“长牙齿”耕地保护硬措施，新增高标准农田0.7万亩，粮食种植面积稳定在9.35万亩以上。推动特色产业高质量发展，全面落实珍稀食用菌产业集群项目，推进食用菌珍稀品种示范基地、下廉羊保种场、水产良种场建设。实施5个乡镇共配中心改造，构建县、乡、村三级物流体系，畅通本地农产品内购外销通道。大力发展休闲农业、农村电商、乡村旅游等新业态，促进农村一二三产业融合发展，带动乡村产业兴旺、农民增收。

加速工业转型升级。高位推动绿色钢铁产业链，发挥宝钢、闽光等重点龙头企业引领作用，带动钢铁产业链延伸发展。加强与宁德时代合作交流，积极引进新能源配套项目，打造新能源、汽配专业、装备制造、新材料等专业园区。深入推进“千名千企”“企业服务年”等挂钩服务工作，抓好在库项目建设进度，重点推动宝太冷轧、万洋众创城等在库亿元以上项目建设进度。加强企业梯度培育，建好用好规上工业企业、“工业龙头企业”等培育库，建立“专精特新”中小企业服务专员制度，实行“一对一”挂钩，精准指导服务。

力促服务业扩容提质。做优做活金源购物中心、亿阁广场等一批城市综合体商圈经济。依托滨海新城商业风情街，大力发展我县玉石雕刻文化产业。积极发动辖区商圈综合体、夜色经济街区、住餐企业等重点商贸企业，开展各类促销活动，以消费券、补贴、让利等形式，激发消费潜力。持续抓好限上商贸业和规上服务业企业培育，新增一批高成长的规上服务业企业和限上商贸企业。建设罗源县智慧冷链分拣中心项目，构建以水产品、食用菌等为核心的特色农产品深加工、流通、消费全链条的冷链物流设施体系。

扎实做好“四个经济”文章。提速发展数字经济，加

快5G网络覆盖，谋划推动一批新基建、数字经济项目建设。巩固提升数字城管系统平台，推动智慧城市公共服务信息化项目建设，示范打造新型智慧城市。深度融入“海上福州”建设。落实海洋经济高质量发展三年行动部署，加快海上渔排升级改造，推进国家级海洋牧场一期、牛澳二级渔港等项目前期工作。大力发展绿色经济。加快推动罗源抽水蓄能电站前期工作，推动宝钢德盛原料大棚屋顶等分布式光伏发电项目加快建设。落实“碳达峰、碳中和”战略部署，加强重点企业监测，提速德盛镍业配套煤气工程等节能减排项目，实现临港工业绿色低碳转型。推动文旅产业发展，以全域旅游发展为抓手，深入挖掘畲族文化、非遗文化、红色文化、滨海休闲观光等特色旅游资源，积极打造乡村研学旅游产品和“罗源畲”文旅品牌。

强化创新引领带动。实施创新驱动发展，突出企业主体地位，引导企业加大研发投入，支持企业开展技术攻关，实施重大科技项目，力争R&D投入总量稳步增长。鼓励创新创造创业，用好科技惠企各项政策，做好省科技计划项目等各类孵化、创新主体培育申报工作。力争2023年培育国家级高新技术企业5家、省级科技小巨人企业5家。持续实施科技人才培育计划，重点遴选一批高层次人才申报国家级、省级、市级人才计划，加强人才储备。

（二）聚焦项目带动，增强经济发展后劲

全力开展项目攻坚。深入开展“项目攻坚增效年”专项行动，力争全年完成开工项目67项，竣工项目44项，大力推动兴拓重工智能高端成套设备生产项目、罗源欧特不锈钢特种阀门项目等在建项目提速建设，力争全年完成投资额220.8亿元以上。建立全县重大项目储备库，围绕“四大经济”和基础设施等方面，适度超前谋划布局一批项目，力争县级重点项目年度投资计划达230亿元以上。

大力实施精准招商。依托闽商大会、数字峰会、投洽会等平台，用活罗源招商电子地图和电子手册，以绿色冶金和新能源产业作为主导发展方向，因地制宜用好用活优势资源，对接推进清华大学重点科研项目、海峡集团印务小镇、闽投深海装备等项目，进一步挖掘引进一批有潜力的新能源项目，实现新时代的“双龙抱珠”。

提升优化产业园区。不断完善产业园区基础设施及配套条件，加快扩区工程验收进度，启动金港工业区工业污水处理厂及污水干管、入海排污口整治工程，推动污水处理厂等项目见效。大力推进松岐中路、通屿大道等市政道路以及大小获片防洪排涝、松山A片区内河水系及滞洪区等水利工程项目建设，加快园区标准化建设，为产业发展提供良好承载平台。推进城镇土地成片开发，进一步盘活园区存量土地资源，启动金港工业园周边片区、罗源湾开发区站前片区、开发区北片区、白塔乡乡村振兴产业园区、松山书香小镇片区、金布岩片区、迹头至亿鑫钢铁段片区等12个片区土地征收工作，促进土地集约节约利用。

（三）全面深化改革，激发市场主体活力

推进重点领域改革。持续推广养殖海权改革，规范全县海水养殖秩序，增加渔民收入，畅通海水养殖融资渠道。深化国资国企改革，加强国有企业退休人员社会化管理。推进医药卫生体制集成改革，整合县域医疗资源力量，推动县总医院实质性运行。探索教育联盟（集团化）办学改革，建立完善教育资源整合共享机制。持续推进就业服务驿站村级服务点设立，切实打通就业服务“最后一千米”。

提升营商环境水平。深化“放管服”改革，推进涉企审批减环节、减材料、减时限、减费用。扩大“跨省通办、省内通办、全市通办”事项范围，增加“一件事打包办”套餐数量，推进政务服务便民化水平。推进“一网通办”“一网好办”改革，推进政务服务事项线上线下融合，让“数据跑路”代替“群众跑腿”，真正实现“最多跑一趟”，甚至“一趟不用跑”，持续提升网上政务服务能力，不断提高服务效能。持续扩大政务服务“帮办代办”范围，打造“保姆式”贴心服务模式，将帮办代办全方位融入政务服务过程，打通服务群众“最先一公里”，全面提升政务服务水平。

拓展港城功能布局。加快港城开发和交通基础设施体系建设，积极谋划省道S207线罗源白塔至西兰段公路（西兰隧道）、国道G228线迹头村至亿鑫钢铁段扩宽改建工程、国道228罗源迹头至选屿段公路等项目前期工作。全力推动罗源湾公共输送廊道、罗源湾深水航道二期等项目动工建设，推动罗源湾5#泊位扩能升级，助推牛坑湾围填海工程建设，实现产港城互动融合。

（四）推动协调发展，优化城乡功能品质

提升城市能级。推进旧城更新改造，完成东大新村14栋，393户改造任务。完善市政配套设施，改造市政道路5千米建设，推进府前街、三中路、罗川中路、东外路市政道路改造提升。逐步完善供排水、供气等基础设施建设，新建改造污水管网2千米，雨水管网1.5千米，地下燃气管网2760米、燃气立管改造2782米。提升城市亮化以及城市灯光维护管理水平，力争亮化率99.35%，进一步营造风格多样、层次分明、动静结合、错落有致的城区夜景景观。

推进乡村振兴。持续巩固农村人居环境整治三年行动，扎实开展“六清一改”“护河爱水、清洁家园”行动。全面实施乡村建设行动，进一步推进集镇环境整治工作，新启动1个以上乡镇所在地集镇环境整治样板建设，完成不少于4千米生活污水管网任务，新建10千米燃气管网敷设。推进“四好农村路”建设，新改建农村公路7千米，实施幸福农村路建设8千米，进一步提升农村公路通行能力。

持续推进村庄规划编制工作，力争完成5个村庄规划编制任务。发挥科技特派员作用，提高企业技术水平，增强农民致富能力，巩固拓展脱贫攻坚成果同乡村振兴有效衔接。

强化生态绿色发展。打好污染防治攻坚战，强化空气环境应急保障，持续改善大气环境质量。抓好土壤污染管控和修复。严格落实河（湖）长制，饮用水源水质达标率100%。深入推进耕地保护专项行动。持续巩固三级林长责任体系，强化森林资源管护、提升森林资源质量、维护生态系统稳定。推进罗源湾卷羽鹈鹕公园、北山红树林公园和碧里濂澳苍鹭栖息地等片区基础设施建设，修复滨海湿地生态。加强农业面源污染防治，持续推进畜禽粪污资源化利用，巩固畜禽养殖业污染治理成效。

（五）坚持以人为本，不断增进民生福祉

提升公共服务水平。加快补齐教育短板，筹建福州民族小学第二期工程、松山中学改扩建以及福州民族幼儿园，加快建设滨海第三实验幼儿园、特殊教育学校等项目，提升基础教育学位供给能力。推进职业教育高质量发展，支持职业中学组织学生参加国家级、省级技能大赛，着力培养高素质、复合型技术人才。健全完善疫情防控长效机制，进一步优化落实疫情防控措施，坚决扛起疫情防控责任。加快推进罗源县总医院、县医院感染科负压病房改扩建和鉴江卫生院迁建等项目建设进度。加强公共卫生体系建设，落实艾滋病、职业病及各类重大传染病防控措施。常态化开展“我为妇女群众办实事”实践活动，关心关爱困难妇女和困境儿童等特定群体。加强未成年人思想道德建设。促进文化事业繁荣发展，加快推进县文化三馆项目前期工作，推动音乐之城项目建设，完成基层文化服务中心3.0版提升任务，推进林可彝烈士墓等文物修缮工作。

加大社会保障力度。完善低收入人员信息，精准实施低保、特困、临时救助等各类救助工作。推进“福蕾行动计划”，加强儿童关爱保障。落实残疾人补助政策，巩固拓展残疾人脱贫攻坚成果。完善养老服务网络，计划新建5个长者食堂，持续推进一批农村幸福院质量提升。全面开展“本地就业万人计划”三年行动，抓实就业创业“战略重点”，新增城镇就业1400人。加强困难群体帮扶和社会救助，积极推进妇女儿童、工会、共青团、档案、审计、双拥、消防、退役军人服务保障等各项事业的全面发展。

加强社会治理创新。全力推动平安罗源、法治罗源建设提档升级、提质增效。继续实施文明创城“五大”行动，全力抓好2021—2023年度文明城市创建总评年迎检工作。巩固城乡社区治理成效，推进闽凤社区创建精品社区，深化凤美等4个社区近邻服务工作。持续打好“信访矛盾化解攻坚战”，努力实现信访积案化解达100%目标。强力整治涉黑涉恶、新型网络犯罪和黄赌毒、盗抢骗等违法犯罪活动，不断增强人民群众安全感。不断提升食品、药品安全保障水平。完成全县第一次自然灾害综合风险普查，提升抵御自然灾害的综合防范能力。进一步完善和落实安全生产责任制，强化风险管控和隐患排查治理，深化重点行业领域安全专项整治和监管执法，落实安全基础保障，守牢安全生产底线。

各位代表，做好2023年经济社会发展各项工作，任务艰巨，意义重大。我们要全面贯彻县委的决策部署，认真落实县十八届人大第二次会议决议，自觉接受县人大的监督、虚心听取县政协的意见和建议，坚定信心、砥砺奋进、勇毅前行，为全面建设现代化美丽海湾城市作出贡献。

以上报告，请予审议。

罗源县2022年国民经济和社会发展计划执行情况和2023年主要指标预期目标统计表

表1

<table>
<tr><th colspan="2">指标名称</th><th>单位
增长</th><th>2022年人民代表大会会议通过的预期目标</th><th>2022年预计完成情况</th><th>2023年
预期目标</th></tr>
<tr><td colspan="2">一、地区生产总值</td><td>%</td><td>8.0</td><td>6.5</td><td>7.0</td></tr>
<tr><td colspan="2">其中：第一产业增加值</td><td>%</td><td>3.8</td><td>5.2</td><td>5.0</td></tr>
<tr><td colspan="2">第二产业增加值</td><td>%</td><td>8.9</td><td>7.1</td><td>7.0</td></tr>
<tr><td colspan="2">#规上工业增加值</td><td>%</td><td>9.0</td><td>8.2</td><td>8.3</td></tr>
<tr><td colspan="2">建筑业增加值</td><td>%</td><td>8.0</td><td>6.7</td><td>6.0</td></tr>
<tr><td colspan="2">第三产业增加值</td><td>%</td><td>8.5</td><td>6.2</td><td>8.0</td></tr>
<tr><td colspan="2">二、固定资产投资</td><td>%</td><td>8.0</td><td>15.2</td><td>8.0</td></tr>
<tr><td colspan="2">三、社会消费品零售总额</td><td>%</td><td>10.0</td><td>5.0</td><td>6.0</td></tr>
<tr><td colspan="2">四、出口总额</td><td>%</td><td>5.0</td><td>完成16亿元</td><td>5.0</td></tr>
<tr><td colspan="2">五、实际利用外资</td><td>%</td><td>4.0</td><td>完成622万美元</td><td>完成1500万美元</td></tr>
<tr><td colspan="2">六、一般公共预算总收入</td><td>%</td><td>19.8</td><td>14.7</td><td>完成20亿元</td></tr>
<tr><td colspan="2">其中：地方一般公共预算收入</td><td>%</td><td>29.2</td><td>32.7</td><td>完成15亿元</td></tr>
<tr><td colspan="2">七、城镇居民人均可支配收入</td><td>%</td><td>7.0</td><td>7.0</td><td>8.0</td></tr>
<tr><td colspan="2">八、农村居民人均可支配收入</td><td>%</td><td>8.0</td><td>8.0</td><td>10.0</td></tr>
<tr><td colspan="2">九、新增城镇就业人数</td><td>人</td><td>—</td><td>1550</td><td>1400</td></tr>
<tr><td colspan="2">十、人口自然增长率</td><td>‰</td><td>6.0</td><td>0.36</td><td>2</td></tr>
<tr><td rowspan="4">十一、主要污染物排放总量减少</td><td>二氧化硫</td><td>万吨</td><td rowspan="4">控制在市下达指标内</td><td>-5</td><td>-5</td></tr>
<tr><td>氮氧化物</td><td>万吨</td><td rowspan="2">控制在市下达指标内</td><td rowspan="2">控制在市下达指标内</td></tr>
<tr><td>氨氮</td><td>万吨</td></tr>
<tr><td>化学需氧量</td><td>万吨</td><td>-5</td><td>-5</td></tr>
<tr><td colspan="2">十二、单位GDP能耗</td><td>%</td><td>完成市下达任务</td><td colspan="2">完成市下达任务</td></tr>
<tr><td colspan="2">十三、单位地区生产总值二氧化碳排放降低</td><td>%</td><td>完成市下达任务</td><td colspan="2">完成市下达任务</td></tr>
<tr><td colspan="2">十四、亿元地区生产总值生产安全事故死亡率</td><td>人</td><td>0.025</td><td>0.008</td><td>0.029</td></tr>
</table>

（编辑 林烨欣）

大事记

1 月

2 日　县委书记张新怿、县长林志斌带队赴临港企业检查指导疫情防控工作。

4 日　县委书记张新怿主持召开县委专题会议，研究推进全县闲置低效用地清理处置专项工作。

是日　县长林志斌主持召开县政府常务会议，传达学习省委、省政府、市委、市政府分别下发的《关于做好2022 年元旦春节期间有关工作的通知》文件主要精神，研究罗源县贯彻意见。

是日　县长、县防控新冠疫情工作应急指挥部总指挥长林志斌主持召开常态化疫情防控工作会议，部署罗源县下一阶段疫情防控工作。

5 日　县委书记张新怿主持召开县委专题会议，研究部署罗源县创建全国文明城市工作。

是日　县委书记张新怿主持召开县委常委会会议暨县委学习贯彻习近平新时代中国特色社会主义思想工作小组会议、县委理论学习中心组学习会，传达学习习近平总书记近期重要讲话、重要指示精神及上级有关会议主要精神，研究罗源县贯彻意见。

11 日　罗源县音乐舞蹈家协会召开第四次会员代表大会，选举产生罗源县音乐舞蹈家协会新一届理事会理事。

14 日　罗源县召开 2022 年深化群众身边腐败和作风问题专项整治工作部署会，通报近年罗源县专项整治群众身边腐败和作风问题工作情况，对2022 年专项整治工作进行安排部署。

是日　全县党史学习教育总结大会召开。县委书记张新怿出席会议并讲话，强调要深入学习贯彻中共十九届六中全会和中央政治局专题民主生活会精神，落实中央和全省、全市党史学习教育总结会议精神，认真总结、巩固拓展罗源县党史学习教育成果，引导全县广大党员干部以史为鉴、开创未来、实干担当、激情创业。

15 日　罗源县启动“岐阳旧屋区改造项目地块 2 安置房交房”工作，在 1135 户回迁户中，选择地块 2 安置房的 336 户将陆续办理交房手续，喜提新居，至此岐阳片区旧改项目收官。

17 日　县长林志斌主持召开全县安全生产工作会议，贯彻落实全国、全省、全市安全生产电视电话会议精神，部署罗源县安全生产工作。

是日　县政府党组书记、县长林志斌主持召开县政府党组（扩大）会议，传达学习习近平总书记近期重要讲话、重要指示精神及上级有关会议主要精神。

是日　县委书记张新怿带队赴霍口畲族乡开展春节走访慰问活动，为困难党员、困难群众送去党和政府的关怀与温暖，并致以新春祝福。

20 日　县政府党组召开党史学习教育专题民主生活会。县政府党组书记、县长林志斌主持并作总结讲话，县委党史学习教育第 4 巡回指导组有关负责人到会指导点评。

21 日　在新春佳节来临之际，县委书记张新怿带队走访慰问驻罗源部队官兵和罗源县第二医院征地工作指挥部一线工作人员，向他们送去节日问候和新春祝福，并开展基层调研活动。

25 日　县长、县防控新冠疫情工作应急指挥部总指挥长林志斌主持召开常态化疫情防控工作会议，部署罗源县下一阶段疫情防控工作。

26 日　罗源县教育系统举行校际共建帮扶签约仪式，标志着罗源县教育事业将在名校、名牌、名师引领下，实现高质量发展。县委书记张新怿、县委副书记杨大兴、副县长钟凤金出席签约仪式。

28 日　罗源县举行乡镇党政领导平安建设、生态环境保护目标责任书签订仪式。

是日　中共罗源县纪委十四届二次全会召开，深入学习贯彻习近平新时代中国特色社会主义思想和中共十九届六中全会精神，认真落实十九届中央纪委六次全会、省纪委十一届二次全会、市纪委十二届二次全会和省市党代会部署要求，坚持不懈把全面从严治党向纵深推进，汇聚“启航新时代，做强北大门，打响四大国家级品牌，建功丝路海港城”强大精神动力，为加快建设幸福宜居的现代化新罗源提供坚强保障。县委书记张新怿出席并讲话，县委副书记、县长林志斌，县人大常委会主任肖永建，县政协主席兰可明出席，县委常委、县纪委书记、县监委主任黄雨涛主持并作工作报告。

2月

3日 由县科技文体局主办、县足球协会承办的2022春节足球邀请赛在县九大中心田径场开赛。

5日 县教育局召开“感恩有您，助力思源”首届企业家乡贤座谈暨答谢会。罗源部分爱心企业家、乡贤代表和思源基金会成员以及部分学校校长欢聚一堂，共庆新春佳节，共叙桑梓之情，共话罗源发展。

7日 罗源县2022年第一季度11个重大项目集中开工，为全县经济社会发展注入强劲动力。

8日 罗源县召开文明城市创建工作推进会。

11日 县委书记张新怿主持召开县委学习贯彻习近平新时代中国特色社会主义思想工作小组会议暨县委理论学习中心组学习会，传达学习习近平总书记近期重要讲话精神及上级有关会议主要精神，研究罗源县贯彻意见。

14日 北门社区开展“我们的节日·元宵节‘共筑邻里情，欢乐闹元宵’”活动。

是日 2022年第一季度全县学校安全工作会议召开。

是日 全县公安工作会议召开，总结上年工作，分析当前形势，研究部署2022年全县公安工作。

15日 县林业局、县农业农村局、县公安局森林警察大队、松山镇人民政府联合开展卷羽鹈鹕等野生鸟类保护行动。

是日 县教师进修学校附属小学联合县公安局城关派出所开展开学前安全演练活动。

是日 县政府党组书记、县长林志斌主持召开县政府党组(扩大)会议，传达学习习近平总书记在中央政治局第三十六次集体学习、2022年春节团拜会、赴山西看望慰问基层干部群众重要讲话精神及省委、市委、县委常委会会议主要精神；传达学习省委书记尹力、省政府省长赵龙到榕看望慰问春节期间坚守一线干部职工时的讲话精神和省委书记尹力在福清市调研时的讲话精神及市委常委会、市政府党组会、县委常委会会议主要精神，研究县政府贯彻意见。

21日 县委书记张新怿主持召开全县2021年度乡镇党委书记抓基层党建工作述职评议会，深入学习贯彻落实中共十九届六中全会精神及上级有关会议精神，通过查述评议的方式，全面了解一年来基层党建工作开展情况，促进基层党建全面进步、全面过硬。

23日 在收听收看完全国、全省、全市新冠疫情防控工作电视电话会议后，罗源县立即召开新冠疫情防控工作部署会，分析研判当前疫情形势，进一步细化分工、压实责任，贯彻落实好新形势下新冠疫情防控各项工作。

24日 县长林志斌主持召开全县春季农业生产会议，传达全国、全省春季农业生产会议精神，部署罗源县2022年春季农业生产有关工作。

是日 县政府党组书记、县长林志斌主持召开县政府党组（扩大）会议，传达学习中央、省委、市委农村工作会议及县委常委会会议主要精神，研究县政府贯彻意见。

25日 全县宣传思想文化工作会议召开。

是日 县委政法工作会议召开。

28日 罗源县召开县人大代表建议和政协委员提案交办工作会议。

是日 罗源县召开2022年推进“四好农村路”建设工作部署会。

是月 罗源县畲药锤板拍打疗法和罗源进水宫庙会（过火）入选第七批省级非物质文化遗产代表性项目名录。

是月 罗源县气象局举办“基层气象工作30年纪念章”颁发仪式，为8名同志颁发从事基层气象工作30年纪念章。

是月 罗源湾经济开发区入选为国家大宗固体废弃物综合利用示范基地。

3月

1日 罗源湾北岸港城重点项目指挥部召开攻坚2022行动推进会，听取项目推进情况汇报，分析梳理存在问题，逐项研究推进措施。

是日 罗源县召开2022年全县统战工作会议，传达学习全国、全省、全市统战部长会议主要精神和省委、市委、县委常委会会议精神，部署2022年工作任务。

是日 罗源县召开“助力春耕备耕 稳定粮食生产”金融产品推介会，副县长张昆鹏主持会议。

3日 罗源县开展第九个“世界野生动植物日”宣传活动，进一步加强野生动植物保护和公共卫生安全教育，引导市民树立尊重自然、顺应自然、保护自然的生态文明理念。

是日 县教育局召开2022年全县教育工作会议暨春季开学部署会，总结2021年全县教育工作情况，分析教育改革发展形势，部署2022年教育工作和春季学期开学各项任务。

4日 由县委宣传部、县委文明办主办的“弘扬雷锋精神 共创文明城市”——2022年罗源县学雷锋志愿服务主题活动启动仪式在凤蝶广场举行。

是日 县老年大学和县教师协会举行成立关工委揭牌仪式。

8日 凤山镇凤嘉社区党总支部、新时代文明实践站联合罗源住房公积金管理中心开展“巾帼心向党 情暖邻嘉缘”三八节志愿服务活动。

是日 县发展和改革局联合粮食应急指挥部各成员单位开展粮食应急演练。

是日 县政府党组书记、县长林志斌主持召开县政府党组（扩大）会议，传达学习上级有关讲话、会议主要精神，研究县政府贯彻意见。

9日 县长林志斌带领县直有关部门负责同志赴碧里乡、罗源湾开发区调研重点项目用地保障工作。

10日 县委书记张新怿主持召开县委常委会会议，传达学习市委书记林宝金到罗源县调研时的讲话精神，研究罗源县贯彻意见。

是日 罗源县召开2022年度春季定兵会议。

11日 全县疫情防控工作会议召开。

12日 福州台商投资区开展“绿化美化园区，共享发展成果”全民义务植树活动，巩固提升园区水清、岸绿、景美成效。

15日 县长林志斌带领县直有关单位负责人赴临港企业、物流企业检查疫情防控和安全生产工作。

是日 县委书记张新怿主持召开县新冠疫情防控工作领导小组会议，听取罗源县近期新冠疫情防控工作有关情况汇报，安排部署下一阶段疫情防控工作。

17日 县长、县防控新冠疫情工作应急指挥部总指挥长林志斌主持召开常态化疫情防控工作会议，部署罗源县下一阶段疫情防控工作。

是日 县政协副主席陈明娟带队赴西兰乡开展春耕备耕生产工作情况视察活动。

18日 在收听收看全市疫情防控工作视频会议后，县委书记张新怿立即主持召开全县疫情防控工作部署会议，分析疫情形势，部署罗源县疫情防控工作。

是日 县委书记张新怿带领县直有关单位负责同志赴西兰乡、起步镇调研春耕备耕工作，与镇村干部、种植大户算细账、话发展，研究农业增效、农民增收措施。

是日 县长林志斌带领县直有关单位负责人赴后张巷、溪尾街实地调研历史文化街区业态提升工作。

是日 县十八届人大常委会召开第二次会议。

是日 县委书记张新怿、县长林志斌深入学校、酒店、超市、药店等地，实地检查疫情防控工作。

19日 在收听收看全国新冠疫情防控工作电视电话会议和全市疫情防控工作视频会议后，县委书记张新怿主持召开全县疫情防控工作会议，迅速贯彻落实全国、全市会议精神，对做好罗源县疫情防控工作再部署、再落实。

21日 县委副书记杨大兴带队开展校园防疫专项检查行动，突击检查校园疫情防控工作落实情况。

22日 县长林志斌带队检查码头企业疫情防控工作，要求严格按照标准规范，从严、从紧、从细、从实抓好码头疫情防控工作。

是日 罗源县慈善总会第三次会员代表大会召开。

是日 县人大召开评议基层单位初评阶段工作推进会。

是日 在收听收看全市疫情防控工作部署视频会议后，县委书记、县应对新冠疫情工作领导小组组长张新怿立即主持召开全县疫情防控工作会议暨县应对新冠疫情工作领导小组2022年第11次会议，进一步细化部署疫情防控工作。

23日 县长林志斌带队检查疫情防控工作，要求从严、从紧、从细落实好各项防控措施，筑牢疫情防控坚固防线。

是日 在参加省市防汛抗旱工作视频会议暨防汛指挥长培训班后，罗源县随即召开全县防汛抗旱视频部署会，对防汛抗旱工作进行部署安排。县委常委、副县长陈启辉出席会议并讲话。

是日 县政协十一届常委会召开第一次会议。

24日 县委书记张新怿主持召开县委专题会议，部署推进罗源县一季度“开门红”工作。

是日 在收听收看全市疫情防控工作部署视频会议后，县委书记、县应对新冠疫情工作领导小组组长张新怿立即主持召开全县疫情防控工作会议暨县应对新冠疫情工作领导小组2022年第15次会议，进一步细化部署疫情防控工作。

是日 罗源县召开“三公（工）一大”融合协同机制专题会议

是日 县委书记张新怿主持召开县委专题会议，部署推进罗源县一季度“开门红”工作。

25日 县委书记、县应对新冠疫情工作领导小组组长张新怿主持召开县委专题会议暨县应对新冠疫情工作领导小组2022年第16次会议，研究推进“无疫小区”创建专项行动及清明期间文明祭扫有关工作。

是日 县政协副主席陈明娟带队赴鉴江镇开展粮食安全和春耕备耕生产工作视察活动。

是日 在收听收看全市疫情防控工作视频会议后，县委书记、县新冠疫情防控工作领导小组组长张新怿立即主持召开全县疫情防控工作会议暨县新冠疫情防控工作领导小组2022年第17次会议，进一步细化部署疫情防控工作。

26日 县妇联组织人员走访慰问罗源县驰援泉州、福州一线女性医务工作者家庭，送去党和政府以及妇联“娘家人”的关怀和温暖。

28日 县委书记张新怿主持召开县委专题会议，认真听取城区污水处理情况汇报，研究部署下一步工作。

30日 县委书记张新怿主持召开县委专题会议，研究部署罗源县招商工作。

31日 在收听收看全国、全省、全市安全生产电视电话会议后，县长林志斌随即主持召开全县安全生产工作会议，贯彻落实上级会议精神，结合当前安全生产形势，安排部署当前及今后一段时期的安全生产工作。

是日 县委书记张新怿主持召开县委常委会（扩大）会议暨县委理论学习中心组学习会。

是日 县委书记张新怿主持召开县委学习贯彻习近平新时代中国特色社会主义思想工作小组会议暨县委理论学习中心组学习会，传达学习习近平总书记对安全生产、防汛救灾、森林防火工作的重要讲话重要指示批示精神，研究罗源县贯彻意见。

是月 实验幼儿园（岐阳园区）、滨海第二实验幼儿园建成开园。

4月

1日 县委书记张新怿赴白塔乡南洋村调研村庄清洁“六清一改”工作。县委副书记杨大兴参加调研。

2日 在收听收看全市创建“无疫小区”工作推进视频会后，罗源县随即召开全县创建“无疫小区”工作推进会，对罗源县创建“无疫小区”进行再部署再动员。

是日 县政府党组书记、县长林志斌主持召开县政府党组（扩大）会议，围绕一年来贯彻落实习近平总书记到闽考察重要讲话精神，结合工作实际，开展集中学习研讨。

4日 县长林志斌带队赴部分重点企业，检查疫情防控工作，并看望奋战在疫情防控一线的工作人员和志愿者。

是日 县委书记、县新冠疫情防控工作领导小组组长张新怿主持召开全县疫情防控工作会商会暨县新冠疫情防控工作领导小组2022年第25次会议，听取指挥部各工作小组疫情防控工作开展情况汇报，对当前疫情防控工作进行研究会商、部署安排。

5日 县委书记张新怿主持召开县委专题会议，研究推进罗源县民宿产业发展工作。

6日 县委书记张新怿主持召开县委专题会议，研究环罗源湾（北岸）产港城发展“十四五”专项规划编制工作。

7日 县政府副县长、县重点场所防控组组长黄国安带领相关部门负责人深入城区部分药店、农贸市场、商超、酒店、建筑工地等重点场所，督查疫情防控工作落实情况。

是日 县委副书记、县级副林长杨大兴带领县直有关部门负责人赴松山镇开展2022年第一季度林长巡山活动。

9日 县重点场所防控组召集县公安局、工业和信息化局、市场监督管理局、卫健局、凤山镇、松山镇等成员单位组成联合执法小组，兵分两路前往凤山镇与松山镇，采取拉网式、全覆盖的方式，对各经营单位落实常态化疫情防控工作情况进行突击检查，压紧压实疫情防控主体责任，保障人民群众生命健康安全。

是日 县委书记张新怿赴碧里乡、鉴江镇实地调研乡村振兴工作。

是日 县委书记张新怿赴县公安局、动车站检查疫情防控工作。

是日 在收听收看全市疫情防控视频会商会后，县委书记张新怿主持召开县新冠疫情防控工作领导小组2022年第28次会议，迅速贯彻落实市疫情防控视频会商会精神，部署下阶段罗源县疫情防控工作。

11日 县委书记、县新冠疫情防控工作领导小组组长张新怿主持召开全县疫情防控工作视频会商会暨县新冠疫情防控工作领导小组2022年第29次会议，听取指挥部各工作小组疫情防控工作开展情况汇报，会商研判当前疫情形势，对疫情防控工作进行再部署、再推进。

是日 在收听收看全市疫情防控工作视频会议后，县委书记、县新冠疫情防控工作领导小组组长张新怿立即主持召开全县疫情防控工作视频会商会暨县新冠疫情防控工作领导小组2022年第30次会议，听取各乡镇疫情防控工作开展情况汇报，结合当前疫情形势，进一步细化部署疫情防控工作。

是日 县委书记、县新冠疫情防控工作领导小组组长张新怿主持召开全县疫情防控工作视频会商会暨县新冠疫情防控工作领导小组2022年第32次会议，传达上级有关会议文件精神，听取各乡镇，县疫情防控应急指挥部各工作小组疫情防控工作情况汇报，会商研判当前疫情形势，安排部署下一步防控工作。

13日 凤山镇联合县市场监督管理局、县公安局城关派出所开展“禁止堂食”宣传活动。

是日 县委书记、县新冠状疫情防控工作领导小组组长张新怿主持召开全县疫情防控工作视频会商会暨县新冠疫情防控工作领导小组2022年第33次会议，听取各乡镇、县疫情防控应急指挥部各工作小组疫情防控工作情况汇报，结合当前疫情形势，进一步细化部署疫情防控工作。

14日 罗源县组织开展2022年“护河爱水 清洁家园”系列活动之松山镇小获溪段活动，发挥党员干部带头示范作用，带动广大群众增强环保意识，共建美好家园。

是日 在收听收看全国、全省、全市防汛抗旱工作电视电话会议后，罗源县随即召开全县防汛抗旱工作部署会议，对防汛抗旱工作进行再部署、再安排。县委常委、副县长陈启辉出席会议并讲话。

16日 罗源县组织开展2022年“护河爱水 清洁家园”行动，广大干部群众齐发力，护河爱水共建清洁家园。

18日 县委书记张新怿带队赴中

房镇检查疫情防控工作，调研乡村振兴工作，并看望慰问坚守在疫情防控一线的工作人员。

是日 县人民法院、县人民检察院、县公安局联合举行《关于依法惩处拒执犯罪若干问题的会议纪要》会签仪式。

19 日 县长林志斌带队赴白塔乡、碧里乡、鉴江镇调研重大项目用地落实情况。

是日 县长、县级林长林志斌带领县直有关部门负责人赴碧里乡、鉴江镇开展2022年第二季度林长巡山活动。

20 日 罗源县在白塔乡南洋村召开农村人居环境积分制及宅基地审批和建房管理现场推进会。

是日 县委书记张新怿主持召开县委专题会议，研究部署生态环境保护工作。

22 日 县委常委、副县长陈启辉主持召开县新冠疫情防控工作指挥部常态化疫情防控工作会议，部署罗源县下一阶段疫情防控工作。

25 日 在收听收看国务院第五次廉政工作会议后，县长林志斌立即主持召开 2022 年全县廉政工作会议，传达学习国务院、省、市会议精神，部署罗源县政府系统廉政建设和反腐败工作。

26 日 副县长黄国安带队赴福建源鑫环保科技有限公司、福建源鑫建材有限公司开展“专精特新八闽行”企业走访活动。

是日 县委常委、副县长陈启辉主持召开全县第二季度防范重特大生产安全事故会议，贯彻落实近期中央和省市关于加强安全生产工作的决策部署，分析研判当前安全生产形势，安排部署第二季度安全生产工作。

27 日 县委书记、县新冠疫情防控工作领导小组组长张新怿主持召开县新冠疫情防控工作领导小组 2022 年第 35 次会议，听取指挥部各工作小组疫情防控工作开展情况汇报，就下一步防控工作进行安排部署。

是日 县委书记张新怿主持召开县委学习贯彻习近平新时代中国特色社会主义思想工作小组会议暨县委理论学习中心组学习会，传达学习习近平总书记近期重要讲话、重要指示批示精神、《求是》文章精神及上级有关会议、文件主要精神，研究罗源县贯彻意见。

28 日 在收听收看全市疫情防控和安全生产工作视频会议后，县委书记张新怿立即主持召开全县疫情防控和安全生产工作会议，传达贯彻落实上级有关会议精神，研究部署“五一”期间罗源县疫情防控和安全生产工作。

29 日 县政府党组书记、县长林志斌主持召开县政府党组(扩大)会议，传达学习习近平总书记近期重要讲话、重要指示批示精神、《求是》文章精神及上级有关会议、文件主要精神，研究县政府贯彻意见。

30 日 罗源县举行“企业服务年”启动仪式，召开优化营商环境落实惠企政策对接会。

5 月

5 日 县委党校 2022 年春季主体班开班。县委常委、组织部部长、县直机关工委书记、党校（行政学校）校长张凯出席开班仪式并作主题党课。

6 日 县委书记张新怿主持召开县委学习贯彻习近平新时代中国特色社会主义思想工作小组会议暨县委理论学习中心组学习会，传达学习习近平总书记近期重要讲话、重要指示批示精神及上级有关会议主要精神，研究罗源县贯彻意见。

7 日 县妇联举办“关爱母亲 家家安康”“母亲健康 1+1”公益募捐活动。

9 日 县长林志斌带队赴开发区调研时代聚丙烯深加工项目建设进展情况。

是日 在收听收看全国、全省、全市疫情防控工作部署视频会议后，县委书记张新怿立即主持召开全县疫情防控工作部署会，分析研判当前疫情形势，进一步细化部署罗源县疫情防控工作。

是日 县委书记张新怿主持召开县委常委会（扩大）会议，听取县委常委班子成员述责述廉报告，并进行点评和评议。

是日 在收听收看全国、全省、全市疫情防控工作部署视频会议后，县委书记张新怿立即主持召开全县疫情防控工作部署会，分析研判当前疫情形势，进一步细化部署罗源县疫情防控工作。

是日 罗源县召开防汛工作视频会议，贯彻落实全市防汛工作会议精神，部署全县防汛工作。县领导林志斌、陈启辉、徐忠琼出席会议。

10 日 庆祝中国共产主义青年团成立 100 周年大会在北京人民大会堂隆重举行。罗源县各级团组织、广大青年以各种形式组织集中收听收看大会直播。

是日 县委书记张新怿主持召开县招商引资工作领导小组会议，听取部分招商项目和飞地项目招商政策有关情况汇报，研究推进罗源县招商工作。

是日 罗源县在洪洋乡召开农业粮食生产工作现场会。

11 日 罗源县举办 2022 年全县防汛业务培训班，县委常委、副县长陈启辉出席并讲话。

是日 宝钢德盛热轧厂 1780 毫米产线精轧自动单次换辊刷新国内已知热轧产线精轧自动换辊单次最快纪录。

12 日 县委书记张新怿带队调研罗源县防汛备汛工作。

是日 县委书记张新怿主持召开县委学习贯彻习近平新时代中国特色社会主义思想工作小组会议暨县委理

论学习中心组学习会，传达学习习近平总书记近期重要讲话、贺信、回信精神及上级有关会议主要精神，研究罗源县贯彻意见。

是日 县长、县防控新冠疫情工作应急指挥部总指挥长林志斌主持召开常态化疫情防控工作会议，部署罗源县下一阶段疫情防控工作。

是日 县政府党组书记、县长林志斌主持召开县政府党组（扩大）会议，传达学习习近平总书记4月29日对湖南长沙居民自建房倒塌事故作出的重要指示精神及省委、市委、县委常委会会议主要精神，研究县政府贯彻意见。

14日 县委书记张新怿带队赴罗源县高级职业中学，调研罗源县职业教育工作。

17日 县慈善总会起步镇慈善分会召开成立大会。成立大会上，县慈善总会为起步镇慈善分会授牌，并颁发印章。

是日 县十八届人大常委会召开第三次会议，县人大常委会主任肖永建，副主任赖时铿、黄垂卫、辛捷，县人大常委会委员出席会议；副县长黄国安，县监委、县法院、县检察院领导，各乡镇人大主席，县人大常委会机关科级以上干部，县直有关部门领导及部分市县人大代表等列席会议。

18日 在收听收看2022年福建省普通高校招生考试安全工作视频会议及2022年福州市高招委员会扩大会议后，罗源县召开2022年高招委员会会议，进一步细化部署罗源县2022年高校招生考试工作。

是日 在收听收看2022年福建省普通高校招生考试安全工作视频会议及2022年福州市高招委员会扩大会议后，罗源县召开2022年高招委员会会议，进一步细化部署罗源县2022年高校招生考试工作。

是日 县长林志斌带队赴罗源湾开发区多家企业开展调研。

是日 罗源县示范性职工技能竞赛——福港罗源湾专场装载机项目岗位技能竞赛举行，55名生产一线人员参加。

19日 县总工会联合县乒乓球协会共同举办2022年罗源县“工运杯”职工乒乓球比赛。

是日 县文体旅局、旅游事业发展中心联合举办2022年“中国旅游日”主题活动，共群发4万条节日短信，发放200份旅游画册及宣传品。

20日 县委理论学习中心组召开学习（扩大）会。

21日 罗源县组织开展2022年“护河爱水 清洁家园”行动，广泛动员干部群众，共护绿水青山，共建清洁家园。

25日 县人民法院在罗源滨海学校开展《中华人民共和国民法典》进校园宣讲活动，进一步加强对青少年《中华人民共和国民法典》主题宣传教育，提高青少年法治意识，营造浓厚的校园法治教育氛围。

是日 团县委、罗源一中联合举办罗源县学校团组织学习贯彻习近平总书记在庆祝中国共青团成立100周年大会上的重要讲话精神学习会暨学校领域团组织规范化建设现场观摩会。

26日 县长、县防控新冠疫情工作应急指挥部总指挥长林志斌主持召开常态化疫情防控工作会议，部署罗源县下一阶段疫情防控工作。

27日 十四届县委第二轮巡察工作动员部署会召开。县委常委、县委组织部部长、县委巡察工作领导小组副组长张凯出席会议。

是日 在收听收看全市防汛工作视频会后，罗源县立即召开防汛工作视频会，迅速传达贯彻上级有关会议精神，对全县防汛工作作出部署安排。县委书记张新怿出席会议并讲话，县长林志斌主持会议并作部署。

28日 县委书记张新怿带队赴白塔乡检查防汛工作。

29日 县长林志斌带队赴罗源湾北岸港区及鉴江湾检查防汛工作。

30日 县委召开专题会议，研究部署全县教育高质量发展工作。

是日 县委书记张新怿带队前往罗源县部分幼儿园、小学开展“六一”国际儿童节慰问活动，并通过他们向全县广大少年儿童致以节日的祝福，向辛勤劳动的广大教育工作者表示诚挚的问候。

是日 县第二实验小学举办“‘喜迎二十大·争做好队员’‘六一’”文艺会演。

31日 福建省第七届老年人智力运动会在罗源开幕。省老体协主席王美香出席开幕式并讲话，省人大常委会原副主任庄先宣布开幕，省老体协副主席陈震、省老体协棋牌专委会主任张小平、县委书记张新怿、副县长钟凤金等出席开幕式。

是日 县人大常委会副主任辛捷带队深入罗源县部分学校、校外培训机构，就全县教育“双减”政策贯彻落实情况开展专题调研。

是日 县委党校召开第25期中青班学员座谈会，汇报交流学习体会。

是日 县委书记张新怿主持召开县委常委会会议，传达学习习近平总书记近期重要指示批示精神、领导调研讲话精神及上级有关文件、会议精神，研究罗源县贯彻意见。

是月 县人大常委会组织开展评议基层单位初评阶段集中测评，共728名市县乡三级人大代表、237名群众参与。

是月 县残联开展第32个全国助残日活动，走访慰问贫困残疾人4户，发放慰问金共计2000元。

是月 县贸促会联合市贸促会开展《区域全面经济伙伴关系协定》（简称RCEP）宣传活动，邀请闽联木业有限公司、潮歌生态农业发展有限公司等6家企业召开座谈会，实地走访调研福万塑料制品有限公司等外贸企业2家。

是月 罗源县6521名干部职工参加市第十期“温暖工程”活动，募集上缴活动经费65.21万元，比上期增长5.6%。

6月

1日 县总工会召开第十七届委员会第四次全体会议。县委常委、县总工会主席陈登兴出席会议。

是日 市、县人社局、罗源湾经济开发区管委会联合举办“好年华，聚福州”罗源县工业园区专场直播带岗活动，为求职者与企业架起“云端桥梁”，让好工作“触屏”可及。

是日 县委常委、政法委书记郑育新组织召开全县提升平安建设“三率”工作部署会，县直各单位、垂管单位分管领导、各乡镇政法委员参加会议。会议回顾上年平安建设“三率”取得的成绩，指出存在的短板和不足，并部署提升工作任务。

是日 县政协副主席陈明娟带领部分政协委员对罗源县乡村中小学集中办学、优化两城区师资配置水平情况进行视察。

2日 县委书记张新怿带队赴松山镇调研罗源湾卷羽鹈鹕公园建设情况。

是日 县委民族工作会议暨全县宗教工作会议召开，深入学习贯彻中央和省委、市委部署要求，全面总结罗源县民族宗教工作，部署下一阶段工作。县委副书记、县长林志斌出席并讲话，县委副书记杨大兴主持，县委常委、统战部部长陈模煜作工作部署。

是日 2022年万人亿鱼增殖放流罗源分会场活动在松山镇举行。

3日 县文化体育和旅游局与白塔乡联合主办的“世界冠军和你一起过端午”2022福州美丽乡村旅游季（罗源）端午专场活动在白塔乡百丈村开展。

是日 受县委县政府主要领导委托，县政府副县长、县疫情防控指挥部常务副指挥长钟凤金带队赴集中隔离点看望慰问端午节期间坚守岗位的工作人员及上海高校入（返）罗学生等隔离人员，向他们致以节日的问候和衷心的感谢。

5日 县委书记张新怿主持召开县招商引资工作领导小组会议，听取已摘地项目纳税纳统转化、备案项目促开工落地及在谈项目谈判促签约等有关情况汇报，研究推进罗源县招商工作。

是日 县委书记张新怿主持召开县委专题会议，贯彻落实党中央、国务院关于扎实稳住经济决策部署和省、市有关工作要求，部署加快稳经济“一揽子”政策措施落地见效。

是日 在收听收看全省、全市防暴雨工作视频会议后，罗源县立即召开全县防范强降雨工作部署会。

是日 县实验幼儿园岐阳园区举行揭牌仪式。副县长钟凤金出席仪式。

6日 县长林志斌赴县住建局调研，详细了解住建系统年度中心工作、重点项目安排，研究解决推进工作中的难点、痛点。

是日 罗源县人民政府防汛抗旱指挥部组织应急、水利、气象、教育等部门召开高考期间防汛安全专题部署会。

8日 罗源县召开全县组织工作推进会暨机关党的工作会议、老干部工作领导小组会议、干部监督联席会议，县委常委、组织部部长张凯出席会议并讲话。

是日 县老科学技术工作者协会召开第三届代表大会。全县老科学技术工作者代表齐聚一堂绘制蓝图，共谋发展。

是日 县委书记、县新冠疫情防控工作领导小组组长张新怿主持召开全县疫情防控工作视频会商会暨县新冠疫情防控工作领导小组2022年第39次会议，传达上级有关会议精神，听取近期疫情防控工作有关情况汇报，会商研判当前疫情形势，安排部署下一步防控工作。县长林志斌作具体部署。

9日 县政府党组书记、县长林志斌主持召开县政府党组(扩大)会议，传达学习习近平总书记在中共中央政治局第三十九次集体学习时的重要讲话精神、国务院、省政府稳经济“一揽子”政策有关精神及上级有关会议主要精神，研究县政府贯彻意见。

10日 县长林志斌带队实地调研县应急指挥中心建设情况。

是日 福州警备区在罗源县组织开展福州市应急力量水上救援军地联合演练。福州警备区司令员周强国，县领导林志斌、周宇骋出席活动。

是日 县法学会第二次会员代表大会召开，县委副书记杨大兴，县委常委、政法委书记郑育新出席会议。

11日 县委书记张新怿带队深入重点招商项目一线，现场办公协调解决项目难题。

12日 在收听收看全省全市防范持续性暴雨工作视频会议后，罗源县随即召开防范持续性强降雨工作部署会，对持续性强降雨防范工作进行再强调、再部署、再落实。县委常委、副县长陈启辉出席会议并讲话。

13日 县委书记张新怿带队赴飞竹镇、起步镇检查防汛工作，要求各乡镇各部门要把保障人民群众生命和财产安全放在第一位，扎实做好防汛减灾各项工作，确保全县平安度汛。

14日 罗源县举办首届“做诚信好少年”主题征文比赛颁奖暨2022年“新时代好少年”先进事迹发布会。省诚信促进会常务副会长林鸿坚、市诚信促进会常务副会长米伟受邀到罗指导，县政协主席兰可明、副县长钟凤金、县诚信促进会会长周在勤等出席活动。

是日 市委常委、组织部部长蔡亚东带队到罗源县调研基层党建工作，并走访挂钩联系的松山镇五里社区香缇半岛小区联合党支部和白塔乡南洋村党支部，实地了解群众生产生活、基础设施建设等情况，协调解决相关问题。

是日 罗源县召开全县防御强降雨专题会议，对持续性强降雨防范工作进行再部署再落实。县委常委、副县长陈启辉出席会议并讲话。

15 日 县长林志斌带队赴罗源湾开发区调研道路规划建设情况。

是日 罗源生态环境局联合闽凤社区、中闽（罗源）水务有限公司及华能罗源发电公司开展以“落实‘双碳’行动，共建美丽家园”为主题的宣传活动。

16 日 县长林志斌赴县教育局调研，认真听取全县教育工作及文教卫生事业发展指挥部项目进展情况汇报，研究解决推进工作中的难点、痛点。

是日 罗源县乡镇政协联络组成立大会召开。

是日 县委书记张新怿主持召开县委专题会议，深入分析研判当前经济形势，认真查找存在的突出问题，研究部署全力冲刺“双过半”工作。

是日 县政协十一届常委会召开第 2 次会议。

17 日 县委书记张新怿主持召开县委常委会会议，集中学习研讨《闽山闽水物华新——习近平福建足迹》，传达学习习近平总书记近期重要讲话、回信、贺信精神及上级有关会议主要精神，研究罗源县贯彻意见。

18 日 罗源县召开 2022 年中招委工作会议，安排部署罗源县 2022 年初中学业水平考试及中招有关工作。副县长钟凤金出席会议。

是日 县长林志斌主持召开县政府专题会议，认真听取全县尾矿、尾渣整治、机制砂产业发展、重点流域水质提升等工作情况汇报，研究部署下阶段全县生态环境保护工作。

20 日 县统战系统举办“喜迎二十大 同心跟党走”主题讲座活动。

是日 罗源滨海玉石城认筹签约仪式在罗源湾滨海新城商业街举行。县领导张新怿、杨大兴、林颖、黄国安、钟凤金，以及世纪金源集团总经理郑佑和，中国工艺美术大师林飞、潘惊石，广东肇庆福州商会会长郑良东等参加活动。

22 日 县长林志斌赴县民政局调研，认真听取全县民政工作情况汇报，研究破解民政事业发展的“瓶颈”问题。

是日 县安办在闽星广场组织开展“安全宣传咨询日”活动。

是日 罗源县在闽江学院举办“智汇罗川 职通未来”校园招聘会，积极搭建起政企校合作平台，畅通政府、高校、企业、学生对接渠道，实现精准服务，助力高校大学生就业，解决企业需求。

23 日 县政府党组书记、县长林志斌主持召开县政府党组（扩大）会议，集中学习研讨《闽山闽水物华新——习近平福建足迹》，传达学习习近平总书记近期重要讲话及省委、市委、县委常委会会议主要精神，传达学习福州市农村人居环境整治积分制暨农村建设品质提升现场推进会主要精神，研究县政府贯彻意见。

是日 县政府党组书记、县长林志斌主持召开县政府党组 2021 年度述责述廉工作会议，听取县政府党组成员 2021 年度述责述廉报告。

27 日 团县委、县教育局联合举办 2022 年少先队辅导员业务培训会。

28 日 青山信拓集团董事长张积敏一行到罗源县考察调研。

是日 在收听收看省市林业改革发展会议暨省级总林长、市级林长视频会议后，县委书记、县级林长张新怿主持召开全县林业改革发展会议暨县级林长会议，迅速贯彻落实上级会议精神，研究部署罗源县林业改革发展工作及林长制工作。

是日 县委理论学习中心组学习（扩大）会召开。会议邀请东方电气集团首席专家、东方电机有限公司副总工程师石清华和福建省工业和信息化厅装备工业处副处长杨斌到场作专题讲座。

是日 县文明城市创建指挥部组织凤山镇、松山镇、县住建局等单位（乡镇）及各社区主要负责同志 30 余人，在凤山镇青禾小区召开 2022 年度文明示范小区创建现场推进会。

29 日 罗源县委组织部联合县直机关工委、县文化体育和旅游局在县智慧体育公园开展“红心永向党 • 奋进新征程”——百人团“七一”主题活动。

30 日 罗源县工艺美术学会第四届会员代表大会召开，副县长黄国安、钟凤金出席会议。

是日 宝钢德盛不锈钢有限公司与欧冶工业品股份有限公司资材备件仓储物流业务划转举行签约仪式。

是月 县消防救援大队开展行业系统消防安全培训，全县 130 余名消防安全责任人、管理人等参加。

是月 福州民族小学入选市级非物质文化遗产项目传承示范基地名录。

7 月

1 日 罗源县举行第二季度招商项目集中签约活动，5 个重点招商项目实现签约。县委书记张新怿、县长林志斌、县人大常委会主任肖永建、县政协主席兰可明等县领导共同见证项目签约。

是日 县委书记张新怿主持召开县委专题会议，研究推进松山围垦展示馆项目建设有关工作。

是日 县委书记张新怿带队走访慰问部分离休干部和困难党员，向他们送去党的关怀和温暖，并致以节日的问候和祝福。

3 日 县长林志斌主持召开县政府专题会议，研究部署全县生态环境保护工作。

4 日 在收听收看全省新冠疫情

防控工作视频培训会及全市疫情防控工作部署视频会议后，县长、县防控新冠疫情工作应急指挥部总指挥长林志斌立即主持召开全县疫情防控工作部署会，分析研判当前疫情形势，进一步细化部署罗源县疫情防控工作。

6日　县委书记张新怿主持召开县委常委会会议，听取罗源县安全生产工作有关情况汇报，研究部署全县安全生产工作。

7日　县长林志斌带队赴滨海新城，专题调研办公用房使用情况，副县长、县公安局局长张端帆参加调研。

是日　县政府党组书记、县长林志斌主持召开县政府党组（扩大）会议，传达学习习近平总书记近期重要讲话重要指示精神及上级有关会议主要精神，研究县政府贯彻意见。

是日　“八闽儿童心向党，用心用情伴成长”福建省2022暑期儿童关爱服务活动暨启动仪式在白塔乡凤坂村举行，共计150人参与活动。

9日　县委书记张新怿带领县委理论学习中心组成员赴连江县申远新材料一体化产业园，学习考察推动产业链招商、现代精细化工企业管理等经验做法。

10日　在收听收看全市新冠疫情防控工作视频会议后，罗源县随即召开新冠疫情防控工作部署会，传达贯彻落实上级有关会议精神，分析研判当前疫情防控形势，部署下一阶段罗源县疫情防控各项工作。

11日　在收听收看全国、全省、全市安全生产电视电话会议后，县长林志斌主持召开全县安全生产工作会议，贯彻落实上级会议精神，结合当前安全生产形势，安排部署当前及今后一段时期的安全生产工作。

12日　县委书记张新怿主持召开全县疫情防控工作部署会，传达学习上级疫情防控工作有关会议精神，听取罗源县近期疫情防控有关情况汇报，部署下一步工作。

是日　县委书记张新怿主持召开县委学习贯彻习近平新时代中国特色社会主义思想工作小组会议暨县委理论学习中心组学习会，传达学习习近平总书记近期重要讲话、回信精神及上级有关会议精神，研究罗源县贯彻意见。

是日　县委书记张新怿主持召开县委专题会议，听取提升全国民族团结进步示范区的工作汇报，研究部署下一步工作。

是日　县委常委、副县长陈启辉主持召开全县安全生产监管工作会议。

是日　县委党校2022年春季主体班举行结业式，县委常委、组织部部长、党校（行政学校）校长张凯出席结业式。

是日　县长林志斌到县自然资源和规划局调研自然资源管理工作。

13日　罗源县举行县工人文化宫揭牌暨“两馆一宫”二期项目开工仪式。市总工会党组成员肖武、市文旅局四级调研员陈裕雄受邀出席活动。

是日　罗源县高级职业中学与中国工艺美术大师潘惊石、福建汇仟航空科技有限公司签订合作协议，副县长钟凤金出席签约仪式。

是日　罗源县召开2022年上半年老干部通报会。

是日　县打非治违纠乱指挥部召开工作例会。

14日　县市场监督管理局举行行政执法制式服装换装仪式，副县长黄国安出席仪式。

是日　2022年上半年干部荣誉退休仪式在县老年大学礼堂举行。县委常委、组织部部长张凯出席仪式并讲话。

是日　县长、县防控新冠疫情工作应急指挥部总指挥长林志斌主持召开常态化疫情防控工作会议，部署罗源县下一阶段疫情防控工作。

是日　县政府党组书记、县长林志斌主持召开县政府党组（扩大）会议，传达学习习近平总书记近期重要讲话、回信精神，中央政治局常委、国务院总理李克强到闽考察和在东南沿海省份政府主要负责人经济形势视频座谈会上的讲话精神及上级有关会议主要精神，研究县政府贯彻意见。

15日　在收听收看全省、全市海上疫情防控工作视频会议后，罗源县立即召开全县海上疫情防控工作会，分析研判当前疫情形势，进一步细化部署罗源县海上疫情防控工作。县长林志斌主持会议并讲话。

是日　县委书记张新怿主持召开县委专题会议，研究做强国家级台商投资区有关工作。

是日　罗源县举行“数字乡村”建设服务项目合作协议签约仪式暨“七彩罗源·智慧党建云展厅”发布活动。县委常委、组织部部长张凯，中国联通福州市分公司党委书记、总经理周伟龙出席活动。

是日　在收听收看全省、全市海上疫情防控工作视频会议后，罗源县立即召开全县海上疫情防控工作会，分析研判当前疫情形势，进一步细化部署罗源县海上疫情防控工作。县长林志斌主持会议并讲话。

17日　县委书记张新怿主持召开县委专题会议，研究生态环境保护工作。

19日　由福建银保监局罗源监管组、县金融工作办公室共同推动，中国人寿罗源支公司、人保财险罗源支公司、平安财险罗源营销服务部、中华财险罗源营销服务部共同主办的“惠闽宝”普惠群众发布会在闽星广场举行。

是日　罗源县参与福州国际健康驿站管理工作动员部署会召开，县人大常委会副主任黄垂卫、副县长钟凤金出席会议。

是日　厦门大学台湾研究院一行30多名师生在罗源开展暑期社会实践调研。

20日　县十八届人大常委会召开第四次会议，县人大常委会主任肖永建，副主任赖时铿、董智先、黄垂卫、辛捷，县人大常委会委员出席会议；县政府副县长张昆鹏，县监委、县法院、县检察院领导，各乡镇人大主席，县人大常委会机关科级以上干部，县直有关部门领导及部分市县人大代表等列席会议。

是日 松溪县委常委、统战部部长、副县长吴芳带队到罗源县交流学习民族团结进步创建工作。县委常委、统战部部长陈模煜陪同。

是日 县文明城市创建指挥部召开全县文明城市创建工作推进会。

21日 罗源县举办“夜话畲乡”青年学子茶话会。来自中央民族大学、福州大学等数十所省内外高校的青年学子、2022届福州市引进生代表、返乡创业青年人才代表，相约畲村八井，共话青春梦想。中央民族大学学生处副处长陈钧，县政协主席兰可明、副主席雷邦淼参加活动。

25日 罗源县开展“喜迎二十大·项目再提速”罗源县2022年份重点项目集中开工活动。

是日 县委书记张新怿主持召开县委专题会议，听取县创建全国文明城市指挥部工作有关情况汇报，部署创建全国文明城市提名城市工作。

27日 团县委联合县教育局、县委党校、起步镇开展“‘筑梦好年华’——北京大学青年学子交流分享会”，全县270余名师生代表参加活动。

29日 县人大常委会副主任辛捷带队深入起步镇和霍口畲族乡，就罗源县贯彻实施《福州市非物质文化遗产保护规定》的情况开展执法检查。

是日 福州市农业农村局、县人民政府、县农业农村局在罗源世纪金源购物广场外广场联合举办“走进农产品质量安全县——罗源站”宣传活动。

30日 县医院与福建医科大学附属协和医院眼科“胡建章名医工作室”举行签约揭牌仪式，县政府副县长钟凤金出席仪式。

是月 由福州市疾控中心、罗源团县委、县疾控中心主办，县凤翔青少年事务社工服务中心承办的“艾的距离”防艾宣教进社区主题活动在松山镇滨岐社区举办。

是月 县总工会、县教育局、县教师进修学校在罗源滨海学校联合举办第五届中小学幼儿园教师技能大赛暨教坛新秀评选活动。

是月 团县委联合福建工程学院互联网经贸学院、松山镇岐屿社区开展“炫彩青春·拒绝‘毒’行”青少年禁毒教育进社区活动。

是月 罗源县重大项目前期深化攻坚行动第二季度综合考评排名全市第三名，其中年度完成率排名全市第一，前期项目贡献率排名全市第三。

是月 县委党校编印《激荡百年看罗川》一书，记述中共罗源地方组织百年奋斗历程，向中国共产党101岁诞辰献礼。

是月 罗源县疫情防控指挥部组织召开新冠疫情防控工作政策培训会议，各乡镇（园区）、学校、社区（村）疫情防控工作负责人共109人参加培训。

是月 “八一”前夕，罗源县组织干部职工赴老区基点村松山镇八井村开展拥军优属宣传活动，发放“拥军优属、拥政爱民”双拥宣传品40多份，解答复退军人有关优待问题。

8月

2日 县公安局城关派出所联合县公安局治安大队、凤山镇闽凤社区、罗源农信社和福州移动罗源分公司在闽星广场开展夏季治安打击整治“百日行动”宣传日活动。

是日 县人民法院举行2022年新任人民陪审员宣誓仪式暨岗前培训会。

是日 县新时代文明实践中心举办《闽山闽水物华新——习近平福建足迹》读书会活动，各有关单位，各乡镇、社区代表共50余人参加活动。

是日 县税务局开出全市首张“人防办行政事业性收费收入”电子票据。

3日 罗源县召开市委、市政府中心工作服务专员座谈会，相互交流工作经验，共同谋划推动罗源重点项目建设、乡村振兴工作。

是日 县人社局、县委人才办牵头在滨海金源购物中心举办“‘服务攻坚促就业 筑梦青春赢未来’专门针对2022年罗源县离校未就业高校毕业生的专场招聘会”。

4日 县长林志斌带队调研征兵体检工作。县委常委、县人武部政委许庆海，县人武部部长陈武参加调研。

7日 在收听收看全省、全市新冠疫情防控工作视频会议后，县长、县防控新冠疫情工作应急指挥部总指挥长林志斌立即主持召开全县疫情防控工作部署会议，贯彻落实上级疫情防控工作有关会议主要精神，听取罗源县近期疫情防控有关情况汇报，部署罗源县下一阶段疫情防控工作。

是日 县医院与福建省肿瘤医院“陈路川名医工作室”举行签约揭牌仪式，副县长钟凤金出席仪式。

8日 在收听收看全省、全市文物安全工作视频会后，罗源县立即召开全县文物安全工作会议，贯彻落实上级文物安全工作有关会议主要精神，部署罗源县下一阶段文物保护工作。

是日 县河长办联合县公安局、县检察院、县法院、县水利局、县应急局、县教育局等相关单位共同开展“青春自护·防溺为上”防溺水宣传活动。

10日 罗源县召开第三季度防范重特大生产安全事故暨消防工作会议，贯彻落实近期中央和省市关于加强安全生产工作的决策部署，分析研判当前安全生产形势，安排部署下一阶段安全生产工作。副县长张昆鹏主持会议并讲话。

11日 中闽（罗源）水务有限公司完成罗源县城乡供水一体化项目疏

港公路（华东船厂段）DN600供水管道迁移应急项目，进一步保障周边村居、企业的供水、用水安全。

12日 罗源县举行2022年秋季初中、幼儿园招生工作电脑派位现场会。

13日 在收听收看全省、全市安全生产工作视频会议后，罗源县随即召开全县安全生产工作会议，贯彻落实上级安全生产工作有关会议精神，部署罗源县下一阶段安全生产工作。县委书记张新怿出席会议并讲话，县长林志斌对全县安全生产工作作具体部署，县委常委、副县长陈启辉通报罗源县安全生产工作开展情况。

14日 副县长徐忠琼主持召开海上渔排升级改造工作推进会。

是日 县长林志斌带队调研罗源滨海玉石城建设情况。

16日 县关工委联合市、县比干文化研究会开展爱心助学活动，为碧里乡家庭困难学生发放助学金。

17日 县比干文化研究会召开表彰会，对2022年高考成绩优异的罗源林氏学子进行表彰。

是日 县委统战部在县委党校开展“丰富传统民俗内涵 增强民族文化自信”主题讲习活动。全县统战系统单位成员以及统战对象代表约100人参加活动。

18日 市委常委、组织部部长蔡亚东到罗调研，深入一线服务重点项目和企业建设发展。

是日 由福州市妇联主办，县妇联、县卫健局、县总工会承办的福州市妇联“茉莉姐姐”流动心理咨询室到家活动（罗源专场）在县妇女活动中心举行。来自抗疫一线的医护人员、社区工作人员、新就业形态劳动者及巾帼志愿者近50人参加活动。

19日 县委书记、县人武部党委第一书记张新怿主持召开2022年县委议军会。

是日 县政府与福州外语外贸学院签订《罗源县人民政府与福州外语外贸学院助推乡村振兴战略合作框架协议》。副县长徐忠琼、福州外语外贸学院乡村振兴学院院长邹双全代表双方签订协议。

22日 县长林志斌赴县文化体育和旅游局调研，听取全县文旅发展现状、重点工作推进等情况的汇报，研究解决当前文体旅游工作中遇到的难点堵点问题。

23日 县政协开展新时代文明实践讲习活动。

是日 县政协组织部分县政协委员及县直有关单位负责人赴洪洋乡和中房镇开展罗源县农村医疗机构建设情况视察调研活动。

是日 在收听收看省、市秋季学期开学工作视频会议后，罗源县随即召开2022年秋季学期开学工作部署会议，进一步细化部署全县秋季学期开学工作。会上，县教育局、县卫健局分别就2022年罗源县秋季学期开学工作要点和疫情防控工作作强调部署。

24日 由县委宣传部、县文化体育和旅游局主办，县融媒体中心、县文化馆、县音乐舞蹈家协会承办的“放歌新时代 唱响罗源湾”歌手赛在世纪金源购物中心举行。

25日 县委书记张新怿主持召开县委常委会会议暨县委学习贯彻习近平新时代中国特色社会主义思想工作小组会议，集中学习研讨《总体国家安全观学习纲要》，传达学习习近平总书记重要讲话、贺信精神及上级有关会议主要精神，研究罗源县贯彻意见。

是日 县长、县防控新冠疫情工作应急指挥部总指挥长林志斌主持召开常态化疫情防控工作会议，部署罗源县下一阶段疫情防控工作。

是日 县政府与省医学会、省护理学会、省物理学会签订科技合作框架协议。

26日 县委书记张新怿主持召开县委理论学习中心组学习（扩大）会议，邀请省第十二届人大法制委员会原主任委员杨益民作《弘扬“晋江经验”》专题讲座。

是日 罗源县乡镇领导干部能力素质提升专题培训班正式开课。县委书记张新怿出席开班式并为学员讲授专题党课。

27日 凤山镇南溪夕阳红合唱团在县老年大学举办“喜迎二十大 礼赞新时代”文艺会演活动。

是日 罗源县正能量助学助老基金会举行2022年助学捐赠仪式，副县长钟凤金出席活动。

28日 副县长徐忠琼主持召开海权改革和海上渔排升级改造工作推进会。

31日 县政协组织部分县政协委员及县直有关单位赴西兰乡开展“七彩罗源”绿色产业发展情况调研视察活动。

是日 罗源县畲族医药产业发展协会成立大会召开。副县长徐忠琼出席会议。

是月 县教育局邀请闽江学院计控学院“中小学心理健康服务赋能平台”项目组一行到罗源县开展心健项目对接活动。

是月 县供水办在起步镇召开罗源县城乡供水一体化项目（起步片区）动员会。

是月 由福州市妇联、罗源县妇联和鉴江镇妇联联合举办的2022年福州市“专家快车农村行”培训鉴江镇专场开班，来自鉴江镇的50名妇女群众聆听讲座。

是月 华能罗源发电有限责任公司开展国企开放日活动。罗源一中、罗源二中、罗源三中、福州民族中学、罗源县高级职业中学共40余名师生，走进华能罗源电厂，切身感受发电厂的奥秘与魅力。

是月 由团市委、团县委及白塔乡党委、政府主办的2022年福州青创“青翼创”计划两岸导师认证培训活动在白塔乡举行，50位青创新晋导师参加培训。

是月　由县人社局、飞竹镇主办，启明培训学校承办的主题为“数据创造价值，创新驱动未来”的互联网营销师培训班正式开班。

是月　罗源县被授予“省级双拥模范县”称号，蝉联省级双拥模范县“五连冠”。

是月　福建医科大学附属协和医院眼科胡建章名医工作室落户罗源县。

是月　罗源县获2022年全国县域发展潜力百强县第33名。

是月　罗源县举办基层党组织书记对党忠诚教育暨党建实务专题示范培训班，县直机关部分单位党组织书记（分管领导）和各乡（镇）优秀村（社区）党组织书记等48人参加培训。

是月　罗源县畲医药市级非遗传承人尤昌佃正式入驻福建省中医药科学院综合门诊部，成为罗源县第一位正式入驻公立医院开展诊疗的畲医药从业人员。

是月　罗源县10个县直单位离退休支部被省委离退休干部工委、省委老干局联合发文命名为第三批省级离退休干部示范党支部。

是月　罗源县工艺美术学会7位艺术家参加第二届全国工艺美术博览会，收获百花奖金奖3件、百花奖银奖2件、百花奖铜奖1件、百鹤奖2件。

9月

1日　县长、县防控新冠疫情工作应急指挥部总指挥长林志斌主持召开常态化疫情防控工作会议，部署罗源县下一阶段疫情防控工作。

是日　罗源县在鉴江镇召开2022年农村人居环境整治积分制现场推进会，总结交流经验，查找差距不足，进一步推进全县人居环境整治工作。

2日　县应急管理局联合凤山镇人民政府、县林业局等单位在闽星广场开展2022年秋冬季森林防火宣传活动。

是日　县长林志斌主持召开县政府专题会议，研究推进重点招商项目落地服务有关工作，搭建政企沟通平台，为企业发展纾困解难。

5日　罗源县举行2022年“中华慈善日”捐赠活动启动仪式。

8日　由市委组织部与市农业农村局联合举办的省市派驻村第一书记工作交流会在罗源县召开，会议传达贯彻落实全省驻村帮扶工作视频推进会精神，部署推动全市下阶段驻村帮扶工作。

14日　市人大常委会侨台工委主任张修强一行赴白塔乡南洋村为福州市人大常委会侨台民宗基层联系点进行授牌。

是日　县长林志斌带队赴福州台商投资区调研，现场办公研究协调有关工作。

是日　以“喜迎二十大·科普向未来”为主题的2022年罗源县全国科普日启动仪式在罗源湾滨海新城海洋世界举行，县委常委、县总工会主席陈登兴，县政府副县长钟凤金出席启动仪式。活动采取“线上+线下”并行方式，当日线上观看云启动仪式3.42万人。

16日　副县长徐忠琼主持召开乡村振兴重点工作推进会。

19日　省红色文化遗存保护利用专题调研组组长、省老促会常务副会长梁晋阳，省老促会常务副会长翁若同，省老促会副会长吴名贤一行赴罗源县开展红色文化遗存保护利用暨老区乡村振兴专题调研。

20日　县政协主席兰可明、副主席雷邦淼一行前往县中医院、县妇幼保健院和部分委员企业，采取个别走访、实地调研、座谈交流等方式走访看望政协委员，引导和鼓励他们立足岗位、发挥优势、扎实履职，为罗源经济社会高质量发展汇聚力量、作出贡献。

是日　省委宣传部副部长、省新闻出版局（省版权局）局长、省“扫黄打非”领导小组副组长兼办公室主任、一级巡视员肖贵新带领省、市“扫黄打非”办赴罗源县督导检查“扫黄打非”集中行动工作。

21日　由县总工会主办的“喜迎二十大·劳动技术技能我最行”罗源县职工技能大赛暨抖音职工秀活动在县高级职业中学举行。

22日　罗源县第三届名师工作室举行启动仪式。

是日　县人大常委会在新时代文明实践中心举办2022年县人大代表履职能力提升培训活动。

23日　县政协召开十一届常委会第三次会议。

是日　在收听收看全省、全市安全生产工作视频会议之后，罗源县随即召开全县安全生产工作会议，迅速贯彻落实全省、全市会议精神，部署罗源县安全生产工作。县长林志斌作具体部署。

26日　县长林志斌带队深入企业、汽车站等，开展节前安全生产检查工作，督导消除安全隐患，确保市民平安、快乐过节。

27日　福州台商投资区党工委委员、管委会副主任陈哲明主持召开国庆前园区疫情防控和安全生产部署会，台商区管委会其他委领导、各处室负责人、松山派出所及园区40余家企业负责人参加会议。

28日　在收听收看全省全市“防风险保安全迎二十”暨第四季度防范重特大生产安全事故和森林防灭火工作视频会议后，县委常委、副县长陈启辉主持召开会议，贯彻落实上级有关会议主要精神，部署罗源县安全生产工作。

是日　县长林志斌主持召开全县互花米草除治攻坚行动动员部署会，深入学习贯彻习近平生态文明思想，迅速贯彻落实全省互花米草除治攻坚行动动员部署视频会议精神，动员沿海各乡镇和有关部门立即行动起来，攻坚推进互花米草除治行动，更好地修复和保护湿地生态系统。

是日　霍口水库举行过鱼设施工程开工仪式。

30日　副县长、县公安局局长张端帆带队深入商超、景区、企业开展节前安全检查，县政府办、公安局、消防救援大队、工业和信息化局、文旅局等部门有关负责同志参加活动。

是月　罗源县陈氏教育促进会举行2022年陈氏教育基金捐资暨高考优秀生奖学金颁发仪式。

是月　三明学院12名姚基金篮球季支教志愿者到罗源县各乡镇小学支教，进一步缓解乡村小学体育师资不足的问题，让更多乡村孩子热爱体育、强身健体。

是月　县老区建设促进会在罗源一中举行2022年度福彩公益助学金发放仪式。

是月　县畲族文化研究会联合福州中保职业培训学校举办罗源县畲医畲药传承人培训班，带动更多的人员参与学习掌握祖传畲医畲药与中医养生技能，增加就业岗位，助力乡村振兴。

是月　县反恐办、县教师进修学校附属小学联合开展校园反恐演练培训。

是月　市农业农村局赴松山镇北山村开展"听党话、感党恩、跟党走"宣讲教育暨"万名干部下基层"科技下乡活动，深入学习贯彻习近平总书记关于"三农"工作的重要论述，激励农民群众更加满怀信心奋进新征程、建功新时代，推动习近平新时代中国特色社会主义思想深入人心、家喻户晓。

是月　鉴江中心卫生院获批福州市长期护理保险定点评估服务机构。

10月

1日　县长林志斌带队走访慰问一线工作人员，并调研乡村振兴工作。

2日　县思源教育基金举行2022年度金秋助学金发放仪式，激励学生勤奋学习、勇攀高峰，进一步促进罗源县教育事业高质量发展。副县长钟凤金出席并讲话。

3日　县长林志斌主持召开县政府专题会议，认真听取全县主要经济指标预计情况，研究部署罗源县三季度经济指标工作有关事宜。

4日　福建省摄影家协会调研组一行在中国摄影家协会副主席、福建省摄影家协会主席潘朝阳带领下，到罗调研摄影相关事宜。

5日　罗源县文化体育和旅游局和罗源县书法家协会特别邀请福建省七闽画院骨干画家到罗源滨海玉石文化城，共同开展书画文化交流活动。

8日　县委组织部、县人社局在建发集团举办"私募股权投资的风险管理"专题讲座，为罗源建发集团抢抓机遇，用好政策，加快推动企业高质量发展提供保障。

11日　县关工委举行"五老"关爱工作室成立揭牌仪式。

是日　飞竹镇斌溪村村志馆举行揭牌仪式。福州市委史志室主任林毅敏、福州市委史志室方志处副处长吴燕到场为村志馆揭牌，并进行参观。

12日　县委学习贯彻习近平新时代中国特色社会主义思想工作小组会议召开，传达学习习近平总书记近期重要讲话、重要指示、贺信精神及上级有关会议、文件主要精神，研究罗源县贯彻意见。

是日　福州金融纠纷联动化解中心罗源工作站揭牌暨罗源县金融纠纷多元化解工作启动仪式在县人民法院举行。福州中级人民法院副院长林彤，福建银保监局消保处副处长林勇生，副县长张昆鹏，县法院院长池开通出席活动。

是日　罗源县组织党员干部前往福州市委党校，集中参观"3820"战略工程实施30周年成就展，重温习近平总书记在福州工作期间谋划实施"3820"战略工程、推动福州跨越发展的重要理念和重大实践。

14日　副县长黄国安带领县市场监管局、工业和信息化局、应急管理局、消防大队等直有关部门负责人深入工业企业、民爆危险品等企业开展安全生产检查工作。

是日　由县总工会举办的"喜迎二十大·工运事业成就我来秀"职工剪纸作品展在县工人文化宫举办。

17日　邱瑞坤艺术馆罗源分馆正式揭牌开业。

18日　县长林志斌带队开展服务基层、服务项目活动，检查中共二十大期间在建项目建设情况和安全生产工作，为重点项目建设解难题办实事，推动社会经济高质量发展。

19日　罗源县召开生态环境"三大战役"工作动员部署会，深入学习贯彻习近平生态文明思想，牢固树立"绿水青山就是金山银山"的工作理念，进一步统一思想，夯实目标任务、细化措施办法、强化督导考核，持之以恒、久久为功，推进罗源生态环境再上新水平。县长林志斌出席会议并讲话，县委常委、副县长陈启辉主持会议。

20日　县公安局刑事侦查大队在闽星广场举行追赃挽损发还仪式，将被盗的9辆车辆集中发还给失主。

21日　罗源县新时代文明实践中心联席会议召开。会议传达福州市深化拓展新时代文明实践中心建设工作现场推进会精神，总结新时代文明实践中心建设工作情况，并部署研究下一阶段工作任务。

23日　县长林志斌带队赴起步镇调研集镇环境整治和省级现场会筹备工作。

24日　县委副书记、县长林志斌主持召开县委常委会（扩大）会议，传达学习中共十九届七中全会精神、中共二十大精神，以及省委、市委常委会（扩大）会议精神，研究罗源县贯彻意见。

25日　县长林志斌带队督导检查疫情防控工作，并开展服务企业活动，为企业纾困解难。

27日 县长林志斌带队赴碧里乡、鉴江镇调研海上疫情防控和海上渔排改造工作。副县长徐忠琼参加调研。

是日 在收听收看全市疫情防控工作视频会议后，县长林志斌立即主持召开全县疫情防控工作视频会议，贯彻落实市疫情防控工作部署，全力抓好当前疫情防控各项工作。

30日 县长林志斌赴凤山镇、白塔乡、松山镇，实地督导检查疫情防控工作。

31日 在收听收看全市疫情防控工作视频会议后，县长林志斌立即主持召开全县疫情防控工作视频会议，贯彻落实省市疫情防控工作最新部署，进一步细化部署罗源县疫情防控工作。

是月 县委宣传部联合县电影发行放映公司开展百场公益电影进社区活动。

是月 罗源二中举办第五届“尊师重教陈捷奖教奖学金”发放仪式。副县长钟凤金，县政协一级调研员、县慈善总会会长董志干，华德育才教育科技有限公司董事长、捷爱基金理事长陈捷先生一行出席颁奖仪式。

是月 由县人民政府、县总工会主办，县消防救援大队承办的罗源县首届职工消防技能竞赛暨多种形式消防队伍比武竞赛在红领巾少年军校举行。

是月 县委组织部、县直机关工委联合组织举行“青声诵经典·献礼二十大”青年干部红色经典朗诵比赛，各基层党（工）委16支队伍参加决赛。

是月 省科技厅等福建省科技特派员工作联席会议成员单位对全省150名优秀科技特派员予以通报表扬，罗源县百谷农业发展有限公司总经理于艳列表彰名单。

11月

1日 县长林志斌带队赴松山镇、凤山镇，实地督导检查“无疫小区”创建工作。

2日 县长林志斌深入城区重点场所督导检查疫情防控和稳产保供工作。

3日 县文化体育和旅游局组织执法人员对滨海新城文化娱乐场所关停情况开展巡查、抽查。

5日 县长林志斌主持召开全县安全生产工作会议，认真听取罗源县安全生产工作情况汇报，安排部署当前及今后一段时期的安全生产工作。

6日 县委书记张新怿以视频连线的方式，慰问罗源县驰援仓山志愿服务队队员，向他们表达县委、县政府和全县人民的关怀和问候。

7日 县长林志斌带队赴松山镇督导检查疫情防控工作，并开展服务基层活动。

9日 县委常委、政法委书记郑育新主持召开县委政法委委务会（扩大）会议，学习贯彻中共二十大精神。

14日 罗源县举行2022年度福建省黄仲咸教育基金会奖学金发放仪式。

15日 在县海上整治专班的指挥部署下，碧里乡人民政府联合县海上养殖管理执法队、海警罗源工作站、县环保监察队等单位，对湾外海域养殖区非法养殖、违规养殖设施及白色浮球开展违规清理整治行动。

16日 县委常委、县纪委书记、县监委主任黄雨涛为县委党校第三十六期科级班、第八期股级班学员上廉政专题党课。

17日 副市长兰文带队赴罗源县调研疫情防控和经济运行工作。

是日 县实验小学举办第24届校园运动会，同学们精神饱满，热情昂扬，展示出新时代少年的精神面貌和青春风采。

18日 县政府党组书记、县长林志斌主持召开县政府党组（扩大）会议，传达学习习近平总书记在中央政治局会议上的重要讲话精神、省委书记周祖翼在福州调研时的指示精神及上级有关会议主要精神，研究县政府贯彻意见。

是日 罗源一中举办第48届田径运动会，进一步提高学生的身体素质，促进身心全面发展，培养学生挑战自我、超越自我、不怕困难的良好品格，促进一中教育事业更好更快发展。

是日 在县海上整治专班的指挥部署下，碧里乡人民政府联合县海上养殖管理执法队、海警罗源工作站、县环保监察队、碧里派出所对湾外海域养殖区非法养殖、违规养殖设施及白色浮球开展违规清理整治行动。

19日 团县委联合凤翔社工在起步镇庭洋坂村开展安全自护教育主题的“青春家园”活动。

22日 由福州市教育局、福州教育研究院主办，罗源一中承办的“探索课程思政 践行立德树人”2022—2023学年市级教学观摩日活动在罗源一中举行。

23日 罗源县召开2022年全民国防教育工作联席会议。县委常委、宣传部部长林颖，县委常委，县人武部政委许庆海出席会议。

24日 罗源县支援福州抗击疫情的132名队员完成使命凯旋。

28日 鉴江镇联合县生态环境局、县农业农村局、海上养殖管理执法队、海警罗源站、鉴江派出所等部门在鉴江湾海域开展专项整治行动，进一步依法打击非法使用泡沫浮球、破坏海洋生态环境、非法侵占海域养殖、妨碍海上养殖转型升级行动等违法违规行为。

29日 由福州市教育局、福州教育研究院主办的“深耕生本课堂 落实五育融合”教学开放日附小专场活动在县教师进修学校附属小学举行。

是日 在罗源县十八届人大常委会第六次会议上，罗源县监察委员会主任黄雨涛就开展扫黑除恶“打伞破网”工作情况向县人大常委会作专项工作报告。

30 日　县法院召开飞竹法庭立足民族融合、构建“无讼畲乡”治理模式新闻发布会。

是月　中国邮政储蓄银行罗源县支行“民族＋信贷”畲乡信用体系专项行动走进霍口畲族乡长柄丘村，引导更多金融资源倾斜，支持民族地区、畲族群众生产生活。

12 月

1 日　2022 年罗源县中学名师工作室成员“送教送培”下乡活动走进罗源二中。

2 日　第十一个“全国交通安全日”，县公安局交通警察大队联合道安办、交通运输局等单位在闽运车站开展主题为“文明守法、平安回家”的全国交通安全宣传日活动。

6 日　罗源县召开学习贯彻中共二十大精神集中宣讲工作动员部署会暨县委宣讲团集体备课会。县委常委、宣传部部长林颖出席会议并作讲话。

7 日　罗源县企业与企业家联合会第四届第一次全体代表大会召开。副县长黄国安出席会议并讲话，福州市企联会领导陈勇俊、县直顾问单位等出席会议。

8 日　县人大常委会召开县乡村文旅经济发展工作情况专题询问会。

9 日　罗源县管干部学习贯彻中共二十大精神专题培训班在县委党校开班，县委书记张新怿出席开班式并作主题报告。

是日　罗源县残联第七次代表大会召开。县领导陈登兴、钟凤金，福州市残联副理事长叶青应邀出席大会。

是日　县政府与县法院召开 2022 年度府院联席会议。

10 日　2022 年中国民族医药学会畲医药分会年会暨国家级非遗项目畲族医药传承培训在罗源县举办。福建省中医药管理局局长钱新春，福建省中医药科学院党委书记、院长周美兰，福建畲族医药发展研究中心主任王宫，副县长钟凤金等出席开幕式。来自全国各地的专家学者及畲医药“非遗”传承人共 150 名代表参加会议和培训。

11 日　罗源县幸福河湖促进会成立大会召开，标志着罗源县河长制工作进一步向“高质量”发展迈进。福建省水利厅原党组成员、省防汛办原主任董国华，市水利局原局长、市幸福河湖促进会会长陈济斌，县领导陈启辉、徐忠琼等出席大会。

12 日　县政协召开十一届常委会四次会议。县政协主席兰可明、副主席郑立峰出席会议。

13 日　罗源县举办 2022 年村（社区）“两委”干部培训班。县委常委、组织部部长张凯出席开班仪式并作动员讲话，全县各村（社区）党组织书记、村（居）委会主任和省、市、县下派驻村任职干部等参加培训。

16 日　县委理论学习中心组学习（扩大）会召开，专题学习习近平总书记关于宗教工作的重要论述，进一步贯彻落实《中国共产党统一战线工作条例》。会议邀请福建省民族与宗教事务厅政策法规处副处长林斌到场授课。

17 日　罗源县举办以“政企携手添新绿，招商引资壮罗川”为主题的“招商林”植树活动。

19 日　县政府与县总工会第十六次联席会议召开。

20 日　县委书记张新怿主持召开县委学习贯彻习近平新时代中国特色社会主义思想工作小组会议暨县委理论学习中心组学习会，传达学习习近平总书记近期重要讲话、重要指示、贺信致辞精神及上级有关会议主要精神，研究罗源县贯彻意见。

21 日　在收听收看全市疫情防控视频调度会后，县委书记张新怿立即主持召开全县疫情防控视频调度会，贯彻落实上级疫情防控工作最新部署，全力抓好下阶段疫情防控工作。

22 日　罗源县开展党员领导干部学习贯彻中共二十大精神主题党日活动暨松山围垦精神展示馆开馆活动。

24 日　在惠百姓医药门店门口，副县长黄国安宣布“罗源县免费向群众发放防疫药品活动”启动。

25 日　县政协十一届二次会议隆重开幕，来自全县各条战线的政协委员们，将以饱满的政治热情和良好的精神状态，认真履行政治协商、民主监督、参政议政职能，积极建言献策，为全县经济社会高质量发展贡献智慧力量。

27 日　南平铝业罗源新基地首条生产线试产。

是日　县长林志斌带队深入县环境卫生管理所、松山卫生院、中闽水务公司、华润燃气公司等地，重点检查环境卫生保洁、供水保障、医疗救治、燃气保障与安全生产等工作。

28 日　县委书记张新怿带队赴县公安局、县供电公司、商超、企业、医院等场所，开展节前重点工作检查，并走访慰问坚守一线的干部职工。

是日　罗源县人民检察院召开司法救助工作新闻发布会。此次新闻发布会由罗源县人民检察院第三检察部主任林冰慧通报 2022 年以来该院司法救助工作情况。

是日　县委书记、县应对新冠疫情工作领导小组组长张新怿主持召开县疫情防控分析研判会暨县应对新冠疫情工作领导小组会议，听取疫情防控工作情况汇报，部署下一阶段罗源县疫情防控工作。

是月　县公安局交警大队在城区主要路口开展电动车交通安全宣传整治行动。

是月　县畲族文化研究会召开学习宣传贯彻中共二十大精神报告会。34 个民族村干部、畲族文化研究会理事、畲族研究会班子成员等 50 多人参加会议。

是月 罗源县丝路港城配套道路整治工程（迹头堵点整治）主体完工，进入收尾阶段。

是月 由福建省恒申慈善基金会、三明学院主办，县教育局承办的2022“恒申杯”姚基金希望小学篮球季福建省联赛在县九大中心篮球馆落幕。

是月 罗源县首批9台自动体外除颤器（AED）在部分公共场所投入使用，为群众健康保驾护航。

是月 霍口水库项目移民安置房选房工作正式启动。选房首日有200名搬迁安置户选到自己满意的房子。据悉，此次选房工作共计有搬迁安置户685户，12月中旬全部完成选房工作。

是月 “富雪岛”杯2022姚基金希望小学篮球季福建赛区·罗源站联赛在九大中心篮球馆圆满闭幕。起步中心小学队夺得项目校冠军，并将代表罗源县参加福建省联赛。

是月 2022姚基金希望小学篮球季福建赛区省级联赛落下帷幕。罗源县起步中心小学代表队斩获省级联赛冠军，并将代表福建省参加“2022姚基金希望小学篮球季”全国总决赛。

（编辑 林烨欣）

自然资源

【地理】　罗源县位于福建省东北沿海，北纬 26° 23′ ～26° 39′ 、东经 119° 7′ ～119° 54′ 。南邻连江县，西南接福州市、闽侯县，西北接古田县，北与宁德市接壤，东隔海与霞浦东冲半岛相望。全境面积 1187.18 平方千米，其中陆地面积 1062.2 平方千米，海域、滩涂面积 124.98 平方千米。境内三面环山，地形为东西长条状，鹫峰山脉东南支脉从西北方向延伸入境，形成众多山岭。地势自西而东，三高两低，形如“W”。地貌以山地、丘陵为主，平原狭小。山地主要分布于县北部和西部，山体多呈北东、北西走向，面积 443.6 平方千米，占全县陆地面积的 41.76%。丘陵分布于西部霍口溪、中部起步溪、百丈溪河谷两侧及东部半岛等地，面积 450.64 平方千米，占县陆地面积的 42.43%。山间盆谷 107 个，散布于山地和高丘陵地区，面积 88.31 平方千米，占陆地总面积的 8.31%。平原面积 79.65 平方千米（含松山、白水两垦区 31.02 平方千米），占陆地面积的 7.5%。境内有千米以上高山 12 座，全县最高峰牛牳山海拔 1251 米。县境东部临海，有大小海湾 9 个，岛屿 12 个，海岸线长 129.09 千米。

（县委史志室）

【资源】　土地资源　行政区域总面积 1100.3464 平方千米。其中，耕地 92.3139 平方千米，种植园地 21.8212 平方千米，林地 803.3818 平方千米，湿地 31.1593 平方千米，草地 20.3205 平方千米，商服用地 2.1223 平方千米，工矿用地 18.4008 平方千米，住宅用地 20.9059 平方千米，公共管理与公共服务用地 3.3603 平方千米，特殊用地 1.9581 平方千米，交通运输用地 19.7545 平方千米，水域及水利设施用地 33.3637 平方千米，其他土地 31.4842 平方千米。

矿产资源　全县发现铁、铅锌、钨、钼、高岭土、叶蜡石、饰面用花岗岩、饰面用辉绿岩、建筑用凝灰岩、地热、矿泉水等 11 种矿产资源。主要特点是非金属矿是罗源县传统优势矿种，以饰面花岗岩、叶蜡石为主，建筑用凝灰岩、建筑用花岗岩等非金属矿产以及矿泉水为辅。

（县自然资源和规划局）

水力资源　罗源县主要河流为敖江、起步溪和金溪。罗源县地表径流量来源于境内降水产生的径流及过境客水。全县境内多年平均水资源量 11.946 亿立方米，过境客水 11.735 亿立方米，多年平均地表水资源量 23.682 亿立方米；多年平均地下水资源 3.181 亿立方米，以基岩裂隙水为主，地表水与地下水不重复水资源量 0.04 亿立方米。水资源总量 23.722 亿立方米。未计客水的罗源县人均水资源量为 5824 立方米，亩均水资源量为 6997 立方米，高于全省人均水资源量 3255 立方米，亩均水资源量为 5890 立方米。

（县水利局）

森林资源　罗源县土地总面积 103984 公顷，林业用地面积 77938 公顷（其中生态公益林面积 32315.49 公顷，商品林面积 45622.51 公顷），乔木林地面积 47576.18 公顷，竹林地面积 11091.38 公顷，疏林地面积 13017.47 公顷，灌木林地面积 2438.83 公顷，未成林造林地面积 766.61 公顷，迹地 515.17 公顷、宜林地 2521.94 公顷，苗圃地 3.72 公顷；非林业用地面积 26046 公顷。全县森林总蓄积量 394.35 万立方米。森林覆盖率 58.43%。

罗源县野生动植物区系介于东洋界的华南区和华中区，即闽广沿海亚区和东部丘陵平原亚区交接处，以东洋界的动物种类为主，陆生野生动物有 96 种，野生植物 100 多种，其分布有国家一级保护动物主要有卷羽鹈鹕、黑鹿、云豹、穿山甲、大灵猫；国家二级保护动物主要有赤颈鸊鷉、河麂、水獭、苏门羚、岩鹭、鸢、白鹇、草鸮、长耳鸮、褐翅鸦鹃、花田鸡、蟒等。

罗源县有 29 个县级林业自然保护

小区，总面积3610.46公顷，原有7个，2016年新增7个，2017年新增13个，2018年新增2个，分别为松山镇上杭村自然保护小区（17.75公顷）、霍口乡黄鹤村松林自然保护小区（37.89公顷）；扩增9个自然保护小区，分别是罗源观音岩天然阔叶林自然保护小区（扩增至152.87公顷）、中房镇港里村自然保护小区（扩增至70.07公顷）、飞竹镇斌溪流域自然保护小区（扩增至142.42公顷）、西兰乡马鞍山自然保护小区（扩增至98.9公顷）、白塔乡八一水库林业自然保护小区（扩增至79.38公顷）、洪洋乡天堂山自然保护小区（扩增至75.09公顷）、起步镇叶洋村自然保护小区（扩增至69.08公顷）、凤山镇柴里山自然保护小区(扩增至40.82公顷)、鉴江镇三十六曲岭自然保护小区（扩增至97.25公顷）；此外罗源山垅湾天然阔叶林自然保护小区（140.76公顷）、罗源卓贤垅天然阔叶林自然保护小区（133.87公顷）、罗源县甲坑天然阔叶林自然保护小区（74.80公顷）、罗源岩里天然阔叶林自然保护小区（63.28公顷）、罗源县长石桫椤保护点(0.30公顷)、罗源渡头苍鹭、白鹭自然保护点（0.08公顷）、双坝峰天然次生林保护区（523.5公顷）、龙潭里自然保护区（134.21公顷）、苏区水库水源涵养林保护区（610.97公顷）、吕洞森林人家保护区（156.07公顷）、下大洋水库水域保护区（18.61公顷）、苏区水库水域保护区（45.55公顷）、外洋水库水域保护区（15.49公顷）、中房镇寨头村自然保护小区（49.51公顷）、中房镇溪门村自然保护小区（25.55公顷）、霍口乡唐家坪自然保护小区（91.88公顷）、霍口乡王公山自然保护小区（105.75公顷）、松山镇巽屿、北山滩涂湿地保护小区（538.76公顷）保留原有面积未变。其中，下大洋水库水域保护区、苏区水库水域保护区、外洋水库水域保护区、松山镇巽屿、北山滩涂湿地保护小区为湿地保护区。12月公布罗源县第一批一般湿地名录21处，总面积4377.4公顷。

罗源县有古树名木21科27属31种，总株数253株，含古树群3个群37株。按古树名木等级分：一级古树15株，二级古树44株，三级古树194株；按珍贵树种分：国家一级保护珍贵树木树种：有2科2属2种28株。其中，南方红豆杉18株、水松10株；国家二级保护珍贵树种：有4科6属6种51株。其中，福建柏2株，红豆树3株，闽楠10株、黄枝润楠1株、樟树33株、刺桫椤2株；福建省第一批地方重点保护珍贵树木：有1科1属1种55株，为柳杉55株；按所处乡镇分：白塔乡12株，飞竹镇25株，霍口乡32株，起步镇18株，松山镇16株，西兰乡40株，洪洋乡15株，碧里乡27株，中房镇45株，鉴江镇15株，凤山镇8株。

（黄　锋）

气候

【概况】 2022年，罗源县气象灾害较轻，总体气候属较好年景，年平均气温正常，年雨量偏少，年日照时数正常，但季节分布不均。影响罗源县的主要气象灾害有暴雨、高温干旱、大风、寒潮过程和倒春寒等。主要影响的灾害性天气有2月中旬及12月中旬的寒潮、8—9月干旱以及10次暴雨过程。

【气温】 罗源县年平均气温20.0℃，较常年平均（指1991—2020年30年平均值，下同）偏高0.2℃，异常度为0.4，属正常。从月份分布看，各月平均气温3月和8月异常偏高，1月、7月和11月偏高，2月和12月偏低，5月异常偏低，其余月份正常。从季节分布看，各季平均气温除夏季显著偏高外，其余季节正常。

【雨量】 罗源县年雨量1401.6毫米，较历年平均偏少312.8毫米（偏少18%），属偏少。从月份分布看，降雨量1月、7月、9月显著偏少，8月、10月异常偏少，2月、11月异常偏多，6月显著偏多，其余月份正常。从季节分布看，夏季显著偏少，其余季节正常。

【日照】 罗源县日照总时数1669.5小时，较历年平均偏多72.2小时，异常度为0.5，属正常。从月份分布看，日照时数2月、5月、6月偏少，11月显著偏少，4月、8月异常偏多，9月显著偏多，7月偏多，其余月份正常。从季节分布看，夏季异常偏多，其余季节正常。

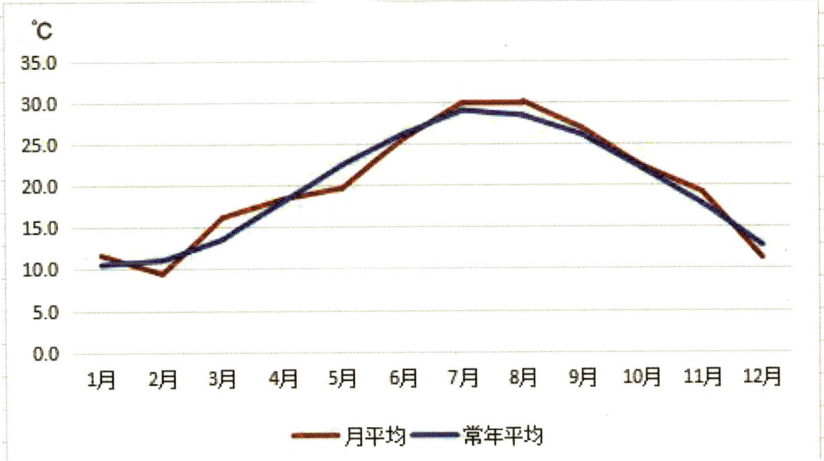

各月平均气温与常年平均气温差异对比

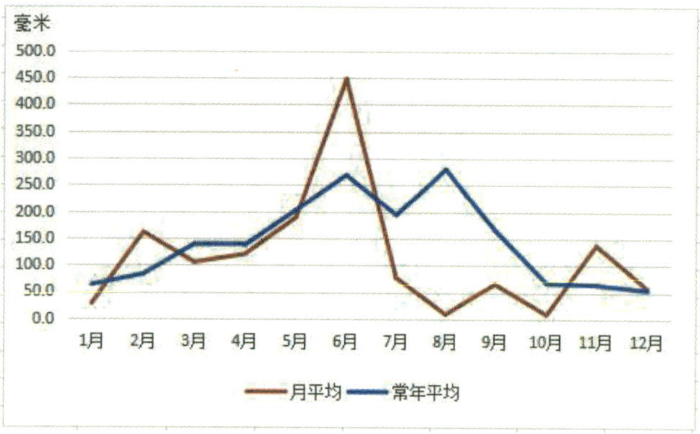

各月雨量与常年平均雨量差异对比

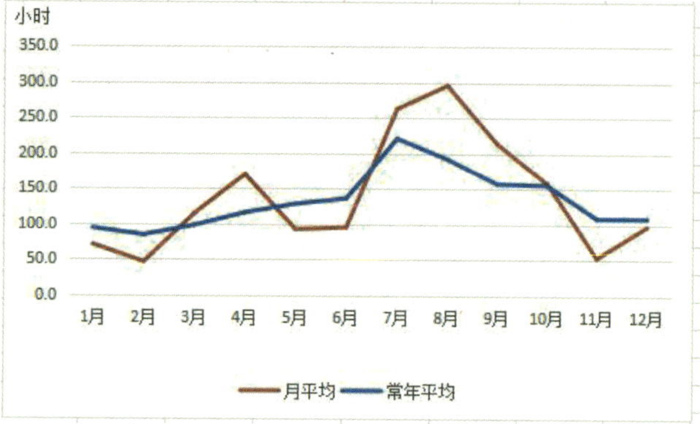

各月日照时数与常年平均日照差异对比

2022 年罗源县逐月主要气象要素及其评价一览表

表 2

月份	1 月	2 月	3 月	4 月	5 月	6 月	7 月	8 月	9 月	10 月	11 月	12 月
平均气温（℃）	11.6	9.4	16.1	18.3	19.6	25.5	29.8	30.0	26.8	22.2	19.1	11.2
距平	1.1	-1.6	2.6	0.3	-2.8	-0.6	0.9	1.7	0.8	0.3	1.4	-1.5
评价	偏高	偏低	异常偏高	正常	异常偏低	正常	偏高	异常偏高	正常	正常	偏高	偏低
雨量（毫米）	28.1	160.6	105.0	119.9	188.2	447.9	76.5	8.6	64.9	8.1	136.8	57.0
距平百分率（%）	-55.0	94.0	-24.0	-12.0	-7.0	67.0	-61.0	-97	-61.0	-88.0	116.0	7.0
评价	显著偏少	异常偏多	正常	正常	正常	显著偏多	显著偏少	异常偏少	显著偏少	异常偏少	异常偏多	正常
日照时数（小时）	71.1	46.9	114.3	170.2	92.9	95.3	262.4	295.3	213.4	157.5	53.1	97.1
距平	-22.9	-37.7	16.2	54.2	-35.5	-40.8	41.7	103.3	56.4	2.6	-55.2	-10.1
评价	正常	偏少	正常	异常偏多	偏少	偏少	偏多	异常偏多	显著偏多	正常	显著偏少	正常

2022 年罗源县各季主要气象要素及其评价一览表

表 3

季节	冬季	春季	夏季	秋季
平均气温（℃）	11.2	19.9	28.9	20.7
距平（℃）	-0.2	-0.1	1.2	0.8
评价	正常	正常	显著偏高	偏高
雨量（毫米）	240.4	861.0	150.0	144.9
距平百分率（%）	21	15	-77	12
评价	正常	正常	显著偏少	正常
日照时数（小时）	230.8	472.7	771.1	210.6
距平（小时）	-58.2	-5.9	201.4	-52.7
评价	正常	正常	异常偏多	正常

注：按照福建天气、气候特征，季节划分为：冬季（上年 12 月至 2022 年 2 月）、春季（3—6 月）、夏季（7—9 月）、秋季（10—11 月），下同。

【气象灾害】 影响罗源县的主要气象灾害有暴雨、高温、大风和寒潮过程等。影响较重的气象灾害为2月中旬及12月中旬的寒潮、8—9月干旱以及10次暴雨过程。

强冷空气、寒潮 罗源县受强冷空气影响3次。

2月19日夜里起，受冷空气影响，气温明显下降，最低气温出现在21日早晨，罗源国家气象站最低气温0.9℃（为历年2月下旬同期最低），区域气象站最低气温出现在中房镇-2.9℃，全县6个乡镇8个区域站最低气温低于0℃。19日夜里至20日白天，中房、西兰、飞竹、霍口、起步等乡镇和城关出现雪或雨夹雪，高海拔山区高山有积雪。20日夜里到21日上午，降雪范围进一步扩大，降雪强度增加，罗源国家气象站四周高山出现积雪，雪线高度约300米。21日下午雪止转小雨。

11月底罗源县出现局部寒潮天气，达到寒潮标准的乡镇有中房、飞竹、凤山等。中房镇24小时降温9.3℃，最低气温出现在12月1日4.9℃；飞竹镇24小时降温10.4℃，最低气温5.1℃；中房镇长晟农业园24小时降温8.7℃，最低气温5.5℃；苏区水库24小时降温10.2℃，最低气温5.5℃，以上最低气温均出现在12月1日。罗源国家气象站最低气温9.0℃（2日），48小时降温9.2℃，过程降温10℃。

12月17日起，受强冷空气影响，罗源县气温明显下降，飞竹镇、霍口乡、白塔乡风坂村、西兰乡硒浦山出现寒潮天气，最低气温最大降幅13.0℃，出现在硒浦山。过程降温最低气温出现在19日，罗源国家气象站-0.1℃，区域自动气象站最低出现在硒浦山-5.1℃。

干旱 7月19日至8月31日≤2毫米连旱日数44天，达到夏季大旱标准。

雷雨大风（≥8级） 罗源县共出现7次雷雨大风。

4月29日，受低层切变南压影响，牛坑出现19.2米/秒（8级）雷雨大风。

5月30日，受高空槽东移影响，起步出现17.9 米/秒（8级）雷雨大风。

6月2日，受高空槽和低层切变共同影响，硒浦山出现18.3米/秒（8级）雷雨大风。

7月30日，霍口乡出现23.6米/秒（9级）雷雨大风。

7月31日，洪洋乡穴里村出现17.8米/秒（8级），罗源国家气象站出现17.7米/秒（8级）雷雨大风。

8月1日，飞竹镇出现20.8米/秒（9级）雷雨大风。

9月15日，中房镇出现20.7米/秒（8级），罗源国家气象站出现18.9米/秒（8级）雷雨大风。

暴雨 罗源县共出现10场暴雨过程（不含台风暴雨），其中7场为局地性暴雨（6月6日、6月17日、6月29日、7月1日、7月18日、8月2日、9月1日），3场为较大范围暴雨（6月2日、6月9—11日、6月13—14日）。

6月2日暴雨，松山镇等6个乡镇24小时雨量≥50毫米，最大为金港工业区71.4毫米，罗源国家气象观测站58.8毫米。

6月9—11日连续性暴雨，9日西兰乡等7个乡镇24小时雨量≥50毫米，最大为西兰67.9毫米，罗源国家气象观测站60.2毫米；10日鉴江牛澳51.2毫米；11日洪洋乡等6个乡镇24小时雨量≥50毫米，以穴里71.3毫米为最大。

6月13—14日连续性暴雨，13日西兰乡等10个乡镇24小时雨量≥50毫米，以西兰乡73.2毫米为最大，罗源国家气象站53.2毫米；14日中房等8个乡镇24小时雨量≥50毫米，以长晟农业园72.3毫米为最大，罗源国家气象站62.6毫米。

6月29日局地性暴雨，霍口乡塘下村112.0毫米（大暴雨）。

7月1日局地性暴雨，中房镇长晟农业园62.1毫米。

7月18日局地性暴雨，洪洋乡57.9毫米。

8月2日局地性暴雨，中房镇等3个乡镇24小时雨量≥50毫米，以中房镇113.0毫米为最大（大暴雨）。

9月1日局地性暴雨，松山镇等3个乡镇24小时雨量≥50毫米，以松山镇102.8毫米为最大（大暴雨）。

台风 无明显影响台风。

高温（≥37.0℃） 罗源国家气象站≥37.0℃高温日数15天，其中≥40.0℃高温日数2天，以7月23日41.6℃为最高，突破历史纪录（2007年39.6℃）。区域自动气象站≥37.0℃天数以霍口乡57天为最多，最高气温为洪洋乡43.5℃（7月23日）。罗源县出现15次高温过程。

5月30日局地性高温，洪洋乡穴里村最高气温37.0℃。

6月23—25日连续性高温，持续3天，部分乡镇最高气温≥37.0℃，过程最高气温罗源国家气象站36.1℃，洪洋乡39.6℃。

6月27—29日连续性高温，局部乡镇最高气温≥37.0℃，过程最高气温罗源国家气象站35.4℃，洪洋乡38.4℃。

7月7日至8月1日连续性高温，持续26天，大部分乡镇最高气温≥37.0℃，过程最高气温罗源国家气象站41.6℃，破历史纪录（2007年39.6℃），洪洋乡43.0℃。

8月5—6日连续性高温，部分乡镇最高气温≥37.0℃，过程最高气温罗源国家气象站37.5℃，洪洋乡39.2℃。

8月8—23日连续性高温，持续16天，大部分乡镇最高气温≥37.0℃，过程最高气温罗源国家气象站40.0℃，洪洋乡42.2℃。

8月25—27日连续性高温，持续3天，大部分乡镇最高气温≥37.0℃，过程最高气温罗源国家气象站38.9℃，洪洋乡42.4℃。

8月29—31日连续性高温，持续3天，部分乡镇最高气温≥37.0℃，过程最高气温罗源国家气象站36.3℃，洪洋乡39.1℃。

9月4—5日连续性高温，部分乡镇最高气温≥37.0℃，过程最高气温罗源国家气象站36.0℃，洪洋乡、碧里乡长基村37.8℃。

9月7—8日局地性高温，过程最高气温罗源国家气象站33.0℃，洪洋乡穴里村37.8℃。

9月12—13日局地性高温，过程最高气温罗源国家气象站34℃，洪洋乡37.8℃。

9月15日局地性高温，最高气温罗源国家气象站34.4℃，碧里乡长基村37.6℃。

9月19日局地性高温，最高气温罗源国家气象站34.4℃，碧里乡长基村37.4℃。

9月30日局地性高温，最高气温罗源国家气象站34.0℃，洪洋乡穴里村37.2℃。

10月2—4日连续性高温，持续3天，部分乡镇最高气温≥37.0℃，过程最高气温罗源国家气象站34.4℃，洪洋乡穴里村38.5℃。

寒露风　罗源县出现“23”型秋寒和“20”型秋寒。

罗源国家气象站于10月7日起出现连续8天“23”型秋寒，较常年偏晚14天；未出现“20”型秋寒。

所有乡镇均出现“23”型秋寒。飞竹镇、硒浦山、塘下村9月7日起出现。中房镇、苏区水库9月9日起出现。西兰乡、长晟农业园9月20日起出现。白塔乡、凤坂村、穴里村10月5日起出现。斌溪村、金港工业区10月7日起出现。起步镇、霍口乡10月8日起出现。洪洋乡、鉴江镇、松山镇、长基村、牛澳村、牛坑村10月10日起出现。

8个乡镇出现“20型”秋寒。中房镇、长晟农业园、飞竹镇、苏区水库10月5日起出现。硒浦山10月7日起出现。西兰乡、斌溪村、白塔乡、金港工业区、凤坂村、穴里村、塘下村10月10日起出现。霍口乡10月18日起出现。

行政区划

【概况】　2022年，罗源县辖凤山、松山、鉴江、起步、中房、飞竹6个镇及碧里、洪洋、白塔、西兰、霍口5个乡，其中霍口为民族乡。全县辖13个社区居委会、189个村委会。

2022年罗源县行政区划一览表

表4

乡镇名称	辖区面积（平方千米）	海拔（米）	村居数（个）	社区居委会和村委会名称
凤山镇	32.2	7	17	北门、南门、东门、西门、凤嘉、凤美、闽凤、凤东社区居委会；城关、岐阳、竹兜、余家塘、苏区、管柄、南门外、陈厝、方厝村委会
松山镇	146.29	5	27	松岐、岐屿、五里、滨岐、鹤屿社区居委会；渡头、岐后、岐头、树柄、吕洞、南岐、北山、巽屿、外洋、盛头、大获、上杭、竹里、八井、小获、泥田、迹头、白水、上土港、下土港、前房、乘风村委会
起步镇	72.73	5	21	港头、起步、桂林、沈厝、兰田、田中、叶洋、庭洋坂、蒋店、杭山、下长治、上长治、党林、洋北、西山、护国、潮格、高洋、曹垄、黄家垮、水口洋村委会
中房镇	131.12	500	23	林家、中房、乾溪、大洋、下湖、王沙、叠石、满盾、岭兜、沙坂、上宅、大园、吉磜、洋里、寨头、显柄、松洋、柏山、深坑、溪门、东山、厚富、港里村委会
飞竹镇	119.56	315	19	飞竹、洋柄、蛤蟆石、陶洋、官路下、梧桐、马洋、刘洋、潘洋、上地、洋头、仓前、丰余、外坂、大湖、斌溪、安后、西禄、塔里洋村委会
鉴江镇	74.12	3	9	鉴江、陆上、海上、上澳、东湾、程家洋、远顶、圣塘、井水村委会
白塔乡	70.86	150	15	凤坂、旺岩、钟下、百丈、梅洋、长基、应德、赤岭、石别、大项、九溪、小云、白塔、南洋、塔里村委会
洪洋乡	70.49	55	18	洪洋、皇万、曹营、王认、石塘、秋岭、禄洋、厝坪、穴里、盾后、牛角丘、后洋、樟溪、大目、洋中、车溪、官村、民族村委会
西兰乡	77.56	385	17	西兰、蒋山、院前、后路、官洋、墩厝、许洋、洋坪、石别下、寿桥、岭头、下漈、破石、甘厝、上洋、坑里、礌石村委会

续表 4

乡镇名称	辖区面积（平方千米）	海拔（米）	村居数（个）	社区居委会和村委会名称
碧里乡	199	10	12	碧里、西洋、梅花、廉头、溪边、牛坑、廉尾、新澳、濂澳、吉壁、牛澳、先锋村委会
霍口畲族乡	193.25	110	24	霍口、溪前、福湖、山垄墘、冈尾、东园亭、岐峰、王廷洋、大王里、后宦、船头、黄鹤、香岭、琅坑、长柄丘、西峰、仙洋、川边、佳湖、东宅、南垅、塘下、徐坪、石坪洋村委会

注：各乡镇区划面积含海域面积，海拔指乡镇政府所在地行政村的海拔。

国民经济和社会发展情况

【概况】 2022年，全年实现地区生产总值417.04亿元，比上年增长4.7%。其中，第一产业增加值59.57亿元，增长3.3%；第二产业增加值224.09亿元，增长5.2%；第三产业增加值133.38亿元，增长4.4%。第一产业增加值占地区生产总值的比重为14.3%，第二产业增加值比重为53.7%，第三产业增加值比重为32.0%。人均地区生产总值160709元。

【财政收支同口径】 扣除留抵退税因素后，全县一般公共预算总收入23.7亿元，同口径增长15.3%，其中地方一般公共预算收入16.2亿元，同口径增长34.6%。

【财政收支自然口径】 全年全县一般公共预算总收入14.8亿元，比上年增长15.3%，其中，地方一般公共预算收入11.8亿元，比上年增长34.6%；一般公共预算支出28.5亿元，比上年增长12.8%。全县税收收入5.6亿元，比上年增长0.7%。

【农业】 全年农林牧渔业完成总产值105.1亿元，比上年增长3.7%。粮食种植面积6294.73公顷，比上年增加63.6公顷，其中稻谷面积3155.93公顷，比上年增加45.2公顷；油料种植面积160.2公顷，增加3.07公顷；蔬菜种植面积7676.87公顷，比上年增加229.27公顷。

全年粮食产量35011吨，比上年增加681吨，增长2.0%。其中，稻谷产量18942吨，增加295吨，增长1.6%。

全年肉蛋奶总产量24897吨，比上年增长4.5%。肉类总产量13327吨，增长2.8%。其中，猪肉产量10055吨，增长2.0%；禽肉产量2192吨，增长5.4%；牛肉产量178吨，增长4.7%；羊肉产量547吨，增长7.7%。年末生猪存栏72176头，增长5.6%；生猪出栏120725头，增长2.0%。牛奶产量101吨，增长2.0%。

全年水产品产量223476吨，比上年增长1.0%。其中，淡水产品产量20424吨，增长4.3%；海水产品产量203052吨，增长0.7%。

【工业】 全年工业增加值197.6亿元，比上年增长5.7%。全年规模以上工业增加值增速7.3%。与上年持平。产值方面，全年累计产值比上年增长12.9%，分经济类型看，大中型企业增长13.3%；国有控股企业增长28.4%，股份制企业增长15.7%，外商及港澳台商投资企业增长1.9%。分轻重工业看，轻工业增长0.5%，重工业增长14.2%。分门类看，制造业增长12.1%，电力、热力、燃气及水生产和供应业增长29.3%。工业产品销售率90.3%，比上年下降4.8个百分点。

全县规模以上工业的26个行业大类中有18个产值增速实现正增长。其中，燃气生产和供应业产值比上年增长283.1%、电气机械和器材制造业产值比上年增长39.5%，全县主导产业黑色金属冶炼和压延加工业比上年增长14.3%。

【固定资产投资】 全年固定资产投资比上年增长18.2%。其中，第一产业投资下降47.9%；第二产业投资增长22.1%，第三产业投资增长5.3%。民间投资增长27.8%，占固定资产投资的比重为67.4%。

全年房地产开发投资比上年下降25.4%。其中，住宅投资比上年下降24.9%；办公楼投资比上年下降36.7%；商业营业用房投资比上年下降39.0%。年末商品房待售面积119.1万平方米，比上年年末增加1.6万平方米。年末商品住宅待售面积1.8万平方米，比上年年末减少1.8万平方米。

【贸易】 全年批发和零售业增加值29.84亿元，比上午增长9.2%；住宿和餐饮业增加值3.07亿元，比上年增长7.6%。

全年社会消费品零售总额65.7亿元，比上年增长4.6%。其中，限上社会消费品零售额完成51.8亿元，增长8.9%。按经营地统计，城镇消费品零售额增长8.0%，乡村消费品零售额增长18.3%；按消费类型统计，商品销售额增长7.9%；餐饮收入额增长12.5%。

限额以上单位商品零售额中，家具类增长27.2%，中西药品类增长

51.2%，文化办公用品类增长47.5%，家用电器和音像器材类增长13.4%，日用品类增长21.4%，粮油、食品类增长20.5%，汽车类下降6.0%，金银珠宝类下降12.5%，服装、鞋帽、针纺织品类增长3.1%，化妆品类下降5.8%。全年限额以上批发和零售企业实现网上商品零售额0.11亿元，比上年下降27.6%。

【旅游】　全年接待境内外游客（含一日游）312万人次，比上年增长93.5%。旅游总收入22.9亿元，比上年增长16.2%，国家A级旅游景区2个。

【对外经济】　全年实际利用外资到资859万美元。完成进出口总额42.3亿元，实现比上年增长24.0%，其中出口总额16.0亿元，进口总额26.3亿元。合同外资1131万美元。

【邮电】　全年完成邮政业务总量2983万元，比上年增长3.7%；电信业务收入6556万元，比上年增长2.6%，移动业务收入1.38亿元，比上年下降5.5%，联通业务收入3360万元，比上年下降0.68%。邮政业全年完成邮政函件业务25.7万件，快递业务量265.3万件。年末有邮政局（所）17处，邮路总长度329千米，农村投递路线1928千米；固定电话用户数2.5万户；移动电话用户24.8万户；互联网宽带接入用户12.4万户。

【金融和保险】　年末全县银行业存款类金融机构9家，各类金融机构营业网点33个。全县金融机构存款余额（人民币，下同）195.34亿元，比上年增长11.04%，其中住户存款余额134.71亿元，比上年增长13.68%；单位存款余额58.88亿元，比上年年末增长7.62%。金融机构贷款余额249.22亿元，比上年增长8.18%，其中短期贷款余额79.89亿元，比上年增长18.11%；中长期贷款余额168.05亿元，比上年增长4.62%。

全年全县保险公司保费收入22733.02万元，比上年增长4.3%，其中：财产险保费收入7760.58万元；人身险保费收入14972.44万元。支付各类赔款及给付6110.70万元，比上年增长1.9%。其中，财产险赔款4911.30万元；人身险赔款1199.40万元。年末各类保险营业网点4个。

【人口与人民生活】　年末全县户籍户数8.37万户，户籍人口26.92万人。全县常住人口26.0万人，其中城镇化率71.9%。

全年全县居民人均可支配收入28237元，比上年增长4.8%，按常住地分，农村居民人均可支配收入20481元，比上年增长5.6%；城镇居民人均可支配收入41401元，比上年增长4.1%。全县居民人均生活消费支出20462元，比上年增长4.4%。按常住地分，农村居民人均生活消费支出17127元，比上年增长4.1%；城镇居民人均生活消费支出26582元，比上年增长4.3%。

【教育】　年末全县有中等职业技术学校1所，专任教师132人，在校生2198人，学年初招生839人。有高中4所，专任教师261人，在校生3274人，学年初招生1171人。有初中14所，专任教师687人，在校生8766人，学年初招生2758人。有小学25所，专任教师1309人，在校生21587人，学年初招生3442人。有幼儿园37所（含民办30所），专任教师585人，在校生8756人。特教学校1所，在校生64人，专任教师10人。

【科技】　全年全县有高新技术企业26家，其中年内新增高新技术企业9家。全县专利授权408件，比上年减少29.5%。

【文化】　年末全县文化系统共有艺术表演团体1个，公共图书馆1个，文化馆1个，博物馆1个。公共图书馆藏书量32万册，博物馆、纪念馆收藏文物0.2212万件，图书流动点12个，乡镇综合文化站11个，农家书屋189个。影院2个，广播电台1座，广播节目2套，电视节目16套。年末有线电视用户3.9万户，入户率53%。年末行政村有线电视联网率100%，广播综合人口覆盖率、电视综合人口覆盖率均达100%。

【卫生】　年末，全县医疗卫生机构245家，县直6家，社区卫生服务中心1家，乡镇卫生院10家，村卫生所142家，个体诊所59家，民营医院2家，门诊部5家，护理站1家，学校卫生站19家。实际开放床位1658张；卫生专业技术人员1434人，其中执业（助理）医师479人，注册护士640人。每千人拥有卫生机构床位6.49张，每千人拥有卫生专业技术人员5.62人。全县有社区卫生服务中心1个，卫生专业技术人员33人；乡镇卫生院10个，卫生专业技术人员306人。

【体育】　运动员在福建省十七届运动会获得4枚银牌、1枚铜牌。有体育场馆1个，总面积2524.08平方米。全县举办篮球、足球、乒乓球、门球羽毛球、气排球、笼式足球、健步走等15项150多场全民健身活动。

【资源、环境和应急管理】　全县规模以上工业能耗577.2万吨标准煤。全社会用电量比上年增长18.4%，其中工业用电量比上年增长19.4%。

全县水环境质量总体保持良好，县级饮用水水源地八井水厂、西溪水厂、洋尾水厂水质达标率均为100%，主要流域罗源霍口、连江傍尾、斌溪口、兰水村4个断面及小流域南坂洋、方厝桥2个断面水质均达到省市考核要求，比上年同期水质明显改善。区域噪声平均值50.6分贝，道路噪声平均值70.2分贝。环境空气有效监测天数363天，达标天数361天，达标率99.4%。6项空气环境监测指标均达国家二级标准，其中，细颗粒物（$PM_{2.5}$）平均浓度16微克每立方米，可吸入颗粒物（PM_{10}）平均浓度34微克每立方米，臭氧（O_3）平均浓度126微克每立方米。

全县发生各类生产安全事故7起、死亡4人，分别比上年上升40%、持平。

（县统计局）

（编辑 林烨欣）

中国共产党罗源县委员会

重要会议及活动

【概况】 2022年，中共罗源县委召开中国共产党罗源县第十四届委员会第四次全体会议以及31次县委常委会会议，审议通过《中共罗源县委关于深入学习宣传贯彻中共二十大精神，全面建设现代化美丽海湾城市的决定》等文件。

【县委十四届四次全会】 12月6日召开。全会听取和讨论张新怿受县委常委会委托作的工作报告，审议通过《中共罗源县委关于深入学习宣传贯彻中共二十大精神，全面建设现代化美丽海湾城市的决定》。张新怿就《决定（讨论稿）》向全会作说明。全会号召，全县各级党组织和广大党员干部要在以习近平同志为核心的党中央坚强领导下，以习近平新时代中国特色社会主义思想为指导，全面贯彻落实中共二十大精神，踔厉奋发、勇毅前行，坚持“3820”战略工程思想精髓，全面建设现代化美丽海湾城市，为福州建设现代化国际城市作出更大贡献！

【重要会议和决策】 第一次常委会会议 1月5日召开。传达学习习近平总书记近期重要讲话、重要指示精神及上级有关会议、文件主要精神；听取近期新冠疫情防控工作有关情况汇报；传达学习福州市推荐出席中共二十大代表候选人初步人选工作会议主要精神；审议《罗源县2021年全面从严治党主体责任落实情况检查“问题清单”“问责建议清单”整改落实方案》。

12月6日，中国共产党罗源县第十四届委员会第四次全体会议召开

第二次常委会会议 1月13日召开。传达学习习近平总书记在全国政协新年茶话会上的重要讲话精神和2022年新年贺词精神及省委、市委常委会会议主要精神；2021年度县委常委班子党史学习教育专题民主生活会会前集中学习；听取县十七届政府2021年第34次常务会议审议提交相关工作情况汇报；传达学习全省发展和改革工作会议主要精神；研究推荐福建省出席中共二十大代表候选人初步人选工作有关事宜；审议《〈关于新时代加强和改进思想政治工作的意见〉县直部门重点任务分工方案》；传达学习福州市十六届人大一次会议、福州市政协十四届一次会议主要精神；研究召开县慈善总会第三届理事大会有关事宜。

第三次常委会会议 1月19日召开。传达学习习近平总书记近期重要讲话精神及上级有关会议、文件主要精神；传达学习省委理论学习中心组党史学习教育第七次专题学习会主要精神，按照中央和省委、市委关于召开2021年度县委常委班子党史学习教育专题民主生活会有关要求，开展集中研讨；听取县人大常委会、县政府、县政协党组和县纪委监委及县法院、县检察院党组工作情况汇报；审议《罗源县工商联（总商会）换届工作实施方案》；审议《中共罗源县委常委班子对照检查材料》；听取县委党校（行政学校）质量评估反馈意见有关情况汇报。

第四次常委会会议 1月28日召开。传达学习习近平总书记近期重要讲话、指示批示精神及上级有关会议、文件主要精神；传达学习全省工业和信息化工作会议主要精神；听取福州市推荐出席中共二十大代表候选人初步人选征求意见反馈情况汇报；传达学习十九届中央纪委六次全会和省纪委十一届二次全会、市纪委十二届二次全会主要精神。

第五次常委会会议 2月11日召开。传达学习习近平总书记重要讲话重要指示批示精神及上级有关会议主要精神；听取县十七届政府2021年第三十四次常务会议、县十八届政府2022年第四次常务会议审议提交相关工作情况汇报；传达学习全国、全省、全市“扫黄打非”电视电话会议主要精神。

第六次常委会会议 2月23日召开。传达学习习近平总书记重要讲话重要指示批示精神及上级有关会议主要精神，部署新一年工作；听取县十八届政府2022年第四次常务会议审议提交相关工作情况汇报；传达学习中央、省委、市委农村工作会议主要精神；研究《中共罗源县委关于实施“提率、提升效能、提增效益”行动方案》；传达学习全国、全省、全市统战部长会议主要精神；传达学习全国、全省、全市组织部长会议主要精神；听取宣传工作有关情况汇报；传达学习中央政法工作会议、省委政法工作会议暨全省政法队伍教育整顿总结会、市委政法工作会议主要精神；听取建立罗源县城乡综合执法联动机制及启动“美丽罗源监管平台”有关情况汇报；研究召开罗源县工商业联合会（总商会）第十二次会员代表大会有关事项。

第七次常委会会议 3月2日召开。听取福建省出席中共二十大代表候选人初步人选征求意见工作有关情况汇报。

第八次常委会会议 3月10日召开。传达学习省委常委、市委书记林宝金在罗源调研时的讲话精神；审议《罗源县委巡察工作人才库建设管理实施意见（暂行）》；研究罗源县第四轮第三批（2021年）“平安村（社区）”候选村（社区）推荐名单；听取县十八届政府2022年第五次常务会议审议提交相关工作情况汇报。

第九次常委会会议 3月15日召开。传达学习习近平总书记近期重要讲话重要指示批示精神及上级有关会议主要精神；听取近期新冠疫情防控工作有关情况汇报；县委党建工作领导小组2022年第二次会议；听取县总工会、团县委、妇联等群团组织工作情况汇报。

第十次常委会会议 3月31日召开。传达学习习近平总书记对安全生产、防汛减灾、森林防火工作的重要讲话重要指示批示精神；传达学习上级对台工作会议主要精神；听取县十八届政府2022年第七次常务会议审议提交相关工作情况汇报；审议《关于市委涉粮专项巡察五组巡察罗源县反馈意见整改进展情况的报告》；县委审计委员会第六次会议；县委党建工作领导小组2022年第三次会议；审议《罗源县政协2022年协商计划》。

第十一次常委会会议 4月24日召开。研究干部人事工作。

第十二次常委会会议 4月27日召开。传达学习习近平总书记近期重要讲话、重要指示批示精神，《求是》文章精神，以及上级有关会议、文件主要精神；听取近期新冠疫情防控工作有关情况汇报；审议《罗源县企业服务年实施方案》和《罗源县企业服务年启动仪式暨优化营商环境惠企政策宣传活动方案》；审议《中共罗源县委常委会2022年工作要点》；听取县十八届政府2022年第八、第十一次常务会议审议提交相关工作情况汇报。

第十三次常委会会议 5月6日召开。传达学习习近平总书记近期重要指示批示精神及上级有关会议主要精神；传达学习5月5日习近平总书记在中央政治局会议上关于疫情防控工作的重要讲话精神。

第十四次常委会会议 5月12日召开。传达学习习近平总书记近期重要讲话、贺信、回信精神及上级有关会议主要精神；传达学习全国、全省宗教工作会议及市委民族工作会议暨全市宗教工作会议精神；传达学习《福建省党政机关办公用房管理办法》和《福建省党政机关公务用车管理办法》文件主要精神；听取2021年度乡镇及县直单位落实党政领导平安建设责任制考评有关情况汇报；审议《中共罗源县委全面深化改革常委会2022年工作要点》；审议《中共十四届罗源县委巡察工作规划》；听取县十八届政府2022年第十次常务会议审议提交相关工作情况汇报。

第十五次常委会会议 5月31日召开。传达学习习近平总书记重要讲话重要指示批示精神、领导调研讲话精神及上级有关文件、会议主要精神；传达学习《信访工作条例》文件精神，听取信访工作情况汇报；听取县十八届政府2022年第十四次常务会议审议提交相关工作情况汇报；审议《中共罗源县委财经委员会2022年工作要点》；传达学习全国、全省、全市基层党建工作重点任务推进会和福州市红色文化助力乡村振兴现场会主要精神；县委党建工作领导小组2022年第四次会议；审议《罗源县发展党员违规违纪问题认定处理和责任追究办法》；研究调整松山镇岐后村党总支部书记有关事宜；研究罗源县法学会第二次会员代表大会有关事宜。

第十六次常委会会议 6月17日召开。结合学习《闽山闽水物华新——习近平福建足迹》，开展集中学习研讨；传达学习习近平总书记重要讲话、回信、贺信精神及上级有关

会议主要精神；审议《中共罗源县委退役军人事务工作领导小组2022年工作要点》；县委网信委第五次会议；传达学习《中华人民共和国反有组织犯罪法》文件主要精神；听取县十八届政府2022年第十四次常务会议审议提交相关工作情况汇报；听取排查整顿农村发展党员违规违纪工作重点问题认定和处置意见的汇报。

第十七次常委会会议　7月6日召开。传达学习习近平总书记重要讲话重要指示精神及上级有关会议主要精神；听取安全生产工作有关情况汇报；传达学习中央和省、市国家安全工作有关会议主要精神；传达学习中央和省委、市委保密工作有关会议主要精神；听取村（社区）党组织“评星定级”有关工作情况汇报；听取县十八届政府2022年第十九次常务会议审议提交相关工作情况汇报；研究洪洋乡洪洋村党支部书记初步人选有关事宜。

第十八次常委会会议　7月12日召开。传达学习习近平总书记近期重要讲话、回信精神及上级有关会议主要精神；传达学习中央政治局常委、国务院总理李克强到闽考察和在东南沿海省份政府主要负责人经济形势视频座谈会上的讲话精神；传达学习上级疫情防控工作有关会议主要精神，听取近期疫情防控有关情况汇报，部署下一步防控工作；传达学习《中共中央办公厅、国务院办公厅关于印发〈关于更加发挥统计监督职能作用的意见〉的通知》文件主要精神；听取县十八届政府2022年第二十一次常务会议审议提交相关工作情况汇报。

第十九次常委会会议　7月29日召开。传达学习习近平总书记重要讲话、回信、贺信精神及上级有关会议主要精神；传达学习上级疫情防控工作有关文件主要精神，听取近期疫情防控有关情况汇报，部署下一步防控工作；传达学习公安系统有关会议主要精神；听取食品安全工作有关情况汇报；审议《关于新时代加强和改进人民政协工作的若干意见》；听取县十八届政府2022年第二十二次常务会议审议提交相关工作情况汇报；传达学习全国巡视工作会议暨十九届中央第九轮巡视动员部署会、全省巡视巡察工作会议暨十一届省委第一轮巡视动员部署会、十二届市委第二轮常规巡察工作动员部署会主要精神；审议《罗源县领导干部主要工作实绩考核评价办法（试行）》；听取县管领导班子和县管干部2021年度考核情况汇报；研究对2021年度考核优秀等次人员进行奖励有关事宜。

第二十次常委会会议　8月19日召开。传达学习习近平总书记在中共中央政治局会议、省部级主要领导干部专题研讨班、党外人士座谈会上的重要讲话和致世界青年发展论坛贺信精神及省委、市委常委会会议主要精神；听取县十八届政府2022年第二十五次常务会议审议提交相关工作情况汇报。

第二十一次常委会会议　8月25日召开。传达学习习近平总书记重要讲话、贺信精神及上级有关会议主要精神；审议《关于传承弘扬优良传统开展“转作风、强服务、办实事、促发展”行动的实施意见》；研究有关案件工作；传达学习市纪委监委《关于三起党员干部涉黑涉恶腐败和充当“保护伞”典型案例的通报》文件精神；传达学习上级群团组织有关会议精神；听取县十八届政府2022年第二十二、二十四、二十五次常务会议审议提交相关工作情况汇报。

第二十二次常委会会议　9月9日召开。传达学习习近平总书记重要讲话、贺信、回信、复信精神及上级有关会议主要精神；中共罗源县委全面依法治县委员会第六次会议；审议《罗源县关于贯彻落实〈福州市“万名干部下基层”常态化长效化的实施意见〉的具体措施》；听取县十八届政府2022年第二十九次常务会议审议提交相关工作情况汇报。

第二十三次常委会会议　9月27日召开。传达学习习近平总书记近期重要讲话、重要指示、重要贺信、回信精神及上级有关会议主要精神；审议《罗源县坚决打赢生态环境“三大战役”工作方案》；传达学习全市平安建设“三率”推进会暨政法重点工作会议精神；研究罗源县2022年公开招聘“一懂两爱”专职村务工作者工作有关事宜；听取县十八届政府2022年第二十八、二十九、三十次常务会议审议提交相关工作情况汇报；研究各大指挥部成立临时党支部有关事宜；传达学习上级档案工作会议及市委常委会会议主要精神。

第二十四次常委会会议　9月29日召开。研究干部人事工作。

第二十五次常委会会议　10月12日召开。围绕新华社刊发的“3820”战略工程实施30周年通讯文章，开展集中学习研讨；传达学习习近平总书记近期重要讲话、重要指示、贺信精神及上级有关会议、文件主要精神；传达学习福州市有关通报文件主要精神，听取当前意识形态领域形势分析情况汇报；传达学习《推进领导干部能上能下规定》和中央组织部有关专题培训班及省委、市委常委会会议主要精神；传达学习全国、省、市有关工作动员部署会议主要精神；传达学习中央和省委、市委巩固全国政法队伍教育整顿成果推进全面从严管党治警有关文件精神；研究2022年度福建省优秀驻村第一书记推荐名单；传达学习全国城市基层党建引领基层治理工作电视电话会议及省委、市委常委会会议主要精神。

第二十六次常委会会议　10月29日召开。研究干部人事工作。

第二十七次常委会会议　11月4日召开。学习贯彻中共二十大精神及习近平总书记近期重要讲话精神；县委财经委第九次会议；听取当前疫情防控工作有关情况汇报；听取县十八届政府2022年第三十四次常务会议审议提交相关工作情况汇报。

第二十八次常委会会议　11月18日召开。传达学习习近平总书记近期重要讲话、重要指示、回信、贺信、致辞精神及上级会议主要精神；传达学习省委书记周祖翼在福州调研时的指示精神及市委常委会会议主要精神；研究召开十八届人大二次会议、政协十一届二次会议有关事宜；听取县十八届政府2022年第三十四次常务会议审议提交相关工作情况汇报。

第二十九次常委会会议　12月5日召开。传达学习习近平总书记近期重要讲话、重要指示、回信、贺信、致辞精神及上级会议主要精神；传达学习省委十一届三次全会、市委十二届四次全会主要精神，研究召开县委十四届四次全会有关事宜；研究召开罗源县残疾人联合会第七次代表大会有关事宜。

第三十次常委会会议　12月12日召开。研究干部人事工作。

第三十一次常委会会议　12月20日召开。传达学习习近平总书记近期重要讲话、重要指示、贺信致辞精神及上级会议主要精神；听取罗源县十八届人大二次会议、政协十一届二次会议有关文稿有关情况的汇报；听取当前疫情防控工作开展情况及下一步工作计划的汇报；听取县十八届政府2022年第二十六、三十二、三十六次常务会议审议提交相关工作情况汇报；审议《罗源县2021—2025年培养选拔少数民族干部工作规划》。

（辛　晟）

深化改革

【概况】　2022年，罗源县推进经济社会事业、民主法治、社会治理等9个36项重点改革事项。

【改革机制】　罗源县全年6次召开县委常委会暨县委全面深化改革委员会会议。先后出台《中共罗源县委全面深化改革委员会2022年改革工作要点》《中共罗源县委全面深化改革委员会2022年工作要点细化分解责任清单》等文件。

【改革宣传】　《“小驿站”撬动引才就业“大民生”——罗源县创新打造全省首批就业服务驿站村级服务点》被《福建改革情况》采用，《“积”出新风尚　“兑”出大治理——罗源县创新推广人居环境整治文明“双积分制”工作模式》被《福州改革财经交流》采用。

【其他工作】　罗源县创新“政府主导＋市场化管理”模式，由政府统筹协调解决选址用地、统一名称、规范流程，在全县11个乡镇人流量比较集中的乡村便利店、村（居）委会等地建设“就业驿站村级服务点”。以白塔乡南洋村为试点，以“党建引领＋社会参与＋村民自治”为抓手，探索试行人居环境整治文明“双积分制”工作模式。紧密围绕“畲风海韵”的区位特征，培育和挖掘基层社会治理亮点经验，形成“一乡镇一特色”创建品牌。推进凤山镇城关村全国村级议事协商创新实验试点，探索“四步闭环议事法”协商制度。构建“乡村调解组织初调解、法官指导＋乡镇调解组织联动调解、诉前委托委派调解、审执调解”四级问诊化讼法，实现“小事不出村、大事不出镇、矛盾不上交”。上线罗源民族文化数字云平台（二期），增设铸牢中华民族共同体意识教育云展厅、民族团结进步云展厅等虚拟展厅。探索“五四五”招商模式（项目洽谈时回答好“五个问题”、正式签约时坚持做到“四个必须”、实施“五轮驱动抓招商”），优化招商流程，明确招商方向，打造招商工作体系。开展人才回归工程，着力构建人才发展体制机制，坚持“罗工巧匠·技能强县”发展思路，推出罗源县“1+1+N”人才政策体系。

（游艳青）

组织工作

【概况】　2022年，罗源县委组织部贯彻执行新时代党的建设总体要求和新时代党的组织路线，树立重一线、重实干、重实绩、重公认的选人用人导向，出台《关于加强抽调人员管理的意见》《关于在攻坚2022行动中开展一线考核干部的实施方案》，激发广大干部主动担当、建功立业。打造“七彩罗源·智慧党建云展厅”，与福州联通携手开展“数字乡村”建设框架战略合作，党建引领相关做法被中组部共产党员网“先锋文汇”栏目选入刊登，并在中国共产党类核心期刊、全国十佳文摘期刊《党建文汇》上刊登。制定《2022年罗源县人才工作要点》《县委人才工作领导小组工作规则》《县委人才工作领导小组办公室工作细则》等制度，推出罗源县“1+1+N”人才政策体系，创新提出“罗川智卡”服务项目，为高层次人才提供17条专属服务措施，释放更开放、更全面、更优质政策引才红利。

【干部教育培训】　县委组织部报送30人次参加省、市委党校主体班学习，62人次参加省、市短期（含异地）班培训，165人次参加网络专题班学习，178人次参加视频会议专题班学习。在县委党校举办第35～36期科级干部培训班、第25期中青年干部培训班和第8期股级干部培训班，组织119名科级干部和126名科级以下干部参加培训。针对乡镇领导班子成员举办罗源县乡镇领导干部能力素质提升专题培训班，参训人员143人；分3期举办罗源县管干部学习贯彻中共二十大精神专题培训班，738人参训。更改在职干部学历16人次，审批学前申报14人次。对干部在福建干部网络学院学习进行全面动态管理，督促全县干部按规定按时完成在线学习任务（即处级及以下干部不低于50学分）。

【干部监督管理】 县委组织部做好迎接中共二十大安全保障工作，落实24小时领导带班和专人值班制度，在大会召开前后及大会召开期间坚持“零报告”机制。坚持选人用人全过程监督，落实“凡提四必”要求和任职前公示制度，运用信访、“12380”举报平台，加大群众举报受理查核力度，匡正选人用人风气。完成2022年处级领导报告个人有关事项工作及相关房产查询217人次。

【公务员人事管理】 罗源县2022年度考试录用公务员15人（其中女性9人、男性6人），退休干部57名。办理干部调动33人，其中，调往县外14人、外县调入5人、县内调动14人。组织33名2021年新录用公务员（参公人员）到市委党校参加初任培训。选派27名初任公务员到基层锻炼，接收8名市直单位初任公务员到罗“墩苗”。

【人才队伍建设】 罗源县以中国罗源滨海玉石文化城为载体，实施“天下石 罗源工”雕刻大师回归工程，吸引4名中国工艺美术大师、14名省级工艺美术大师等百余名玉石雕刻专技人才带项目、带技术回乡发展。以清华大学重点科研项目建设为契机，吸引国内外一流科研团队开展全球气候变化与应对最前沿研究。出台罗源县“1+1+N”人才政策体系，专项配套2000万元人才工作资金池，全面释放政策引才红利。重视民生领域人才队伍建设，出台《罗源县高层次教育人才引进和培育实施细则》，特批40个专门编制招聘高层次教育人才；柔性引进“胡建章名医工作室”“陈路川名医工作室”等省级医院医疗专家资源入驻罗源医疗机构。在全省率先打造就业引才服务驿站村级服务点，带动就业1773人。开展“七彩青春 筑梦罗源”暑期社会实践活动，吸引近千名学子到罗实践走访。加快建设县职业中学实训基地，聘请中国工艺美术大师在县职业中学工艺美术专业任教，注入高水平教学力量，4名学子获2022年福建省职业院校技能大赛一等奖、三等奖。推出专属信贷产品“人才贷”，授信1500余万元，为人才培养注入金融服务新动能。完善“人才安居”服务，新装修人才公寓35套，为外来求职创业者协调免费住房床位300个，解决8名人才子女入学问题。举办首届罗源玉石文化艺术节暨中国工艺美术大师潘惊石师徒传承展，推出《罗川英才耀七彩》《“天下石 罗源工”雕刻大师回归工程》等专题宣传片，在全社会营造识才、爱才、敬才、惜才的浓厚氛围，提高广大人才的荣誉感和获得感。

【基层党组织建设】 县委组织部常态化推进“达标创星”活动，培育42个五星级村（社区）党组织，集中整顿软弱涣散党组织3个。开展农村领域发展党员违规违纪问题排查整顿，对存在问题人员和相关责任人员全部稳妥审慎处置到位。健全完善村干部奖优惩劣机制，激活村干部乡村振兴干事创业热情。创新驻村工作管理服务模式，打造“驻村第一书记之家”，举办全市驻村第一书记工作交流会。开展干部“同吃、同住、同劳动、同调研”主题实践暨“千名干部下农村”活动，组建“乡村振兴先锋队”和“农村金融助力队”，推动乡村组织振兴。成立26个“中心村党委”，总结提炼村级集体经济“增收七法”，打造11个“支部领办合作社”试点，全县189个村集体经营性收入全部稳定在10万元以上，20万元以上村占比超60%，50万元以上的村占比超20%。创新“1348”特色载体，建立“横向到边、纵向到底”的网格治理体系，有力助推疫情防控、文明创建、平安综治等各项工作，提升居民获得感和幸福感。提升示范点位，完善党建品牌建设，推广“1436有事好商量”工作法，打造“榕树下”“碧海堡垒”“五韵飞竹”等特色子品牌，创设“海上微党校”“小区微党校”等党员教育新载体，提升“红色初心之旅”等6条精品示范线路，打造林可彝事迹陈列馆、畲家红色记忆馆等一批党性教育教学点，建设“七彩罗源·智慧党建云展厅”。

【党员队伍建设】 党员队伍情况 罗源县党员14370人，比上年增加120人，女性党员3781人，占比26.31%；少数民族党员1028人，占比7.15%；大专及以上党员5584人，占比38.86%；35岁以下党员3164人，占比22.02%。中华人民共和国成立前入党的7人，中华人民共和国成立后到十一届三中全会前入党的2265人，中共十一届三中全会后至中共十八大入党的党员9371人，中共十八大以来入党的党员2727人。公有制单位党员3573人，非公有制企业党员569人，社会组织党员489人，农牧渔民党员7608人，离退休人员党员1700人，其他职业人员党员431人。

发展党员情况 发展党员201人，发展女性党员83人，占比41.29%；发展少数民族党员15人，占比7.5%；发展35岁以下党员150人，占比74.63%；发展具有大专以上学历党员138人，占比68.66%。全县入党申请1260人，入党分子613人。

党组织情况 全县基层组织数761个，基层党委22个（其中乡镇党委11个，县直单位机关党委8个，园区非公有制企业党委3个），党总支31个，党支部708个；企业党组织225个，机关事业单位党组织203个，非公有制企业党组织151个，社会组织党组织58个，其他党组织275个。

（魏清伙）

宣传工作

【概况】 2022年，县委宣传部全面落实中央关于宣传思想文化决策部署和省委、市委、县委工作要求，主动担当作为，做好宣传思想文化各项工作。

【意识形态工作】 县委宣传部加强责任担当，牢牢把握党对意识形态工作领导权。压紧压实意识形态工作责任制。提请县委常委会5次专题研究意识形态工作，传达学习中央关于意识形态工作决策部署和省委、市委、县委工作要求，推动解决意识形态工作实际问题。将意识形态工作纳入重要议事日程，纳入党建工作责任制，纳入执纪监督，纳入领导班子目标考核，纳入绩效管理，纳入精神文明创建。开展意识形态领域分析研判，巩固发展意识形态领域良好态势，有力维护政治安全、意识形态安全、文化安全。建立与县委机关的巡察机制，开展十四届县委第二轮意识形态工作责任制专项巡察工作，督促全县各级党委（党组）落实意识形态工作责任制。做好市委2021年全面从严治党主体责任落实情况检查问题清单，涉及意识形态部分整改工作。制定印发《〈关于新时代加强和改进思想政治工作的意见〉县直部门重点任务分工方案》。

【理论武装】 县委宣传部加强理论武装，深入学习宣传贯彻习近平新时代中国特色社会主义思想。学习感悟思想伟力培根铸魂。聚焦迎接中共二十大召开和中共二十大精神学习，深入开展新思想学习，巩固拓展党史学习教育成果。开展县委理论学习中心组学习会，县委中心组成员带头学习、带头践行，做到学思用贯通、知信行统一，以中共十九届六中全会精神、《闽山闽水物华新——习近平福建足迹》为主要内容，开展县委理论学习中心组交流学习33场，完善党委（党组）理论学习中心组等各层级学习制度。组织征订《闽山闽水物华新——习近平福建足迹》《习近平谈治国理政》第四卷各1万多册，把新思想学习贯彻融入日常。推进“千军万马”基层理论宣讲。推进“千军万马”基层理论宣讲。结合新时代文明实践中心（所、站）的建设，加强理论宣讲示范点规范化建设，拓展基层宣讲联系点，创新宣讲方式，开展畲歌畲语宣讲活动，组织县乡两级业余讲师团深入基层开展“大宣讲”活动，围绕中共十九届六中全会精神、中共二十大精神、《闽山闽水物华新——习近平福建足迹》等内容开展宣讲842场，受众6.77万人次。做好“学习强国”学习平台推广运用工作。用活用好“学习强国”学习平台等，动员组织加入平台的党员每天登录平台常态化开展学习，让理论学习在干部群众中扎根。收集、编辑、审核本地的各类稿件，向“学习强国”福建学习平台、“学习强国”福州学习平台提供优质稿件和学习资源，发布稿件34份。

【文化事业】 县委宣传部丰富文化生活，推动文化产业发展。开展文化惠民活动，举办2022年罗源县文化科技卫生“三下乡”活动4场。组织元旦、春节两节文化体育活动，开展篮球、足球、羽毛球、乒乓球、中国象棋等体育类比赛和罗源县歌手赛、义写春联、优秀摄影作品展等文化类活动33项，为群众献上精彩的文化盛宴。举办罗源县“启航新时代 筑梦罗源湾——首届罗源玉石文化艺术节暨《凤山雅集》 潘惊石师徒传承展”“放歌新时代 唱响罗源湾”罗源县歌手赛、罗源县“善美寻乡——强国复兴有我 助力乡村振兴”主题宣传、福建省“喜迎二十大 振兴我乡村”农民书画展罗源分会场、“七一云献礼”罗源县2022年第十四届“畲族·风”民俗文化旅游节暨“明月照罗源”新歌发布会线上等活动，罗源县“喜迎二十大 中秋话团圆”暨网络中国节·中秋文化活动通过中央电视台直播宣传。开展文化活

1月，2022年罗源县文化科技卫生“三下乡”活动走进起步镇庭洋坂村

9月10日，罗源县举办“喜迎二十大 中秋话团圆”暨网络中国节·中秋文化活动

动进乡村，文化惠民“六进”、文化进万家、古厝戏台非遗展演、民族器乐演奏会等群众性文化活动。组织凤坂村参评第二届福建省示范书屋评选活动，推动罗源县农家书屋提质增效。推进文艺项目建设，立足罗源县特色文化，推动创作一批文学、书法、摄影等优秀文艺作品，参加各类展评活动。选送26件优秀作品参评福州市第五届茉莉花文艺奖，摄影作品《过火防疫》获摄影类作品三等奖，组织开展第二届杜鹃花文艺奖评评选活动，推广传唱罗源县城市宣传歌曲《明月照罗源》，组织创作推出闽剧《林可彝》、畲族歌舞《酒歌》、红色革命情景剧《破仓分粮》等一批文艺精品项目，厚植干部群众热爱闽都文化情怀。打造罗源县高质量公共文化服务项目，推动“罗源县公共文化服务中心（基地）”和“罗源县文艺家之家”场所建设，争取年内有关文艺协会入驻，解决艺术人才有固定集中办公和协会艺术展示场所问题。制定完善《罗源县斌溪音乐谷项目建设方案》，打造音乐点位激活乡村文化魅力，依托闽江学院培养音乐人才，逐步推进罗源县音乐人才队伍建设。推动文化产业发展，研究制定《罗源县推动“福”文化资源转化利用 打响“福”文化品牌的实施方案》《2022年文化体制改革工作要点细化分解责任清单》《2022年罗源县文化产业发展情况绩效管理考评办法》，推动文化产业发展目标更明确、责任更清晰、考评有依据。罗源县规模以上文化企业数为49家，营业收入比上年增长38.84%，在2021年市对县文化产业绩效考评工作中排名全市第四名。文化体制改革类报道在中央省市媒体刊发14篇，县级媒体刊发79篇。撰写调研类文章1篇，改革类信息4篇。组织县内相关单位参与“福满榕城 把福寄给你”2022文创设计大赛，报送文创设计作品65件及罗源县城市文化IP案例1份。完善工作机制，扶持本地文化企业发展，向省市文改部门推荐本地原创文化产品参加“城市伴手礼”等评选活动，同时用好畲山风情文化产业发展资金，制定产业发展政策，重点扶持谷仓画院等本地有代表性的文化企业稳步发展，组织开展文化产业绩效考评工作培训，赴谷仓画院进行文化产业实地考察、培训，提升文化产业发展层次和水平。

【新闻宣传】 县委宣传部组织主题宣传。紧扣县委、县政府中心工作，围绕建设“启航新时代，做强北大门，打响四大国家级品牌，建功丝路海港城”目标，策划主题宣传，开设《爱我罗川 同心抗疫》《喜迎二十大 重点企业巡礼》《新时代好少年》《攻坚2022行动》《重点工业企业系列报道》《“3820”战略工程实施30周年》等专题专栏25个，在县属新闻媒体刊播广播电视新闻321期，自办栏目《走遍罗川》9期、《影像罗源》47期。罗源湾新闻网发布县内重要时政活动等类新闻1380余条，本地社会民生等类新闻1180条，微博发布本地权威消息2585条，微信公众号发布原创消息2550条，转载中央、省、市媒体报道罗源的新闻340多篇。召开新闻发布会5场，新闻通气会12场，做好信息公开和政策解读工作，实现政务公开和新闻发布常态化。

【对外宣传】 县委宣传部扩大对外宣传。建强用好县融媒体中心，开发“罗源融媒”App综合新闻宣传服务平台，整合县乡（镇）各种宣传资源，提升新闻外宣工作能力，构建大外宣工作格局。在中央、省、市主流媒体刊登新闻（专题）345篇，11个专题专版报道，105条电视新闻，35条广播新闻在中央、省、市平台播出。宣传闽都文化国际品牌，传播推广“福”文化。配合办好2022世界福州十邑春晚、2022年海峡两岸民俗文化节、第六季“福州，听我说”暨第四届“以理服人”宣讲大赛、“福满榕城·福见七夕”2022年福州情歌赛等活动，推动文化走出去。县新闻宣传与协调中心获2021年度福建日报社“十佳融媒体中心”称号。

【网络舆情处置】 县委宣传部围绕疫情防控、重大项目建设、综治维稳、环境保护等完善日常和应急的舆情工作机制。完善网络舆情应急处置工作机制，落实突发重大舆情联席会商机制，督促各乡镇、县直各单位加强协调联动，快速响应处置，规范网络舆情处置工作流程，妥善处置各类突发、重大网络舆情事件。做好全国全省两会、北京冬奥会、疫情防控、全省中高考、中共二十大等重要时期的应急值守和网络舆情处置工作。协调解决群众反映的实际困难和问题，及时化解社会矛盾。

【电影工作】 县委宣传部落实农村公益电影放映工程，完成放映2268场，开展百场公益电影进社区活动。

【其他工作】 县委宣传部推动落实罗源县“万福千屏”项目选址、报批。开展爱国主义教育活动，指导县级爱国主义教育基地申报工作，罗源县革命烈士陵园获评市级爱国主义教育基地，林可彝事迹陈列馆和中国工农红军北上抗日先遣队罗源（百丈）指挥部旧址申报县级爱国主义教育基地，成立中共罗源县委全民国防教育工作领导小组，落实好全民国防教育工作。开展“正道”“新风”集中行动和“扫黄打非”专项整治行动，整治有害出版物，加强版权宣传，营造规范有序的文化市场环境。

（尤昌波）

统战工作

【概况】 2022年，在县委的坚强领导和市委统战部的关心指导下，县委统战部立足罗源、推陈出新，深化大统战工作格局，培育统战对象为统战力量，全面推进统战领域各项工作创新发展。

【深化大统战工作格局】 县委统战部压实统战工作责任，县委相继召开统战工作会议、民族工作会议、全县宗教工作会议等，对统一战线各领域工作作出批示指示，县委、县政府将提升全国民族团结进步示范区纳入全县打响四大国家级品牌之一，站位全局总揽民族工作。印发《罗源县贯彻落实〈中国共产党统一战线工作条例〉分工方案》等文件，明确成员单位职责分工，推动统战工作责任制试行，全县一盘棋统筹谋划、一体化系统推进。

【凝心聚力服务大局】 县委统战部汇聚广大统战成员力量投身疫情防控。党外知识分子驰援兄弟县疫情防控一线30人次；34个民族村主干靠前作为守护一方平安；宗教界人士捐赠药品、防疫物资、连夜制作爱心粥，暖心助力疫情防控；非公有制经济、新的社会阶层人士关心关怀疫情防控一线，送去慰问物资20余趟；1608人次参与志愿服务。广泛开展助教助学助困，在寒暑假期间资助困难学生60余人，在教师节期间捐赠慰问品、奖教金、图书等价值20余万元，在罗源一中校庆期间捐赠开发罗源一中线上云展厅，全力部署实施民族小学特色校园文化建设工程。20余家民营企业主动加入“万企兴万村”行动，通过发展畲家蜂蜜、果蔬种植、文创文旅、海域深水养殖网箱设施等项目，助力民族乡村振兴。以侨引侨、以侨引外，促成厨具制造和陶瓷制造落地秘鲁开设加工厂，引入“非洲玉石”进驻罗源滨海新城玉石城。征集统战对象调研报告、建言献策，汇编《罗源统一战线同心集》。

【党外新知工作】 县委统战部对党外知识分子的培养力度，完善党政班子党员领导干部与党外代表人士联谊交友安排，制定《罗源县党外代表人士队伍2022—2024年三年建设规划》，新确认无党派人士5人，推荐5名新的社会阶层人士代表为市新联会会员、1名新的社会阶层人士代表为省新阶联会员，选派2名优秀党外知识分子参加市级党外干部培训班。赴永定区举办统战系统素质能力提升研修班，夯实共同思想政治基础。开展“一月一活动”，指导开展各类学习、社会服务、公益慈善等活动10余次，210余人次参与。加强实践创新基地建设，打造玉石文化产业园新阶同心驿站。围绕关爱困难群众开展社会服务工作，组织开展“少年急救官”儿童保护、老年食堂送温暖、新就业劳动者生活关爱行动等社会服务活动20余场，受益群众300余人。

【民族工作】 县委统战部以铸牢中华民族共同体意识为主线，形成民族工作为全县工作品牌的共识，打造全县各级各部门主动合力做好民族工作的良好局面。霍口片区谋划打造高端亲水自然经济，松山片区逐步打造共居、共学、共事、共乐示范，推动形成民族交往交流交融发展带。全年民族工作获中央、省、市主流媒体报道29篇，单篇日浏览量61万人次；民族团结创建工作经验材料成为福建唯一一篇入选国家民委编印的《民族团结进步创建典型经验材料》，向全国推广；携手罗源法院创设“畲乡巡回法庭”构建“无讼畲乡”经验材料在国家和省级平台刊登；白塔乡南洋畲族村人居环境“双积分制”模式，在全国进行推广。在工作创新上谋突破，推动成立罗源县畲族医药产业发展协会，推动畲医药传承人入驻福建中医药综合门诊部；打造霍口水库移民安置民族团结进步示范工程，实现“搬家不搬情”、村民变市民，推动升级新时期的造福搬迁工程。在魅力提升上下功夫，民族小学、民族中学、民族职业教育体系串珠成链；全力建设民族小学国家示范型、交互延伸式图书馆。推动民族小学入选市级第七批非物质文化遗产项目示范传承基地名录，霍口畲族乡、松山镇获评“全省民族团结进步重点单位”，起步镇庭洋坂村获评福建省乡村振兴成绩突出村，霍口畲族乡获评全省第二批“铸牢中华民族共同体意识”乡村振兴示范乡。

【宗教工作】 县委统战部坚持宗教中国化方向，开展习近平总书记关于宗教工作的重要论述、《宗教活动场所财务管理办法》等内容学习培训。严格落实宗教工作主体责任制考核，探索实行责令落后乡镇向县委作出书面说明和整改的措施，优化宗教工作三级网络两级责任制，制定绩效管理实施办法。探索开展团体换届谈话、团体班子谈话、教职人员认定谈话、场所负责人谈话，谈话20多人。深入指导道教加强协会建设，引导服务奉献社会，加强对基督教协会的沟通协调，探索设立前端沟通工作机制。组织宗教界人士赴连江参观革命传统教育基地，举办“喜迎二十大 同心跟党走”主题讲座，举办“讲经解经用经”中国化交流会3场。探索宗教活动场所安全管理方式，先行先试依托社会力量开展宗教场所安全管理和消防安全标准化建设工作，打造100%消防安全标准化达标场所。

【民营经济工作】 县委统战部聚焦引导培育，激发身份、情感、价值认同，厚植罗商情怀，凝聚爱我罗川共识。组织有关部门、优秀民营企业代表走访湖北省随州、麻城，广东省广州、云浮、肇庆、珠海，江苏南通、苏州，福建厦门等地的异地福州商会、异地罗源商会。每季度召开“汇聚智慧谋发展·齐心协力开新局”等主题的返乡企业家代表座谈会。同农业银行罗源支行、县农村信用合作联社、海峡银行等共同搭建融资平台，缓解企业资金使用困难。联合县检察院牵头创新挂牌成立第三方机制管委会办公室，支持涉案企业合规第三方监督评估工作，依法维护民营企业合法权益。组织引导民营企业与税务、市场监督等部门面对面交流，开展座谈会30余场。做好疫情期间“暖人心”的人文关怀。开展民营经济人士专业技术职务任职资格申报，推荐6人上报评审。县食用菌协会、县花卉苗木协会获得2021—2022年度福建省“四好”商会称号。

【海外统战工作】 县委统战部凝聚海外乡亲力量。推动成立美国罗源同乡会，张积锞当选西班牙特内里费第三届华人华侨协会会长。开展“亲情中华·为你讲故事”网上夏令营等活动，在海外讲好民族团结进步好故事，相关工作经验做法被福侨世界总网刊登。罗源城市形象宣传曲《明月照罗源》在海外发声，鼓励海外侨胞在经营的中餐馆等场所推介中华小吃、融入中国剪纸等元素，满足海外游子的思乡之情。支持华人华侨协会举办“喜迎二十大 侨心永向党”书画作品展活动，同乡会参加“闽籍社团庆祝中华人民共和国成立七十三周年”活动等。在侨资企业鉴江井水旅游文化中心打造罗源侨界交流基地，推动凤美社区侨联获评市级侨胞之家。主动与海外侨团联动，关心指导侨胞做好防疫工作。

【网络统战工作】 县委统战部弘扬主旋律。推出《爱我罗川 同心抗疫》等专栏，展示统战成员、统战对象，展现统战温情，提升“罗源统战”关注度；推出43年如一日的优秀基层教师典型等报道20余篇，推出《造就一番新天地 福到万家颂党恩》等短视频，携手BURBERRY集团推出《凤礼》等视频，其中《一碗“福粥”温暖一座城》获“福建统一战线——礼赞新时代短视频大赛”中最佳创意奖，推出“畲田麦浪庆丰收”主题党日活动在《人民日报》客户端报道，提升“罗源统战”美誉度。主动谋划海外统战宣传工作，以中华优秀传统文化为媒介，浸润海外侨胞心灵，其中罗源畲族服饰英文宣传片在省新闻频道全球发布。

【提升统战自身建设】 县委统战部凝聚思想政治共识，深入开展主题宣传教育。深入学习习近平总书记关于加强和改进统一战线工作的重要思想，学习贯彻中共二十大精神，组织全县统一战线开展“喜迎二十大 同心跟党走”、专题举办《中国共产党统一战线工作条例》精神宣讲报告会等主题宣传教育系列活动41场次，1015人次参加。深化统战领域代表人士思想政治工作，围绕重要时间节点、重大节日，广泛联系、深入走访，开展谈心谈话、走访调研600余次。夯实统战工作基础，提出罗源统战各美其美、美美与共、美好如斯的工作路径，凝心聚智建设和美罗源。推动设立县民族宗教事务中心，新增编制2个。全力部署乡村乡贤促进会成立，首批5个乡贤促进会率先成立，广泛凝聚乡贤智慧和力量补位助力乡村振兴。深化政治交接，选优配强新一届工商联、基督教协会领导班子，增补侨联全委会班子，提升组织领导力、激发班子力量。实施统战干部理论素养培育工程，部署统战干部深入调查研究，撰写调研文章，机关4名年轻干部撰写的文章，一篇在省级刊物发表，一篇在市级刊物发表。探索实施年轻干部“向上向善”工程，前后刊登2期“干部抗疫日记”，鼓励年轻干部尝试以现场讲解和互动体验的新模式开展自定内容个人授课，带领各界统战对象实现常态化座谈联络向沉浸式拓宽视野转变。

（县委统战部）

机关党的工作

【概况】 2022年，县直机关工委坚持以习近平新时代中国特色社会主义思想为指导，以迎接和学习宣传贯彻中共二十大精神为主线，以建设模范机关为抓手，优化组织服务功能，增强政治担当，推动机关党建高质量发展，为全面建设现代化美丽海湾城市提供坚强组织保证。辖直属基层党组织176个，其中9个二级党委、8个党总支、159个党支部（其中退休支部21个），党员总数2788人（其中退休党员657人）。

【思想理论建设】 县直机关工委坚持以党的政治建设为首要任务，深入学习贯彻新时代党的基层组织工作总要求和习近平总书记关于机关党建重要讲话精神，制定出台《关于在县直机关深入开展创建“让党中央放心、让人民群众满意”的模范机关的意见》，构筑起“五型”模范机关创建的基本框架，推动县直机关各级党组织和党员干部当好“三个表率”，促进模范机关创建提质增效，推荐评选省级模范机关示范点3个、市级模范机关示范点5个、2023年省级优秀党建重点项目11个。加强党内监督，严肃党内政治生活，执行组织生活制度，规范党员组织生活会、民主评议党员、党员领导干部双重组织生活会，增强政治机关意识，培育良好党内政治文化。组织开展“忠诚在心、敬业奉献”对党忠诚教育活动，发扬伟大建党精神，引导机关党员干部深刻认识“两个确立”的决定性意义，坚决做到“两个维护”。落实意识形态工作责任制，将意识形态工作纳入年度党建工作计划和年终述职评议当中，并作为年终考核的一项重要内容，落深、落细、落实机关党员干部思想政治工作。按照中央和省市县委部署，做好中共二十大代表选举工作。

【基层党组织建设】 县直机关工委坚持强基固本、大抓基层导向，贯彻落实《中国共产党党和国家机关基层组织工作条例》《党委（党组）落实全面从严治党主体责任规定》，做好“三级”书记抓机关党建述职评议工作。开展“红色领航、机关先行”活动，深化机关党支部“达标创星”，整顿提升后进党组织，督导指导49个党支部按期完成换届工作，推进党支部标准化规范化建设。实施机关党建工作的经常性指导推动机制，每季度各片区开展党建拉练观摩互动，通过比学晾晒、定期指导，形成比学赶超氛围。加强党员教育管理监督，配齐配强机关专兼职党务干部，联合县委组织部举办“罗源县基层党组织书记对党忠诚教育暨党建实务专题示范培训班”和发展对象培训班，提升党员干部整体素质能力。加强党费收缴工作和对党员活动经费的管理、使用，全年收缴党费923426.6万元。完善党员日常动态管理机制，稳妥有序处置不合格党员。发展党员工作，规范“三支队伍”档案，完成38名发展党员工作。

【机关作风建设】 县直机关工委推进全面从严治党和党的自我革命，建设高素质机关党员干部队伍，引导机关党员干部做政治过硬、本领高强、纪法严明、作风优良的表率。坚持把党的纪律挺在前面，驰而不息纠“四风”树新风，充分发挥廉洁文化的示范引领和教育浸润作用，加强党性党风党纪教育，推进“清廉机关”建设。锲而不舍落实中央八项规定及其实施细则精神，整治形式主义、官僚主义。监督执纪，注重抓早抓小、防微杜渐，深化“不敢腐、不能腐、不想腐”一体推进。

【党建品牌建设】 县直机关工委坚持围绕中心服务大局，突出党组织服务功能，传承弘扬“四下基层”“四个万家”“马上就办、真抓实干”等优良传统，开展“三提三效”和“转作风、强服务、办实事、促发展”行动，发挥基层党组织战斗堡垒作用和党员先锋模范作用。围绕“启航新时代，做强北大门，打响四大国家级品牌，建功丝路海港城”等重点任务，深化“建功新时代，喜迎二十大”“建设新福州，机关走前头”等主题实践活动，紧扣“项目攻坚落实年”“攻坚2022行动”“争创全国文明县城”“六清一改”等中心工作，组织引导机关党组织和党员干部投身乡村振兴、优化营商环境、招商项目等重点工作，比学赶超，争创佳绩。

【党风廉政建设】 县直机关工委推进全面从严治党主体责任，全面落实机关党建“三单制”（工作清单、责任清单、问题清单），年初制定下发2022年县直机关党建工作要点，提出7个方面21项具体任务，确保机关党建责任明确。落实党组（党委）书记抓党建“双述双评”和绩效考核工作，加强日常动态督查指导，全面抓好基层党组织年度考核，发现的11个方面38条问题清单予以反馈落实，整治机关党建“灯下黑”。全面落实部门党组（党委）抓党建主体责任，牵头对县直部门17个党委（党组）全面从严治党主体责任落实情况开展常规检查，形成问题清单152项，并督促整改。加强正风肃纪，抓好中央八项规定及其实施细则精神落实，深入纠治形式主义、官僚主义突出问题和不作为、慢作为、乱作为等不良风气。深化运用监督执纪“第一种形态”，针对县市场监督管理局机关支部发展党员不规范的问题，对4名相关责任人进行批评教育或谈话提醒，“红红脸、出出汗”成为常态。加强廉洁文化建设，推进“清廉机关”建设，把廉洁要求贯穿机关干部日常教育管理监督之中，常态化开展党章党规党纪学习教育和警示教育，深入开展向谷文昌、孙丽美、潘东升等先进典型学习活动，营造和弘扬崇尚廉洁、抵制腐败的良好风尚。

【群团工作】　县直机关工委联合组织开展“青声诵经典·献礼二十大”青年干部红色经典朗诵比赛。各基层党（工）委16支队伍参加决赛，产生一等奖1人、二等奖3人、三等奖5人和优秀奖7人。此次比赛主要围绕百年大党的初心使命、罗源红色革命历史、罗源新成就新变化等，通过独诵、集体朗诵等形式，热情讴歌党伟大功绩。

【关爱帮扶工作】　县直机关工委健全完善党内关怀帮扶机制，关心关爱党员干部，向16名老党员颁发“光荣在党50年”纪念章，走访慰问生活困难党员、老党员、疫情防控一线机关党员等376人，发放慰问金26.4万元，开展在职党员进社区认领困难群众“微心愿”等活动，组织128个机关企事业、学校等单位6521名干部职工参加第十期福州市职工温暖工程医疗互助活动，加强党员干部人文关怀和心理疏导。

【党员志愿服务工作】　县直机关工委深化“党建+志愿服务”行动模式，推动培育和践行社会主义核心价值观，组织机关党员开展“助力新罗源、建功新时代”、助力高考、文明交通劝导、环境卫生整治、无偿献血、爱河护河、慈善公益等志愿活动60余批次，助力全国文明城市创建。深化近邻党建，实施“万名干部下基层”，深化“我为群众办实事”实践活动，依托“第一书记”“下沉一线”“双报到五融入”等平台，安排机关党员干部参与居住地社区疫情防控和基层治理工作。统筹推进疫情防控和党建工作，主动承接县委关于对疫情防控工作的具体要求。11月初配合县委组织部、文明办组织动员500名机关党员干部志愿报名参加对口支援仓山区疫情防控工作。

（阮小玲）

巡察工作

【概况】　2022年，县委巡察机构全面落实中央和省委、市委、县委关于巡视巡察工作的新部署和新要求，统筹谋划十四届罗源县委巡察工作总体布局，研究制定《中共十四届罗源县委巡察工作规划》，为之后五年巡察工作列出“时间表”。统筹疫情防控和县委巡察工作，参与疫情防控志愿服务260人次，开展1轮2批次县级常规巡察。制定实施《罗源县委巡察工作人才库建设管理实施意见（暂行）》。开展“能力作风建设年”活动，组织各类学习教育14场次，培训干部254人次，有关经验做法在《福建巡视巡察参考》2022年第2期上刊登。

【巡察情况】　根据巡察工作规划，县委巡察机构对县教育局、县市场监督管理局、县应急管理局、鉴江镇、飞竹镇和碧里乡6个单位开展常规巡察，开展谈话425人次，收到群众来信来电来访33件次，形成问题底稿356份，发现问题192个，向县纪委监委移交问题线索8条，向相关职能部门移交意见建议5条，发挥巡察“利剑”作用。为做好巡察整改“后半篇文章”，全面梳理十三届县委63个巡察对象整改报告，对18个单位、30个挂账问题开展巡察整改工作调研，重点了解整改未完成事项进展情况及存在的难疑点，督促各单位完成巡察整改任务，解决霍口乡岗尾村山朋景观改造工程等项目未及时结算审核、自然资源和规划局2个临时用地未按规定复垦等问题。协调纪检监察、组织人事、财务审计、工程建设等部门，将素质高、能力强的干部纳入县委巡察工作人才库，入库业务骨干135人。

【其他工作】　县委巡察机构响应市委、县委号召，按照市县疫情防控指挥部要求，全力以赴参与疫情防控，自觉服务防疫大局。3月下旬至4月，全体巡察干部迅速加入县重大疫情防控志愿服务工作，参与疫情防控工作150人次。10月下旬起，接连抽调干部对口支援福州仓山区疫情防控志愿服务110人次。

（杨　阳）

机构编制

【概况】　2022年，县委编办贯彻落实中共十九届五中、六中全会和二十大精神，按照省、市委编办机构编制管理工作的总体部署和要求，紧紧围绕县委、县政府中心工作，按照“优化、协同”原则，充分发挥机构编制部门的职能作用，创新机构编制管理，提升机构编制效能。

【机构编制管理】　县委编办严格执行编制使用审批制度，加强机关事业单位人员增减管理，抓好年度公务员招录、事业单位招聘、流动调配工作编制使用情况审核及人员增减审核工作，全年办理录用、调动手续206人次，办理退休、辞退、辞职、自动离职等手续464人次，办理用编审批352人次。

【党政机构改革】　县委编办围绕经济社会发展、民生保障等需求，进一步优化机构设置，成立县自然资源和规划局县海域海岛中心，在县公安局内增设“e体+”智慧赋能中心，县教育服务中心更名为教育考试中心。按照“全程指导、分步实施、分类赋权、有序衔接”原则，有序推进乡镇行政执法赋权工作，统筹县乡执法力量，指导县直部门与乡镇签订《罗源县乡镇行政执法赋权事项承接确认书》，确保县乡工作的平稳有序衔接，按时、高质量完成乡镇行政执法赋权工作，提升基层治理水平。

【事业单位登记管理】 县委编办规范事业单位设立变更注销登记工作，实行全程网办，确保所有办事项目“最多跑一趟”。办理设立登记8家，变更登记53家，年检单位197家，年检率94%。继续做好统一社会信用代码赋码工作，对机关和群团组织外其他机构进行赋码，办理、变更统一社会信用代码证22本。开展中文域名注册工作，全面完成323个机构域名使用费续费工作。

（朱嘉玮）

精神文明建设

【概况】 2022年，罗源县委文明办紧紧围绕省委、市委文明办及县文明委工作部署，以培育和践行社会主义核心价值观为主线，以争创全国文明城市提名城市为抓手，深化群众性精神文明创建活动，提升市民素养和社会文明程度。印发《2022年罗源县精神文明建设工作要点及重点工作项目安排》，深化公民思想道德教育、志愿服务和未成年人思想道德建设工作，拓展新时代文明实践中心建设，组织开展2021—2023年度县级文明村镇、文明单位（社区）、文明校园届中初评，培育文明新风，为加快建设幸福宜居的现代化新罗源提供精神力量和道德支撑。

【文明城市创建】 文明城市创建工作列入罗源县委、县政府攻坚2022行动重点任务，召开全县动员部署大会，印发《罗源县创建全国文明城市宣传工作方案》，成立创建全国文明城市指挥部，实施环境卫生整治、交通秩序治理、农贸市场提升、特色街区打造及特色品牌培育等“五大行动”。开展环境卫生整治月行动12场，打造卫生示范小区10个、文明示范小区3个、交通文明示范街3条，提升农贸市场4个、新时代文明实践所建设10个、新时代文明实践示范站24个。召开2022年度全县文明示范小区创建现场观摩会。制定《罗源县创建全国文明城市工作问责办法（试行）》，印发督查通报5期、整改通知书58份，查摆各类问题591项，给予红牌警告单位1个、黄牌警告单位3个、通报批评单位14个。

2月8日，罗源县召开文明城市创建工作推进会

【公民道德教育】 县委文明办印发《2022年罗源县市民文明素质提升工程实施方案》，实施“六有”（有信仰、有温情、有公德、有礼貌、有爱心、有活力）市民文明素质提升工程。开展“我推荐我评议身边好人”活动，成立“罗源好人榜”专家评审团，评选出罗源身边好人16人，获评福州市身边好人1人。印发《罗源县帮扶礼遇道德模范和“身边好人”实施办法》，慰问道德模范、身边好人、新时代好少年9人，发放慰问金14000元。组织道德模范、身边好人代表开展学习习近平总书记给“中国好人”回信精神座谈会暨中秋慰问活动。组织参与“德耀新征程 喜迎二十大”福州市道德典型故事展播宣传活动，选送作品《生命的点灯人》获活动优秀奖。依托新时代文明实践讲习基地，举办新时代文明实践讲习活动15场。

【农村精神文明建设】 县委文明办组织对参评2021—2023年度文明村镇进行届中初评。深化移风易俗，结合疫情防控、制止餐饮浪费等工作，开展移风易俗“五进”（进机关、进校园、进企业、进村居、进家庭）活动，通过“三下乡”开展移风易俗宣传活动5场，组织全县各单位开展移风易俗“五进”活动100余场。培育打造起步镇下长治村、飞竹镇斌溪村、松山镇北山村、碧里乡西洋村分别运用积分制、道德评议会、红白理事会、村规民约等开展移风易俗典型村。培育中房镇中房村为福州市乡村振兴文明建设示范村。组织开展“星级文明户”评选，各乡镇评选出爱党爱国星、诚实守信星、遵纪守法星、兴业致富星、孝老爱亲星、助人为乐星、环保卫生星、勤俭节约星、移风易俗星、文明礼貌星等各类“星级文明户”143户，着力培育文明乡风，营造崇德向善浓厚氛围。

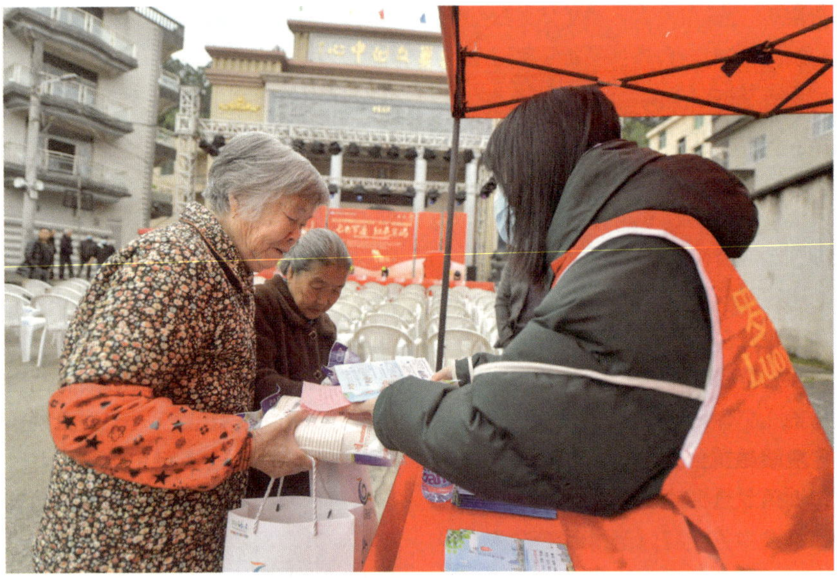

1月18日，罗源县在松山镇巽屿村举办"三下乡"活动

【志愿服务】 罗源县在"志愿云"平台登记注册志愿服务团队1140支，实名注册志愿者45782人，志愿服务时长212.4万小时。在罗源湾海洋世界景区、行政服务中心、凤山镇东门桥、罗源南和罗源北高速入口等地建设志愿服务驿站5处。全年获评市级四星志愿者4人、福州市学雷锋先进典型"五个最美"志愿者1人、最美社区1个、最佳组织1支、最佳项目2个、最美实践站1个、福州市新时代文明实践志愿服务项目大赛优秀项目3个、福州市疫情防控"最佳志愿服务组织"10个、"最美志愿者"60人、第二批"最美防疫志愿者"3人。组织开展"温暖在罗川 志愿关爱行""弘扬雷锋精神 深化文明实践 共创文明之城"学雷锋月活动、"温暖在罗川 留影新时代""文明罗川 爱卫同行"、"12·5"国际志愿者日等志愿服务主题活动。开设罗源县志愿者能力提升培训班，开展培训活动20场次，线上线下培训志愿者600余人次。扶持罗源县蓝豹减灾事业发展中心、罗源县源野人道应急救援中心2个民间志愿服务组织发展。

【未成年人思想道德教育】 县委文明办组织对申报创建2021—2023年度文明校园开展届中初评。深化"扣好人生第一粒扣子"主题教育，开展新时代好少年学习宣传活动，获评2022年"福州市新时代好少年"1人，评选2022年"罗源县新时代好少年"10人、提名奖5人、推荐纪念名单27人。组织参与"美好家风我传承"家庭家教家风主题活动，4件作品分别获得市级二等奖、三等奖，58件作品先后在"海峡教育报""海峡教育报"公众号、"新福建"等平台进行展播，罗源县委文明办获该活动市级最佳组织奖。依托新时代文明实践所（站）等阵地力量，推进乡村"复兴少年宫"建设，打造农村少年儿童课外学习和实践活动的重要场所。

【新时代文明实践中心建设】 县委文明办制定印发《罗源县拓展新时代文明实践中心建设实施方案》《罗源县新时代文明实践中心建设工作联席会议制度》，召开新时代文明实践中心联席会议1场，按照"五有"的标准，建设县级新时代文明实践中心1个、乡镇新时代文明实践所11个、村级新时代文明实践站200个、实践基地1个，打造新时代文明实践示范站24个。依托新时代文明实践中心、所、站平台，开展各类文明实践3000余场次。开设罗源县新时代文明实践中心七大平台电视专版，设置理论宣讲、社会宣传、教育服务、乡风文明建设、文化服务、健身体育、科技科普7个模块，常态化以图文、视频等形式展示新时代文明实践七大平台活动开展情况，全年上传平台信息430余条，市民群众坐在家中即可通过电视点播收看。

【公益广告宣传】 县委文明办通过县电视台、全县楼宇电视、各级文明单位、城区沿街商铺LED屏及"文明罗源"微信公众号、罗源文明网等媒介，城区主次干道设立的59面报刊亭式公益广告宣传栏、78面树桩式公益广告牌，公园、广场、各主要交通路口设置的16处智慧云广播，公交站台、建筑围挡等刊播社会主义核心价值观、关爱未成年人、诚信建设、志愿服务、"讲文明树新风"等公益广告，弘扬绿色环保、健康生活、文明行为、良好心态、环境保洁、共筑新风等精神风尚，营造浓厚的宣传氛围。

（郭 云）

信访工作

【概况】 2022年，罗源县信访局坚持以习近平新时代中国特色社会主义思想为指导，贯彻落实习近平总书记关于加强和改进人民信访工作的重要指示批示精神以及省、市、县关于做好信访工作的一系列重要精神，坚持以人民为中心，及时就地解决群众诉求，加强学习《信访工作条例》，开展矛盾纠纷排查化解工作。年内收到来信来邮457件，比上年下降35.72%。接访140批329人次，批数比上年上升29.62%，人数上升35.39%，其中集体访8批114人次。重复信访件90件，比上年重复率下降35.3%。

【信访工作制度改革】 县信访局按照县委、县政府的部署要求，坚持解放思想、攻坚克难、开拓创新，推进罗源县信访制度改革各项工作。罗源县贯彻中央关于加强社会治理的要求，深入弘扬新时代“枫桥经验”，在全县范围建立“信访评理室”。全县设立213个信访评理室，县、乡（镇）、村居覆盖率达100%，组建评理员数量2274人，开展评理件数335件，化解333件，化解率99.40%。罗源县全面建立乡镇信访联席会议制度，各乡镇定期召开联席会议，研究分析信访态势，协调处理疑难信访事项，打造“小事不出村、大事不出镇”的良好局面。全县召开乡镇信访联席会议132场，协调信访事项68件，化解矛盾纠纷154件。开展三年“治重化积”专项行动。通过弘扬“四个万家”“马上就办”信访工作优良传统，集中开展“治重化积”专项工作，推进信访矛盾源头治理，以作风提高信访办理质效和群众满意度。中央信访联席办交办罗源县信访积案6件，均化解，化解率达100%。

【矛盾纠纷排查化解工作】 罗源县坚持做好畅通信访渠道、为民解难、维护秩序等，各乡镇、各部门深入排查化解矛盾纠纷，按照“三到位一处理”要求，落实“三见面”“四认真”“五弄清”措施，将矛盾纠纷化解在苗头。

【领导接访活动】 罗源县深入开展领导干部坐班接访工作，坚持每个工作日安排1名县处级领导到信访局坐班接访；单月15日安排县委书记、1名常委、1名副县长及1名人大常委会副主任，双月15日安排县长、1名常委、1名副县长及1名政协副主席在县信访局联合接待群众来访。初访件实行接访领导“首接责任制”，确定首接领导的责任，负责初访件的协调、督办，直至案结事了，对群众信访件做到“一竿子”管到底。每月15日县委、县政府主要领导接访日活动接待群众61批156人次，县处级领导坐班接访群众126批269人次。通过领导干部坐班接访制度，罗源县实现将矛盾纠纷化解在源头。

【其他工作】 县信访局开展《信访工作条例》学习宣传工作。罗源县委常委会安排学习《信访工作条例》，各乡镇、县直有关单位主要领导参与会议。组织各乡镇、社区干部及部分新任村支部书记开展《信访工作条例》学习培训会，并组织新任村支部书记到信访局跟班学习，提高信访干部的业务素质和专业化水平。联合社区工作者分别在凤山镇后张巷、松山镇八井村开展以“遵循条例•维护民利•促进和谐”为主题的《信访工作条例》宣传活动。活动期间发放宣传彩页800多份，回应群众咨询100余人次，入户宣传50余次。

（郑文信）

老干部工作

【概况】 2022年，罗源县委老干部局贯彻落实习近平总书记关于老干部工作重要论述和新时代老干部工作新要求，落实《关于加强新时代离退休干部党的建设工作的意见》及《关于加强新时代离退休干部党的建设工作的若干措施》文件精神，用心用情，精准服务，守正创新，担当作为，推动老干部工作取得新成效。

【待遇保障】 *政治建设* 县委老干部局建立离退休干部党组织书记、党员骨干定期培训机制，在闽凤、凤嘉社区新增成立老党员党建工作室。依托老干部党校、老党员之家、红色大讲坛等平台，组织开展各类专题学习、老干部通报会、老干部读书班等活动，让广大老干部对“两个确立”“两个维护”入脑入心。开展省级示范党支部创建工作，罗源县市场监督管理局离退休支部委员会等10个党支部获评第三批省级“示范党支部”。在中国工农红军北上抗日先遣队总指挥部罗源（百丈）旧址、松山镇八井村等地建立离退休干部党员学习教育基地。

待遇保障 落实老干部政治、生活待遇，坚持定期联系走访和重大节日慰问老干部及遗偶、特困老党员活动，定期组织老干部开展参观重点企业及红色教育基地活动。走访慰问离休干部、“5•12”退休干部、县处级退休干部等300余人次，发放慰问金17万余元、慰问品2万余元。为老干部订阅《闽山闽水物华新》、《习近平谈治国理政》第四卷、中共二十大精神学习用书等，开展送学上门；举办系列“福”文化主题讲座、征文、剪纸、端午节送“福”粽等活动；推进离休干部“一人一策”精准服务工作，为老干部生日送祝福等，提升老干部获得感幸福感和安全感。

【老干部活动】 县委老干部局开展“红心永向党 奋进新征程”——百人团“七一”集体入党宣誓活动、“建言二十大”调研访谈、微视频征集展示、书画摄影展等系列“喜迎二十大 强国复兴有我”活动，组织离退休干部“红色宣讲团”进社区、进农村、进校园，宣讲党史等内容40余场次，组织离退休干部就近就地开展参观考察活动10余次，引导老干部为党和人民事业增添正能量。

【阵地建设】 县委老干部局依托罗源县老年大学，创新打造“食堂+学堂+医馆”模式，通过设置畲族医药馆、长者食堂等，让老年大学成为“银发”求知的学园、饭菜飘香的家园、精神养老的乐园。在教学方面，利用大学教学资源，开设舞蹈、书法、合唱等12门课程24个班级，满足老年人文化需求；在饮食方面，根据老年人饮食特点，长者食堂实行每周营养配餐，保证一周以上菜品不重复，每周还可享受到一次一餐5元的“银龄福卡”福利；在康养方面，开设畲族医药馆，聘请市级畲族医药代表性传承人雷桃俤，结合畲族传统医学，在馆内给学员教授养生小妙招，展示畲医推拿技艺，为老年人提供健康咨询，让老干部的晚年生活从“养老”变成“享老”。

【其他工作】 县委老干部局组织引导老干部在民生督导、理论宣讲、乡村振兴、关爱帮扶等方面发挥余热，开展疫情防控、文明宣传、交通劝导等志愿活动180余场次，化解矛盾纠纷80余起。挖掘“银发人才”，成立6支“罗川银龄志愿服务队”及老年大学“金色年华”志愿服务队，有500余名老党员志愿者参与。疫情防控期间，银龄志愿服务队第一时间下沉一线，制作防疫顺口溜等。开展“爱我罗川 助学圆梦”资助贫困学生活动，募集611名离退休干部的善款62550元，资助16名家庭困难的大学生、高中生，体现出离退休干部对教育事业和关心下一代工作的高度重视和支持。

（张美婷）

党校（行政学校）工作

【概况】 2022年，罗源县委党校（行政学校）坚持“党校姓党”，从严治校、质量立校，在全省县级党校分类建设中，列为独立提升类（第一类）。打造新冠疫情防控期间干部教育培训主阵地，全年举办各类培训班次15期，参训约2500人（线上+线下）。编印本土书2本，打造3个现场教学点。

【干部培训】 县委党校把学习贯彻习近平新时代中国特色社会主义思想和中共二十大精神作为中心内容和首要任务，抓好党员、干部教育培训。举办科级干训班2期120人，中青年干训班1期63人，股级干训班1期63人，入党对象（分子）培训班1期225人，新录用公务员培训班1期30人；举办县管干部学习贯彻中共二十大精神专题培训班3期753人，村（社区）党群服务中心窗口工作人员培训会1期223人，提升全国民族团结进步示范区系列培训班2期60人，政法综治干部培训班、政法系统政治轮训班2期479人，乡镇领导干部能力素质提升专题培训班1期132人，村（社区）两委干部培训班1期258人。深入乡村、县直单位、学校、企业等，以《重温教导追梦行——学习〈闽山闽水物华新〉》《百年大党的自我革命》《习近平新时代中国特色社会主义思想在福建的孕育与实践》《新征程再出发——学习中共二十大精神》等为题，开展宣讲活动30多场，受众3000多人次。

【教学科研】 县委党校调研撰写《让罗川古韵再现璀璨光芒——“罗川八景”实地修复提升建议方案》，得到县委书记的肯定和批示。组织整理历届中共罗源县委的奋斗历程和成就，编印《激荡百年看罗川》一书；组织整理中共早期伟大的马克思主义者、罗源籍革命烈士林可彝遗著88篇，编印《林可彝文集》一书，作为广大党员、干部职工和中小学生及党校（行政学校）学员等学习罗源地方党史的参考资料。组织编写《习近平关于民族工作重要论述的孕育与罗源实践》调研课题，作为学习贯彻习近平新时代中国特色社会主义思想研究成果进行报送。配合县委组织部、宣传部打造“林可彝事迹陈列馆”“松山围垦精神展示馆”“畲家记忆传承馆”，作为县委党校的现场教学点。开设“追寻先烈足迹，赓续红色血脉——深入学习我党早期马克思主义者林可彝革命事迹”专题课程，讲好罗源红色故事。

【队伍建设】 县委党校在编在岗14人，其中参照公务员7人，事业编7人。有高级教师3人、中级教师2人、初级教师2人。建立兼职师资库，邀请省、市委党校教授、县级领导等50多人次到党校授课。

（杨善飞）

8月26日，罗源县乡镇领导干部能力素质提升专题培训班开班

政策研究

【概况】 2022年，罗源县委政研室在《罗源调研》刊发调研报告，通过分析探讨福州市南北两翼发展不均衡问题，形成调研文稿《关于福州南北两翼不均衡发展问题及建议对策》等10余篇。

【重点课题调研】 县委政研室通过《罗源调研》刊发《关于打造罗源县红色品牌的调研报告》《关于凤山镇、松山镇撤镇设街道的可行性分析》《关于罗源县殡葬改革的调研报告》《关于福州南北两翼不均衡发展问题及建议对策》《关于罗源县老旧小区消防问题的调研》《关于罗源县废弃矿山生态修复有关情况调研》等报告文章。

【调研成果转化】 县委政研室围绕罗源湾北岸的产业发展规划，深入分析近30年来福建省、福州市对福州南北两翼的产业发展规划及发展现状进行分析，形成调研文稿《关于福州南北两翼不均衡发展问题及建议对策》，为推动罗源湾北岸建设发展提供政策层面参考;深入探索生命公园殡葬管理工作，联合县民政局形成《关于罗源县殡葬改革的调研报告》调研文稿，分析当前罗源殡葬管理建设存在的问题，并提出相关对策建议；为深入分析罗源县食用菌产业发展建设，联合起步镇撰写《食用菌产业发展》调研文章，为乡镇食用菌产业发展出谋划策。

（李　恩）

党史和地方志研究

【概况】 2022年，县委党史和地方志研究室编纂出版发行《罗源年鉴（2022）》，推动《磹石村志》工作，搜集整理地情信息，进行史志宣传。

【《罗源年鉴（2022）》编纂】 县委史志室于3月初部署《罗源年鉴（2022）》组稿和编纂工作；7月完成第一轮编辑审改工作，12月底完成出版发行工作。

【村（镇）志编纂】 县委史志室指导西兰乡磹石村编写《磹石村志》，9月完成对《磹石村志》的初稿评审，10月组织召开志稿复审会，就志稿的政治观点、体制、内容、资料、行文规范等方面进行审议，提出修改意见，并向市委史志室推荐申报福州市村镇志精品文化工程。

【史志宣传】 县委史志室组织党员干部到松山、起步、白塔、西兰、飞竹、霍口、中房、鉴江等乡镇调研革命老区村，和乡镇村干部座谈，走访老区群众，实地查看革命遗址保护情况。联合县直机关工委开展“了解罗源革命史，重温峥嵘岁月”宣讲会。参加省委史志办、三明市委宣传部、永安市委举办的纪念《中国工农红军北上抗日宣言》发布88周年研讨会，与永安、大田、福安、江西瑞金、浙江江山等10个北上抗日先遣队沿途市县（区）签订发展联盟合作协议。

【革命遗址保护】 县委史志室主要推进“石别区苏维埃政府”旧址维修保护，主体建筑基本完成，进行纪念展馆内容的编排。完成“鉴江暴动事迹陈列馆”的布置。配合白塔乡党委、政府和团县委，建设白塔长基村“罗源第一个团支部遗址纪念公园”。对霍口乡西峰村的闽东独立师第三纵队驻地旧址保护进行提升。

（县委史志室）

档案工作

【概况】 2022年，罗源县档案馆坚持以习近平总书记提出的“档案工作走向依法管理、走向开放、走向现代化”的“三个走向”为根本遵循，紧紧围绕县委、县政府中心工作，履行“为党管档、为国守史、为民服务”重要职责，以实施“档案业务攻坚年”为目标，推动档案事业各项工作。县档案馆馆藏有144个全宗，馆藏纸质档案120794卷，156317件，接收保存政府公开信息1.4万余条。其中民国档案1408卷，婚姻档案42910件，地籍档案1527卷371件，录音档案36盘，录像档案6盘，有13个国有破产企业档案。

【档案业务指导】 县档案馆加强业务水平，推进罗源县档案从业者专业技能。4月13日市档案馆业务专家到馆开展档案业务培训，县档案馆工作人员、第三方档案加工人员、部分单位档案员28人参会。10月20日省档案馆党组成员、副馆长黄建峰带领省档案局、档案馆相关处室有关同志，到罗源县档案馆调研指导档案工作。开展9次“兰台讲坛”活动，全县受训人员约200人次。

【档案资源建设】 接收进馆档案 接收纸质档案64406卷12600件，接收纸质档案数字化副本1652984页。

特色档案资料征集 接收罗源县本地特色资料、书籍129册，其中族谱4本，书法作品10幅，畲族特色资料19册。

信息公开 做好政府信息公开工作，接收39个部门的政府信息，纸质、电子各256份，做好档案和公开现行文件的利用工作。

继续推进档案进馆“两年接收计划”，加大档案征集力度，发布“畲族档案”征集公告，开展非物质文化遗产、畲族档案等具有地方特色档案征集工作。

【档案服务工作】 县档案馆发挥档案功能服务大局，为县委部署的中心工作如建立松山围垦展示馆、修缮林可彝故居、牛坑湾港口项目建设等提供档案资料服务。完善建设档案查阅大厅和政府信息公开查阅场所，健全档案利用制度、手续流程，接待查档399人次，调卷2312卷次，出具档案证明1572份，其中接待“同城跨馆”利用者2人次，提供利用档案2件。

【档案管库建设】 县档案馆落实档案安全主体责任，健全档案安全管理制度，实施档案馆馆库大楼及外部环境安全责任区管护制，完善方案，落实安全责任到人，形成“齐抓共管，人人负责，层层压实”的档案馆馆库及周边安全管理机制。加强消防隐患排查，争取经费更换消防器材，确保不出安全问题。围绕“喜迎二十大·档案颂辉煌”主题，展现底蕴深厚的罗源民族文化，8月18日完成“档案说畲族”展厅建设并正式揭牌对外开放。

【档案宣传工作】 “档案说畲族”展厅开放后接待省、市、县参观人员100余人次。举办丰富多彩的“6·9”国际档案日宣传活动，组织档案干部及档案从业人员参加第七届社交媒体圆桌会议、观看《我执法·我普法》节目等。全年档案工作受到市、县媒体报道3次，8月18日罗源县电视台播报“档案说畲族”展厅揭牌相关报道，12月13日《福州晚报》刊登罗源建数据库留存畲语“金种子”，12月20日《福州日报》报道“收集文化火种留存传统记忆——‘档案说畲族’用数字化手段传承历史文化”。

【档案文化建设】 县档案馆加强档案文化建设，在全馆公共区域将收集的10幅档案文化字画挂墙展示。罗源县文史学社主办的《笔架山》刊物2022年冬季卷——罗源县档案馆专号完成印刷，论述县档案馆档案事业发展概貌和风雨日程。继续加强“档案里的罗源”微信公众号精品文章发布，观看受众增长，档案影响力扩大。形成档案文化宣传多面开花的良好局面。

【其他工作】 县档案馆启动馆藏问题档案整改工作。做好项目招投标，完成馆藏查询系统数据梳理、部分电子目录整改等工作。开展省级国家重点档案抢救和保护项目工作，开展畲族档案的征集、数字化、修裱、目录著入等工作。

（雷大义）

（编辑 林烨欣）

罗源县人民代表大会

综 述

2022 年，罗源县人大常委会召开常委会会议 7 场，听取和审议“一府两院”专项工作报告 29 项，开展调研视察活动 35 次、执法检查 4 次，开展专题询问 1 次，任免国家机关工作人员 96 人次，推动全县经济社会实现高质量发展。

重要会议及决议决定

【县第十八届人民代表大会第二次会议】 12 月 25—27 日在罗源人民会堂举行，出席会议代表 201 人。

会议听取罗源县人民政府县长林志斌作的《政府工作报告》、县人大常委会主任肖永建作的《常委会工作报告》、县人民法院院长池开通作的《法院工作报告》、县人民检察院检察长陈森作的《检察院工作报告》，同时印发《关于罗源县 2022 年国民经济和社会发展计划执行情况及 2023 年计划草案的报告》《罗源县 2022 年预算执行情况及 2023 年预算草案的报告》《关于 2022 年县委、县政府为民办实事项目工作情况的报告》，经过审议，会议决定批准上述 7 项报告。

会议选举福州市第十六届人民代表大会代表。

【县第十八届人大常委会会议】 第一次会议 2 月 28 日召开。会议听取和审议《2022 年第一批新增债券资金安排使用方案的报告》《罗源县人大常委会组成人员行为守则（草案）》；审查和批准《第一批新增债券资金安排方案》，审议并表决通过县人大常委会、县人民政府提请的人事任免事项。

第二次会议 3 月 18 日召开。会议听取《罗源县人民政府关于 2021 年法治政府建设情况的报告》《罗源县人民政府关于 2021 年环境状况和环境保护目标完成情况的报告》；书面听取《罗源县人大常委会法制委关于 2021 年规范性文件备案审查工作情况的报告》，审议并表决通过县人民政府提请的人事任免事项。

第三次会议 5 月 17 日召开。会议听取《罗源县人民政府关于我县工业园区标准化建设专题询问整改意见落实情况报告》《罗源县人民政府 2021 年生态环境保护 12345 投诉件及行政处罚案件有关情况的报告》《罗源县人民法院关于执行工作情况的报告》，审议并表决通过县人大常委会、县人民法院提请的人事任免事项。

第四次会议 7 月 20 日召开。会议听取《罗源县人民政府关于乡村文旅经济发展工作情况的报告》《罗

12 月 25 日，罗源县第十八届人民代表大会第二次会议召开

源县人民政府关于推行林长制工作情况的报告》《罗源县十八届人大一次会议代表建议重点督办件办理情况汇报》；听取和审议《罗源县人民政府关于2021年财政决算草案的报告》《罗源县人民政府关于2021年本级预算执行和其他财政收支情况的审计工作报告》《罗源县人民政府关于2022年第二批新增债券资金举借安排使用情况的报告》《罗源县人大常委会关于开展工业（产业）园区标准化建设专题询问落实情况满意度测评的决定（草案）》《罗源县人民政府关于进一步减轻义务教育阶段学生作业负担和校外培训负担工作情况的报告》；审查和批准《2021年财政决算》《第二批新增债券资金举借安排方案》，审议并表决通过县人民法院提请的人事任免事项。

第五次会议　9月8日召开。会议听取《罗源县人民政府关于项目攻坚落实年专项行动工作情况的报告》《罗源县人民政府关于铸牢中华民族共同体意识、推动新时代我县民族工作高质量发展情况的报告》《罗源县检察院关于贯彻落实“少捕慎诉慎押”刑事司法政策工作情况的报告》《罗源县人民政府关于实施乡村振兴战略工作开展情况的报告》《罗源县人民政府关于县十八届人大一次会议代表议案建议意见办理情况的报告》《罗源县人民政府关于2022年县委县政府为民办实事工作进展情况的报告》；听取和审议《关于罗源县2022年上半年国民经济和社会发展计划执行情况的报告》《关于罗源县2022年1—8月财政预算执行情况的报告》；开展工业（产业）园区标准化建设专题询问落实情况满意度测评，审议并表决通过县人民法院、县人民检察院提请的人事任免事项。

第六次会议　11月29日召开。会议学习贯彻中国共产党第二十次全国代表大会精神和省委、市委、县委常委会（扩大）会议精神；听取《罗源县人民政府关于2021年度行政事业性国有资产管理情况的报告》《罗源县人民政府关于2022年重大水利项目建设工作情况的报告》《罗源县人民政府关于医养结合工作情况的报告》；听取和审议《罗源县人民政府关于2022年预算调整方案草案的报告》《罗源县监察委员会关于开展扫黑除恶“打伞破网”工作情况的报告》《罗源县十八届人大二次会议有关事项》；审查和批准《罗源县人民政府关于2022年预算调整方案》。

第七次会议　12月20日召开。会议听取《罗源县人民政府关于公共卫生服务体系建设情况的报告》《罗源县人民政府关于县十八届人大一次会议代表议案及建议办理情况的报告》《罗源县人民政府关于2022年为民办实事项目工作情况的报告》；听取和审议《罗源县人民政府关于2022年利用限额空间发行新增专项债券资金安排使用和往年专项债券结余资金用途调整情况的报告》《罗源县人大常委会主任会议关于提请审议郭学斌、陈红辞去福州市人大代表职务的议案》《罗源县十八届人大二次会议有关事项》；审查和批准《罗源县人民政府关于2022年利用限额空间发行新增专项债券资金安排使用和往年专项债券结余资金用途调整方案》，补选市第十六届人大代表。

【决议决定】《罗源县人大常委会关于批准罗源县2022年第一批新增债券资金举借安排方案的决议》，2月28日罗源县第十八届人大常委会第一次会议通过。

《罗源县人大常委会关于批准2021年财政决算的决议》，7月20日罗源县第十八届人大常委会第四次会议通过。

《罗源县人大常委会关于批准罗源县2022年第二批新增债券资金举借安排方案的决议》，7月20日罗源县第十八届人大常委会第四次会议通过。

《罗源县人大常委会关于开展工业（产业）园区标准化建设专题询问落实情况满意度测评的决定》，7月20日罗源县第十八届人大常委会第四次会议通过。

《罗源县人大常委会关于批准2022年县财政预算调整方案的决议》，11月29日罗源县第十八届人大常委会第六次会议通过。

《罗源县人民代表大会常务委员会关于召开罗源县第十八届人民代表大会第二次会议的决定》，11月29日罗源县第十八届人大常委会第六次会议通过。

《罗源县人大常委会关于批准罗源县2022年新增专项债券资金安排使用的决议》，12月20日罗源县第十八届人大常委会第七次会议通过。

《罗源县人大常委会关于接受郭学斌、陈红辞去市人大代表职务请求的决定》，12月20日罗源县第十八届人大常委会第七次会议通过。

监督工作

【执法检查】《福州市烟花爆竹销售和燃放管理办法》执法检查　1月26日，组织开展《福州市烟花爆竹销售和燃放管理办法》执法检查活动。执法检查组实地查看罗源县恒祥烟花爆竹有限责任公司、凤山镇东外路烟花爆竹两处零售网点、凤翔烟花爆竹有限责任公司等批发、零售企业并在起步镇政府会议室召开座谈会，听取县人民政府关于《福州市烟花爆竹销售和燃放管理办法》实施情况的报告，县应急管理局、公安局、生态环境局、市场监管局、住建局等部门作书面汇报，详细了解批发零售企业地点设置、烟花爆竹禁燃、行政审批许可、安全培训、宣传教育、打非治违、环境保护等方面工作情况。

《中华人民共和国环境保护法》执法检查　5月30日，组织开展《中华人民共和国环境保护法》执法检查，对罗源县贯彻实施《中华人民共和国环境影响评价法》情况进行执法检查。执法检查组通过走访台商投资区罗源联塑管业集团有限公司、福建省创隆电器科技有限公司相关企业，以听取汇报、实地察看、召开座谈会等形式，详细检查了解县政府及环保等相关职能部门贯彻实施《中华人民共和国环境保护法》具体情况。

《中华人民共和国妇女权益保障法》及《福建省实施〈中华人民共和国妇女权益保障法〉办法》执法检查　6月2日，组织开展《中华人民共和国妇女权益保障法》及《福建省实施〈中华人民共和国妇女权益保障法〉办法》执法检查活动。执法检查组实地查看了福建省罗源县妇幼保健院、县法院（关爱妇女维权中心）、凤山镇凤美社区（婚姻家庭调解室）、福州福万塑胶制品有限公司、滨海实验小学、松山派出所（反家暴中心）等地并在松山镇政府会议室召开座谈会，听取县人民政府关于妇女权益保障“一法一办法”实施情况的报告，县妇联、法院、公安局等部门作了书面汇报，详细检查了解各部门妇女政治权利保障、妇女文化教育权益保障、妇女劳动和社会权益保障、妇女财产权益保障、妇女人身权利保障、妇女婚姻家庭权益保障等方面工作情况及贯彻实施妇女权益保障“一法一办法”过程中遇到的主要困难、问题、原因及对策建议。

《福州市非物质文化遗产保护规定》执法检查　7月29日，组织开展《福州市非物质文化遗产保护规定》执法检查活动。根据市人大常委会工作部署，县人大与市人大联动开展执法检查活动，执法检查组先后走访察看起步镇庭洋坂畲族山歌传承基地和霍口畲族民俗传承保护基地等地的“非遗”保护项目。通过与部分“非遗”传承人面对面交流、观看现场展示等方式，深入了解罗源县“非遗”保护工作体系建设、“非遗”项目传承与发展工作和“非遗”保护专项经费保障等情况，并召开座谈会，广泛听取相关部门关于《福州市非物质文化遗产保护规定》贯彻实施情况的汇报，以及贯彻实施法律法规过程中存在的主要困难问题和意见建议。针对“非遗”利用与发展不足、“非遗”传承后继乏人、专业工作人员匮乏、保护资金投入不足等困难和问题，从加大“非遗”保护法律法规的宣传力度、促进“非遗”文化与产业项目协调发展、加大“非遗”保护专业队伍建设力度、加大“非遗”保护资金投入保障力度等方面提出意见建议，进一步推动《福州市非物质文化遗产保护规定》的贯彻实施。

【视察调研】　紧扣发展大局加强监督　县人大常委会着眼推进产业聚集提升、城市品质提升、文旅整合提升和滨海业态提升，重点围绕“攻坚2022”重大项目进展情况，听取“攻坚2022行动”“项目攻坚落实年专项行动”工作情况报告，开展11次专项视察，实地查看福蓉源新材料高端制造、闽光钢铁等重大项目，通过持续跟踪监督，推动项目提速增效，助推实现全国百强县奋进目标。聚焦提升全国民族团结进步示范区建设，听取《关于铸牢中华民族共同体意识、推动新时代我县民族工作高质量发展情况的报告》，进一步巩固提升全国民族团结进步示范区创建成果。

紧扣财经领域加强监督　县人大常委会持续加大对计划、预算执行、审计查出的问题整改情况的监督力度，听取和审议计划执行情况报告，对计划执行情况开展调研，助力经济运行“稳字当头、稳中求进”。听取国有资产管理、新增政府债券资金使用安排等工作报告，专题调研政府债券资金使用情况，着力提高财政资金使用效益，更好发挥财政撬动发展的作用。听取工业园区标准化建设工作专题询问问题整改落实情况报告，组织开展专题询问问题整改落实情况满意度测评，推进园区标准化建设，推动主导产业向园区化、规模化发展，为做大做强国家级台商投资区提供有力保障。

紧扣法治建设加强监督　县人大常委会开展“八五”普法实施情况检查，听取法治政府建设情况的报告，确保党中央、国务院关于法治政府建设的决策部署落到实处，把法治政府建设向纵深推进。全面落实规范性文件备案审查工作，加大监督纠正力度，维护宪法权威。开展农业技术推广“一法一办法一规定”实施情况执法检查，重点检查建立健全农业技术推广体系、加强农业技术推广与应用、落实农业技术推广保障措施等情况。开展《福州市非物质文化遗产保护规定》实施情况检查，持续推进非物质文化遗产保护利用和活态传承。开展妇女权益保障法福建省实施办法执法检查，重点检查各级各部门落实妇女权益保障工作责任、履行法定职责情况，依法保障妇女合法权益。开展退役军人保障工作专题调研，推动退役军人事务“三个体系”建设和服务保障水平工作全面落实。做好信访工作，落实县领导信访值班制度，引导群众依法行使权利、表达诉求、解决纠纷，县人大常委会领导还带队赴北京开展全国两会和中共二十大会议期间的维稳工作。听取和审议县监察委员会关于扫黑除恶“打伞破网”工作情况报告，将人民对美好生活的向往落实落细。听取县法院关于执行工作和县检察院关于贯彻落实“少捕慎诉慎押”刑事司法政策工作情况的报告，保证行政权、审判权、检察权依法正确行使，提升人民群众的法治获得感。

紧扣乡村振兴加强监督 县人大常委会聚焦乡村文旅经济发展，听取乡村文旅经济发展工作情况报告，开展乡村文旅经济发展专题询问，注重发挥海洋资源、畲族文化、红色文化等优势，提出针对性建议，助推乡村文旅经济高质量发展。开展乡村振兴情况调研、开展粮食安全和春耕工作情况视察，听取《2022年度罗源县促进粮食生产七条措施》落实情况汇报，推进抛荒撂荒地整治和高标准农田建设，稳定罗源县粮食种植面积和产量，助推巩固脱贫攻坚成果与推进乡村振兴有效衔接。

紧扣民生事业加强监督 县人大常委会高度关注2022年19项为民办实事项目建设进度，多次听取相关牵头单位专项工作报告，让发展成果更多更公平地惠及全县人民。组织代表参加福州市“2022年人民群众满意的十件实事”视察和评选工作。听取和审议《关于进一步减轻义务教育阶段学生作业负担和校外培训负担工作情况的报告》等，推动教育均衡发展，办好人民满意教育。开展医养结合工作情况专题视察，听取公共卫生服务体系建设情况、脑卒中普及防治工作情况报告，推动医疗卫生服务水平上新台阶。同时，听取霍口水库、昌西水库等重大水利项目建设工作情况报告，助力完善水利工程体系和基础设施，增强水安全保障能力。组织市、县、乡三级人大代表和部分群众对公安派出所、交警大队、交通运输执法大队、乡镇综合便民服务中心、城管中队、市场监管所等6类基层单位开展人民满意基层单位初评工作，督促基层单位边评边改、以评促改、以评促建，增强服务意识，提升整体工作质效。

紧扣生态文明加强监督 县人大常委会坚决支持打赢“蓝天、碧水、净土保卫战”，坚守“绿水青山就是金山银山”的理念。听取环境状况和环境保护目标完成情况报告、生态环境保护“12345”投诉件及行政处罚案件办理有关情况报告，开展水源保护区环境整治和保护有关情况视察，重点了解2022年环境状况和环境保护目标完成情况，推进环保问题整改。听取关于推行林长制工作情况的报告，重点了解林长制组织体系建设、运行机制建设和基层队伍建设情况，推动政府加强生态保护修复，发展绿色富民产业，提升森林生态综合效益，筑牢生态安全屏障。

代表工作

【代表建议意见办理】 县人大常委会进一步健全代表建议督办机制，坚持人大常委会重点督办、人大各工委联合督办，开展代表建议办理情况专项视察，听取办理情况汇报，将代表建议意见办理情况向全体代表作书面报告，多措并举促进代表建议办理落实。要求政府及各职能部门统一思想，克服困难，全力推动议案办理。县十八届人大一次会议和闭会期间共收到代表建议71件，均得到有效答复反馈。

【代表履职活动规范】 县人大常委会继续推动“六项报告”无记名票决工作，增强“一府两院”接受代表监督的自觉性，推动全县各项工作不断改进和加强。安排代表参加联组讨论审议，县党政主要领导出席会议，与代表面对面交流，保障代表高效建言献策。邀请市、县人大代表68人次，列席县人大常委会会议，扩大代表对常委会工作的参与度。组织100多人次代表参与常委会组织的民主法治、重点项目、园区建设、教育卫生、乡村文旅等领域视察、调研。落实代表履职活动、履职补助等经费，保障代表依法履职。举办2期人大代表履职能力提升培训班，组织人大代表参加省、市人大培训班学习26人次。

【代表履职服务保障】 县人大常委会把县“人大代表之家”和乡镇“人大代表联系群众活动室”建设作为代表联系群众的重要抓手，坚持“建管用”并重。县“人大代表之家”2022年3月实现揭牌启用；11个乡镇“人大代表联系群众活动室”，实现硬件标准化、制度规范化、活动常态化、联络信息化。同时，为了方便代表活动，拓宽人大代表联系群众渠道，将新一届24名罗源团市人大代表、201名县人大代表编组进入各乡镇“人大代表联系群众活动室”，推动全县各级人大代表下基层、访群众、办实事，构建起“代表常在、群众常来、实事常办”的全过程人民民主“新常态”，搭建好党委政府与人民群众的“连心桥”。县人大常委会组成人员每月定期轮值“人大代表之家”，县人大常委会机关安排专人常年入驻“人大代表之家”，适时与代表座谈，倾听代表建议意见，让“人大代表之家”成为践行全过程人民民主的重要窗口，开展“代表接待日”活动11场，接待代表160余人次，收集建议意见27条，均答复反馈。

人事任免

2022年，县人大常委会任免“一府一委两院”副职以上领导10人次，县人大常委会工作机构负责人13人次，县政府职能部门主要领导22人次，“两院”其他人员58人次，福州市第十六届人大代表2人次。

2022年罗源县“一府一委两院”副职以上领导任免一览表

表5

时 间	被任免人员	通过任免会议	任免职务
2月28日	黄 宏	县第十八届人大常委会第一次会议	免去罗源县人民法院副院长、审判委员会委员、审判员职务
2月28日	李 然	县第十八届人大常委会第一次会议	免去罗源县人民法院副院长、审判委员会委员、审判员职务
2月28日	兰丽群	县第十八届人大常委会第一次会议	任命为罗源县人民法院副院长、审判委员会委员、审判员
2月28日	游永书	县第十八届人大常委会第一次会议	免去罗源县人民检察院副检察长职务
2月28日	邓招鸿	县第十八届人大常委会第一次会议	免去罗源县人民检察院副检察长职务
2月28日	方 晓	县第十八届人大常委会第一次会议	免去罗源县人民检察院副检察长职务
2月28日	章学娟	县第十八届人大常委会第一次会议	任命为罗源县人民检察院副检察长
3月18日	郑金保	县第十八届人大常委会第二次会议	免去罗源县人民政府副县长、罗源县公安局局长职务
3月18日	张端帆	县第十八届人大常委会第二次会议	任命为罗源县人民政府副县长、罗源县公安局局长
3月18日	郭尚民	县第十八届人大常委会第二次会议	任命为罗源县监察委员会副主任

2022年罗源县人大常委会工作机构负责人任免一览表

表6

时 间	被任免人员	通过任免会议	任免职务
2月28日	张昌宝	县第十八届人大常委会第一次会议	免去罗源县人大常委会办公室主任职务
2月28日	林 华	县第十八届人大常委会第一次会议	免去罗源县人大常委会农业和农村工作委主任职务
2月28日	邱锦明	县第十八届人大常委会第一次会议	任命为罗源县人大常委会办公室主任
2月28日	兰玲玲	县第十八届人大常委会第一次会议	任命为罗源县人大常委会农业和农村工作委主任
2月28日	尤淑玲	县第十八届人大常委会第一次会议	任命为罗源县人大常委会人事代表工作委副主任
2月28日	张孟溪	县第十八届人大常委会第一次会议	任命为罗源县人大常委会农业和农村工作委副主任
5月17日	代表资格审查委员会组成人员	县第十八届人大常委会第三次会议	任命黄垂卫为罗源县第十八届人大常委会代表资格审查委员会主任委员；任命陈新传为罗源县第十八届人大常委会代表资格审查委员会副主任委员；任命吴传杰、陈云梅、林国盛、黄文贤、黄晓东为罗源县第十八届人大常委会代表资格审查委员会委员

2022年罗源县政府工作部门主要领导人事任免一览表

表7

时 间	被任免人员	通过任免会议	任免职务
2月28日	卢然新	县第十八届人大常委会第一次会议	任命为罗源县人民政府办公室主任
2月28日	林秀华	县第十八届人大常委会第一次会议	任命为罗源县发展和改革局局长
2月28日	陈　闽	县第十八届人大常委会第一次会议	任命为罗源县教育局局长
2月28日	雷立斌	县第十八届人大常委会第一次会议	任命为罗源县工业和信息化局局长
2月28日	郑良亨	县第十八届人大常委会第一次会议	任命为罗源县民政局局长
2月28日	黄国祯	县第十八届人大常委会第一次会议	任命为罗源县司法局局长
2月28日	叶自楠	县第十八届人大常委会第一次会议	任命为罗源县财政局局长
2月28日	黄云峰	县第十八届人大常委会第一次会议	任命为罗源县人力资源和社会保障局局长
2月28日	陈新强	县第十八届人大常委会第一次会议	任命为罗源县自然资源和规划局局长
2月28日	郑立峰	县第十八届人大常委会第一次会议	任命为罗源县住房和城乡建设局局长
2月28日	叶潮炎	县第十八届人大常委会第一次会议	任命为罗源县交通运输局局长
2月28日	游勇辉	县第十八届人大常委会第一次会议	任命为罗源县水利局局长
2月28日	林　辉	县第十八届人大常委会第一次会议	任命为罗源县农业农村局局长
2月28日	黄宝忠	县第十八届人大常委会第一次会议	任命为罗源县文化体育和旅游局局长
2月28日	项新耀	县第十八届人大常委会第一次会议	任命为罗源县卫生健康局局长
2月28日	余光健	县第十八届人大常委会第一次会议	任命为罗源县退役军人事务局局长
2月28日	游永棋	县第十八届人大常委会第一次会议	任命为罗源县应急管理局局长
2月28日	钟立强	县第十八届人大常委会第一次会议	任命为罗源县审计局局长
2月28日	姚仕旺	县第十八届人大常委会第一次会议	任命为罗源县林业局局长
2月28日	兰凉平	县第十八届人大常委会第一次会议	任命为罗源县市场监督局局长
2月28日	黄　霖	县第十八届人大常委会第一次会议	任命为罗源县统计局局长
2月28日	李恒来	县第十八届人大常委会第一次会议	任命为罗源县信访局局长

2022年罗源县“一委两院”其他人员任免一览表

表8

时 间	被任免人员	通过任免会议	任免职务
2月28日	林惺毅	县第十八届人大常委会第一次会议	免去罗源县监察委员会委员职务
2月28日	林晋杰	县第十八届人大常委会第一次会议	免去罗源县监察委员会委员职务
2月28日	林学信	县第十八届人大常委会第一次会议	任命为罗源县监察委员会委员
2月28日	吴思辉	县第十八届人大常委会第一次会议	任命为罗源县监察委员会委员
5月17日	林金桂	县第十八届人大常委会第三次会议	任命为罗源县人民法院审判委员会委员
5月17日	黄义钊	县第十八届人大常委会第三次会议	任命为罗源县人民法院审判委员会委员
7月20日	游吓佃	县第十八届人大常委会第四次会议	免去罗源县人民法院人民陪审员职务
7月20日	叶自由	县第十八届人大常委会第四次会议	任命为罗源县人民法院人民陪审员
7月20日	兰宝犇	县第十八届人大常委会第四次会议	任命为罗源县人民法院人民陪审员
7月20日	刘文婷	县第十八届人大常委会第四次会议	任命为罗源县人民法院人民陪审员

续表 8

时 间	被任免人员	通过任免会议	任免职务
7 月 20 日	江建营	县第十八届人大常委会第四次会议	任命为罗源县人民法院人民陪审员
7 月 20 日	孙仪静	县第十八届人大常委会第四次会议	任命为罗源县人民法院人民陪审员
7 月 20 日	李丽珍	县第十八届人大常委会第四次会议	任命为罗源县人民法院人民陪审员
7 月 20 日	李　亮	县第十八届人大常委会第四次会议	任命为罗源县人民法院人民陪审员
7 月 20 日	杨燕斌	县第十八届人大常委会第四次会议	任命为罗源县人民法院人民陪审员
7 月 20 日	肖秀钦	县第十八届人大常委会第四次会议	任命为罗源县人民法院人民陪审员
7 月 20 日	吴晓霞	县第十八届人大常委会第四次会议	任命为罗源县人民法院人民陪审员
7 月 20 日	邱家钰	县第十八届人大常委会第四次会议	任命为罗源县人民法院人民陪审员
7 月 20 日	张国新	县第十八届人大常委会第四次会议	任命为罗源县人民法院人民陪审员
7 月 20 日	张贻沁	县第十八届人大常委会第四次会议	任命为罗源县人民法院人民陪审员
7 月 20 日	张燕玲	县第十八届人大常委会第四次会议	任命为罗源县人民法院人民陪审员
7 月 20 日	陈玉艳	县第十八届人大常委会第四次会议	任命为罗源县人民法院人民陪审员
7 月 20 日	陈冯志	县第十八届人大常委会第四次会议	任命为罗源县人民法院人民陪审员
7 月 20 日	陈淑琼	县第十八届人大常委会第四次会议	任命为罗源县人民法院人民陪审员
7 月 20 日	陈惠珍	县第十八届人大常委会第四次会议	任命为罗源县人民法院人民陪审员
7 月 20 日	陈雁飞	县第十八届人大常委会第四次会议	任命为罗源县人民法院人民陪审员
7 月 20 日	陈　辉	县第十八届人大常委会第四次会议	任命为罗源县人民法院人民陪审员
7 月 20 日	林爱琛	县第十八届人大常委会第四次会议	任命为罗源县人民法院人民陪审员
7 月 20 日	林　鹏	县第十八届人大常委会第四次会议	任命为罗源县人民法院人民陪审员
7 月 20 日	林榕婷	县第十八届人大常委会第四次会议	任命为罗源县人民法院人民陪审员
7 月 20 日	郑可琼	县第十八届人大常委会第四次会议	任命为罗源县人民法院人民陪审员
7 月 20 日	柯燕华	县第十八届人大常委会第四次会议	任命为罗源县人民法院人民陪审员
7 月 20 日	钟贵强	县第十八届人大常委会第四次会议	任命为罗源县人民法院人民陪审员
7 月 20 日	倪艳艳	县第十八届人大常委会第四次会议	任命为罗源县人民法院人民陪审员
7 月 20 日	郭　英	县第十八届人大常委会第四次会议	任命为罗源县人民法院人民陪审员
7 月 20 日	黄维锴	县第十八届人大常委会第四次会议	任命为罗源县人民法院人民陪审员
7 月 20 日	黄　琴	县第十八届人大常委会第四次会议	任命为罗源县人民法院人民陪审员
7 月 20 日	曾岩颖	县第十八届人大常委会第四次会议	任命为罗源县人民法院人民陪审员
7 月 20 日	雷明丰	县第十八届人大常委会第四次会议	任命为罗源县人民法院人民陪审员
7 月 20 日	雷建银	县第十八届人大常委会第四次会议	任命为罗源县人民法院人民陪审员
7 月 20 日	雷章华	县第十八届人大常委会第四次会议	任命为罗源县人民法院人民陪审员
7 月 20 日	雷燕平	县第十八届人大常委会第四次会议	任命为罗源县人民法院人民陪审员
7 月 20 日	詹　彬	县第十八届人大常委会第四次会议	任命为罗源县人民法院人民陪审员
7 月 20 日	潘　嫣	县第十八届人大常委会第四次会议	任命为罗源县人民法院人民陪审员
9 月 8 日	欧俊根	县第十八届人大常委会第五次会议	免去罗源县人民法院飞竹人民法庭庭长职务
9 月 8 日	叶宇衍	县第十八届人大常委会第五次会议	免去罗源县人民法院执行局副局长职务
9 月 8 日	余　安	县第十八届人大常委会第五次会议	免去罗源县人民法院刑事审判庭庭长职务

续表 8

时 间	被任免人员	通过任免会议	任免职务
9月8日	王美贞	县第十八届人大常委会第五次会议	免去罗源县人民法院生态环境审判庭副庭长职务
9月8日	陈 婉	县第十八届人大常委会第五次会议	免去罗源县人民法院海滨人民法庭副庭长职务
9月8日	欧俊根	县第十八届人大常委会第五次会议	任命为罗源县人民法院刑事审判庭庭长
9月8日	叶宇衍	县第十八届人大常委会第五次会议	任命为罗源县人民法院生态环境审判庭副庭长
9月8日	陈 婉	县第十八届人大常委会第五次会议	任命为罗源县人民法院生态环境审判庭副庭长
9月8日	雷兴桃	县第十八届人大常委会第五次会议	任命为罗源县人民法院审判员
9月8日	危 倩	县第十八届人大常委会第五次会议	任命为罗源县人民法院审判员
9月8日	邱晟恩	县第十八届人大常委会第五次会议	任命为罗源县人民法院审判员
9月8日	江晓惠	县第十八届人大常委会第五次会议	任命为罗源县人民法院审判员
9月8日	陈裕佳	县第十八届人大常委会第五次会议	任命为罗源县人民检察院检察员、检委会委员
9月8日	丁敬标	县第十八届人大常委会第五次会议	任命为罗源县人民检察院检察员

2022 年罗源县福州市人大代表选举一览表

表 9

时 间	被任免人员	通过任免会议	任免职务
12月20日	蔡亚东、彭锦华	县第十八届人大常委会第七次会议	福州市第十六届人民代表大会代表

（县人大常委会）

（编辑　林烨欣）

重要会议

【县政府常务会议】 2022年，县政府召开39次常务会议。主要研究事项有：

第一次县政府常务会议 1月4日召开。传达学习省委、省政府、市委、市政府分别下发的《关于做好2022年元旦春节期间有关工作的通知》文件主要精神，研究罗源县贯彻意见；审议《罗源县服务龙头企业用工五条措施（送审稿）》《罗源县促进现代物流业加快发展实施意见（送审稿）》《罗源县关于防止耕地“非粮化”巩固提升粮食综合生产能力实施方案（送审稿）》；研究2022年春节慰问工作、起步溪港头至余家塘段防洪工程建设、无偿收回中科（罗源）渔业有限公司闲置土地处置情况、滨海（三区）公办幼儿园、实验幼儿园岐阳园春季开园设备采购、市国资公司借款拟变更担保方式等有关事宜。

第二次县政府常务会议 1月17日召开。传达学习县委2022年第1、2次常委会会议主要精神，研究县政府贯彻意见；审议《罗源县2022年松材线虫病防治年度实施方案》《罗源县2022年松林改造提升行动实施方案》；研究中心、塔兜农贸市场租赁经营管理、溪尾街清、明朝历史建筑修复工程、金港工业区A-41地块两幅工业用地挂牌出让、金港工业区A-47地块两幅工业用地挂牌出让、福州台商投资区松山片区91-A-01地块一幅工业用地挂牌出让、金港工业区A-24地块一幅工业用地挂牌出让、福州台商投资区松山片区92-A-06地块一幅工业用地挂牌出让等有关事宜。

第三次县政府常务会议 1月25日召开。传达学习县委2022年第3次常委会会议主要精神，研究县政府贯彻意见；审议《罗源湾开发区南片（350123-90单元）控制性详细规划编制》；研究四川福蓉科技有限公司高精消费电子及新材料高端制造基地项目投资协议书、罗源霍口水库项目库区移民对象及享受搬迁安置政策对象确认补充政策修订、碧里乡廪头村岭头门后山临时取土点涉及的砂石土资源公开拍卖方案、春节期间节日氛围布置、2021年度罗源县机关（含参公单位）相关津补贴项目发放、预发事业单位2021年度年终追加奖励性绩效和退休（退职）人员发放“过渡性补贴”等有关事宜。

第四次县政府常务会议 2月10日召开。传达学习县委2022年第4次常委会会议主要精神，研究县政府贯彻意见；审议《罗源县2022年项目攻坚落实年专项行动方案（送审稿）》《罗源县用地报批工作方案（送审稿）》《罗源县机制砂企业招商及生产经营管理工作方案（送审稿）》；研究全县违法用地问题整改工作、罗源县城乡供水一体化项目合作、南溪起步溪流域综合整治PPP项目中子项目进行优化调整、成立建发集团工作专班及办公情况、设立罗源县建筑垃圾集中消纳处置场所项目、推荐全省造林绿化工作先进个人候选人等有关事宜。

第五次县政府常务会议 2月17日召开。传达学习县委2022年第5次常委会会议主要精神，研究县政府贯彻意见；传达学习习近平总书记对自然资源领域的重要指示批示精神及全省自然资源工作视频会议主要精神，研究县政府贯彻意见；研究2022年第一批新增债券资金举借安排使用、协议出让福州台商投资区松山B片区供电地块、划拨福州台商投资区松山片区污水处理厂用地、推荐评选全国消除疟疾工作先进集体和先进个人、霍口水库公司拟增注册资本等有关事宜。

第六次县政府常务会议 2月24日召开。传达学习县委2022年第6次常委会会议主要精神，研究县政府贯彻意见；研究2022年补充耕地奖励标准、拨付2019年度、2020年度建筑施工企业扶持资金、推进岐阳片区安置房开票办证等有关事宜。

第七次县政府常务会议 3月8日召开。审议《关于做好2022年全面推进乡村振兴重点工作的实施意见（送审稿）》《罗源县农村人居环境整治导则（送审稿）》《罗源县帮扶礼遇道德模范和“身边好人”实施办法（送审稿）》；研究2022年一季度“开门红”工作方案、2022年一季度主要经济指标、罗源县德胜能源项目用地场地平整涉及的砂石土资源公开拍卖工作、罗源县拟申请福州市2022年市级高校毕业生“三支一扶”计划等有关事宜。

第八次县政府常务会议　3月17日召开。传达学习县委2022年第8、9次常委会会议主要精神，研究县政府贯彻意见；研究2022年罗源县重点项目计划安排、废止《罗源县加快建筑产业发展五条措施》、福州台商投资区91-B-36地块一幅工业用地挂牌出让、金港工业区6幅地块土地使用权出让、调整罗源县工业项目用地出让指导价格、罗源县2022年度老旧小区改造项目等有关事宜。

第九次县政府常务会议　4月2日召开。传达学习县委2022年第10次常委会会议主要精神，研究县政府贯彻意见；审议《罗源县重大项目招商落地攻坚行动工作方案》《罗源县“十四五”科技发展与创新驱动专项规划》《罗源县粮食应急预案》《罗源县用电容量5000千伏安及以下企业外线建设专用资金管理办法》；研究金港工业区A-47不锈钢特种阀门项目部分地块0.085公顷收回、罗源县农特产品县域公用品牌建设工作、罗源休闲渔业旅游开发综合项目（南阳养老院）发布征收土地预公告、将润福佳园部分房源移交县公安局统一管理使用、罗源县与福州市勘测院有限公司合资成立勘测设计公司、调整罗源县专项维修资金交存标准、碧里乡西洋村临时取土点涉及的土方资源公开拍卖等有关事宜。

第十次县政府常务会议　4月15日召开。审议《罗源县事业单位管理岗位职员等级晋升制度工作实施方案（送审稿）》；研究全县安全生产工作、罗源县城乡公共照明节能改造及能源管理委托运营项目、2022年用地报批及出让工作、松山镇巽屿村临时取土点涉及的土方资源公开拍卖、福州台商投资区91-B-32一幅国有建设用地使用权挂牌出让、金港工业区C-14两幅国有建设用地使用权挂牌出让、政府隐性债务贷款还款计划结构性调整、2022年第一批增补省重点项目征集情况、罗源口岸通关中心大楼竣工验收相关手续梳理及临时医学观察集中隔离点改造方案等有关事宜。

第十一次县政府常务会议　4月21日召开。传达学习《福建省党政机关办公用房管理办法》和《福建省党政机关公务用车管理办法》等文件精神、霞浦县小皓村非法出售宅基地警示教育视频会主要精神，研究县政府贯彻意见；审议《关于坚持党建引领乡村振兴加快推动农业农村现代化的实施意见（送审稿）》《罗源县特色现代化农业（产业）园区建设行动方案（送审稿）》《罗源县推行农村人居环境整治积分制行动方案（送审稿）》《罗源县乡村振兴星级村建设考评办法（送审稿）》《罗源县森林资源保护和森林督查卫片执法预警、约谈、问责暂行规定（送审稿）》《罗源县“十四五”人力资源和社会保障建设专项规划（送审稿）》《罗源湾公共运输廊道特许经营实施方案（送审稿）》；研究进一步做好迎接省级生态环境保护督察工作有关事宜。

第十二次县政府常务会议　4月29日召开。传达学习县委2022年第12次常委会会议主要精神，研究县政府贯彻意见；审议《罗源县建立完善老年健康服务体系实施方案》；研究罗源县2021年依法行政工作、罗源万洋众创城科技有限公司申请土地合并、罗源县城区8条道路命名、罗源县水资源费征收标准等有关事宜。

第十三次县政府常务会议　5月12日召开。传达学习县委2022年第13、14次常委会会议主要精神，研究县政府贯彻意见；研究罗源县河湖管护物业化服务工作、罗源起步溪港头至余家塘段防洪工程征地补偿、罗源县海上养殖转型升级补助标准、鉴江镇井水养殖基地场地平整涉及的砂石土料公开拍卖、福州台商投资区兴连环保建材公司地块收储、福州台商投资区91-B-10地块一幅国有建设用地使用权挂牌出让、罗源县丝路海港城配套道路整治工程（迹头堵点整治）招标工作、县第二医院项目建设场地填方及围挡工程、福建罗源牛坑湾港口及加工物流园区围垦（填海）项目处置意见及相关备案材料情况、碧里乡黄先线Y001西洋至先锋段道路改建工程等事宜。

第十四次县政府常务会议　5月19日召开。传达学习《省委办公厅 省政府办公厅关于加强新形势下重大决策社会稳定风险评估机制建设的若干措施》文件精神；审议《罗源县玉石雕刻文化产业发展实施方案(送审稿)》《地方党委和政府领导班子及其成员粮食安全责任制规定（送审稿）》《罗源县政府投资项目概算管理规定（送审稿）》；研究加快推进罗源县重大项目前期工作、罗源县农村宅基地审批和建房管理、整合资产至县建发集团、启动供水价格调整等事宜。

第十五次县政府常务会议　5月26日召开。传达学习全市5月经济工作推进会议主要精神，研究县政府贯彻意见；审议《罗源县“十四五”应急管理专项规划（送审稿）》《省督察办通报罗源县环境质量问题整改工作方案（送审稿）》；研究罗源县滞留缅北涉诈重点人员劝返工作、松山镇盛头村临时取土点涉及的土方公开拍卖、罗源县凤贵山工业用地（一期）场地平整涉及的砂石土公开拍卖、碧里乡碧牛线Y022国道228至牛澳段（228国道连接线）道路改建工程产生的砂石土公开拍卖、福州市2021年“抓项目促提升”“扶持龙头壮大产业”专项行动奖励工作先进个人等有关事宜。

第十六次县政府常务会议　6月2日召开。传达学习县委2022年第15次常委会会议主要精神、《统计违纪违法责任人处分处理建议办法》等文件精神，研究县政府贯彻意见；审议《罗源县积极应对疫情影响进一步帮助市场主体纾困解难的若干措施（送审稿）》；研究1—5月“四上”企业和投资项目“入库入统”攻坚行动任务完成情况、罗源县残疾人事业发展情况及下一步工作思路、罗源县白塔乡村振兴产业园场地平整涉及的砂石土公开拍卖、调整罗源县事业单位绩效工资、申报2022年度罗源县事业单位公开招聘工作人员计划等有关事宜。

第十七次县政府常务会议　6月9日召开。研究罗源县突出生态环境问题、罗源县补充耕地工作进展情况、罗源建发集团招聘管理办法及2022年度公开招聘方案、罗源县海上养殖转型升级项目进展情况等事宜；审议《罗源县2022年节能工作方案》《罗源县项目投资标准合同》《罗源县关于“飞地”项目招商引资有关规定》《罗源牛坑湾港口及加工物流园区围垦（填海）项目合作框架协议》。

第十八次县政府常务会议　6月16日召开。研究罗源县2022年农村建设品质提升工作、罗源县粮食生产及抛荒撂荒治理工作、2022年第二批新增债券资金举借安排使用、福建正宏置业发展有限公司申请正祥特区三期项目土地核验、2022年罗源县卫健系统事业单位公开招聘工作人员、县高级职业中学引进中国工艺美术大师、县第二实验小学教育装备采购所需资金等事宜；审议《罗源县2022年特色现代农业产业发展项目建设标准及补助方案（送审稿）》《罗源县高层次教育人才引进和培育实施细则（送审稿）》。

第十九次县政府常务会议　6月23日召开。传达学习县委2022年第16次常委会会议主要精神，研究县政府贯彻意见；审议《罗源县“十四五”海洋经济发展工作方案（送审稿）》《罗源县安全生产重点领域“隐患清剿”行动方案（送审稿）》；研究罗源县国有资产审计查出问题整改情况、2019—2022年罗源县高标准农田建设项目进展情况、拟推荐福州市“招商效率和招商质量提升工程”行动奖励人员、福建时代包装材料项目用地签订限期开发协议、税务部门征管经费考核方案等事宜。

第二十次县政府常务会议　6月29日召开。传达学习市政府常务会议经济运行议题精神，听取罗源县2022年1—5月经济运行情况汇报；审议《罗源县妇女发展纲要（2021—2030年）（送审稿）》《罗源县儿童发展纲要（2021—2030年）（送审稿）》《罗源县扶持第三产业发展的若干措施（送审稿）》；研究罗源县房屋结构安全整治工作、罗源县工业企业用电情况、罗源县总医院建设项目土地划拨、罗源县西兰Y011岭洋线破石至上洋（研学小镇）公路改建工程和西兰乡Y011岭洋线岭尾店至破石（研学小镇）道路优化提升工程涉及的土石方公开拍卖等有关事宜。

第二十一次县政府常务会议　7月7日召开。传达学习县委2022年第17次常委会会议主要精神，研究县政府贯彻意见；研究省生态环境保护督察迎检工作、罗源县1—6月“四上”企业和投资项目“入库入统”攻坚行动任务完成情况、罗源县6月地方政府债券资金使用情况、福州市丝路海港城（罗源湾港城）金港片区控制性详细规划调整论证、金港工业区A-47（2.4531公顷）地块一幅工业用地挂牌出让、松山镇白下线C045村道下土港骨灰堂至下土港魏氏宗祠段道路工程涉及的土石方公开拍卖、开发区南片90-A-08地块（正祥特区南侧）一幅商住用地拍卖出让、开发区南片90-C-21地块（西海岸树脂）一幅商住用地拍卖出让、2022年春季符合政府安排工作条件退役士兵安置工作等事宜；审议《关于2021年县财政决算草案的报告（送审稿）》。

第二十二次县政府常务会议　7月14日召开。传达学习县委2022年第18次常委会会议主要精神，研究县政府贯彻意见；审议《罗源县深入打好污染防治攻坚战实施方案（送审稿）》《罗源县深入推进科技特派员制度服务乡村振兴的若干措施（送审稿）》《罗源县淘汰每小时10蒸吨及以下燃煤锅炉工作方案（送审稿）》《罗源县加快推进水电站退出实施方案（送审稿）》《关于罗源籍滞留境外（缅北、金三角、阿联酋）涉诈高危人员惩戒措施的通告（送审稿）》；研究兴拓重工智能高端成套设备及关键部件生产项目用地征收工作、罗源县凤山镇岐阳片区一幅商服用地拍卖出让方案等事宜。

第二十三次县政府常务会议　7月21日召开。审议《罗源县落实榕聚千万人口专项行动方案（送审稿）》；研究2023年地方政府专项债项目谋划工作、2022年罗源县第六批县级非物质文化遗产代表性项目和第五批县级非物质文化遗产代表性项目代表传承人申报、霍口水库项目安置人口待遇等有关事宜。

第二十四次县政府常务会议　7月28日召开。审议《罗源县深化集体林权制度改革推进林业高质量发展的实施方案（送审稿）》《罗源县县属国有企业资产租赁管理办法（送审稿）》；研究全县安全生产工作、罗源县2021年度耕地流出问题排查整改和耕地“进出平衡”工作、2021年绩效管理工作评估等有关事宜。

第二十五次县政府常务会议　8月4日召开。传达学习县委2022年第19次常委会会议主要精神，研究县政府贯彻意见；审议《罗源县贯彻落实国家统计督察反馈意见整改工作方案》

《罗源县贯彻落实地方党委和政府领导班子及其成员粮食安全责任制任务分工方案》；研究福建罗源牛坑湾港口及加工物流区项目建设、2023年地方政府专项债项目谋划工作、罗源县2022年1—7月“四上”企业和投资项目“入库入统”攻坚行动任务完成情况、罗源县养殖海权改革和海上渔排转型升级改造工作、2022—2023学年秋季开学部分学校增班扩容设备采购、调整执法辅助编外人员工资待遇等有关事宜。

第二十六次县政府常务会议　8月11日召开。研究开展夏季食品安全攻坚专项行动、2022年土地报批及出让工作、白塔乡村振兴产业园建设红线范围内光缆和电力通信设施设备迁改、解决罗源县美城环境工程有限公司、福建东飞环境集团有限公司、宁德漳湾生活垃圾焚烧发电有限公司、罗源县环境新能源有限公司、福鼎市环境新能源有限公司罗源县环卫保洁及垃圾清运处置服务费等事宜；审议《罗源县农村人居环境整治提升行动实施方案（送审稿）》《2022年罗源县城乡品质提升实施方案（送审稿）》。

第二十七次县政府常务会议　8月25日召开。传达县委2022年第21次常委会会议、《福建省人民政府关于进一步推进工业用地提质增效促进工业经济高质量发展的通知》、全省全市文物安全工作视频会议有关精神，研究罗源县初步贯彻意见；审议《关于进一步推动大众创业万众创新工作的实施意见（送审稿）》；研究进一步健全完善奖优罚劣机制推动村干部队伍建设提质增效、经济指标工作、全县安全生产工作、2022年罗源县批而未供和闲置土地处置进展情况、海宁医院项目用地和恒发年产10万平方米环保型预制板项目用地、收回松山镇上杭村恒发公司地块、罗源县新增2022年市级高校毕业生“三支一扶”计划岗位等有关事宜。

第二十八次县政府常务会议　9月1日召开。审议《罗源县种业振兴行动工作方案》《罗源县推进种业振兴的六条措施（送审稿）》；研究1—8月“四上”企业和投资项目“入库入统”攻坚行动任务完成情况、罗源县2021年度财政总决算报表、金港工业区鑫旺物流9.67公顷地块收储、罗源县凤山镇岐阳地块三拍卖出让方案、罗源县消防救援队伍转制后工资政策、罗源霍口水库项目搬迁安置两类人口待遇问题等有关事宜。

第二十九次县政府常务会议　9月6日召开。研究2022年度罗源县绩效管理工作方案、召开罗源县庆祝第38个教师节大会、霍口水库工程过鱼设施占用耕地指标、罗源县规范事业单位工作人员津贴补贴和机关事业单位退休人员生活补贴等事宜。

第三十次县政府常务会议　9月15日召开。传达学习《福建省人民政府关于推行工业用地“标准地”改革的指导意见》有关精神；研究罗源县2022年农村人居环境整治积分制工作情况、罗源县医保基层服务点建设工作、罗源县金港工业园区A-02、A-03、A-33场地平整涉及的砂石土公开拍卖方案、金港工业区A-47地块三幅工业用地挂牌出让方案、拨付城区居民小区生活垃圾分类投放屋配建和运营经费等事宜。

第三十一次县政府常务会议　9月22日召开。审议《罗源县政务服务中介代理管理办法（试行）（送审稿）》《罗源县关于防范商品房延期交房问题的工作措施（送审稿）》；研究松山围垦展示馆建设、信访工作、经济指标工作、2022年用地报批及出让工作、罗源县2021年度耕地流出问题排查整改和耕地“进出平衡”工作、理顺罗源县农村个人违法占用土地建房查处问题等有关事宜。

第三十二次县政府常务会议　9月28日召开。研究全县安全生产工作、金港工业区A-24（0.5488公顷）地块一幅工业用地挂牌出让方案、开发区原博美生物公司地块收储、开发区原博美地块挂牌出让方案、开展圣水古街改造工程等有关事宜；审议《罗源县建设省级慢性病综合防控示范区建设工作实施方案（送审稿）》《罗源县乡镇行政执法事项赋权清单（送审稿）》《罗源县深化医药卫生体制集成改革实施意见（送审稿）》。

第三十三次县政府常务会议　10月13日召开。审议《罗源县“十四五”民政事业专项发展规划（送审稿）》《健康罗源行动实施方案（送审稿）》；研究1—9月“四上”企业和投资项目“入库入统”攻坚行动任务完成情况、乡镇农产品质量安全网格协管员队伍建设工作、《罗源县行政事业单位工作人员周转房配租和管理的方案（送审稿）》及润福佳园人才公寓、行政事业单位工作人员周转房改造装修工程方案、金港工业区C-04地块一幅工业用地挂牌出让方案等有关事宜。

第三十四次县政府常务会议　10月20日召开。研究2023年专项债项目、一般债项目申报工作、省市县为民办实事项目进展情况、福建罗源湾鲁能海港有限公司投资合作协议、罗源县中房镇Y047叠临线提升改造工程涉及的土石方公开拍卖方案、原罗源县白塔乡黄焕焕矿区废弃石碴公开拍卖方案、2023年罗源县高标准农田建设项目县级配套资金、福建鑫旺物流有限公司企业贡献奖励情况、2022年利用限额空间发行新增专项债券资金安排使用情况等事宜；审议《罗源县“十四五”残疾人保障和发展规划（送审稿）》。

第三十五次县政府常务会议　11月5日召开。学习贯彻《福建省地方政府储备粮安全管理办法》，研究县政府贯彻意见；审议《罗源县集中供热专项规划（送审稿）》《罗源县2023年松材线虫病防治年度实施方案

（送审稿）》《罗源县2023年松林改造提升行动实施方案（送审稿）》；研究全县安全生产工作、罗源县违法用地问题整改工作情况、敖江流域（罗源段）山水林田湖草生态保护修复项目、罗源县渔业安全生产“双抓双促”专项行动、申请拨付代垫市政项目工程款、金港工业区A-24（0.9207公顷）、A-24（3.3338公顷）、A-39（5.5公顷）等3幅地块国有建设用地使用权挂牌出让方案等有关事宜。

第三十六次县政府常务会议 11月18日召开。传达学习县委2022年第27、28次常委会会议精神和《福州市人民政府办公厅关于进一步完善我市统计体系的若干意见》精神，研究县政府贯彻意见；审议《推进罗源海洋经济高质量发展行动方案（送审稿）》《关于使用罗源牛坑湾港口及加工物流区工程项目范围内海域的公告（送审稿）》《罗源县“十四五”卫生健康事业发展专项规划（送审稿）》；研究1—10月“四上”企业和投资项目“入库入统”攻坚行动任务完成情况、罗源县产业链工作推进情况、“政银担”三方合作模式和农业信贷担保项目、落实罗源县地方政府储备粮增储任务工作方案等有关事宜。

第三十七次县政府常务会议 11月25日召开。传达学习全省、全市冬春农田水利建设暨秋冬“三农”重点工作电视电话会议精神，研究县政府贯彻意见；审议《罗源县克服疫情影响决胜年末收官战行动方案》《罗源县建立健全末端发力终端见效工作机制推动落实食品安全属地管理责任和企业主体责任实施方案》；研究《罗源县养殖水域滩涂规划（2018—2030）》修编、罗源县2022年度一至三季度党政领导生态环境保护目标责任书进展评估及农村生活污水治理、木质渔排置换浮球及渔排管理房与工作台浮球替换补助资金估算、金尊名城B区部分富余安置型商品房公开拍卖、岐阳片区地块一、地块二安置房超面积部分接收及办证、岐阳片区金尊名城项目配建公共用房接收单位、罗源县中高考考点双电源改造工作、罗源县数字水利项目工作等有关事宜。

第三十八次县政府常务会议 12月12日召开。传达学习县委2022年第29次常委会会议主要精神，研究县政府贯彻意见；审议《罗源县2022年国民经济和社会发展计划执行情况及2023年国民经济和社会发展计划草案（送审稿）》《罗源县2022年预算执行情况及2023年预算草案（送审稿）》《关于罗源牛坑湾港口及加工物流区工程项目海域使用补偿方案的公告（送审稿）》；研究罗源县十八届人大第二次会议《政府工作报告》、2023年罗源县委、县政府为民办实事项目征集情况、2021年特色现代农业产业发展项目验收、置换罗源湾开发区管委会办公大楼及附属用地、县公安局业务技术用房建设等项目经费保障问题、2022—2023学年临聘教师工资、2021年度考核优秀等次人员奖励、罗源县凤贵山工业用地（二期）场地平整涉及的砂石土公开拍卖方案、金港工业区凤贵山52.202公顷地块征地补偿问题等有关事宜。

第三十九次县政府常务会议 12月19日召开。传达学习习近平总书记关于安全生产重要指示精神和上级安全生产会议文件精神，研究全县安全生产工作；研究经济指标工作、罗源县2022年度党政领导生态环境保护目标责任书和污染防治攻坚战存在问题整改、罗源县智慧停车项目、罗源县福寿园礼仪有限公司2022年公开招聘计划等事宜；审议《罗源县突发事件总体应急预案（送审稿）》《推进罗源县绿色经济高质量发展行动方案（送审稿）》《关于罗源县推进盘活农村生产要素流转融资试点工作方案（送审稿）》《罗源县农村生产要素融资服务管理规定（送审稿）》《罗源县农村生产要素流转市场管理规定（送审稿）》。

（柯妙恬）

政务督查

【概况】 2022年，罗源县人民政府督查室对县政府召开的常务会议（39场）、县长专题会议（92场）会议议定事项进行跟踪落实。组织办理省、市、县领导批示（办）件1100余件。组织开展或配合相关部门开展专项督查40余次。全年编发《政务督查》132期，下发督办通知单188份，督查办理省、市、县人大代表建议、政协提案145件。

【综合工作督查】 县政务督查以贯彻落实《政府工作报告》重要工作部署为主线，跟踪督查39次常务会议385个议题1152项议定事项、92次县长专题会议155个议题764项议定事项落实情况，督查事项1916项，逐件、逐项跟踪落实，分期通报。落实督办省为民办实事项目22项、市为民办实事项目19项、县为民办实事项目18个大项23个小项。开展重点项目督办，联合多家单位开展专项督查行动，针对疫情防控执纪督导、信访、农村生活污水处理设施提升改造、招商项目落地、重点项目推进等开展40余次专项督查行动。

【领导批示件落实】 县政务督查组织办理省、市、县领导批示（办）件1100余件。其中承办市委、市政府及领导交办、督办的事项637项（件），办结率100%；县政府主要领导批示件463件，反馈率100%，办结率100%。及时登记建账，所有批示件实行清单式管理，进行登记建账，包括文件号、文件名称、文件载体、批示日期、批示内容等要素，确保登记信息完整、准确、全面。坚持严格标准，着重从“时、效、度”三个层面进行把握，重点看主体责任是否落实、反馈情况是否真实、处理是否符合领导批示要求等，全面客观反馈报告。督查室每月汇总上报领导批示事项落实情况，对涉及重大、紧急事项的批示件“一事一报、单件反馈”。巩固督办成效，对需要长期跟踪的批示事项定期开展“回头看”、再督查，及时总结经验，同时坚持举一反三，建立健全长效机制，适时通报典型案例，推动批示事项落地见效、开花结果。

【人大建议、政协提案办理督查】 各承办单位实行“主要领导总负责、分管领导具体抓”的工作责任制，把建议、提案办理工作列入“一把手”工程，并纳入机关绩效考核体系。全年承办或转办市人大代表建议、政协提案4件（市人大代表建议3件，市政协委员提案1件），办复率100%。转办县人大代表建议59件、政协提案82件，办复率100%。通过办理工作，逐步解决一批人民群众关心的热点、焦点问题。

（汪　啸）

机关效能建设

【概况】 2022年，县效能办按照县委、县政府的决策部署，以服务发展大局、推动工作落实、服务基层群众为出发点，紧扣督查督办、绩效考核、问责问效三大抓手，弘扬“马上就办、真抓实干”优良传统，助推全县经济和社会事业更好更快发展。

【效能督查与问责】 县效能办建立联合督查督办协商机制，会同督查室、监督员等督查力量，定期对疫情防控、“攻坚2022”等重点工作、任务进行跟踪督查，坚持在一线发现问题、解决问题，推动工作落地、落实、落细。加强责任追究，对督查中发现存在违反机关效能建设制度的单位和个人，坚决开展问责，做到工作有提醒、有督查、有问责。全年下发效能督办单17份，效能预警单7份，整改通知书9份，效能问责10人次。

【效能投诉办理】 县效能办完善效能投诉分析制度，定期通报“12345”平台运行情况。对涉及群众切身利益问题的民生投诉件，采取直查快办机制，及时主动介入，靠前督办，确保群众利益得到保障。全年下发督查通报12期，受理各类效能投诉9件，办结率100%。

【绩效管理】 县效能办定期分析研判指标运行情况，及时发现短板弱项，抓好整改提升，2021年度罗源县绩效成绩获得“优秀”考评等次。按照《罗源县2021年绩效管理工作实施方案》，牵头组织对纳入绩效管理的单位实施综合评估，评估结果作为领导干部考核、评先评优的重要依据。科学制定《罗源县2022年绩效管理工作实施方案》，建立“季度＋年度”双考核机制，设置差异化考核指标，确保绩效考核成绩真正反映单位工作实效及贡献率。

（黄道津）

政务公开

【概况】 2022年，罗源县深化政务公开。加大受疫情影响严重的餐饮、住宿、零售、文化、旅游、客运等行业帮扶政策的公开力度，全年公开相关政策5条并完成相关政策解读“三同步”，增强政策制定实施的透明度和可预期性；加强对工程建设项目审批、可研报告、批复、重大建设项目信息以及基础设施补短板等重点领域信息公开，做好“市场规则和监管”栏目运维，优化投资和建设环境，营造诚信守法、公平竞争的市场环境；建立“减税降费”专栏推送相关政策帮助基层执行机关和纳税缴费人第一时间全面准确了解政策，依法依规做好扩大有效投资的信息公开，推动扩大有效投资；以政府门户网站“疫情防控”专题和“健康罗源”微信公众号作为信息公开重要平台，多渠道发布疫情防控各项要求和疫情防控进展信息，规范流调信息发布和管理，对因新冠疫情防控工作需要所查询的相关信息进行加密方式存储流转，保护个人隐私。围绕“就业创业”专栏做好就业创业、减负稳岗、职业技能培训等方面的政策宣讲和推送、日常工作信息发布等工作。全年发布信息125条，及时推送罗源县企业最新岗位需求、互联网营销培训、高校毕业生就业、就业困难人员帮扶等方面信息，落实就业优先政策，落实国务院“两稳一保一防”政策。建设“政府文件”专栏，巩固规章集中公开工作成果，高质量发布现行有效规章正式版本，推进现行有效行政规范性文件集中公开，加强政策集中公开成果运用。

【相关领域信息公开条目】 全面公开26个试点领域信息。1. 城乡规划；2. 农村集体土地征收；3. 公共资源交易；4. 重大建设项目；5. 财政预决算；6. 安全生产；7. 救灾；8. 税收管理；9. 保障性住房；10. 城市综合执法；11. 国有土地上房屋征收与补偿；12. 农村危房改造；13. 市政服务；14. 生态环境；15. 公共文化服务；16. 公共法律服务；17. 扶贫；18. 社会救助；19. 养老服务；20. 食品药品监管；21. 就业；22. 社会保险；23. 户籍管理；24. 涉农补贴；25. 义务教育；26. 卫生健康。

【公开渠道建设】 优化信息公开平台。依托政务服务便民热线、网上办事大厅，建设统一的政策问答平台；结合政务公开工作主要任务要求，建设相关网站专栏；完成政府网站改版，确保全面支持互联网协议第6版；办理“我为政府网站找错”平台网民留言11条，依托政府网站“政务新媒体”专栏全面公开罗源县政务新媒体矩阵，规范政务新媒体矩阵建设运维。

【主动公开政府信息】 罗源县制发行政规范性文件15件、废止29件，现行有效件数124件。制作行政许可处理决定数量14550件，行政处罚处理决定数量1562件，行政强制处理决定数量2617件。

【依申请公开政府信息】 罗源县收到政府信息公开申请23件。其中，予以公开11件、部分公开3件、属于三类内部事务信息不予公开1件、本机关不掌握相关政府信息无法提供7件、转下年度继续办理1件。

【政府信息公开行政复议、行政诉讼】 罗源县涉及行政复议的政府信息公开3件，其中结果维持的3件。罗源县涉及行政诉讼的政府信息公开8件，其中结果维持的8件。

（谢凌清）

机关事务管理

【概况】 2022年，罗源县机关事务服务中心高举习近平新时代中国特色社会主义思想伟大旗帜，以党的政治建设为统领，以机关事务标准化、信息化为抓手，守正创新、担当作为，完成公共机构节能、公务接待、公务用车、办公用房、机关大院管理等重点工作。

【财务管理】 县机关事务服务中心执行国家有关法律法规和财务规章制度，完善固定资产管理和内部控制制度。注重资金使用效益，合理编制单位部门预算，规范账务处理，按照相关要求编制财务报告。

【公务接待管理】 县机关事务服务中心贯彻执行中央八项规定和《党政机关国内公务接待管理规定》，按照“从简、从细、从严”的要求，做好上级领导及兄弟县市及客商等到罗源调研、考察期间的后勤保障工作。接待上级领导及兄弟县市及客商等到罗调研、考察275批次、2150人次。

【办公用房管理】 县机关事务服务中心根据《福建省党政机关办公用房管理办法》和县委2022年第14次常委会会议精神，组织全县党政机关开展自查自纠，梳理存在问题，完成问题整改，规范党政机关办公用房管理。开展县本级党政机关办公用房信息统计报告工作，8月25日完成乡镇级和县本级数据审核和报送工作。

【公务车辆管理】 县机关事务服务中心贯彻落实《福建省党政机关公务用车管理办法》，推进公务用车购置审批、调度、维修、加油、保险等工作全部通过信息化管理。公车平台全年保障公务出行11989次，行驶里程848651千米。

【会议会务管理】 县机关事务服务中心按规定高效保障县委常委扩大会、县委中心组学习、疫情防控部署会等235场次各类会议的召开。

【公共机构节能】 县机关事务服务中心开展节能宣传活动，利用节电、节水宣传贴画、LED显示屏宣传节能环保理念。宣传周期间，组织全体干部职工观看全国公共机构节能宣传周启动仪式，倡议各公共机构通过停开空调和公共区域照明、停开电梯等方式进行能源紧缺体验，践行“135”出行方案。开展节约型机关创建，全县32家单位完成节约型机关创建，超额完成年初目标任务。

【后勤服务保障】 县机关事务服务中心以创建“平安大院”为抓手，完善安全防范措施，加强大院管理，规范外来人员进入大院登记制度，严禁快递和外卖进入机关大院。规范机关食堂管理，科学编制营养菜谱，加强食品安全管理，建立留样检测台账，打造“透明食堂”。加强对机关大院内办公楼、电梯、会议室等公共场所管理维护，加强机关大院卫生保洁绿化建设。

【基础设施建设】 县机关事务服务中心完成机关大院绿植增补和绿化提升，修建古民居东侧附属用房，营造机关大院优美办公环境。

【政府采购】 6月1日，县机关事务服务中心以竞争性谈判方式确定福建无忧环卫有限公司为机关大院保洁服务项目中标人。

（周天顺）

政务服务中心建设

【概况】 罗源县政务服务中心位于罗源县凤山镇三中路，总面积3000平方米。行政服务中心管委会和县直入驻部门工作人员184人，入驻部门（单位）38个，入驻行政许可和公共服务事项1827项，99.84%事项实现“最多跑一趟”，92.38%的事项实现“一趟不用跑”。办结各类行政审批和公共服务申请246855件，时限内办结率100%；县公共资源交易服务中心完成交易项目633个，成交金额33.7642亿元，增收金额1.9313亿元，节约总金额1.5255亿元。

【营商环境优化】 工程建设项目审批制度改革 罗源县设立工程建设项目审批审查协调服务中心，推动工程建设项目审批全事项、全流程进驻，实现工程建设项目审批全过程闭环管理，建立高效便捷的工程建设项目审批机制，安排96个项目245个前期审批节点，完成审批节点235个，占全年计划的95.92%。

企业开办时间压缩 企业开办时间（含企业登记、刻制公章、申领发票3个环节票）压缩至3个工作小时以内。全县新登记各类市场主体4824户，其中新登记企业1276户；新登记个体工商户3505户，比上年增长23.24%。

【“放管服”改革】 “一趟不用跑、最多跑一趟”改革 罗源县1267项行政许可事项99.84%实现“一趟不用跑、最多跑一趟”，承诺时限平均压缩91.69%，全流程网办事项93.84%。

政务服务下沉乡镇便民服务中心、村居便民服务站 各乡镇便民服务中心入驻各类政务服务事项156项，村居便民服务站入驻政务服务事项13项。

【公共资源交易平台】 罗源县完成交易项目633个，成交金额33.7642亿元，增收金额1.9313亿元，节约总金额1.5255亿元。中心各类交易项目总数比上年增长13.64%，成交总金额增长119.79%，增收金额增长254.36%，节约总金额增加245.13%。

【窗口服务】 “跨域通办” 罗源县实现157事项“跨省通办”、29项高频事项“省内通办”、72个事项“福州都市圈”通办以及除负面清单197项外，其他均实现“全市通办”。办理各类跨域通办事项2178件，便利群众异地办事。

“一件事打包办”服务 推出210组高频事项“打包办套餐”，满足企业、群众跨部门、跨事项办事的需求。办理各种类型的“一件事打包办”套餐131件。

政务服务“帮办代办” 打造“保姆式”贴心服务模式，将帮办代办全方位融入政务服务体系建设，打通服务群众“最先一公里”，全面提升政务服务水平。完善延时服务、预约服务等工作机制，拓宽服务渠道，优化服务质量，力求达到窗口办事时间无“断档”、办理事项无“空档”、优质服务无“阻档”的目标，最大限度便民、利民、惠民。

特殊人群服务优化 设置特殊人群服务专窗，为特殊人群开辟“绿色通道”，提供帮代办、非现金代缴等服务；配备轮椅、老视镜、母婴室、老年人服务专区等设施设备，解决特殊人群排队难、等待难、办事难的问题。

政务服务“好差评” 完成评价40081条，好评率100%。

（黄伙彬）

人事人才工作

【概况】 2022年，县人社局实施人才强县战略，加大引才聚智力度。扩大高校毕业生招聘规模，面向高校毕业生招聘事业单位工作人员、卫技人员、“三支一扶”人员、高层次教育人才、编外教师360人，提高高校毕业生就业率。扩大就业见习规模，新认定15家就业见习基地，开发见习岗位73个，发放见习补贴22.78万元。

【人才服务】 县人社局认定福州市“双一流”毕业生人才10人；申报福建省青年工科类人才3人，比上年增加200%；发放工科青年人才奖励21.67万元，兑现18名人才物质奖补54.62万元；128名人才申请物资奖补，待发放奖励95.5万元；办理8名人才入住人才公寓手续。

【人事管理】 县人社局加强专业技术人才培育。办理职称等岗位聘任705人，其中教育系统474人，卫生系统89人，其他事业单位142人。推荐委托评审高级职称43人、中级职称81人、初级职称9人。完善事业单位岗位设置，对61家事业单位岗位进行重新核定，对38家事业单位岗位设置进行变更。规范继续教育培训办班程序，严格执行继续教育办班登记制度，核准卫健系统3家事业单位继续教育办班（县中医院、县医院、县精神病防治院）。做好人事档案管理。新接收各类档案1098份，档案寄存量11541册；完成事业干部档案专项复审1544册，完成流动人员档案信息采集录入9398份。做好工资福利与退休工作。完成事业单位在职人员工资变动、年终奖励性绩效、工资统计、考核晋升薪档、工资基金等审批核定工作，调整罗源县部分事业单位奖励性绩效工资托底水平，规范罗源县事业单位工作人员津贴补贴和机关事业单位退休人员生活补贴等工作，办理退休手续26人，完成连续工龄认定18人。

（黄增荣）

（编辑 林烨欣）

中国人民政治协商会议罗源县委员会

综　述

2022年，县政协及其常委会坚持以习近平新时代中国特色社会主义思想为指导，坚持党对政协工作的全面领导，紧紧围绕县委中心工作履职尽责，集思广益助发展，凝心聚力促和谐，为全面建设现代化美丽海湾城市贡献力量。召开党组理论学习中心组学习13次、常委会会议专题学习4次，组织专题议政性联席会、常委会5场，协商活动14场，开展界别活动30余次，开展调研和民主监督活动29次，社情民意信息被省市政协、市委统战部、市委办等部门采用34篇，其中《推动畲族服饰文化提升品质走向国际的建议》《加强“网课爆破”现象整治　切实保障学生教育安全》等9篇被省政协转报全国政协。《三措并举助力少数民族地区乡村振兴》《破解县级政协“两个薄弱”问题之途径初探》，被省政协《政协天地》、十三届福州市政协理论研究文稿选编等刊物刊登，其中《推进“政协大省”建设的思考与探索》作为优秀理论研讨文章在市政协理论研讨会上进行交流发言。

重要会议

【县政协十一届二次会议】　2022年12月24—27日在罗源县人民会堂举行。会议审议并同意兰可明所作的《政协第十一届罗源县委员会常务委员会工作报告》、雷邦淼所作的《政协第十一届罗源县委员会提案工作报告》。与会委员们还列席县人大十八届二次会议，听取并讨论县长林志斌所作的《政府工作报告》和其他有关报告。

12月24日，中国人民政治协商会议第十一届罗源县委员会第二次会议召开

【县政协十一届常委会会议】　第一次会议　3月23日召开。传达学习全国两会、省政协十二届五次会议、市政协十四届一次会议精神；协商通过县政协专委会主任任职名单；审议通过县政协2022年协商计划。

第二次会议　6月16日召开。视察县闽运客运站、凤南客运站、华达公交客运公司，听取县交通运输局关于统筹推进城乡公交一体化建设情况的汇报；传达学习习近平总书记在庆祝中国共产主义青年团成立100周年大会上的重要讲话精神；传达学习《国务院关于印发扎实稳住经济“一揽子”政策措施的通知》文件精神及具体措施；传达学习《福州市贯彻落实稳增长稳市场主体保就业防风险行动方案》文件精神；审议通过《政协罗源县委员会第十一届各专门委员会兼职副主任名单（草案）》；审议通过《政协罗源县委员会委员履职工作规则（草案）》；审议通过《政协罗源县委员会关于强化政协委员责任担当的实施意见（草案）》。

第三次会议　9月23日召开。现场视察罗源县碧里中心小学、鉴江中心小学、鉴江中学，听取县教育局关于建立乡镇学区财政保障机制，促进城乡义务教育均衡发展的情况汇报；

传达学习《中国共产党政治协商工作条例》；传达学习全国政协主席汪洋在9月6日在政协第十三届全国委员会第七十七次主席会议上的重要讲话精神。

第四次会议 12月12日召开。县法院、检察院向县政协常委会通报年度工作情况；举行县政协“2022年度好提案”颁奖仪式；协商通过县政协常委会工作报告；协商通过县政协十一届二次会议有关事项；传达学习中共二十大和中共二十届一中全会精神及省委、市委、县委常委会（扩大）会议精神；传达学习省委十一届三次全会、市委十二届四次全会、县委十四届四次全会主要精神。

提案办理

县政协十一届一次会议以来，政协委员、政协各参加单位和各专委会，坚持以习近平新时代中国特色社会主义思想为指导，深入学习贯彻中共二十大和中共二十届一中全会精神，落实全国政协和省、市政协工作要求，紧紧围绕县委县政府中心工作和人民群众关心的热点难点问题，撰写提案履职尽责，主动担当作为，广集民智，广纳群言，广谋良策，推动提案工作提质增效。提交提案126件，经审查，并案25件，立案94件，立案率74.6%，答复率100%，满意率96%。

协商监督

政协罗源县委员会注重发挥专门协商机构作用，聚焦党政中心工作部署，组织好专题协商活动。找准履职切入点，开展民主监督活动，促进工作落实。突出重点，更加精准地协商议政，就经济社会发展、民生领域重大问题提出建议、达成共识。围绕“统筹推进城乡公交一体化建设”“优化乡镇学校财政保障机制，推动新时代城乡义务教育均衡发展”“融合优质资源，探索滨海新城商业产业化方向专题协商”“关于结合玉石雕刻文化产业园项目，推进永昌文化城建设，打造文化强县”等议题开展主题协商。践行以人民为中心的发展思想，定期开展各领域视察工作，围绕“海上养殖升级改造项目”“‘七彩罗源’七境茶绿色产业发展项目”“农村医疗卫生机构建设项目”等重点内容，开展视察活动。

视察调研

政协罗源县委员会围绕中心服务大局，发挥专门协商机构作用，开展参政议政。按照县政协《2022年度协商计划》和全县重点工作的部署安排，县政协常委会和各专门委员会组织开展调研、视察18场，领导班子成员分别深入联系委员企业走访，多次下乡走访联系乡镇、企业，推动相关问题的解决。

文史工作

政协罗源县委员会巩固深化“不忘初心、牢记使命”主题教育和党史学习教育，坚持思想政治引领，做好文史馆建设和文史资料收集整理工作。动建罗源县政协文史馆，并编纂出版《罗源县政协志（1991—2021）》，发挥文史资料“存史、资政、团结、育人”作用。

其他工作

【县政协委员履职考核】 政协罗源县委员会研究出台《罗源县政协委员履职考核办法（试行）》，采取积分制履职管理的办法，对192名县政协委员在2022年度参加政协全会、学习培训、提案、社情民意信息、履职活动等方面进行履职考核量化计分，提升委员履职水平。

【年度好提案评选】 《关于两城区公办幼儿园教育发展提升的建议》《关于结合玉石雕刻文化产业园项目，推进永昌文化城建设，打造文化强县的建议》《关于加快牛坑湾填海造地、招商引资的建议》《关于改善罗源湾高速出口片区交通的建议》《关于提升改造东大路的建议》等5件提案被评选为2022年度好提案，薛阳、陈建铭、杜武荣、阮为真、陈强辉等委员获得表彰，提高委员撰写提案积极性。

【推进协商工作向基层延伸】 政协罗源县委员会成立11个乡镇政协联络组，并在松山镇和鉴江镇设立2个罗源县政协委员联系点，为委员深入基层一线履职提供平台，促进政协工作向基层有效扩展和延伸。

（胡文玲）

（编辑 林烨欣）

纪检监察

综 述

【概况】 2022年，罗源县纪委监委坚持以习近平新时代中国特色社会主义思想为指导，深入贯彻中共二十大、中央纪委和省市纪委全会精神，在市纪委监委和县委领导下，立足新发展阶段，完整、准确、全面贯彻新发展理念，服务和融入新发展格局，发挥监督保障执行、促进完善发展作用，推动全面从严治党、党风廉政建设和反腐败斗争向纵深发展。

【中共罗源县纪委十四届二次全会】 1月28日，中共罗源县纪委十四届二次全体会议召开，会议以习近平新时代中国特色社会主义思想为指导，贯彻中共十九大和十九届历次全会精神，落实十九届中央纪委六次全会、省纪委十一届二次全会、市纪委十二届二次全会和省、市、县党代会部署要求，总结2021年纪检监察工作，部署2022年任务。黄雨涛代表县纪委常委会作题为《践行伟大建党精神 推动工作高质量发展 为“启航新时代，做强北大门，打响四大国家级品牌，建功丝路海港城”提供坚强保障》的工作报告。

12月8日，中共罗源县纪委十四届二次全会召开

党风廉政建设

【作风建设】 享乐主义、奢靡之风整治 县纪委监委结合“酒杯中的奢靡之风”专项整治工作，开展治“四风”树新风活动，紧盯元旦、春节、“五一”国际劳动节、端午节、中秋节、国庆节等重要时间节点，常态化开展廉洁纪律督查22批次，推动整改各类违规问题75条，查处享乐主义、奢靡之风6起11人。

形式主义、官僚主义纠治 紧盯疫情防控、第一季度“开门红”等县委县政府重要工作部署落实情况，坚决整治敷衍塞责、弄虚作假等问题，查处形式主义、官僚主义问题14起19人。

【廉政宣传教育】 县纪委监委加强基层廉洁文化阵地建设，改造提升“百丈红廉文化”主题走廊。开展常态化廉政教育，发送廉洁过节短信8批6100余条，依托“清风罗川”微信公众平台、罗源县纪委监委专题专栏网站推送廉政宣传信息270余条，组织5批25名新提任的领导干部任职前廉政法规知识测试，增强领导干部廉洁从政意识，提高拒腐防变能力。

政治监督

【巩固拓展脱贫攻坚成果同乡村振兴有效衔接督促】 县纪委监委督促推动64个惠民项目9.38亿元资金和183

个村1515个工程项目5.68亿元资金上线公开。加强自查审核机制，核查异常数据1条，问责1起3人。监督推进农村“三资”监管系统与惠民资金网对接，完成录入资产信息7086条、资源信息443条、经营合同卡片1070条，公开资金26.24亿元。

【生态环境保护督促】 县纪委监委督促落实党政领导生态环境保护目标责任书通报问题整改、“一县一清单”等工作，实地走访相关乡镇、村20余批次，发现并督促整改问题17条，查处生态环保工作落实不到位问题10起15人。

【粮食购销领域腐败问题专项整治】 县纪委监委聚焦专项整治自查自纠、涉粮专项巡察整改等工作，拓宽问题线索来源，加大查处力度，查办涉粮腐败问题9起9人，其中立案6起6人，发出监察建议书2份。

【筑牢安全防线专项监督】 县纪委监委围绕防汛防台措施落实、应急值班值守、隐患排查整治、物资储备保障等方面，部署开展专项监督2轮，深入相关县直部门和11个乡镇，发现并推动整改各类不规范问题10个，给予问责3人次。

腐败预防与惩治

【协助职责履行】 县纪委监委推动主体责任和监督责任贯通协同、形成合力。协助县委做好市级全面从严治党主体责任检查迎检工作，完成由县纪委监委牵头的2条“问题清单”以及1条“问责建议清单”整改。协助县委开展涉粮专项巡察问题整改，制定印发《关于开展涉粮专项巡察整改“回头看”监督检查工作的方案》，推动涉及罗源县28个问题整改落实。协助县委开展全面从严治党主体责任落实情况检查，对31个单位党委（党组）提出“问题清单”332条、“问责建议清单”14条。针对落实主体责任、履行监督管理职责不到位等问题，问责领导干部7人次，促进责任层层传导、工作落实到位。

【政治生态净化】 县纪委监委印发《关于进一步加强对“一把手”和领导班子监督的具体措施》，抓好“关键少数”，带动“绝大多数”，立案各级“一把手”19件19人。加强村级“一肩挑”人员监督，建立“廉政档案”403份，实现“一肩挑”人员以及村委会常务副主任“一人一档”全覆盖。树立正确选人用人导向，严把党风廉政意见回复关，开展党风廉政意见回复2788人次，提出暂缓或否定性意见14人次。

【信访服务保障】 全县收到群众信访举报234件，其中检举控告类信访件166件，初信初访119件，查实处理33人次。推动落实“双化解双促进”专项行动，排查起底“三多”件3件，全部化解到位。开展“解难题、化积案、保稳定”百日攻坚专项行动，梳理排查涉及全县信访件3件并化解到位。聚焦信访存量化解，自2021年7月推行存量化解工作机制以来，推动办结检控类初信初访件189件，化解率73.83%。

【坚持惩治力度不放松】 全县纪检监察机关立案82件82人，比上年增长2.5%，其中自办48件，比上年增长29.7%。党纪处分74人，政务处分11人，党纪政务双重处分4人，留置1起1人，移送检察机关2人。运用“四种形态”批评教育帮助和处理629人，比上年下降7.4%；其中第一种形态548人次，占比87.1%，比上年下降8.1%。

【“点题整治”成效巩固提升】 县纪委监委围绕教育、医疗、农村集体“三资”管理、工程项目审批与建设、生态环境保护5个领域21项突出问题，部署开展深化群众身边腐败和作风问题专项整治，着力加大对“小鬼病”“庸懒散拖”等现象的整治力度，查处群众身边腐败和不正之风问题16起23人。

【营商环境优化】 县纪委监委结合“一季度一主题”，会同县营商办深入21个县直单位和26家企业开展实地检查、走访，发现并督促整改问题5个，查处破坏营商环境背后的腐败和作风问题5起8人。

【移风易俗专项治理】 县纪委监委完善党员干部婚丧喜庆报告公示制度，依托“清风罗川”微信公众号公开科级以上领导干部操办或参加婚丧喜庆活动情况10期419人次，促进党风与民风良性互动、向上向善。

【坚持“惩腐打伞”不松劲】 县纪委监委深化“5331”工作机制，加强与政法机关协作配合，落实“三筛三不放过”，组织与公安机关进行案件会商4次，督促推动四大行业领域整治，向职能部门发出提醒提示函1份。

【政法队伍教育整顿成果巩固拓展】 县纪委监委印发《中共罗源县纪委关于巩固全国政法队伍教育整顿成果推进全面从严管党治警的实施方案》，推动全面从严管党治警，约谈政法干警65人次，督促建章立制41项，立案查处1人。

（县纪委监委）

（编辑 林烨欣）

罗源县总工会

【概况】 2022年，县总工会坚持以习近平新时代中国特色社会主义思想为指导，以迎接学习宣传贯彻中共二十大为主线，紧紧围绕疫情要防住、经济要稳住、发展要安全的重要指示，团结引领广大职工听党话、跟党走，在助力经济社会发展大局中贡献力量。先后获福建省县级工会经审工作规范化建设特等奖单位、执行机关党建工作目标责任制工作成绩突出单位、罗源县直单位综治责任目标管理考评优秀等次、县直机关单位绩效考评无指标牵头单位优秀等次等多项荣誉。

【职工技术创新】 县总工会聚焦创新创效，开展县级示范性劳动和技能竞赛2场，推动全县范围开展劳动和技能竞赛22场，超2000人次参与；带动7项成果参与全省百万职工“五小”创新大赛，获奖成果1项；推动申报6个项目参与第三届海峡两岸（福州）职工创新创业创造大赛。

【职工教育培训】 *思想领航* 县总工会动员职工参与参观礤石村红色教育基地、福州市职工政治生活馆等党史学习教育和“中国梦·劳动美”主题教育58场；围绕“强国复兴有我”“培育好家风”“文明创城”“网聚正能量”“书香润福建”等主题开展读书、沙龙、志愿服务、知识竞答等精神文明创建活动16场。

典型带动 重组劳模宣讲团，开展劳模进社区、进企业宣讲活动7场；制作并展播“聆听匠心”专题报道片5集；打造县工人文化宫劳模风采展厅，举办劳动模范风采展。

素质提升 21名职工参加“求学圆梦”学历提升行动；推进师徒结对，“传、帮、带”推动技能人才成长；引导企业继续推行岗前培训业务、研修等，开展各类培训300人次。

【职工权益维护】 *劳动争议诉调联动* 县总工会对接劳动监察大队、仲裁委、法院等相关单位，参与职工维权协调；推广“园区枫桥”经验，成立“园区枫桥”试点工作领导小组，出台《罗源县“园区枫桥”机制试点实施方案》；在维护职工合法权益巡回审判点公开审理劳动争议案件1件；解决并答复职工咨询件4件。

和谐劳动关系创建 培树2家市级劳动关系和谐企业，1个市级劳动关系和谐乡镇；运用“一函两书”监督机制，在春节前后、工资集体协商月、安全生产月、高温季节等重要时间节点，下发劳动法律监督提示函5份；做好职工队伍稳定风险隐患专项排查化解，排查化解11个乡镇、2个园区40余家企业；推进安全生产，开展县级知识竞赛2场，在福建省“安康杯”竞赛中，3家企业获先进集体称号，1家企业获先进班组称号。

职工高品质生活服务 筹措33.75万元疗休养资金，线下集中组织5期疗休养活动，普惠250名职工；擦亮“工人文化宫”品牌，打造服务职工综合体，开展普惠性活动5场。

【职工困难帮扶】 *职工关心关爱服务* 县总工会安排30万余元资金，常态化开展“春送岗位、夏送清凉、金秋助学、冬送温暖”四季关爱服务品牌活动，服务职工5000余人；常态化开展困难职工帮扶，帮扶2人，发放帮扶慰问金1.1万元；“五一”国际劳动节期间走访慰问12名一线劳模，组织48名劳模参加免费健康体检，帮扶困难劳模11人。

“我为职工办实事”活动 开设2个职工子女暑托班、8场“心灵守护”主题活动、1期青年职工交友联谊活动，惠及职工600余人；整合户外劳动者服务站点、户外劳动者休息室、爱心驿站为11个“职工服务e站”，新建7个“职工服务e站”，定期配发常用应急药，并在高温时段设立“爱心茶摊”；为38名快递员、外卖配送员等新就业形态劳动者实现“微心愿”；推动163名环卫工人参与省环卫行业职工专属医疗互助活动。

【工会组织建设】 县总工会全年新建工会组织32家，新增会员836人，动态建会率保持90%以上。推进新就业形态劳动者建会入会，推动5家货运企业、3家快递企业、1家外卖配送企业成立工会组织。培育1家省模范职工之家、2家省模范职工小家、1家市级民营企业党建带工建示范单位。打造2个多元化共享职工之家。

【助力经济社会统筹发展】 *援企稳岗、保畅纾困* 县总工会做好用工保障服务，推出发放一张电影通票、一张“梦幻海洋游”兑换券等“七个一”活动，服务留罗源过年职工1500多人，为55名乘定西高铁专列抵榕的定西籍到罗源务工人员提供接站服务；加快惠企政策输送，落实小微企业工会经费全额主动返还政策，返还金额264.03万元，惠及企业120家，返还率位列全市第二。

农文旅经济发展助推 协调动员全县工会，用好“工会福利”，采买砂糖橘28805千克，助力解决罗源农户砂糖橘滞销难题；推动县工人文化宫项目建设，一期投入使用，二期完成工程量30%；争取兄弟县区基层工会1500多名职工到罗源开展集中疗休养和个人疗休养，拉动旅游消费超过150万元。

产业工人队伍建设改革 罗源县产业工人队伍建设改革领导小组办公室设在罗源县总工会，作为牵头单位，罗源县总工会第一时间组织成立专班，多次组织召开工作部署会，对标市产改工作目标任务和五大工作举措中的25项工作要点，牵头制定《关于推动新时代罗源产业工人队伍建设改革的实施方案》（简称《实施方案》），《实施方案》新增“建立县领导挂钩联系高技能人才机制”自选动作，提出“职业院校参与职业技能等级认定”“创新建立产业工人服务平台”2项特色工作，培育华能（福建）海港有限公司建设网络学习平台产改试点项目，在2022年度市推进产业工人队伍建设改革绩效考核查访核验中罗源县被评为“优秀”等次。

（兰春英）

共青团罗源县委员会

【概况】 2022年，在县委领导和上级团委指导下，团县委坚持以习近平新时代中国特色社会主义思想为指导，学习贯彻中共十九大、中共十九届历次全会和中共二十大、中共二十届一次全会精神，贯彻落实习近平总书记关于青年工作的重要思想，按照县委和上级团委确定的各项工作部署，带领全县各级团组织围绕中心、服务大局，履职尽责、深化改革攻坚，保持和增强政治性、先进性、群众性，着力彰显党的助手和后备军作用，团的各项工作和建设取得成效，被评为2022年“福州市五四红旗团委”。全县有基层团委31个，团工委4个，团总支1个，团支部546个，团员5885人。

【青少年思想道德教育】 团县委坚持把政治建设摆在首位，聚焦为党育人的主责主业，紧紧围绕迎接和学习宣传贯彻中共二十大和庆祝中国共产主义青年团成立100周年两条主线，开展“喜迎二十大 建功新时代”“喜迎二十大 争做好队员”“请党放心，强国有我”“青春心向党，廉洁守初心”等主题教育和“榕树下”红色时光青年读书会、“循迹习近平新时代中国特色社会主义思想在福建的孕育和发展”现场教学等特色活动40余场。举办罗源县学习贯彻习近平总书记在庆祝中国共产主义青年团成立100周年大会上的讲话精神座谈会及中共二十大精神系列宣讲会。加强网上宣传引领，制作推出《用青春之我，建七彩罗源》《青春战“疫”曲》等一批主题宣传短视频。构建线上线下“同心圆”，发动全县各级团组织、少先队组织开展“青年大学习”“红领巾爱学习”线上主题团（队）课学习，开展“传承红色基因，争做时代新人”“青春心向党，廉洁守初心”“缅怀革命

6月1日，团县委于白塔乡、起步镇开展“喜迎二十大 同心护未来”“六一”慰问活动

7月1日，团县委于松山镇八井村开展“夜话畲乡——遇见七彩罗源 邀您共赴山海之约”活动，邀请在罗源研学青年学子参加茶话会

先烈、传承红色基因”等主题教育，组织参观红军北上抗日先遣队罗源（百丈）指挥部旧址等红色教育基地活动10余场，加强青少年理想信念教育。发挥先进典型示范引领作用，选树“最美福州青年”“向上向善好少年”等一批先进青年典型。

【县青少年活动中心建设】 团县委坚持服务社会为宗旨，面向全县青少年儿童，举办青少年校外特长培训班3期，服务人数1533人，其中公益免费263人，帮助近1500个青年家庭解决“双减”“双增”政策实施后子女课后、寒暑假托管等教育难题。以喜迎二十大为主线，与社区、学校、企业建立联系，开展“童心知党恩•喜迎二十大”展猜灯谜活动、“童心向党 强国有我”少儿讲故事大王比赛等活动、“阳光下成长•喜迎二十大”舞蹈展演活动、“七彩罗源 可爱家乡”少儿书画比赛、“放歌新时代 唱响罗源湾”歌手赛等经常性、大众化、实践性强的公益活动10余场，惠及青少年3000多人次。

【县未成年人心理健康辅导站建设】 团县委加强未成年人心理健康辅导站建设，完善各类规章制度，加强专业技能培训，健全志愿者队伍，促进辅导站健康运行。辅导站开展对未成年人的心理健康教育引导，促进未成年人的自我成长，共创共建和谐文明县城。辅导站举办睡眠健康症公益讲座2场、学生及家长心理减压公益讲座2场、亲子关系心理健康公益讲座1场，青少年危机干预健康培训讲座1场，为有心理困扰的未成年人及其家长提供电话咨询和会面咨询130余人次，为8名心理困扰严重的未成年人提供长期心理咨询。

【青少年权益维护】 团县委推进预防青少年违法犯罪工作，针对不同类型的青少年群体，搭建预防青少年违法犯罪干预服务网络。抓好一般青少年、涉罪青少年个案帮扶工作，开展“一对一”行为纠偏、心理辅导、入户帮扶等服务。在青创成员单位（福建小时候户外营地）设立未成年人观护帮教基地，帮助10余名存在不良行为的未成年人回归社会。坚持“三进”举措，以“教育”为常态，开展“送法进万家”“远离毒品，关爱未来”“青春自护，有你有我”等形式多样、内容丰富、注重实效的主题宣传教育活动200余场，让青少年在潜移默化中增强维护自身合法权益的意识和能力。在庭洋坂村、北门社区、鹤屿社区、西兰乡等地建立“青春家园”社工服务站，做实做细为青少年提供服务的“实体门店”。深化“青少年维权岗”创建活动，与县检察院、县妇联等单位在县青少年活动中心联合设立罗源县首个集家庭教育指导、涉罪未成年人帮教、法律咨询、心理疏导、法治宣传等多功能于一体的家庭教育指导服务站，常态化为未成年人及家长提供法律培训、家庭教育指导课程等综合性服务，合力推动未成年人权益保护。

【青少年就业创业服务】 团县委实施青年返乡下乡创业帮扶计划，以创业带动乡村产业振兴发展，乡创青年周洪磊在福建“银团合作”助力乡村

2月10日，罗源县举办“七彩罗源 可爱家乡”少儿书画比赛

振兴工作推进会上作典型发言。牵头起草《罗源县支持青年人才聚罗发展六条措施》、青年创业人才认定5条标准等，推动将县域青年创业人才纳入罗源县高层次人才（G类）认定范围。推动罗源青创与县域3家金融机构达成战略合作，提供总额13亿元的授信；发放青年创业、助业等各类贷款5729笔、8.89亿元。县域创业项目取得“建行杯”国赛三等奖、省赛一等奖各1项，“创青春”省赛三等奖2项，“植根榕城”二等奖1项的成绩。推进“扬帆计划”“好年华，聚福州”“福榕500”等引才项目，打造“七彩青春·筑梦罗源”大学生实践品牌，开发“扬帆计划”岗位300余个，“好年华，聚福州”返家乡驻点式社会实践岗位150个、走访式社会实践路线2条，吸引来自清华、北大等近千名高校大学生报名，实际录用大学生近400人，吸引北京大学、清华大学、中央民族大学等15支省内外高校实践队到罗源实习实践，得到县委主要领导批示肯定。

【青春建功乡村振兴】 团县委以实施“青村年华”项目为抓手，开展农村青年创业致富“领头雁”计划、“青村年华”消费助农、“青村年华”公益植树、“青村年华”青年志愿服务、“青村年华”青创项目巡诊等活动，助推乡村发展。举办罗源县高素质青年农民培训班暨“青马工程”农村班，促进青年创业干事能力和本领。承办2022年福州青创“青翼创”计划两岸导师认证培训，开展青创项目巡诊5场次，覆盖15家企业，举办互联网营销师、高素质青年农民等各类培训班，提升乡村青年创业本领。联合县税务局举办乡村振兴青年创业税法专项服务，为乡创青年提供税务政策培训。推进“希望工程”，全年帮助19名家庭困难学生筹集助学金17万余元，为35名事实孤儿筹集资助款物价值10万余元。

【青年志愿者行动】 团县委坚持继承和发扬“党有号召、团有行动”的优良传统，聚焦疫情防控、脱贫攻坚、民族团结进步创建和乡村振兴等重点工作，推进青年志愿者行动和青年诚信体系建设。先后组织青年志愿者近4000人次，为学习宣传中共二十大精神、护河爱河、唱响“山哈”乐动七彩罗源、“手拉手参与平安建设，心连心共建平安罗源”宣传活动等近80场各类大型活动提供优质青年志愿服务。依托“志愿汇”App平台推进社会诚信体系建设，建立下级青年志愿服务组织104个，注册志愿者人数5321人，新增志愿者172人，“志愿汇”App志愿服务时长84283小时。抓好文明先进典型选树，开展“新时代好少年”“全县道德模范”典型、“五个最美”先进典型和“我推荐我评议身边好人”等模范典型选树宣传工作，通过身边人身边事教育引导广大青少年。

【少先队工作】 团县委夯实少先队基础工作，全县有少先队员23178人，少先队大队23个、中队419个，辅导员458人。聚焦为党育人的主责主业，落实阶梯式成长激励机制，在全县少先队组织中递进开展分批入队、分段教育、分级激励等工作，让少年在组织中接受教育、收获成长、向党靠拢。为迎接中共二十大召开，在全队举行以“喜迎二十大，争做好队员”为主题的红领巾知识竞赛、新队员入队仪式、红领巾宣讲等活动，引导少先队员们从小立志听党话、跟党走。加强少先队工作体制机制建设，牵头起草《罗源县加强新时代少先队工作的实施方案》。加强少先队活动品牌建设，打造“雏凤”红领巾社区、红领巾志愿服务队等项目。年内有139名少先队员获评县级以上优秀少先队员，53个少先队集体获得县级以上优秀少先队集体荣誉称号，235名少先队员获得县级以上“红领巾奖章”，56个少先队集体获得县级以上“红领巾奖章”。

【基层组织建设】 团县委推进基层组织规范化建设，罗源县546个团组织、694名团干部、各级团组织干部配备率100%；5831名团员完成“智慧团建”在线报到，694名毕业生组织关系转接。严格团员发展标准，罗源县新发展团员426人，电子团籍录入率100%，团青比控制在16.81%合理范围。做好违规发展团员年度核查工作，落实推优入党制度。落实两新组织“党建带团建，团建促党建”工作机制，推动符合建团条件两新组织的组织覆盖和工作覆盖。推动各级团组织参与星级组织创建工作，完成330个星级团支部创建工作。推进基层组织创新，实现由共青团主导的志愿服务类、创业就业类、文艺体育类青年社会组织全覆盖，拓展团的工作在社会领域，加强团的枢纽功能建设。获评省、市、县“两红两优”个人（集体）56人（个），获评省、市“青年五四奖章”个人（集体）7人（个）。

【“青”字号创建】 团县委引领青年立足岗位创新创业创优，国网罗源县供电公司营销部市场营业班、国家税务总局罗源县税务局第一税务分局（办税服务厅）、罗源县消防救援大队、罗源县农村信用合作联社滨海信用社、福建罗源闽光钢铁有限责任公司炼铁厂等集体分别被认定为省级、市级以上青年文明号。紧紧围绕县委“启航新时代，做强北大门，打响四大国家级品牌，建功丝路海港城”攻坚2022行动部署，以争创青年文明号、争当青年突击队员的“双争”建功行动为抓手，引领青年立足岗位比学赶超、干事创业。组织青年文明号集体走进青年创业促进会会员企业开展“青”企面对面活动，召开12次座谈会，发

5月16日，团县委举办罗源县学习贯彻习近平总书记在庆祝中国共产主义青年团成立100周年大会上的讲话精神座谈会

放问卷500余份。

【庆祝中国共产主义青年团成立100周年】 团县委举办罗源县学习贯彻习近平总书记在庆祝中国共产主义青年团成立100周年大会上的讲话精神座谈会，县委书记张新怿出席会议并讲话。县"四套班子"有关领导出席会议，全县各界青年代表、少先队员代表等参加会议。制作推出《用青春之我，建七彩罗源》主题宣传短视频，并被"学习强国"学习平台采纳推广。通过"智慧团建"平台，以支部为单位，组织动员广大团员青年学习建团100周年大会精神，覆盖团员、青年6000余人。

（林夏心）

罗源县妇女联合会

【概况】 2022年，罗源县有乡（镇）妇联11个、社区妇联13个、村（居）妇联189个、新兴领域妇联8个。县妇联以习近平新时代中国特色社会主义思想为指导，深入学习宣传贯彻中共十九届历次全会精神和中共二十大精神，贯彻落实省妇女第十三次代表大会精神，紧扣县委、县政府要求部署，立足妇联职能优势，围绕"提高效率、提升效能、提增效益"行动方案，发挥桥梁纽带作用，团结引领联系服务广大妇女群众及家庭，主动融入现代化美丽海湾城市建设。罗源县妇联获"全省妇联系统先进集体"称号。

【妇女儿童发展纲要实施】 县妇联定期向县委、县人大、县政府汇报妇女群体中出现的新情况、新问题、新诉求，并建言献策，发挥桥梁纽带作用。推进政府主导行为，将"实施妇女儿童发展纲要"写入2022年度县政府工作报告内容。召开县妇女儿童工作委员会全体会议，加强组织协调，发挥职能作用，推动《罗源县妇女发展纲要（2021—2030）》《罗源县儿童发展纲要（2021—2030）》颁布实施，罗源县被列入全省18个"国家两纲示范县"培育对象之中。围绕《罗源县妇女发展纲要（2021—2030）》8个领域提出82项主要目标和101项策略措施、《罗源县儿童发展纲要（2021—2030）》7个领域提出74项主要目标和94项策略措施，制定印发新两纲目标任务分工方案和统计监测指标体系，推动各成员单位主动担责、各负其责，形成跨部门、多领域共推两纲实施，共促妇女儿童事业发展的良好局面。

【女性创业就业服务】 县妇联推广"巧妇贷"，促进贷款资金与产业发展有机结合，发放贷款209万元，惠及14名创业妇女。联合县人社局等单位举办"线上+线下"各类专场招聘会8场，通过实地访谈、直播带岗、网络招聘等方式，实现岗位靶向推送。助力罗源县乡村振兴和数字经济发展，举办互联网营销师培训（妇联专班）1期，吸引50名城乡女劳动者参加；开展"专家快车农村行"3期，150余名妇女参加培训；开展"巾帼"助农行动，配合市妇联开展"小榕女助农直播带货活动"1场，销售巾帼示范基地农产品5.5万元。

【家庭文明建设】 县妇联聚焦家风传承、聚力家庭建设，举办家庭教育公益大讲堂进基层巡讲活动12场次；以"少年儿童心向党——亲子共沐书香 强国复兴有我"为主题，开展"我为好绘本代言""亲子共读打卡""红色电影配音"等系列活动，引导更多家庭参与亲子阅读。开展"我们的节日"系列活动，紧抓元宵节、端午节、中秋节等重要节日开展形式多样的群众性活动，弘扬中华民族优秀文化。常态化开展寻找"最美家庭""绿色家庭"、评选"五好家庭"活动，推荐省市级五好家庭3户、最美家庭6户、绿色家庭6户，揭晓县级最美家庭65户。加大"美丽庭院"创建力度，推行美丽庭院示范村"美丽庭院"积分制建设工作，打造美丽庭院示范村2个，评选省级美丽庭院示范户100户、市级美丽庭院示范户470户、县级美丽庭院670户。开展进县委党校、进乡村、进社区、进企业、进校园、进家庭等主题宣传教育活动30多场次。罗源县

“小时候”研学基地、罗源县五里社区家长学校获评2022年“福州市家庭教育创新实践基地”。

【巾帼志愿服务建设】 县妇联发挥巾帼志愿服务特色，开展“巾帼心向党 喜迎二十大”群众性主题宣传教育活动和“八闽巾帼红 十百千万大宣讲”“我奋斗·家国美”等宣传宣讲活动80多场次，团结引领广大妇女听党话、跟党走。组建巾帼志愿宣讲队、家庭教育讲师团、最美巾帼奋斗者、最美家庭宣讲队、三八红旗手工作室、舞前微课堂等6支队伍，深入基层围绕新思想传播、新风尚养成、新治理践行等开展一系列宣讲宣教活动，凝聚奋进力量，引领时代风尚。紧抓“八闽儿童心向党 用心用情伴成长”暑期儿童关爱服务活动载体，面向儿童开展品德教育、红色研学、益智科普、纾困解难等关爱服务40多场次。创建涵盖省市巾帼文明岗、县直机关、乡镇妇联、公益团体等7支巾帼护河志愿队，动员妇女群众和广大家庭参与“护河爱水 清洁家园”行动。疫情防控期间，广大妇联干部、妇联执委、三八红旗手（集体）、巾帼文明岗、巾帼建功标兵、巾帼志愿者等发挥在社会生活和家庭生活中的独特作用，参与疫情防控工作，以“守好小家为大家”的意识筑牢家庭防线。

【妇女儿童合法权益维护】 县妇联聚焦热点、重难点维权工作，加强源头维权预防机制建设，夯实罗川女性“娘家人”工作室成效，健全婚姻家庭纠纷预防化解多元化解决机制。摸排化解婚姻家庭纠纷风险隐患81件，疏导化解率达100%，接待来电来访15件，依法帮助解决15件，连续9年保持在全市前列。织密县、乡（镇）、村（社区）三级妇联+职能部门+基层组织+社会组织维权服务网络，创新“N+5+1”婚姻家庭矛盾纠纷排查调处模式。开展评选推荐市县两级星级“平安家庭”46户，夯实推广平安家庭微站工作法，以家庭“小安”促社会“大安”。配合公安部门深入推进打击拐卖妇女儿童犯罪专项行动，联合县检察院、团县委等单位成立全市首家“罗源县家庭教育司法协同中心”、罗源县首个家庭教育指导服务中心，召开家庭教育工作联席会议，推动“一法一条例”贯彻落实，完善罗源县家庭教育工作联动机制，引导“家校社”三位一体形成合力。依法维护妇女儿童合法权益。开展“建设法治罗源巾帼行动”暨“八五”普法宣传活动，推进“妇联执委讲法”实践活动，培养“茉莉姐姐”家事调解员、妇联干部“法律明白人”，举办婚姻家庭纠纷预防化解暨“法律明白人”活动2场，提高基层妇联干部、家事调解员的婚姻家庭纠纷调处能力。赋能“家”能量，开展妇女儿童心理健康团辅服务4场次，开展宪法、民法典、反家庭暴力法、妇女权益保障法、家庭教育促进法、平安家庭创建等主题实践普法宣传活动80多场次，受益妇女群众17500多人次，发放各类普法宣传资料3.65万多份。

【特殊困境妇女儿童关爱帮扶】 县妇联发挥“联”字优势，在“三八”国际妇女节、母亲节、“六一”国际儿童节、传统节日和疫情防控宣传日等重要节点，联合县直单位、社会组织、爱心人士等，走访慰问空巢老人、低收入妇女、留守困境儿童、防疫一线工作人员等235户，发放慰问金慰问品10.928万元。推进“关爱女性健康”活动，募集“母亲健康1+1”公益募捐活动善款11.64万元，救助“两癌”低收入母亲24人，发放救助金12.5万元；农村妇女“两癌”免费筛查覆盖4000人次；争取市扶贫基金、县财政及社会各界支持，为适龄低保户、建档立卡脱贫户、环卫女工等赠送女性安康保险2929份，参保人数8516人，连续4年成为全市完成此项工作的先进单位，有10例妇女通过购买“女性安康险”获得理赔，理赔金额64万元。开展2022年“春蕾计划——圆梦行动”，并对接“2022年福建农信福万通慈善基金会捐资助学活动”，3名新入学困难大学生获资助。

【妇联基层组织改革】 县妇联推进“破难行动”，推动妇联组织向非公有制经济、社会组织等领域延伸，向新业态、新就业群体妇女拓展，健全联系、服务妇女群众的妇联工作体系。新建妇联3个、“妇女之家”4个，创建涵盖宣传教育、就业创业、权益维护、家风家教等十大类型的“妇女微家”15个。执行乡镇妇联主席汇报制，定期听取各乡镇妇联工作进展情况，及时帮助其解决实际工作中存在的困难问题。深入实施“基层妇联‘领头雁’培训计划”“基层妇联‘领头雁’行动计划”，提升新任妇联干部能力素质，于艳入选福建省首届“最美基层妇联执委”。获评市级“三百五有”创建达标的镇村两级妇联组织13个，优秀妇联主席4人，其中入选省级“三百五有”评选的乡（镇）妇联2个、村（社区）妇联3个、优秀妇联主席2人。

（黄艳芬）

罗源县科学技术协会

【概况】 2022年，罗源县科学技术协会发挥协会组织和科技优势，团结、依靠全县广大科技工作者，开展科普宣传、科技示范和农村实用技术培训等工作，促进科学技术和发展生产相结合，开创科协工作新局面。

【文化、科技、卫生“三下乡”活动】 1月18—21日，县科协开展2022年罗源县文化、科技、卫生“三下乡”活动，其间通过展示VR和机器人等科技设备、放置科普展板、发放科学小册子、科普小礼品等宣传书籍，吸引众多群众前来观看，受到当地群众热烈欢迎。

【科普活动】　5月21日，县科协与起步镇联合承办省科协、省科普作家协会的“闽江科学传播学者八闽行暨科技志愿服务（罗源）行”活动，省科普作家协会、福建医科大学附属第一医院、闽江科学传播学者等相关专家一行30余人，深入起步镇开展科技志愿服务活动。通过义诊、健康科普讲座、农业技术培训、助力乡村振兴研讨会等形式，营造浓厚科普氛围。

5月29日，举办第二届罗源县青少年机器人竞赛，吸引来自罗源县15所学校的62支队伍124名选手同台竞技。

9月14日，在罗源湾海洋世界举办2022年罗源县全国科普日主场活动“喜迎二十大　科普向未来”，活动以“线上+线下”并行的方式，紧扣主题，打造集趣味性、参与性、观赏性于一体的年度科普盛宴，现场设航天航空、地震逃生、气象知识、机器人、编程等10余个科普展区，当日线上观看云启动仪式的人数达3.42万人。

9月18日，在科技馆举办“喜迎二十大　科普向未来”科普小制作竞赛。通过科普系列活动，激发青少年探索求知的欲望，培养青少年从小爱科学、学科学的兴趣。

【科普中国e站】　县科协年内建设13个科普中国e站。分别为松山镇巽屿村、松山镇南岐村、松山镇乘风村、松山镇大获村、松山镇外洋村、松山镇泥田村、松山镇上杭村、松山镇树柄村、松山镇迹头村、碧里乡碧里村、碧里乡吉壁村、碧里乡濂澳村、碧里乡廪头村。

【农村实用技术培训】　全县开展农村实用技术培训33次，培训1650人次，培训技术涵盖艾草产业化种植生产培训、食用菌技术培训、茶叶种植技术培训、菌草种植技术培训、海上鲍鱼等养殖技术培训、草莓种植技术培训等。

【社区科普标准化建设】　松山镇鹤屿社区被评为2022年福州市“科普标准化社区”。

【市科普助力乡村振兴试点村建设】　西兰乡许洋村、松山镇小获村、中房镇上宅村、鉴江镇上澳村入选2022年福州市“科普助力乡村振兴村”之列。

【科普示范村建设】　西兰乡碑石村被评为2021年省级科普示范村。

【创建省级学会服务站】　福建省创味食品有限公司建立福建省植物病理学会创味农业服务站，入选2022年福建省级学会创新驱动服务站。

【青少年科学工作室】　松山镇鹤屿社区评为市级青少年科学工作室。

【专家工作站】　福建省罗源县百谷农业发展有限公司、福建潮歌生态农业发展有限公司、福建省洋泽海洋生物科技有限公司、福建省创味食品有限公司建立的专家工作站入选福州市第十二批专家工作站。

【科技馆】　科技馆免费开放200天，接待参观群众1.1万人次。常设展厅展品总数96件（套），举办各类科普教育活动5场次。

（邢淑桢）

罗源县社会科学界联合会

【概况】　2022年，罗源县社科联在县委县政府正确领导下，在省市社科联的精心指导下，学习贯彻习近平新时代中国特色社会主义思想和中共二十大精神，全面落实习近平总书记来闽考察重要讲话精神和对福建、福州工作的重要指示批示精神，紧紧围绕县委、县政府中心工作，团结和依靠全县社科工作者，求真务实、开拓创新，在理论学习宣传研究、决策咨询服务、学术活动、社会科学普及等方面取得成绩。

【理论学习和宣讲工作】　县社科联始终把学习、宣传、贯彻习近平新时代中国特色社会主义思想作为首要的政治任务紧抓不放，组织参加理论学习，提高社科工作者的理论政治素养。配合县委宣传部做好“千军万马”基层理论宣讲工作。参加并组织县、乡业余宣讲团成员到乡镇、村居开展中共二十大精神、乡村振兴专题等重点内容宣传宣讲。

【平台建设推进社科普及工作】　县社科联指导县文史学社编辑出版4期《笔架山》社科普及内刊，组织相关人员赴松山下土港村、松山北山村、飞竹塔里洋村、县档案馆，结合乡村振兴工作挖掘整理罗源文化历史，追述先辈足迹和乡土风俗。邀请省市专家举办“福建省百场社科知识讲座”，举办主题为“深入学习贯彻《习近平谈治国理政》第四卷、《闽山闽水物华新——习近平福建足迹》”、“深入学习贯彻中共二十大精神”的第十八、十九期社会科学知识有奖竞答，吸引3万多人次点击参与。12月23—30日开展主题为“学习贯彻二十大　砥砺奋进新征程”的社科普及宣传周活动，通过社科普及咨询、社科讲座、图片展览、发放宣传材料及书籍等活动，扩大社科知识的普及。

【社科服务能力提升】　县社科联加强学会管理。联系成立学（协）会的单位，组织开展相关学会活动，开展各种形式的科普工作，组织各学（协）会参加罗源县科技文化卫生“三下乡”活动和社科普及周活动。县社科联游垂元兼任县委宣传部副部长，易建忠兼任县委宣传部理论科负责人。参加省级文明县城创建工作、疫情防控等志愿者活动。

（易建忠）

罗源县文学艺术界联合会

【概况】 2022 年，罗源县文学艺术界联合会以习近平新时代中国特色社会主义思想为指导，学习贯彻宣传中共十九届六中全会及中共二十大精神，履行文联“团结引导、联络协调、服务管理、自律维权”基本职能，发挥在行业建设中的主导作用。坚持“双百”方针和“二为”方向，组织作家协会、美术家协会、书法家协会、摄影家协会、音乐舞蹈协会、凤山诗社、灯谜协会，民族器乐协会、戏剧家协会、鸣凤乐社等开展文艺活动。

【文艺活动】 1 月 18 日，2022 年文化科技卫生“三下乡”在松山镇巽屿村启动。县文联组织书法家协会、摄影家协会、作家协会、凤山诗社等 20 多人，分别深入松山镇巽屿村、起步镇庭洋坂村、飞竹镇陶洋村、白塔乡凤坂村等村参加活动。1 月 27 日，由县文明办、文联主办，凤山诗社承办的在罗源县新时代方明实践活动中心开展“福星高照福佑中华”义写春联活动。1 月 28 日，组织县民族器乐协会在凤蝶广场宣传中共十九届六中全会暨全国文联第十一次文代会、中国作协第十次文代会精神文艺演出。元宵节期间，县灯谜协会分别在凤山镇溪尾街、南门社区、起步镇开展“我们的节日——元宵节”灯谜竞猜活动。

县文联组织各文艺协会开展“喜迎二十大·七彩罗源”系列活动。9 月 11—12 日，组织县美协会会员到松山镇八井、竹里民族村，鉴江镇井水等开展写生活动。9 月 25 日，为迎接中共二十大胜利召开，由县文联主办，县凤山诗社、凤山镇凤美社区承办的“喜迎十二大·七彩罗源”诗词吟唱会，在凤山镇凤美社区举办。10 月 16 日，由县音舞协会、戏剧家协会承办的“喜迎二十大 戏曲进乡村”走进松山八井村暨“3820”战略工程三十周年活动在山哈小剧场举行。县文联联合松山镇、碧里乡、鉴江镇党委政府共同举办“喜迎二十大·七彩罗源”美术展。

【文化交流】 由福州市书法家协会主办的“滨江福地，万福临门”迎春楹联书法展，全市六区六县 100 件作品参展，甘蔚铭、阮为真、余灿俤、林知林、林宗何、周大毫、姚传峰、彭飞、董勇等 9 人书作入展，入展人数名列全市第一。9 月 25 日，福州市三山诗社诗友应邀参加凤山诗社在凤美社区举办的“喜迎十二大·七彩罗源”诗词吟唱会。10 月 1—7 日，县美术家协会与福州市美术家协会在福州鳌峰坊的“闽派艺术馆”联合，“喜迎二十大·七彩罗源”美术作品展。10 月 4 日，福建省摄影家协会调研组一行在中国摄影家协会副主席、福建省摄影家协会主席潘朝阳带领下到罗源讨论摄影相关事宜。根据福州市文联关于开展“喜迎二十大·文艺志愿者在行动”活动安排，10 月 15 日在罗源一中崇德楼五层圆桌会议室举办“文学创作与人生的困境”专题讲座。罗源县干部阮宪铣的诗歌《爱像大地一样辽阔（组诗）》登福建省第 36 届年度优秀文学作品榜。

【组织建设】 1 月 11 日，县音乐舞蹈家协会在县委宣传部会议室召开罗源县音乐舞蹈家协会第四次换届选举大会。陈雯当选主席，余亚龙当选秘书长。2 月 19 日，县摄影家协会在县人大常委会会议室召开罗源县摄影家协会第七次换届选举大会。陈世强当选会长，吴礼鸿当选秘书长。10 月 14 日，罗源县文联召集各文艺协会负责人，组织学习《让有福之州更好造福于民——“3820”战略工程引领福州高质量发展纪实》长篇通讯。各文艺协会召开专题学习会。

（谢飞峰）

罗源县归国华侨联合会

【概况】 2022 年，罗源县归国华侨联合会（以下简称县侨联）以习近平新时代中国特色社会主义思想为指导，深入学习贯彻习近平总书记关于侨务工作重要论述，履行“六大职能”——服务经济发展、依法维护侨益、拓展海外联谊、参政议政、弘扬中华文化、参与社会建设，通过发挥桥梁和纽带作用，凝聚侨界智慧与力量，团结动员广大归侨侨眷和海外侨胞，助推罗源经济社会建设。

【基层侨联建设】 县侨联利用鉴江井水半岛山海天然环境资源和渔村渔俗等优势，融合休闲娱乐文化体验、康养度假和举办书画笔会、酒会等活动特色，在鉴江井水渔村旅游度假区创建“罗源侨界活动交流基地”，为侨界人士提供联谊联络、投资创业搭建桥梁和纽带的平台，为县域经济发展和招商引资引智。召开县侨联六届三次全委（扩大）会，8 月 17 日传达学习上级侨联会议精神、通报侨联上年度工作情况及部署工作任务，增补一批热心工作事业的年轻侨界人士加入侨联班子队伍。在巩固好获得省市级侨胞之家基础上，重点提升起步镇、鉴江镇和凤美社区的侨联活动场所建设，其中起步镇侨联获得省市级侨胞之家称号、凤美社区侨联获市级侨胞之家称号。

【联谊联络】 县侨联举办2022年“亲情中华·为你讲故事”网上夏令营，开设罗源畲族非遗特色剪纸、畲歌、畲拳等网上视频教学课程和《七彩罗源》《福进畲乡》等宣传片，让海外侨胞了解学习当地非遗民俗文化，讲好罗源故事。利用线上“网上侨联”平台载体，以侨为“桥”，宣传好“福文化”、闽都文化、罗源民族特色文化等，引导海内外侨胞弘扬中华优秀传统文化，争当中华民族文化传播者，发好中国声音。延伸线下联谊联络渠道，通过联谊座谈、走访调研等方式，组织侨界人士代表学习宣传罗源民族乡村振兴经验做法，实地参观学习松山镇竹里村谷仓画院、竹朴乡畲院、民族文化民俗小镇等罗源创建“全国民族团结进步示范县”先进事例。利用侨界人士代表参加永定异地培训班机会，组织学员以自编自导自演的方式开展侨界联谊活动，丰富侨界学习生活氛围，提升侨界凝聚共识。在春节、国庆节期间，携带民族文创产品和鲜花，走访一批返乡海外侨领和新侨在罗源家属，送去党和政府的关怀。

【侨益维护】 县侨联以新时代侨务工作重要论述及侨务基本常识为重点，编印《基层侨联组织建设应知应会宣传册》，开展以“喜迎二十大 科普向未来”为主题的侨法宣传进海洋世界、“喜迎二十大 侨心永向党”侨法文艺会演进庭洋坂畲村、以“喜庆二十大 侨心永向党”为主题侨法宣传进滨岐社区、联合市侨联法顾委到罗开展“喜迎二十大 送法进基层”，组织侨界群众参与旗袍时装秀、唱畲歌颂党恩、现场宣讲等，开展侨法系列宣传活动，向当地群众普及侨法知识并发放宣传手册1300余份。加强协作推进涉案企业合规改革，建立由罗源县检察院等多个职能部门共同参与的第三方监督评估机制，参与组建罗源县涉案企业合规第三方监督评估机制管委会，保证涉案企业合规改革依法有序，推动企业健康发展。完善线上涉侨纠纷对接工作机制，双方指定人员负责落实涉侨纠纷调解相关事宜，不定期联合县法院召开侨界人士代表座谈会，及时化解疑难纠纷问题。适时做好归侨侨眷以及海外侨胞来信来访工作，特别在疫情影响后海外侨胞子女回国上学、就业办理相关手续等诉求，依法维护侨界合法权益。

【招商引资】 县侨联通过联谊联络、考察座谈、牵线搭桥等方式，走访一批到罗源投资创业的侨资企业和重点侨界人士，主动对接省市侨商会到罗考察，宣传罗源县招商政策和优势。对引进落地的项目采用跟踪服务，主动协助企业办理工商注册等相关手续，解决客商在项目建设中遇到的困难和问题，服务好侨资企业在罗创业生产。通过以侨引侨、以侨引外等方式，促成福州豪仕达厨具制造业和腾达陶瓷制造业分别入驻秘鲁开设加工厂项目，推动海内外侨企高质量发展。第四季度完成福建河洋科技有限公司招商项目，落地于罗源县中房镇厚富村，注册资金5000万元。

【帮困救助】 县侨联根据《福州市侨联关于申报2022年度福州市中央华侨事务预算专项经费的通知》《关于做好贫困侨救助资金发放工作的通知》文件精神，组织乡镇侨联调查摸排贫困归侨侨眷、失依儿童、大学生家庭困难情况，按照程序及时申报补助，做到精准施策，精准帮扶。争取经费0.9万元用于侨眷生活困难补助和归侨侨眷特殊群体关怀照顾工作，争取贫困归侨经费0.48万元用于归侨基本生活补贴。开展助学活动。主动联系上级侨联争取“光彩助学金”，为2名在校贫困学子发放每人5000元的助学金。春节期间深入各乡镇走访慰问贫困归侨侨眷17户、共建单位岐屿社区3户和挂点上土港村的10户贫困户，送去慰问金2.4万元。

（陈晓华）

罗源县工商业联合会

【概况】 2022年，罗源县工商联在县委、县政府正确领导下，在上级工商联与县委统战部具体指导下，学习贯彻习近平新时代中国特色社会主义思想和中共二十大精神，坚决贯彻落实“提高效率、提升效能、提增效益”行动，围绕“启航新时代，做强北大门，打响四大国家级品牌，建功丝路海港城”目标，牢牢把握“两个健康”主题，凝聚人心、汇聚力量，增强工商联组织的凝聚力和影响力。罗源县工商业联合会（总商会）第十二届执行委员会委员150人、常委50人、设主席（会长）1人、副主席8人、副会长12人、秘书长1人，其中兼职副主席6人、兼职副会长10人。会员总数3703个，其中企业会员2736个、团体会员22个、个人会员945个。

【参政议政】 县工商联加强对民营经济代表人士的教育培训，开展以“厚植爱国情、奋进新时代”为主题的理想信念教育实践活动，做好民营经济人士引导引领工作，引导民营经济代表人士站稳政治立场，增强听党话、跟党走的政治自觉。组织民营经济代表人士到福州台商投资区、万洋众创城调研考察，前往南通、苏州、随州、麻城、广州、肇庆、云浮、珠海等地罗源籍企业参观学习交流，开拓视野，提升民营企业家的领导力、管理力和参政议政能力。在县政协十一届一次会议上，民营企业家委员提交提案38

2月28日，罗源县工商业联合会（总商会）第十二次会员代表大会召开

件，被采纳34件。

【回归工程】 县工商联利用春节期间召开的在外企业家座谈会、走访在外罗源籍企业等契机，宣传推介罗源县营商环境、资源优势和招商引资优惠政策，加强与有关部门和重点客商联络，加大回归工程项目征集和招商引资项目对接力度，做好招商引资服务工作，引导罗商回归发展、闽商到罗考察投资兴业。征集对接罗源欧特不锈钢特种阀门项目、中网电力智能电网配套工厂建设项目和叙佑绿色环保抗菌不锈钢管材、管件项目等回归工程项目3个，总投资16.7亿元；对接引进招商项目福建斯诺莱冷链科技项目，总投资0.5亿元。

【社会服务】 “万企兴万村”行动 县工商联动员21家民营企业与24个村对接，通过发展食用菌项目、果蔬种植项目、旅游观光项目、海域深水养殖网箱设施项目等，助推乡村振兴发展，促进农民就业增收。推荐上报实验项目5个，百谷农业食用菌生产、罗源生春源茶叶入股分红、福建小时候户外营地等3个项目被确认为福州市“万企兴万村”行动实验项目，其中百谷农业食用菌生产项目为省级候选实验项目。

抗疫捐款捐物 疫情期间捐赠抗疫物资及暖心物品近50万元。

“光彩助学” 筹集资金7.3万元，资助家庭困难大学新生15人。

【会员服务】 县工商联开展“惠企政策进民企”“法律进企业”等活动，做好政策法律宣传、诉求反映、维权、仲裁、调解等服务；联合县人社等部门开展民营企业用工招聘会、组织企业参加经贸交易展会、做好惠企金融产品推介对接及民营企业人员专业技术职务任职资格申报服务等工作，为民营经济健康发展提供资金人才支撑；启动涉案企业合规第三方监督评估工作，依法维护民营企业合法权益，营造法治化营商环境。

【组织建设】 县工商联开展以政治引领好、队伍建设好、服务发展好、自律规范好为主要内容的“四好”商会建设，加强指导、引导、服务，推动工商联所属商会改革与发展，实现统战工作向商会组织覆盖。县工商联有所属商协会22家，其中罗源县食用菌协会、罗源县花卉苗木协会获2021—2022年度福建省“四好”商会称号。

（谢凌珊）

罗源县残疾人联合会

【概况】 2022年，罗源县残联以习近平新时代中国特色社会主义思想为指导，深入贯彻落实中共十九大及十九届历次全会精神和中共二十大精神，聚焦主责主业，抓好落实残疾人康复、教育、就业、社会保障等工作。罗源县持有第三代中华人民共和国残疾人证残疾人5896人，其中视力残疾人662人、听力残疾人790人、言语残疾人47人、肢体残疾人2569人、智力残疾人768人、精神残疾人797人、多重残疾人263人。

【康复工程】 县残联实施残疾儿童康复救助项目，帮助230名0～17岁残疾儿童在康复机构进行康复训练，发放救助金计336.59万元。实施精神病患者防治康复救助项目，救助221人，发放救助金计20.64万元。实施白内障复明工程，救助5人，发放救助金计0.36万元。推广实施辅具适配补贴制度，为358人提供辅具适配及回访服务，补贴金额计24万元。建设基层残疾人康复站、福乐书屋、“爱心助残驿站”。在余家塘村等6个村（社区）各新建一所残疾人康复站，发放补助金30万元；在护国村等2个村（社区）各新建一所残疾人福乐书屋，发放补助金计4万元；在上澳村和仓前村各建设一个“爱心助残驿站”，发放补助金12万元。

【就业服务】 县残联扶持44名贫困残疾人创业就业，发放创业资金计17.7万元。给予41名自主灵活就业创业残疾人社会保险补贴，共计17万元。给予16家残疾人创业就业单位经营租金补助，共计11.7万元。举办3期残疾人就业招聘会，组织并指导残疾人参加职业招聘。

【助残工程】 县残联落实“一户多残”困难补贴制度，212户残疾人家庭享受每户每月300元困难补贴。开展贫困残疾人居家养护工作，为74名残疾人提供居家托养服务，发放托养补助金计14.8万元。开展残疾人家庭无障碍改造工作，帮助40户贫困残疾人进行家庭无障碍改造。开展“两节”慰问工作，元旦、春节期间看望慰问300户困难残疾人，发放慰问金计24万元。

【精准扶贫】 县残联通过落实残疾人“两项补贴”“一户多残”“扶残助学”等补贴制度；开展扶持创业就业、居家托养等服务；提供产业帮扶、临时救助、教育资助、公益岗位等措施巩固残疾人精准扶贫成果。

【权益维护】 7月1日至10月1日，县残联开展全国持证残疾人基本状况调查工作，对全县202个村（居）残疾人服务设施状况、5896名持证残疾人进行信息数据动态更新调查。落实肢体残疾人代步车燃油补贴制度，为185名残疾人提供每人每年260元的燃油补贴费，计4.81万元。

【助学】 县残联开展“扶残助学”活动，资助在大中专院校就读的残疾人学生及残疾人子女161人，发放助学金计27.9万元。

【其他重要活动】 5月15日第三十二次“全国助残日”，罗源县残联围绕助残日主题开展系列扶残助残活动。6月1日，罗源县残联开展“庆祝六一儿童节”关爱慰问活动，领导班子成员到罗源县3家残疾儿童康复机构慰问残疾儿童，送去节日礼物及祝福。12月20—21日，罗源县残联举办2022年全县残疾人联络员工作培训班，全县乡镇残联干部、乡镇专兼职联络员223人参加培训。12月9日，罗源县残联第七次代表大会在县直机关大院7号楼四层会议室召开。县领导陈登兴、钟凤金以及福州市残联副理事长叶青应邀参加大会并讲话。全县80名残联代表出席会议。大会选举产生罗源县残联主席团委员和出席福州市残联第七次代表大会代表；聘请张新怿为县残联第七届主席团名誉主席，选举产生县残联第七届主席团主席、副主席，选举产生县残联第七届执行理事会理事长、副理事长、挂职副理事长、兼职副理事长、理事以及各专门协会主席等。

（黄　真）

罗源县关心下一代工作委员会

【概况】 2022年，县关工委在县委、县政府的领导下，以中共十九大和十九届历次全会精神为指导，学习贯彻习近平总书记对关心下一代工作的重要指示和市关工委成立30周年纪念会精神，深入开展社会主义核心价值观教育，巩固和发展基层关工委建设成果，参与社会治理，加强关工委自身建设和工作创新，更好地为青少年健康成长服务。

【组织建设】 县委调整充实县关心下一代工作领导班子成员，调整县委常委、组织部部长张凯为县关工委第一主任，县经贸局原局长林启让为县关工委主任。在26个离退休干部党组织和县老年大学以及县教师协会等涉老团体建立关工委组织。成立沈向群、叶顺灿、陈祥义、巫礼安、原志杰、张锦良、林承厚、游鸿、于幼琴、王朝美10个“五老”关爱工作室。

【思想道德教育】 县关工委联合县委组织部等单位举办罗源县2022年“爱我罗川•幸福画卷”书画摄影作品展，共征集书法、美术和摄影作品253幅，作品多角度、深层次展示罗源县脱贫攻坚、疫情防控和经济社会发展等方面取得的重大成就。联合凤山镇关工委开展“强国复兴有我——喜迎二十大•青春心向党”暨关爱留守儿童活动，县关工委沈向群常务副主任为36名留守儿童介绍林可彝等革命先烈故事，并作题为《中国工农红军两次攻克罗源城》讲座，最后，向36名留守儿童赠送红色书籍和学习用品。在松山小学开展《中国梦与罗源革命斗争》主题教育，县关工委常务副主任沈向群围绕寻梦、追梦、接梦、筑梦、续梦、永远跟党走等6个部分进行讲述，让全体师生对罗源革命史有更深的认识。联合县委老干部局在罗源滨海学校举办“老少同声颂党恩，携手喜迎二十大”、“六一”国际儿童节文艺会演活动，引导青少年抒发爱国之情，砥砺强国之志，实践报国之行。县关工委常务副主任沈向群为凤山镇南门外村党总支全体党员宣讲林可彝烈士故事，并瞻仰罗源县革命烈士陵园，推进党史学习教育常态化长效化。

【科普宣传教育】 县关工委联合县科协、县食用菌行业协会举办“闽江科学传播学者八闽行暨科技志愿服务（罗源）行”活动，闽江科学传播学者徐国兴、陈俊强2名专家分别围绕“防疫时期的爱眼护眼”“关爱生命，科学防癌”等群众最急需最实用的话题，举办健康科普讲座。高允旺、王岩2名专家为40余名食用菌从业人员讲授竹荪生态栽培技术和食用菌种植与气象，使食用菌种植技术人员专业素养和技术水平提高到另一个高度。10多名来自福建医科大学附属第一医院、省妇幼保健院、福建医科大学附属协和医院等主任、副主任医师为起步镇百姓进行健康义诊，发放家庭药包、科普书籍等，为百姓提供零距离健康服务。

【关爱困境青少年】 县关工委联合市、县比干文化研究会开展爱心助学活动，对碧里乡15名家庭困难的学生发放生活用品和助学金2万元。联合县比干文化研究会对2022年高考成绩优异且家庭困难的9名林氏学子进行捐助，发放奖学金2万元。联合县慈善总会在霍口乡开展“给孩子一个温暖”的衣物捐赠活动，爱心企业家为畲乡孩子捐送价值8.47万元的衣服，为畲乡教育事业的发展、山区孩子健康成长助绵薄之力。联合县委老干部局举办“爱我罗川 助学圆梦”离退休干部帮扶家庭困难学生活动，募集善款6万余元，资助16名家庭困难的大学生、高中生。结对帮扶凤山小学贫困生游俊豪和起步小学贫困生刘子莹，不定时跟踪了解学习生活情况，随时予以帮助，春节和“六一”国际儿童节，为他们送上慰问金、学习用品、衣服。

【典型宣传】 县关工委常务副主任、报告团团长沈向群编写罗源特色乡土教材、多年帮扶困难留守儿童、持续宣讲罗源红色文化12年之久等事迹，通过自身言传身教、自身行动带动身边同志树立关心下一代理念，《听党话 感党恩 红色宣讲进校园》在罗源湾新闻网和福州新闻网刊登报道，《“红色故事爷爷”故事多》《让红色文化宣讲课堂“活”起来！》分别在《福州日报》《福州晚报》上刊登报道，党史教育宣传专题片《让红色经典永流传》在央视网立德大讲堂“立德先锋”栏目中向全国展播。配合省教育关工委《福建教育五老说》栏目组，走进红军北上抗日先遣队攻克罗源城指挥部旧址（百丈）红色教育基地拍摄《走进革命基地，赓续红色血脉》党史教育宣传专题片，在省教育系统关工委基教动态上发表，并通过录播形式向全省青少年讲述中国工农红军北上抗日先遣队攻克罗源城的故事。

【受表彰获奖情况】 凤山小学关工委和松岐社区关工委获评第二批全省基层“五好”关工委示范点。县教育局关工委、凤山镇关工委、凤山镇南门社区关工委、凤山镇北门社区关工委、松山镇滨岐社区关工委、松山镇岐屿关工委、罗源三中关工委、白塔中心小学关工委等8个单位获评新一批全市基层“五好”关工委示范点。罗源三中张亦园同学在全国“中华魂”主题教育中获三等奖。县关工委常务副主任沈向群获“福建省关工委百佳五老故事员”称号。

（钟建慈）

罗源县红十字会

【概况】 2022年，罗源县红十字会秉承“人道、博爱、奉献”的红十字精神，着力实施“三救”和“三献”工作，协助政府完成人道领域的各项工作，为推动和谐罗源建设起到作用。全县基层组织18个，冠名红十字医院及卫生救护站1所，成年会员965人、青少年会员523人，3支志愿者服务队伍，志愿者197人，红十字应急救护培训师资11人。

【帮扶援助】 红十字博爱送万家 县红十字会开展“红十字博爱送万家”及“爱过年 爱在榕城”慰问活动，走访慰问困难群众148户，发放慰问金10.84万元。

彩票金白血病项目 帮助3名罗源县户籍0～18周岁白血病患儿向上级申请彩票金白血病项目，每人申请救助3万元，合计申请救助9万元。

【募捐活动】 抗击新冠募捐 县红十字会发动社会各界爱心人士捐款捐物，收到疫情防控捐款14笔，累计金额56.3万元，收到捐赠物资8批次，折合价值17.83万元。按时依法依规向社会公布捐赠接收和使用情况，接受社会监督，竭力为广大爱心企业和人士做好服务。

“5·8”人道公益日募捐 在腾讯平台发起募捐项目，发动“救在身边·榕城可以”项目一起捐498人次，线上公众筹款4400.02元，获得配捐867.67元，合计筹款5267.69元。

“99公益日”募捐 在腾讯平台发起募捐项目，发动“爱过年·爱在榕城”项目一起捐3392人次，线上公众筹款10.21万元，获得配捐0.61万元，合计筹款10.82万元。

社会募捐 爱心人士甘女士捐赠羽绒服、毛衣等物资价值约1.2万元；爱心人士向西兰乡人民政府捐款2.45万元作为西兰乡教育基金。

【救护培训】 应急救护知识普及 县红十字会深入开展应急救护知识和技能进社区、进农村、进学校、进企业、进机关、进家庭、进军营的“七进”活动，以红十字博爱驿站为载体，常态化开展红十字应急救护培训工作。开展应急救护知识普及培训18场，普及1510人次。

红十字救护员发证培训 全面贯彻落实《健康福建2030行动规划》部署要求，持续推动省委省政府为民办实事项目，提高全民自救互救能力。

【志愿者服务】 “5·8”博爱周活动 “5·8”博爱周期间，各基层组织LED滚动播放“喜迎二十大 汇聚正能量——关爱生命 人道同行”宣传标语17条，张贴宣传主题海报12张，悬挂横幅标语1条。同时，通过各单位微信公众号、LED滚动显示屏及宣传栏，做好新冠疫情防控知识宣传教育，倡导健康生活方式，引导公众正确认识和预防疾病，开展防灾减灾知识宣传，增强易受损群体自我防护意识和自我保护能力，营造良好社会氛围。

应急救援工作　福州市（罗源县）红十字（源野）应急救援志愿服务队能力不断提升，开展队内初级应急救护、桨板培训等11场。投入疫情防控一线，开展疫情防控消杀进学校4所、开展防震减灾演练进校园、进企业5次；配合人防办开展防空演练1次；配合乡政府、企业、学校开展防汛防火演练4次；协助学校、社区、村居清理马蜂窝7次；保护眼镜王蛇等野生动物4起，开展城市搜寻10起、山地户外救援3起、水域救援1起，开展道德讲堂4次，志愿者能力提升培训16次。

【生命工程】　无偿献血工作　县红十字会始终把宣传《中华人民共和国献血法》，普及献血知识，推动捐献造血干细胞和遗体捐献工作作为全县精神文明建设的重要内容，开展多种形式的宣传活动。每月10日、11日、27日、28日定时献血日组织志愿者开展无偿献血宣传工作，定期组织动员各乡镇及县直机关单位带头参与无偿献血。全年开展5场团体无偿献血活动，团体献血和街头献血人数1149人次，献血量41.12万毫升。

遗体器官和造血干细胞捐献　推进生命接力工程，提升人道服务水平。遗体器官捐献共登记9例，实现遗体捐献5例，其中1例为12月新增；器官捐献实现零的突破，上半年新增1例。实现造血干细胞捐献3例。

（黄　琴）

罗源县慈善总会

【概况】　2022年是《中华人民共和国慈善法》实施的第七年。罗源县全年筹集款物1842.95万元（其中，福建浙江商会直接下拨受助单位而未入账的部分实物折价11.03万元），扶贫济困6487人（含福建浙江商会慰问1575人），使弱势群体受益金额603.97万元，提升慈善的影响力和公信力，发挥慈善事业在社会救助中的重要补充作用。

【款物募集】　“中华慈善日”宣传捐赠活动　“中华慈善日”捐赠活动募集善款177.22万元。9月5日，2022年“中华慈善日”捐赠活动启动仪式在县机关大院7号楼四层会议厅举行。县政府县长林志斌作动员讲话，县“四套班子”领导带头捐赠，奉献爱心。启动仪式后，县委办、县政府办、县委组织部等部门带头进行“双捐”；县委编办、县卫健局、县红会、县妇联、县妇幼保健院、县委党校、鉴江和碧里卫生院等单位在第一时间进行“双捐”。各乡镇普遍召开会议部署并全部进行“双捐”。实现年度捐款总量、单位捐款总量、个人捐款人数和捐款总额创历史新高。

常规捐赠　非定向个人捐赠资金37.98万元，单位捐赠资金39.33万元，共计77.31万元。

项目促捐　以项目促捐款募集款物1424.38万元。继续实施定向善款和补助金救助重病灾项目，全年筹集定向补助金善款64.94万元，多渠道筹集定向助学款236.94万元；接收捐赠罗宁古官道修缮款、县文化体育事业等各类公益性款目90.6万元；接收福建省子杉能源公司非定向捐赠款10万元；接收县思源教育基金、县白衣天使基金、县抗击疫情防控等专项款1032.2万元。

分支机构和各类基金募款　合计272.87万元，松山等11个乡镇慈善分会和县实验小学慈善爱心基金在第七个“中华慈善日”中开展募捐活动，各乡镇普遍召开会议部署并全部进行“双捐”。县实验小学、罗源滨海学校、福州民族中学、县一附小等学校继续通过“中华慈善日”活动发动全校师生参加捐款，不断夯实“慈善爱心基金”基础。

物资捐赠　爱心企业、企业家、爱心组织捐赠服装、食品、食用油等物资价值63.05万元。

【项目实施】　助学　县慈善总会继续采取接收爱心企业与企业家定向资助善款，社会爱心人士结对资助。全年资助大学生、中学生、小学生257人，发放助学金68.25万元。

恤病　继续采取“人帮人、户帮户、慈善再救助”的办法，发放定向救助善款79.09万元（其中罗源县慈善总会配套补助金14.45万元），救助各类重病患者34人。

“慈善情暖万家”活动　开展元旦春节慰问活动，发放慈善款物70.35万元，慰问孤儿、类似孤儿、重病灾、重度残疾等各类贫困人员1143人（户）。

公益事业　拨付公益事业定向善款360万元。

物资发放　发放价值63.52万元物资。

【慈善宣传活动】　常规宣传　县慈善总会抓好每双月1期《罗源慈善》小报，每期印发400份，分发至全县各机关企事业单位和罗源县慈善总会理事及兄弟县市、区慈善总会；办好每双月1期的闽星广场《罗源慈善》宣传专栏；2022年“中华慈善日”宣传募捐活动期间，编发《简报》10期，及时通报捐款进度，促进第七个“中华慈善日”募捐活动顺利开展。

内外媒体合作促宣传　县慈善总会和县电视台合作，及时反映慈善工作动态和成效，全年播放信息10条；与省八闽正能量文化促进会联系，共同联络相关新闻媒体宣传慈善活动；

联系海峡都市报等新闻网络媒体进行慈善先进人物宣传报道。

画册编集　《爱洒罗川——图说罗源慈善十三年》画册于11月印刷出版，印刷300册，赠送相关单位和人士。收集罗源县慈善总会从2008年11月至2022年3月，有13年的工作图片920张。全书分翰墨贺勉、总会概况、鼓舞鞭策、爱心律动、情系民生、慈善文化、组织建设、阳光运作、芳名存史9个部分，展示长期关注、支持罗源县慈善总会发展的各级、各部门领导，社会各界爱心人士的慈善精神风貌。

【规范化管理】　县慈善总会组织全体工作人员有计划地学习《中华人民共和国慈善法》《福建省慈善事业促进办法》提高慈善工作人员的政治素质和业务水平；严格按照《罗源县慈善总会章程》的规定履职，坚持每周例会制度，集体研究决定的制度。一年来审议确定各类具体项目28项，并形成会议纪要。严格执行慈善救助程序（申请、核查、公布、审批），规范慈善资金的发放。对各类救助的范围和标准、救助程序均做具体的规定，切实规范好申请慈善救助每个环节，确保善款的每分钱都用到最需要帮助的人身上。同时还做好对救助项目资料的整理、统计、建档。

（郑晓杭）

罗源县计划生育协会

【概况】　2022年，县计划生育协会完善基层组织建设、稳步推进宣传教育、生殖健康咨询服务、优生优育指导、计划生育家庭帮扶、权益维护和普及健康知识等“六项重点任务”。全县有乡镇计生协会11个、开发区计生协会1个、村（社区）计生协会201个、企业计生协会7个、协会小组425个。

【生育关怀】　县计划生育协会围绕“生育关怀”主题，开展系列关怀服务活动。元旦、春节、母亲节期间，慰问327户计生困难户，发放慰问36.2万元。紧急救助2户遭受重病灾的计生困难户，发放救助金0.8万元。推进“幸福工程——救助贫困母亲”项目，帮扶9名计生贫困母亲，发放无息借款44万元。开展闽都助学活动，资助18名计生困难户子女上大学，发放助学金8.8万元。开展计生特扶家庭帮扶活动，为15名失独家庭成员缴纳养老保险金1.88万元，为82名计生特殊家庭成员购买每人每年300元的住院护理险，理赔5.06万元，开展意外伤害保险工作，投入14.08万元，为1408户计生困难家庭购买每年100元意外伤害险，理赔1.28万元。

【宣传服务】　县计划生育协会设置5月为宣传月，动员各乡镇、村（社区）开展“5·29”会员活动日活动，围绕“倡新型婚育文化促人口均衡发展——喜迎中共二十大”主题开展系列活动。全年开展58场宣传教育活动，普及青春健康教育、儿童早期发展教育、家庭健康和法律援助等知识。探索特色宣传活动，在溪尾街举办“健康知识进万家”暨“强国复兴有我”主题灯谜展猜活动，谜面与居民身体健康息息相关，寓教于乐，参与1000人次。“7·11”世界人口日期间邀请闽剧表演家在九大广场演出，剧本以协会业务，健康知识为主，吸引广大中老年人驻足观看。发放宣传材料4211份。

【安居工程】　由县、乡、村三级计生协会通力协作，通过摸底、实地走访、房产查询、公示、修缮、验收环节，完成安居工程1户，投入3万元，切实改善计生困难户居住条件。

【组织建设】　县计划生育协会举办“六项重点任务”培训会，通过培训的方式，增强基层计生协会队伍素质，提升服务水平。对计生协会小组长采取动态管理，对不驻村、不尽职的小组长予以调整更换，进一步增强农村计生协会队伍的活力，提升基层群众自治水平。

【生殖健康服务】　生殖健康教育方面，以青少年为主要服务对象，针对学生群体，举办4场青春健康成长之道知识讲座；针对家长群体，举办2场线上家长沟通之道讲座。发放320本相关宣传手册，服务20.07万人次。优生优育方面，联合睿橙感统室开展35节儿童早期发展教育亲子课，通过亲子游戏课的锻炼促进婴幼儿心理发展与智力潜能的开发，完成493户0～3周岁婴幼儿入户访视工作。

【家庭健康知识普及】　县计划生育协会部署健康知识进万家工作，发动县、乡、村协会工作人员深入居民群众推广健康知识进万家小程序，绑定指导员877人，居民37327人。

（陈　芳）

罗源县个体劳动者协会、私营企业协会

【概况】　2022年，罗源县个体劳动者协会、私营企业协会两会合署办公，简称罗源县个私协会，是接受县市场监管局业务指导的非营利性社会团体，成立以来始终秉承“服务政府、服务会员、服务社会”宗旨开展工作。

【服务会员企业】　扫描各类注册登记材料1232份，提供企业、个体等各类电子档案查询、注册基本情况信息证明1125人次。

（县市场监管局）

罗源县消费者权益保护委员会

【概况】 2022年，罗源县消费者权益保护委员会（以下简称为县消委会）以保护消费者合法权益为重点，充分发挥消协组织社会监督和桥梁纽带作用职能，健全维权网络，做好消费者合法权益的守护者，针对社会焦点、热点领域和消费者反映集中、普遍的问题，制订各类宣传服务活动计划，在受理消费者投诉、申诉、举报方面持续加大力度。接待来访1960余人次，受理投诉举报1886件，办结率100%，调解成功率100%，为消费者挽回经济损失16.6万元。

【“3·15”国际消费者权益日活动】 3月15日，为配合疫情防控工作，避免人员聚集，罗源县消委会联合县市场监管局在局机关设置宣传纪念“3·15”国际消费者权益日展厅，现场布置餐饮常识、诚信宣传等展板30余块，为纪念活动宣传造势；同日，联合中国电信罗源分公司群发2022年消费维权年主题“共促消费公平”及消费维权宣传短信3万条，扩大年主题宣传的社会影响。

【案例举要】 案情 消费者来电反映：委托装修公司装修，装修后不到两个月就出现墙皮掉落问题，且屋内水管、电线裸露、插板不通电。向商家反映，要求解决，商家要求消费者支付剩余1万元费用，并对消费者进行威胁，消费者不认可，现投诉商家，要求商家不收取剩余费用，并要求商家针对此问题给予一定赔偿，求助。

调查过程及结果 8月12日接到市局转办件，县市场监管局工作人员立即联系双方进行组织调解，工作人员多次电话联系商家沟通，商家表示不能确定出水来源，县市场监管局工作人员询问双方具体情况，经沟通，商家2次上门前往消费者家中检查并处理。经调解，商家尾款减免2800元。对于商家态度问题，县市场监管局工作人员进行批评，要求改正。

评析 根据《中华人民共和国消费者权益保护法》第二十三条第三款“经营者提供的机动车、计算机、电视机、电冰箱、空调器、洗衣机等耐用商品或者装饰装修等服务，消费者自接受商品或者服务之日起六个月内发现瑕疵，发生争议的，由经营者承担有关瑕疵的举证责任”的规定，要求装修公司需承担举证责任。第五十二条“经营者提供商品或者服务，造成消费者财产损害的，应当依照法律规定或者当事人约定承担修理、重作、更换、退货、补足商品数量、退还货款和服务费用或者赔偿损失等民事责任。”故经协商，双方达成和解。

（县市场监管局）

罗源县企业与企业家联合会

【概况】 2022年，县企业与企业家联合会在市企联指导下，在县委、县政府、县工信局领导下，在各位会员支持下，秉承服务的办会宗旨，发挥企联的团队精神，促进有关部门帮助企业排忧解难，维护企业和企业家的合法权益，加强企业与政府的沟通、企业与企业之间的联谊和交流。

【履职尽责】 新生企业服务 县企联做好非会员企业的服务工作，主要“两访”即接待来电来访会员、走访会员企业。提供服务，明晰服务对象所想所急所需，为落实“两访”工作，从态度、方法、方式等方面对接访人员提出具体要求，即“热情、耐心、跟踪、反馈”。热情接待来电来访会员，营造沟通对话的温馨平台；耐心听取反映，了解所反映问题的原因及诉求，能协调的尽力协调。每年都安排走访新生非会员企业，了解生产经营情况和存在困难与企业发展问题，并联系资深会员企业帮助新生企业共同发展，也让会员企业与新生企业之间相互交流沟通。

三方机制运作 县企联秉承打造政府、企业、员工共同体的理念，推进和深化劳动和谐社会，参与协调劳动关系，以促进企业发展为根本出发点和落脚点，适应经济发展新常态，让维护企业和企业家的合法权益成为国家赋予企联的重要职能。

【创新发展】 根据福州市深化企业改革的部署，县企联营造尊重和激励企业家干事创业的浓厚社会氛围，发挥典型的示范和引领作用，鼓励企业家参加评优评先活动。通过《罗源企联》刊物（每年4期）对罗源县优秀企业家进行宣传报道，激励企业投身新一轮创新发展大潮。

（郑颖素）

（编辑 林烨欣）

政法综治

【概况】 2022年，全县政法系统按照党中央决策部署和省委、市委、县委工作要求，坚持稳字当头、稳中求进的总基调，在防范风险、保障安全、维护稳定、疫情防控、促进发展各项任务中闻令而动、迎难而上，完成全国两会、中共二十大、北京冬残奥会等安保维稳工作任务，全县社会大局保持总体安定稳定，奋力推进更高水平“平安罗源”“法治罗源”建设。下半年群众安全感满意率99.468%，居全省第十一名、全市第一名。

【社会治理创新】 县委政法委推行市域社会治理现代化试点工作项目化运作、清单式管理，推动“一乡镇一特色”品牌创建，凤山镇《“三微三制三联”激发基层治理活力》经验做法、霍口畲族乡《“三色”引领治理模式》经验做法在市委政法委“平安福州”公众号刊登推广；凤山镇城关村完善“五议三不议”议事协商办法，入选全国村级议事协商创新实验试点单位；县卫健局《解开群众心结 温暖百姓心窝》经验做法在《福州晚报》刊登推广；县人民法院构建“无讼畲乡”治理模式经验做法在“福建政法委清朗天空”微信公众号刊登推广。

【社会安定维护】 国家政治安全维护 县委政法委出台《政法机关维护国家政治安全工作的实施意见》，每季度评估维护国家政治安全形势，督促指导74家县直单位调整充实国家安全人民防线建设小组。

社会治安管理 充实社会治安四级巡防队伍291支2970人。依法严打黄赌毒、盗抢骗、食药环、偷私渡、枪爆拐等违法犯罪，全年立治安案件1491起，比上年上升15.67%；立刑事案件872起，比上年下降2.13%，破案687起，比上年上升16.64%。深入开展严打暴恐行动。

重点人群服务管理 依托罗源县心理协会优化社会心理服务体系建设，加强严重精神障碍患者随访，为严重精神障碍患者发放“以奖代补”资金43.075万元。对社区矫正人员开展心理测评，加强刑满释放人员数据比对与线下走访。

宣传教育 在“4·15”“11·1”等重要节点开展国家安全、反间防谍、反暴恐主题宣传教育活动25场，开展国家安全知识学习99场。

【平安创建】 平安建设责任落实 全年，县委常委会、县政府常务会议研究平安建设、安保维稳、扫黑除恶斗争等工作8次。2月25日，县委政法工作会议召开，总结2021年政法综治工作并部署2022年政法综治工作，向11个乡镇颁发《2022年平安建设(综治工作)责任书》。督促平安建设领导小组各成员单位、各乡镇落实平安建设责任，推动形成争先创优的工作格局。

平安创建活动深化 凤山镇、松山镇等10个乡镇获评全市第四轮“平安乡镇”；县平安建设领导小组命名“平安村(社区)”202个，全县平安小区覆盖率100%；年内创建平安小区12个，2019年来创建平安小区44个；调整充实法治副校长102人，法治副校长举办法治进校园讲座254场次，受众4.762万人次；4所学校被省教育厅评为第二批“平安校园”；县公安局获评“福建省平安建设先进集体”。

平安建设“三率”调查 在省对县平安建设“三率”调查中，罗源县上半年群众安全感满意率98.720%，位居全省第七十一名，全市第七名；扫黑除恶好评率98.634%，位居全省第五十六名，全市第六名；执法工作满意率98.266%，位居全省第二十二名，全市第三名。下半年群众安全感满意率99.468%，位居全省第十一名，全市第一名；扫黑除恶好评率98.933%，位居全省第四十六名，全市第六名；执法工作满意率97.989%，位居全省第三十二名，全市第六名。

平安建设宣传 开展“点亮法治底色·绘就平安画卷”平安建设宣传月系列活动及平安建设“三率”集中宣传

活动，在罗源湾、水古、起步3个高速路出口醒目位置及县九大中心田径场设置大型灯光宣传栏，投放平安建设公益广告，营造平安建设的良好氛围。全年通过“平安罗源”微信公众号发布宣传文章85篇，被市委政法委“平安福州”采用转发26篇、“福州长安网”采用转发130篇；在罗源县融媒体中心开设共建、共治、共享专栏节目，发布专题宣传片7期。

【综治中心建设】 县委政法委推进综治中心网格化服务管理一体化、规范化、实战化建设，综治中心运用信息化技术，为基层力量整合、社会矛盾化解等提供平台支撑。抽调政法干警对口支援福州市仓山区疫情防控工作92人。推进网格中心实战运行，开展平安志愿服务16场次，重点人员走访3.1344万人次。

【扫黑除恶斗争常态化】 县委政法委落实“三长”签字背书，全年签订“三长”签字承诺书11份。完善涉黑涉恶线索“两个一律”“一案三查”“五排查五必移”机制，全年核查、反馈涉黑涉恶线索10件（含重复件），其中上级交办4件，核查结果全部为“查否”。依托“e体+”智慧赋能中心高效侦破大案小案，检察机关提前介入7件重大案件，确保案件高效侦办。深入推进涉养老领域诈骗专项整治行动，立涉养老诈骗案4起。县平安办深入开展“无诈社区”创建活动，每月向属地乡镇通报涉诈高危人员劝返工作情况。全年电信网络诈骗立案194起，比上年下降12.6%，核减涉诈高危人员108人。凤山镇凤美社区、起步镇上长治村获评福州市“反诈先进村（社区）”。

【执法监督】 县委政法委抓深落细执法监督和案件评查，市委政法委抽取罗源县2021年刑事案件20件、执结的民事执行案件10件交闽清县委政法委评查。落实罗源县整治违反防止干预司法“三个规定”工作，县直政法各单位在“三个规定”平台上记录登记23人次，其中县法院20人次、县检察院1人次、县司法局2人次，均为反映情况或询问了解。县委政法委落实国家司法救助政策，全年向8个案件12名当事人发放司法救助金50.8万元，有效缓解当事人经济困境，促进社会和谐稳定。

【法学会】 6月10日，县法学会第二次会员代表大会召开，完成理事会换届选举工作。建立首席法律咨询专家库1个，选聘14名法律工作者充实县法学会法律专家库；建立首席法律咨询专家工作室3个，参与重大决策论证1件、重大风险防控2件、重大纠纷调处12件、重大信访积案化解3件。征集上报“东南法治论坛”高质量学术论文2篇。

【见义勇为】 县委政法委将见义勇为工作列入2023年工作要点。9月19日，省见义勇为基金会副会长张琦到罗源对省级见义勇为先进分子黄其莺进行慰问；选出8名比较困难的见义勇为先进分子作为市级慰问对象；将2021年见义勇为人员林唐忠、黄耀亮、刘景庆列为县级年终慰问对象；选出5名品学兼优、家庭困难的见义勇为先进分子子女作为省、市基金会的助学对象，发放补助金1万元。

【打非治违纠乱】 3月10日，以县委办、政府办名义制定印发《罗源县城乡综合执法联动工作实施方案（试行）》《关于进一步加强城乡综合执法联动工作问责的若干措施（试行）》；3月17日建成并投入使用“美丽罗源监管平台”，建立“非违乱”举报件闭环处置流程，建立巡查发现、处置落实、监督检查“铁三角”机制，提升综合执法效能。全年收到非法采洗砂、违规畜禽及水产养殖、非法盗采矿、海域非法养殖、“两违”等举报件479件，办结450件，办结率93.95%。

（游 婷）

公 安

【概况】 2022年，罗源县公安局在市综合考评中保持全市公安工作先进单位的成绩，县局被福建省平安建设领导小组、福建省人力资源和社会保障厅评为平安建设先进集体，刑事侦查大队立集体二等功，城关派出所、白塔派出所立集体三等功，起步派出所获得福州市“五一先锋号”称号，交通警察大队被评为福州市公安局优秀科所队，交通警察大队、治安管理大队获市局集体嘉奖。

【刑事犯罪侦查】 打击效能 罗源县立刑事案件872起，破年内刑事案件687起，破案率78.78%，比上年上升16.64%；破年前案件74起，破案绝对数761起，抓获各类刑事犯罪嫌疑人1031人，移送审查起诉532人，公诉285人。

扫黑除恶斗争 罗源县公安局扫黑除恶办公室收到各类线索10条，其中省督转办3条，福州市公安局下发线索1条，群众举报线索6条，全部按期反馈；破获以郑某为首的恶势力集团及以黄某某为首的恶势力团伙。

八类暴力案件 罗源县立八类暴力犯罪案件34起，全数破案，破案率100%，破年前命案积案2起。

盗案清零 罗源县公安局推动“e体+”智慧赋能，打造盗案清零品牌，集中做好破小案、解小忧、帮小忙等与群众安全感与满意度密切相关的民生小案。立盗窃案件149起，破案144起，破案率96.64%。

打防新型电信网络诈骗　罗源县公安局坚持以打开路、打防并举、综合施策，向电信网络诈骗犯罪发起凌厉攻势。立电信网络诈骗案件194起，比上年下降12.6%，破获电信网络诈骗案件105起，抓获电信网络诈骗犯罪嫌疑人264人，比上年上升53.49%。开展反诈预警工作进行电话预警11981次，见面预警8300次，见面预警率69.28%。进企业、进社区、进校园进行立体式多角度宣防，全力提升全民防骗反诈水平。

追逃工作　罗源县公安局纵深推进百日行动工作，高站位谋划、定位、推进追逃工作。抓获在逃人员241人，同比上升9.54%。

【经济犯罪侦查】　经侦大队破获各类经济案件44起，其中破获“歼击22”省督案件“4·12”非法经营案、涉养老传销案“6·16”组织、领导传销活动案”，抓获犯罪嫌疑人34人，移送起诉17人，追赃挽损300余万元。

打击非法集资犯罪活动　全年立案侦查8起，破案7起，抓获犯罪嫌疑人8人，移送起诉7人，涉案金额300余万元。

“歼击22”专项行动　打击利用离岸公司和地下钱庄转移赃款专项行动中，立案4起，破案4起，抓获犯罪嫌疑人15人，刑拘15人。破获省督案件“4·12”非法经营案，抓获犯罪嫌疑人5人，捣毁犯罪窝点4个，涉案金额5500万余元。

“猎狐”专项行动　2月19日，在西双版纳勐海县打洛口岸抓获潜逃缅甸的经济犯罪嫌疑人张某。在完成抓获1名在册境外在逃嫌疑人后，于8月21日劝投涉嫌洗钱犯罪潜逃台湾的嫌疑人杜某某。

【禁毒工作】　打击毒品犯罪　县公安局推动禁毒会战攻坚，在全县范围组织开展“飓风肃毒2022”暨“净边2022”专项行动，坚持严查严处并重，发挥打击震慑作用，保持严打高压态势，围绕“人员、场所、毒品、源头”重点环节，打情报仗、合成仗、整体仗、主动仗，采取要素摸排、案件侦破、查处收戒“三管齐下”措施，集中打击涉毒违法犯罪活动。

禁毒宣传　开展禁毒专题宣传教育活动30场，发放宣传单5000余份、宣传品1000余份、滚动播放禁毒宣传标语3000条次，利用微信朋友圈广告、有线电视机开机广告投放禁毒公益广告1000条次。

社会管理　依法审批第二、三类易制毒化学品购买备案证明208件，第三类易制毒化学品运输备案证明58件。联合县市场监管局、县卫健局针对复方可待因制剂等麻精药品流失问题制定罗源县工作方案，重点加强出入库异常数据实时监控，常态化开展“飞行检查”，全面堵塞监管漏洞。联合市场监督管理局开展第二类精神药品专项检查工作。检查期间，出动93人次，检查药品零售企业23家次，药品使用单位7家次。

【巡特警工作】　巡逻防控　县公安局以巡逻防控工作为重点，加大城关、松山地区主要街道及治安复杂场所巡逻力度，提高见警率、管事率和震慑力。开展“护学岗”勤务工作，确保学校及周边时刻“见警力”“见警灯”，最大限度预防和减少涉校涉生案件的发生，筑牢校园周边安全防线。夏季治安打击整治“百日行动”和中共二十大安保维稳期间，以关键节点、重点区域、人员密集场所为核心，加强公园、广场、夜市、流动摊位等部位巡逻，提高夜间见警率和巡逻密度，围绕重点区域开展武装巡逻和设卡查缉，加强处置效能，确保重大警情快速处置、快速增援。接警949起，接处五类警情37起，救助受伤、迷路群众20余人，获赠锦旗2面。完成40余项临时任务，先后参与两会安保，中高考等重大节点、岐后村征地拆迁维稳等各项安保执勤任务和中共二十大安保维稳工作。

反恐防范　详细制订重点目标分级分类管理和定期督导检查工作计划，对51家重点行业目标开展专项督导检查，落实反恐怖防范主体责任和工作措施，组织专职教官针对学校、医院等人员密集场所开展反恐演练及教育培训15场次，开展全要素反恐实战综合演练1次。推动反恐怖宣传教育进校园、进社区、进企业、进单位、进家庭。开展“4·15”国家安全教育日、宣传《福建省实施〈中华人民共和国反恐怖主义〉办法》、学校反恐防范宣讲等反恐宣传教育7场次，发放宣传材料600份，发布宣传教育信息500条，受教育群众3.4万余人次。

处突能力提升　聚焦实战练兵、技能练兵，以学促练、以练促战、以战促训，把解决薄弱环节、补齐能力短板作为实战大练兵的出发点，将训练重点集中基础队列、体能训练、警械技术应用、车辆、人员盘查、群体性事件处置科目上，起到以练促防，以练促战的效果。组织常态化警情测试，“五类警情”实战演练，在高压情况下训练队员临场反应能力，年内开展最小作战单元现场处置训练7场，全要素反恐实战综合演练1次，进校园开展反恐培训、防暴恐演练21场。

【出入境及往来港澳台管理】　窗口服务　出入境窗口办理各类出入境及往来港澳台证件466次，其中，受理公民因私出国116人次、受理内地居民往来港澳通行证及签注240人次、受理大陆居民往来台湾通行证及签注73人次（包含赴台湾定居5人次）申请赴港澳定居5人次、港澳居民来往内地通行证3人次、台湾居民换补发证件17件次、申请中华人民共和国通行证 12 件次。

外国人管理　全年，外国人短期旅游、商贸到罗源 295 人次，境外来华停（居）留 252 人次，签证回访 6 人次，工作中发现查处外国人“三非”案件 8 起 6 人。

打击防范妨害国（边）境管理　妨害国（边）境案件立案 4 起；运送他人偷越国（边）境案立案 1 起；偷越国（边）境案立案 3 起；核查下发线索 16 人次。

便民利民举措　11 月 1 日起启用智能签注设备，受理内地居民赴澳门旅游签注申请。

【公安法治建设】　法治理念教育　罗源县公安局以领导干部和法治员为重点，开展多层次、多主题、多样式的全警执法教育培训，通过改进和推行新法学习制度、公安业务培训班、法律知识讲座、以案释法、庭审旁听、出庭作证应诉等教育培训方式，增强各级领导和广大民警运用法治思维和法治方式的能力，使广大民警熟练掌握必需的执法知识和执法要求，养成严格公正规范文明的执法习惯，开展 3 场执法培训会，受训民警 102 人次。派教员授课 1 次，并组织 2 次旁听庭审活动。

普法宣传　县公安局组织有关业务部门通过多样式的宣传形式，深入社区、村（居）、学校、企业，对高危人群、暂住人口、外来务工人员和青少年学生群体等进行普法宣传，举办校园法律讲座 100 余场，开展法律进社区、法律进乡村等活动 90 余次，联合相关单位开展大型法治活动 10 余场，发放宣传材料 1 万多份，先后在省、市、县各级媒体中刊登各类典型案（事）件 160 余条。

执法质量服务　法制大队提供法律咨询 360 余次，法治网页刊载各类法治信息 33 条，研究、协调、处理疑难复杂案件 327 起，派出 23 人次参与其他部门执法检查，5 人次参与其他部门专项工作，牵头组织公安法治调研 2 起，解决 3 个执法问题，针对问题提出改进建议 5 条。

执法检查监督　组织专项执法检查 5 次，重点检查各办案场所的设置、管理和使用情况以及每日巡查制度的落实情况，并对每一个执法办案场所提出具体的整改意见 46 条，确保工作落到实处，防止执法安全事故和执法不规范行为发生，全年在网上监督案件 2750 余起，发布 223 期每日监督通报；发布 16 期网上执法监督通报，考评案件 72 起，发现执法问题 164 条。

执法质量考评　组织执法质量考评 2 次，考评案件 900 余起，案件日常考评工作考评刑事、行政案件 1700 余起，考评 3750 余次，保证年内案件扫描率、考评率、整改率 100%。下半年执行“日考评、周通报”及执法监督三色挂牌制度，并将法治考评情况运用于综合绩效、评先评优结果中，通过优化奖惩的模式督促民警提升自身执法能力和执法水平，红黄绿三色挂牌监督模式开展以来，结果运用影响评先评优 6 人次，因各类执法不规范问题通报批评 61 人次。

公安信访工作　法制大队受理“12345”信访件 795 件并按规定时间办结；群众来信来访 43 件并办结，回访群众结果满意率 100%；落实局领导公开接访，下乡走访、约访等多种方式，参与化解信访矛盾纠纷，开展接访 9 场，接待群众 9 批次 11 人。

复议应诉工作　县公安局继续贯彻落实《中华人民共和国行政复议法实施条例》，坚持以人为本，复议为民，维护公民合法权益。落实行政复议听证审理、和解、调解制度，充分发挥公安行政复议、诉讼工作在化解社会矛盾、促进社会和谐中的重要作用。受理行政诉讼案件 3 起，胜诉 1 起、原告撤诉 2 起；涉及行政复议案件 4 起并办结，其中维持 2 期、县政府法治办驳回 1 起、不予受理 1 起；受理刑事复议案件 1 起并办结。

【社会治安管理】　罗源县受理治安案件 834 起，查处 763 起，查结率 91.49%；立治安管辖类刑事案件 70 起，破获 53 起，破案率 75.71%。

打击涉黄赌违法犯罪　以“净土行动”为抓手，清查黄赌要害部位、重点场所，及时发现问题隐患，有效遏制涉黄赌警情上升。查破涉黄案件 54 起 64 人，其中刑事案件 5 起 6 人，治安案件 49 起 58 人。查破涉赌案件 150 起 307 人，其中刑事案件 19 起 37 人，治安案件 131 起 270 人。

打击涉枪爆违法犯罪　围绕“三防”落实情况对全县枪爆物品从业单位进行实地检查，确保危化物品“不打响、不炸响、不流失”。检查枪爆单位 49 家次，破获涉枪爆刑事案件 14 起 24 人，查处涉爆行政案件 22 起，行政拘留 26 人、处罚单位 1 家；收缴枪支 44 把、弩 2 把、烟花爆竹 2886 件、管制刀具 382 把、黑火药 148.76 公斤、子弹 1387 发。

开展“昆仑行动”　协同相关职能部门，共商研判、联合督办，有效遏制食药环犯罪多发态势。破获“昆仑行动”刑事案件 33 起，其中食药案件 6 起，污染环境案 4 起，非法采矿案 3 起，非法占用农用地案件 10 起，其他类型案件 10 起，查获稀土成品 88.55 吨。

重点场所清查、重点部位防范　深入辖区宾旅馆、娱乐服务场所、金融系统、党政机关、水电气企业、学校、医院等治安薄弱、人员密集的场所单位，开展“双随机、一公开”安全检查工作。检查宾馆 1469 家次，查处违法经营旅馆业治安管理规定 15 起，罚款 10 人，处罚旅馆 3 家；检查寄递物流 156 家次；检查校园 795 家次，摸排整改校园隐患 53 处，举办入校法治宣传讲座240余场，受众师生4.6万人次。

矛盾纠纷隐患排查　以“e体+”多维调处中心建设为重点，深化人民调解，行政调解，司法调解“三调联动”机制，结合“百万警进千万家”活动，聚焦辖区各种显性，隐性矛盾，开展信息收集、症结分析、会商化解、成效跟踪等一系列动作，最大限度让矛盾纠纷化解在基层，解决在当下，坚决避免“民转刑”“刑转命”等个人极端事件发生，实现矛盾纠纷“枫过无痕”目标。排查矛盾纠纷792起，调解767起，调解率96.84%。

【社区警务】　户口核查清理　紧密结合公安部人像比对线索核查、死亡人员核查清理、核实本辖区户口应落未落、应销未销人员情况。全县核对常住人口83746户269171人，新登记出生人口1795人；解决无户口人员户口登记18人，其中解决不符合收养规定，不能依法办理收养登记的被捡拾抚养的无户口人员户口登记17人；解决婚嫁多年无户口人员及其他无户口人员户口登记1人；核查注销死亡人员1421人；清理注销重复户口15人。

流动人口管理　以“一标三实”工作为契机，按照“不漏户、不漏人、不漏项”要求，深入辖区居民楼、宾旅馆、工棚房等流动人口落脚点，摸排出租房屋人员及人户分离等相关情况，逐人登记造册，完善流动人口信息采集数据，提高管理规范化水平。全县流动人口91989人，新登记49533人，注销20303人，出租房屋登记2950户，查处违法出租屋案件181起、用工单位（个人）101起。

【网络安全监察】　案件办理　网安大队充分发挥线索研判、配侦赋能各警种单位案件214起，破获网安自侦案件立案13起，其中公民个人信息类2起，黑客类案件1起。

网吧巡查、网站管理　全年电子巡查网吧250家次，开展“双随机”检查网吧20家次；加大辖区内“黑”网吧的清查力度，特别是人员流动密集的学校周边等场所，确保“黑”网吧无法滋生。对辖区内政府、企事业单位12家网站进行远程扫描检测，发出《网络信息安全隐患限期整改通知书》25份。发送协查60余条，打击违法犯罪分子的嚣张气焰，维护社会秩序的稳定安定。

【道路交通管理】　事故四项指数　罗源县发生一般程序以上交通事故82起，造成11人死亡，56人受伤，直接经济损失11980元。道路交通事故起数比上年下降26.13%，死亡人数下降21.43%，受伤人数下降46.15%，直接经济损失下降7.49%，未发生较大交通事故。

交通执法　全县道路交通事故预防“减量控大”路面秩序整治工作推进情况：查处普通国省道现场重点违法4162起；农村道路重点违法1866起，酒驾醉驾378起；电动自行车违法896起；工程运输车违法192起；现场查处载客汽车乘客不使用安全带7113起。

文明创城　结合创建全国文明县城工作，城区整治组查处各类交通违法117861起。其中查扣残疾人代步车、非法营运电动三轮车375辆，查处非法加装遮阳装置32209把，查处车辆违停29311起，拖离、查扣违停小型汽车487辆、摩托车、电动车1400辆，货运三轮车155辆，渣土车限行177起，通过电子警察查处未礼让行人违法12848起，查处超速违法8478起，查处违法停车5161起，斗车载人9起，查处车辆违反交通信号灯指示19875起，查处驾驶员未使用安全带7166起，车辆非法加装花圈194起，掉头妨碍通行1起，闯禁行15起。

车驾管　大队办理非机动车业务21751起，办理各类机动车业务26859笔，其中机动车注册登记业务3518笔，核发机动车合格标志业务17982笔，机动车其他登记业务5459笔；办理换证补证业务7552起，受理驾驶证初学、增驾1420人，满分学习考试560人，组织考试5957人次，组织年度审验445人。其间发放交通安全宣传资料3800余份，接受群众咨询2700余人。

违法受理业务　大队处理交通违法34490起，其中处理简易程序违法31905起，一般程序违法2585起。受理交通违法复核208起，呈报交通类吊销案件207起，抽查执法记录仪304起，抽查非现场违法29064起，非现场录入审核79098起，违法网上预约处理11984起。

交通基础建设　有交通安全示范劝导站12个，建设交通安全宣传教育基地1个。发送警示、提示短信6万余条，分发文明出行倡议书、温馨提示等宣传材料9万余份，深入开展全方位、多渠道的交通安全宣传教育活动264次，悬挂交通宣传横幅、板报2500余份。

案件调查　交警大队事故处理中队办理危险驾驶案17起，交通肇事案8起，交通违法行政拘留案件13起，刑事拘留5人、提请逮捕5人、取保候审18人，醉酒驾驶吊销驾驶证78起，交通肇事吊销驾驶证2起。办理交通肇事逃逸案件24起，破获24起，逃逸案件侦破率100%。

事故调解　道路交通事故调解处理中心受理案件265起，调解成功230起，调解成功率86.79%，调解金额681.167万元。

缉查布控系统数据　接收预警总数258744次，有效预警17525次，出警拦击17522次，拦截17517次，拦截成功率100%，查处各类违法562起。

机动车、驾驶人情况　罗源县辖区大型公路客车检验率100%、报废率100%；大型旅游客车检验率100%、报废率 100%；重型货车检验率 98.81%、报废率 98.65%；中型货车检验率 86.36%、报废率 98.32%；重中型货车检验率 98.41%、报废率 98.56%；正三轮摩托车检验率 99.78%、报废率 100%；危险货物运输车检验率 100%、报废率 100%；重型挂车检验率 99.54%、报废率 100%；营转非大客车检验率 100%、报废率 100%；校车检验率 100%、报废率 100%；面包车检验率 97.13%、报废率 99.25%；9 类重点车辆检验率和报废率全部达标；辖区重点驾驶人审验率 99.59%，换证率 99.26%，满分学习率 99.59%。

【森林与野生动植物资源保护】 打击效能　年内立各类刑事案件 15 起，破案 10 起，抓获犯罪嫌疑人 19 人，移送起诉 9 起 18 人，收缴枪支 3 把，收缴野生动物 3 只，核查市局支队下发线索 1 起。

森林防火　全年立 2 起，破 1 起。联合县应急局、林业局等多部门开展森林防灭火普法宣传 3 场，发放森林防灭火宣传单 1200 余份。

巡查宣传　出动警车 110 余辆车，警力 330 余人次，针对林区治安、森林防火、野生动物保护等方面，到罗源县各乡镇林区重点地段以及车站、酒店、餐馆、农贸市场等特定场所巡查 100 余次。开展宣传活动，通过悬挂横幅、张贴标语、发放宣传单等方式向群众宣传森林防火、野生动植物保护等相关法律法规，悬挂横幅 10 余条，张贴标语 80 余张，发放宣传单 2000 余份。全年大队接到群众野生动物求助电话 20 余次，救助野生动物 21 只，其中国家一级保护动物穿山甲 1 只、国家二级保护动物黑天鹅 2 只、画眉鸟 8 只、大嘴乌鸦 1 只、猫头鹰幼鸟 1 只、毛鸡 1 只、白狐 1 只、刺猬 1 只、白鹭 3 只，“省三”有动物 2 只。

【海防工作】 岸线管控　全县核查录入出海船舶 2406 艘，报备进出港船舶 9551 艘次，核验 6 个月内无进出港船舶预警信息 2565 条。对系统内备案登记渔船民 2157 人，逐人开展背景核查，核查出的有犯罪前科人员 11 人予以标注，定期见面谈话掌握现实动态。

巡防等级提升　根据潮汐变化安排警力配置，对重点港岙口、码头必须巡查到位，做到“船巡面、车巡线、人巡点”，对有涉及涉海刑事犯罪前科人员逐一面见并登记造册。出动海巡警力 800 余人次、车辆 400 余辆次、船艇 15 艘次，跟踪走访重点人员 7 人次，检查辖区重点部位 30 余处，排查整改工作隐患 40 余处。清理涉海安全隐患。

摸排打击　通过联勤联动，全方位、多渠道搜集各类相关案件线索，协同配合开展警务协作活动，做到全环节、全链条深度打击涉海违法犯罪。侦办涉私类案件 9 起，其中冻品走私案 2 起，抓获涉案人员 31 人，查扣涉案车辆 6 辆、吊车 3 台、“三无”船舶 2 艘，走私冻品 149 吨；成品油类案件 7 起，捣毁非法存储柴油窝点 5 处，查获柴油 28.679 吨。在加强船舶管理过程中查处船舶类行政案件 6 起，行政处罚涉案人员 6 人。在开展夜间巡查过程中发现并查处偷渡类案件 3 起，其中行政案件 1 起、刑事案件 2 起，抓获涉案人员 8 人，整体打击成效显著。

宣传教育　常态化组织民警深入辖区港岙口、码头，通过召开形势教育会、发放宣传单或刷写、悬挂宣传横幅、标语等形式开展法治、防范越界生产、休渔期、疫情防控等宣传。对重点、关注船舶开展点对点宣传，提高广大渔船民反走私、反偷渡及疫情防控的自觉性，增强法治意识，规避发生违规搭靠涉疫船舶、因走私偷渡被境外抓扣、临检等情况，严防辖区船舶被利用从事违法犯罪活动。签订安全生产承诺书 2000 余份、防疫责任状 2000 余份，召开渔船民集中宣传教育大会 7 场次，发放宣传手册 2000 余份、宣传袋 1000 余个。

【“110”指挥中心】 “110”接报警　全县“110”含科所队接报警 56364 次，日均 154.42 次，其中有效警情 20899 次，日均 57.26 次。有效警情中，刑事警情 630 起、行政（治安）警情 1522 起、交通事故 4258 起、火灾事故 109 起。出动警力 47410 次。

警情倒查工作　警情倒查核实率 100%，警情质量合格率 97.95%。落实短信回访工作，回访短信发送率 68.72%，短信回复率 22.36%，群众对接处警工作满意率 98.71%。

刑事犯罪警情　全县“110”含科所队接报违法犯罪案件警情比上年下降 12.02%，群众最为关注的“盗、抢、骗”三类警情分别比上年下降 16.73%，比上年上升 4 起，比上年下降 1.21%。

【智慧警务】 县公安局对接构建完善“三一三联”扁平集约指挥体系和“e 体 +”智慧赋能体系为抓手，序时推进“平安罗源”视频监控升级改造，加强公安自建一类监控探头运维管理，并立足实战需求，补点建设“平安家园”监控，汇聚整合各类社会视频资源，社会资源基本实现“应接尽接”，全县可用视频资源总数比上年上升 55%，创历史新高，为数字警务、打击防范和疫情防控等提供强有力支撑。加强通勤保障，完成本地图控中心和涉密及非密视频会议系统冗余备份通道建设。全县边远乡镇重点警务部位电台信号 100% 覆盖。

【公安队伍建设】 党建工作　县公安局印发《罗源县公安局“数字党建”任务清单》《罗源县公安局“数字党建”问题清单及整改清单》，开展智慧公安、数字治理，实现党建与业务同频共振、落实省、市、县委部署要求，按照规定程序、时间节点，组织推荐工作，高标准、高质量完成好推荐任务。开展在职党员进社区认领困难群众“微心愿”，定期走访慰问生活困难党员、高龄党员和患病党员，组织全体民警、职工、文职参加“第九期温暖工程”，参与率97.84%。规范发展党员程序，把好发展党员“入口关”，重点培养政治素质高、年轻有文化、有干劲肯干事的青年干部加入党组织。吸收入党分子5人，发展预备党员4人，预备党员按期转正12人。依托“中共罗源县公安局委员会”党费专用账户，实行线上收缴党费，党员个人通过“中国农业银行”App逐月交纳党费，账目清晰规范，前三季度收缴党费5.18万元。

从严治警 落实“两个责任”，根据《罗源县公安局党委会议事规则》，对重大事项决策，重要人事任免、重要项目安排、大额资金使用均提交党委会集体研究决定。组织召开党委会36次。组织深入学习贯彻习近平新时代中国特色社会主义思想和中共二十大精神，全警贯彻落实中共二十大精神，开展专题学习研讨，教育全警深刻领会“两个确立”的决定性意义，增强“两个维护”的高度自觉，坚决听从习近平总书记命令、服从党中央指挥。

从优待警 开展警员职务晋升工作，晋升66人，其中晋升二级高级警长1人、四级高级警长4人，晋升一级警长4人、二级警长24人、警务技术二级主管1人、三级警长20人、四级警长10人、一级警员2人。办理民警警衔首授、晋升56人（其中，首授三督1人、晋升一督13人、晋升二督11人、晋升三督21人、晋升一司5人、晋升二司5人）。向县委县政府争取到45套周转住房，解决外地民警住房难题；落实民警、职工、文职年休假；为全警购买价值600元的意外伤害保险333份，完成保险理赔12人次；摸底统筹协调解决民警、文职入学入园问题，解决民警适龄子女入学入园26人，其中小学13人、幼儿园13人；县局工会落实好病患、家丧和特困民警、职工的走访慰问工作23人次，发放慰问金1.6万元；为生日的民警、职工定制生日蛋糕；发挥英烈基金作用，优抚慰问54人次，金额合计19.6万元。

表彰奖励 1名民警立个人二等功，18名民警立个人三等功，4名民警被评为福州市公安局优秀人民警察，18名民警获市局嘉奖，另有28名先进个人受到表彰。在夏季治安打击整治“百日行动”期间，制定《罗源县公安机关夏季治安打击整治“百日行动”战时表彰奖励工作方案》，鼓励民警立足岗位创先争优。百日行动以来，按照战时表彰标准，通报表扬4个集体和7名个人，及时表彰奖励1个集体、3名个人。

公安宣传 县公安局在《人民日报》客户端、“学习强国”学习平台、《人民公安报》、中国长安网、《福建日报》、《福建法治报》等中央、省、市各级媒体，展示社会治安防控体系示范城市建设、“e体+”智慧赋能体系建设、“百日行动”“盗案清零”等工作成效，在各级各类媒体刊登、推送信息报道131条（其中，国家级16条、省级31条、市级40条、县级44条）。利用“罗源公安”微信公众号、“罗源公安”官方微博将罗源警事、典型事迹进行推广并按时发布各类爱民故事、一线警讯及安全提示。在第十一届警察文化周中，以县局铁骑队伍为原型的原创作品诗朗诵《心之所向》，获得文艺会演二等奖。

教育训练 县公安局分级分类开展全警岗位练兵、警种专业练兵和一线实战练兵。在市局大练兵抽测和警衔晋升测试中，取得基本知识科目达标率100%、优秀率84.06%，信息化应用科目达标率100%，武器使用科目达标率93.75%、优秀率62.5%；基本体能科目达标率96.83%的优异成绩。开展警务实战练兵，提升民警、辅警的应急处突反应能力、警务技能水平、相互协调合作意识和自身安全防范意识，组织3场警务实战训练。

（周　斌）

检察

【概况】 2022年，罗源县人民检察院落实检察机关“质量建设年”工作要求，紧紧围绕全县经济社会发展大局，忠实履行法律监督职责，深化司法体制改革，着力加强检察队伍建设。获得全国检察宣传先进单位、福州市“五一先锋号”、执行机关党建工作目标责任制工作成绩突出单位等荣誉。

【平安建设】 *打击刑事犯罪* 县检察院受理侦查机关提请批准逮捕案件77件96人，受理移送审查起诉案件377件523人；依法批准逮捕67件81人，提起公诉227件292人。守护人民群众生命财产安全，依法严惩故意杀人、故意伤害等严重犯罪和盗抢骗等多发性犯罪，批准逮捕27件27人，起诉59件71人。坚持从严从快打击涉毒犯罪，批准逮捕毒品犯罪案件1件1人，起诉4件4人。依法办理3起非法买卖、储存爆炸物案，涉案黑火药143.4公斤。开展各类主题普法活动26场，受教育人数8400余人次，营造浓厚法治氛围。

推进诉源治理 县检察院坚持“少捕慎诉慎押”刑事司法政策，适应严重暴力犯罪下降、轻刑犯罪升幅明显等犯罪结构新变化，对社会危害性小、犯罪情节轻微的犯罪嫌疑人，依法不批捕15人、不起诉79人，对侦查、审判中不需要继续羁押的建议取保候审4人。适用认罪认罚从宽制度审结案件264件336人，占审结案

件总数88.64%，从源头减少大量上诉、申诉案件。推动法律监督优势转化为社会治理效能，落实“七号检察建议”，联合县公安局、县交通运输局深入县内6家寄递营业网点走访检查，针对寄递安全常态化监管力度不足、从业人员安全防范意识淡薄等问题向相关部门发出检察建议，督促整改寄递营业相关问题；落实“八号检察建议”，向相关部门发出检察建议，推动开展治理车辆超限超载流动执法，促成在104国道罗源县九溪段设置道路动态监测点，推动安全生产溯源治理。

呵护未成年人健康成长　县检察院依托“雏凤之声”未成年人检察工作品牌打造，落实未成年人综合司法保护。依法对16名涉罪未成年人适用附条件不起诉，附条件不起诉率51.6%，居全市检察机关前列。以“零容忍”态度严惩侵害未成年人权益犯罪，批准逮捕7件7人，起诉7件9人。落实“一号检察建议”，依法严惩性侵、猥亵未成年人犯罪，起诉5件5人。针对涉案未成年人监护人履行监护职责不力问题，送达督促监护令21份，帮助25名家长转变家庭教育方式，推动未成年人家庭保护源头治理。联合团县委、妇联会签《关于在涉未成年人案件中开展家庭教育指导工作的实施意见（试行）》，设立家庭教育指导服务站，构建家庭教育指导工作联动机制，结合“检察官＋社工”创新帮教模式，对涉案家庭开展心理疏导30余人，为25个家庭提供家庭教育指导服务。在福建“小时候”户外营地设立未成年人观护帮教基地，帮扶18人回归校园或就业。联合公安、烟草等部门出台《保护未成年人免受电子烟侵害联动衔接多方合作机制》，开展保护未成年人免受烟侵害“守护成长”专项行动。

守护人民美好生活　围绕守护人民群众“舌尖上的安全”，对辖区内部分餐饮服务行业健康证未及时更新补办、未取得冷食类制售许可、超范围经营等问题，向相关部门发出诉前检察建议9份，促使相关部门对全县餐饮服务行业开展专项整治活动。聚焦人民群众行车规范和出行安全，对超标电动车安全性能差，且存在驾驶人员交通安全意识缺乏、超载等问题，向相关部门发出检察建议，督促相关部门加速推进交通安全宣传及电动车注册登记工作。聚焦服务生活困难群众，深入结对社区、挂点村和偏远小学，开展结对帮扶活动12次，帮扶40人。

【服务发展】　服务经济健康发展　县检察院落实“三号检察建议”，批准逮捕非法集资、金融诈骗等破坏社会主义市场经济秩序犯罪1件1人，起诉9件16人，涉案金额478万余元。开展走访企业活动24次，为企业提供精准检察服务。联合县委台港澳办在福州台商投资区设立“涉台检察联络室”，会签《关于依法服务和保障台资企业健康发展的十条规定》，走访台企并及时帮助解决相关需求。联合工商联等12个部门成立涉案企业合规第三方监督评估机制管理委员会，会签《福建省罗源县涉案企业合规第三方监督评估机制实施意见（试行）》，推动营商环境优化。

保障美丽罗源建设　批准逮捕破坏生态环境资源犯罪案件8件9人，起诉8件15人。推动三级两地检察机关建立“环三都澳”海洋生态环境和资源保护联动办案协作机制，依法办理1起海漂垃圾行政公益诉讼案，向相关部门发出检察建议3份，促成开展海漂垃圾清运工作，保护环三都澳海域生态环境，实现“办理一案治理一片海”的效果，相关经验做法被《检察日报》、福建电视台等媒体宣传报道。深化与福州市海警局罗源工作站协作配合，依法开展打击海上非法采运海砂专项行动，批准逮捕盗采海砂及其下游犯罪案件2件2人，起诉3件5人，涉案海砂重2.3万吨。联合县林长办出台《关于建立林长＋检察长工作机制的意见》，严守林地保护红线。落实生态修复机制，督促追缴生态环境损害赔偿金102万余元。

化解矛盾纠纷　完成中共二十大等重要时段安保维稳工作。践行“三多”理念，协调推进国家司法救助，首创省、市、县三级检察院和县委政法委四方联动救助机制，共同发力、联合救助8人，救助金35.8万元，救助人数、金额均为历年最多。落实“群众信访件件有回复”工作，妥善处理各类信访件43件，答复率100%。践行新时代“枫桥经验”，办理检调对接案件4件，督促5名犯罪嫌疑人对被害人做出赔偿27.3万元。

整治社会治安突出问题　县检察院开展打击整治养老诈骗专项行动，制定《打击整治养老诈骗专项行动实施方案》，并制作老年人防骗顺口溜视频开展法治宣传，有效提升老年人防诈骗能力。加强与县法院、县公安局协助配合，推进“断卡”行动，批准逮捕帮助信息网络犯罪活动罪11件18人，起诉37件56人。聚焦个人信息保护，就3起侵犯公民个人信息案提起刑事附带民事公益诉讼，均获法院判决支持。依法办理的“4·13”重大责任事故案入选福建省贯彻落实最高检“八号检察建议”典型案例。聚焦公共环境安全，针对城市道路路面损坏、道路私设斜坡等问题，向相关部门发出检察建议5份，得到反馈和有效整改。

【诉讼监督】　刑事诉讼监督　县检察院落实罪刑法定、疑罪从无、非法证据排除等法律规定，对侦查机关应当立案而不立案的，监督立案5件5人；对侦查机关不应当立案而立案的，督促撤案6件11人。改变侦查机关定性13人，追诉漏犯9人。针对侦查活动不规范和违法、违规问题，向侦查机关发出检察建议1份，纠正违法通知书9份。针对审判活动规范性问题，向县法院发出检察建议3份。加强检警联动，会同县公安局出台《关于健全完善侦查监督与协作配合机制的实施意见（试行）》，设立侦查监督与协作配合办公室，提升刑事案件办理质效。深化“两法衔接”工作机制，主动挖掘并建议行政执法机关移送涉嫌犯罪案件4件4人，推动行政执法与刑事司法信息互联互通。

刑罚执行和监管活动监督 针对县看守所监管执法活动，发出检察建议1份，发出纠正违法通知书2份，均得到反馈和有效整改。开展监管场所重点罪犯专项排查活动。深入开展财产刑执行、判决实刑罪犯未执行刑罚等专项检察活动，向相关单位发出检察建议1份，发出纠正违法通知书5份。

民事诉讼和行政诉讼监督 加大执行监督力度，发出执行监督检察建议5份。针对法院一审生效民事裁判监督，发出再审检察建议1份。聚焦民间借贷、劳动争议等虚假诉讼多发领域，开展虚假诉讼监督，着力维护正常的诉讼秩序和其他诉讼当事人的合法权益。深化行政检察监督，针对行政执行活动存在的违法情形提出检察建议1件。

公益诉讼检察 践行“双赢多赢共赢”理念，坚持把诉前实现公益保护作为最佳司法状态，发出诉前检察建议32份，采纳整改率100%。聚焦生态环境和资源保护、食药品、国有财产保护等重点领域，立案公益诉讼案件48件。针对辖区内部分餐饮经营单位使用瓶装液化气未安装可燃气体报警装置，存在安全隐患问题，发出诉前检察建议4份，推动相关部门召开联席会议并开展集中整治，有效提升餐饮行业燃气使用安全。针对县域内个别建筑项目存在的施工人员未规范佩戴安全帽等问题，发出诉前检察建议4份，推动相关部门对全县在建工地开展安全检查，督促发出整改通知书20份并完成整改。

【畅通监督渠道】 县检察院自觉接受人大监督，向县人大常委会专题报告贯彻落实“少捕慎诉慎押”刑事司法政策工作。自觉接受政协民主监督，落实工作通报制度。自觉接受社会各界监督，建立听证人才库，邀请人大代表、政协委员、人民监督员等参加案件公开听证会7场和各类主题检察开放日活动，虚心听取并办理、反馈代表委员的意见和建议，提升检察工作透明度。着力打造阳光检务，主动公开484件程序性信息。

【队伍建设】 *深化改革创新* 县检察院优化办案组织建设，突出检察官办案主体地位。建立《检察人员考核工作规则（试行）》，实行动态考核管理机制，科学评价检察人员工作业绩。聚焦检察官办案质量、效率和效果，深化案件流程监控、案件质量评查等机制，充分运用以“案—件比”为核心的办案质量指标评价体系，办案质效提升。

加强素能建设 推动党建和检察业务工作深度融合。贯彻落实全面从严治党、从严治检要求，营造风清气正的检察氛围。聚焦队伍专业化建设，组织干警参加业务实训、岗位练兵等各类学习培训627人次。加强办案团队建设，优化队伍梯队，推动检察工作提质增效。聚焦人民群众关注热点和急难愁盼问题，落实检察为民办实事，开展疫情防控、交通劝导等志愿活动120场。

（游路欣）

法院

【概况】 2022年，县法院受理各类案件5667件，审执结5614件，结案率99.06%，结收比102.04%，位居全省基层法院前列。罗源法院被最高院命名为“为群众办实事示范法院”，全省仅5家法院获此殊荣，也是福州市唯一一家被命名的法院。全院3个集体、11人次受到市级以上表彰，其中，1名干警被授予第三届福建省审判业务专家称号，1名干警获得第十九届“福建青年五四奖章”。

依托“青年工作委员会”、司法文明研修中心等平台，开展审判实务和法学理论培训，推进干警职业能力水平提升，在省市级刊物发表学术论文、调研文章11篇，2名干警在全市法院“贯彻落实习近平法治思想”征文活动中分别获得一等奖、三等奖。

【审判工作】 *刑事审判* 县法院审结各类刑事案件247件。全方位、全链条打击电信网络诈骗犯罪，审结电信诈骗、帮助信息网络犯罪活动罪等案件30件，保障辖区群众财产安全。开展整治养老诈骗专项行动，加强线索摸排，加大法治宣传力度，从源头遏制养老诈骗犯罪蔓延。依法严惩侵害未成年人权益犯罪案件7件，对接省教育援助协会、市民政局，为4名涉讼困境未成年人提供资金、心理辅导等精准帮扶。

民商事审判 审结婚姻家庭、就业、住房等涉民生纠纷案件及商事案件3156件。推进家事审判改革，联合司法局、教育局、妇联等8家单位共同签署《罗源县家庭教育联动机制》，设立全市首个“家庭教育司法协同中心”，稳妥审结家事纠纷314件。组建“金凤凰”巾帼志愿服务队，组织家事纠纷普法进社区、法治课堂进校园等活动9场次。该志愿服务队获评福州市巾帼志愿服务十佳组织。畅通劳动者维权绿色通道，审结涉农民工工资劳动争议案件52件，追回欠薪312.4万元。联合县总工会、司法局、

人社局等单位在台商投资区设立“园区枫桥”机制试点基地，为企业、职工提供法律咨询、调解、诉讼等法律服务。构建买卖合同审判协同工作机制，高效妥处买卖合同案件215件，平均审理期限22.59天，位居全市第一。畅通金融纠纷多元化解渠道，设立福州金融纠纷联动化解中心罗源工作站，增聘15名特邀调解员，为罗源县银行业保险业和金融消费者提供咨询、投诉、调解、裁决、诉调对接等一站式综合纠纷调处服务。开展“千名执行干警进千企”，通过院领导带队走访、座谈等方式，深入调研闽光钢铁、金闽烟叶等企业的司法需求，收集意见建议15条，帮助企业解决问题12个。

生态案件审判　深入践行绿色发展理念，审结危害珍贵、濒危野生动物等各类环境资源案件12件，其中环境公益诉讼案件6件。坚决打击涉海洋生态违法犯罪行为，审结盗采海砂案件2件，没收被盗采海砂1.98万吨，责令被告人缴纳生态修复金144万元，为“海上福州”建设提供有力司法保障。开展野生动物保护司法宣讲、“护河爱水 清洁家园”、发放保护倡议书等活动36场次，为生态环境良性发展与整体恢复注入司法力量。加强历史文化遗迹保护，组建“双语普法团队”“古厝保护党员巡护队”，定期入村入户巡护古厝，发放非遗保护宣传材料800余份。

执行攻坚推进　全年执结各类案件2213件。争取党委支持，开展涉党政机关和公职人员执行案件专项清理工作，涉执党政机关案件在全市率先实现“清零”。完善拒执罪联动办理机制，公检法联合出台会议纪要，移送拒执犯罪线索8条，依法从严从重判处拒执犯罪4件4人。全市首家引进智能车辆管理“e查车”平台，创新“智能找车、异地代管、云端拍卖”全流程车辆慧执模式，查扣车辆33部，比上年增长266.67%，拍卖车辆16辆，比上年上升167%，财产处置变现效率提升。为79名当事人集中发放执行案款及司法救助金2060.98万元，及时兑现胜诉当事人合法权益。加强执源治理，推进执行案件繁简分流，组建快执团队，结案平均用时降至46.32天，比上年缩短19.23天，新收首执案件比上年下降18.61%。

【司法为民工作】　参与社会治理　县法院支持法治政府建设，审查行政非诉案件51件，参与重大项目联席会6次，提出司法建议4条。促进依法行政，加强府院良性互动，召开省市县三级府院联席会，进行情况通报、开展实务研讨，推动府院联动走深走实。创新提出“办证与追缴税费”相分离方式，协助县政府解决僵持十年的107户业主“烂尾楼”产权办理问题。激励党员干警在疫情防控大考中担当作为，组织党员突击队、服务队154人下沉支援仓山、乡镇社区、高速路口等防控一线。

聚焦诉源治理　主动对接县工商联、工会、妇联等27个单位，形成涵盖家事、劳动、道交、保险等多领域多主体的诉非联动中心。诉前委派调解案件1240件，调解成功率69.65%。推进“道交一体化”平台建设，充分发挥特邀调解员作用，诉前化解机动车交通事故责任纠纷240件。打造“无讼畲乡”司法品牌，立足飞竹法庭辖区实际，在乡镇综治中心设立“金乡里”调解室，联动司法所、“畲风”评理室、“石榴籽”议事厅等平台，建立资源共享、业务协办机制，促进纠纷多元、高效、实质性化解。受理涉畲案件216件，比上年下降26.28%。“无讼畲乡”治理模式被省委《八闽快讯》、市委《福州信息》采编，得到省院领导批示肯定，并被人民法院报、人民网等主流媒体推广推介。

优化诉讼服务　执行“一窗收件、一站服务、一趟就好”的立案“三一”工作机制，当场立案登记率98.6%，诉讼服务指导中心信息平台质效评估指标综合得分位居全省基层法院前列。构建网上立案等全方位一站式立案服务体系，网上立案1070件、网上开庭344件、网上调解74件，保障疫情防控和司法服务两不误。与县侨联、县银保监组、退役军人事务部等7家单位搭建“总对总”在线诉调对接机制，实现音视频调解、司法确认、立案等业务全流程线上办理。组建速裁快审团队，高效审结物业服务、金融借款

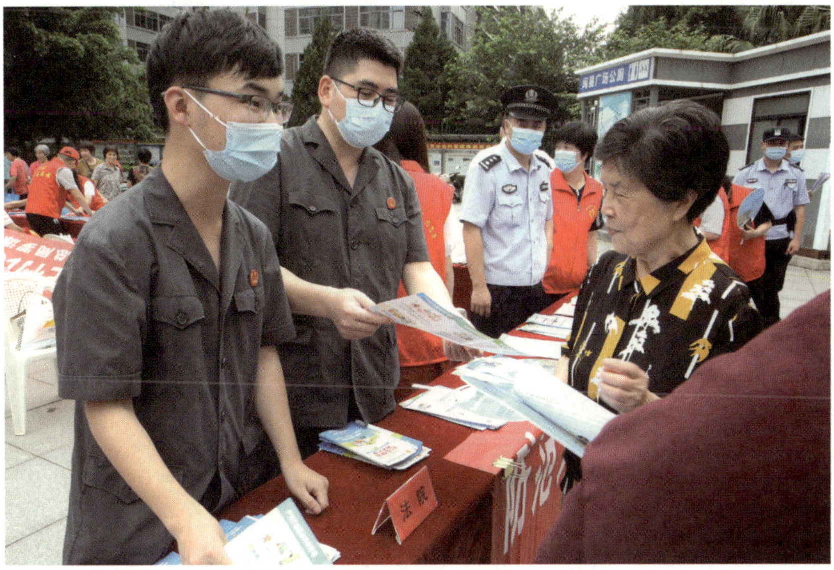

6月21日，县法院在闽星广场开展养老诈骗普法宣传

等468件，平均办理天数17.42天，全速提升解纷效率。针对当事人联系法官难、反映诉求难等问题，打造四级便民沟通网络，做到“有登记、有跟踪、有反馈”，及时答复群众诉求件499件，接访172人次，化解信访积案23件，搭建服务联系群众的“直通车”“连心桥”。

【畅通监督渠道】 县法院自觉接受人大监督、政协民主监督，落实法院年度工作报告制度，向县人大专题报告执行工作情况，并根据审议意见改进工作。加强代表委员沟通联络，通过寄送《罗川法讯》、上门走访、集中座谈等方式及时了解代表、委员的意见建议，邀请5名省、市人大代表参加“直通榕法、连心代表”视察调研活动。召开“为群众办实事示范法院”创建活动征求意见座谈会，30名市县人大代表、政协委员、企业家代表等建言献策。省人大常委会党组书记、副主任梁建勇一行赴罗源法院专项调研审判监督工作，并给予充分肯定。推进司法民主，增选37名人民陪审员，一审案件陪审率85%。接受社会监督，完善审判流程信息公开，直播庭审1053场，组织庭审旁听、模拟法庭等活动8场次，邀请社会各界200余人次“沉浸式”体验法院工作。创新以案释法、动漫说法、沙画普法等方式，《“视”说民法典》系列普法短视频被“学习强国”学习平台采用，省级以上媒体采登宣传稿件101篇。

【队伍建设】 县法院坚持党对法院工作的绝对领导，落实全面从严治党主体责任，执行大要案专报、请示报告制度，贯彻落实党委部署。深入学习贯彻中共二十大精神，开展“两个确立”主题教育，落实党组中心组领学、党支部集中学、党员干警个人自学等多层次常态化学习机制，推进“学思悟”贯通、“知信行”统一。全面落实意识形态工作责任制，有力维护政治安全、意识形态安全。以习近平法治思想为引领，充分发挥福建、福州作为新思想重要孕育地和实践地的独特优势，坚持全面系统学、突出重点学、联系实际学，推动学习成效转化为工作实际，发挥基层党组织战斗堡垒作用，以党建为引领，深化“五个融合”模范机关创建，以优质司法服务诠释司法为民。推进司法作风突出问题整改，落实新时代政法干警“十个严禁”、防止干预司法“三个规定”等铁规禁令，深入开展政治督察、审务督察、纪律督察，综合运用“清风”系统、每月15日院长接访日及督办件等形式，实现精准监管。

（县法院）

司法行政

【概况】 2022年，罗源县法律援助中心受理案件545件，其中民事75件，刑事132件，法律帮助338件，受援人数545人，接待咨询人数1402人，为受援人免收法律服务费272.05万元，挽回经济损失483.79万元。罗源县各级调委会调解纠纷3100件，成功率100%。罗源县公证处办理公证1017件，公证总收入646364.48元。开展各类法治宣传活动80起、法律知识考试4次。

【人民调解】 县司法局首创矛盾调解“四诊”工作机制，被福州市司法局采纳并在全市范围内推广实施。坚持和发展新时代“枫桥经验”，夯实罗源县矛盾纠纷多元调解平台。实现人民调解委员会在全县202个村（社区）和11个乡镇全面覆盖，建成行业专业性调解组织17个，打造个人命名的调解工作室5个，含市级金牌调解工作室1个、县级2个，设立“两代表一委员”调解工作室示范点5个，成立罗源县人民调解员协会。实现矛盾纠纷化解在第一时间、萌芽状态。罗源县司法局获得“2019—2021年度全省人民调解先进集体”称号。

【社区矫正与安置帮教】 县司法局加强重点人员的排查防范，规范操作安保维稳各有关“规定动作”，对全县排查出的原罪名涉黑涉恶社区矫正对象，由各司法所落实个别教育谈话，增强遵纪守法意识。与相关专业教育帮扶服务中心合作，建设心理服务体系加强心理矫治。加强与公安、检察院、法院等部门的衔接，打击违规行为，实现齐抓共管，联合执法，提升社区矫正工作质量，严肃国家刑罚执行，促进社会稳定。完善刑满释放人员安置帮教工作考核制度，做到年初有部署、年中有检查、年底有考核。

【基层工作】 县司法局对11个乡镇司法所开展“查问题、补短板”再自查，经核查司法所业务用房、人员配备、经费保障等均符合规范化标准，未发现需整改问题。

【律师工作】 县司法局聘请北京中银（福州）律所律师担任罗源县一村（社区）一法律顾问。罗源县202个村（社区）实现村（社区）法律顾问100%覆盖。村（社区）法律顾问每月进村（社区）服务1天，每个季度举办1场法治讲座，村（社区）法律顾问深入村（社区）开展法律服务活动，为村（社区）普通百姓带去法律知识，解决法律难题，真正做到惠及于民、为民排忧。

【公证工作】 县司法局推出延时服务、“容缺”受理服务、“一对一”服务、精简材料服务、办证时限再压缩、免费修改法律文书、免费打印文件服务、优先受理服务、提供邮寄服务、提供免费法律咨询服务等10项公证便民措施，用心打造良好营商环境。参与社会治理活动，为县政府重点项目及民生工程提供法律服务11场次。

【法律援助中心工作】 县司法局秉持“在服务中宣传，在宣传中服务”的理念，在接待咨询中宣传并引导群众通过法律援助热线、“闽政通”App、“12348”福州法网、法治福州微信公众号等在线方式进行法律咨询和法律援助申请。深化“法援惠民生”“我为群众办实事”系列活动，提升法律援助服务质效。主动服务特殊群体，重点关注老年人、未成年人、妇女、残疾人、农民工等弱势群体，简化手续，开辟绿色通道，提供精准优质法律服务。

【公共法律服务体系建设】 县司法局拓展民生领域法律服务和法律援助，建立律师、公证服务等进乡村、进社区的长效机制。发挥全县202个村（社区）一村（社区）法律顾问作用，为群众当面和电话提供法律服务723人次，为群众详尽解答相关法律问题。发挥基层司法所、法律服务站作用，帮助基层群众就近办理法律援助案件预申请、代收公证业务材料。

【普法、依法治理工作】 县司法局深入贯彻“八五”普法规划，深化“法律七进”活动，围绕罗源县中心工作，组织“蒲公英”普法志愿者、律师等法律工作者，开展宪法、民法典疫情防控、国家安全日、平安建设等各类专项法律宣传活动60余场。组织开展科级领导干部任职前法律知识考试4次。突出精细化、精准化、分众化、联动式普法。

【行政复议与应诉工作】 县司法局依法办理行政复议案件24件，答复市政府受理的以县政府为被申请人的案件3件办理、跟踪行政应诉案件一审40件。开展行政机关负责人出庭应诉工作，提高工作要求，压实工作责任，加强督查考核。通过一案一跟踪、一案一督查、一案一备案等方式督导涉诉单位，确保行政机关负责人出庭应诉落到实处，合力推动行政机关负责人出庭应诉制度化、规范化和常态化。开庭案件34件，行政机关负责人出庭34件，出庭率100%。

【法治督察工作】 县司法局向市政府、县人大常委会报送备案规范性文件19件。加强行政执法人员资格管理，在原有68家行政执法主体基础上，新增县国家密码管理局、县机关事务服务中心等5个具备行政执法主体资格的单位。组织251人次报名参加2022年度福州市行政执法资格考试，为106名符合条件人员报请申领行政执法证。落实行政执法责任制，开展3次案卷评查，涉及16个单位、350份卷宗。全面推行法律顾问制度，政府所属部门均聘请法律顾问。

（江　汭）

（编辑　林烨欣）

人民武装

【概况】 2022年，罗源县人武部在警备区党委和县委、县政府正确领导和支持关心下，坚持以习近平新时代中国特色社会主义思想、习近平强军思想为指导，贯彻落实上级精神，突出举旗铸魂，聚焦能打胜仗，坚持从严治军，持续转改作风，狠抓末端落实，单位全面建设取得进步。举旗铸魂更加坚定自觉。围绕“忠诚维护核心、矢志奋斗强军”深化主题教育，常态抓好理论学习和政策贯彻，开展“赞颂新成就，喜迎二十大”系列活动。打好意识形态领域主动仗，提升政治判断力、政治领悟力、政治执行力。备战援战更加深入扎实。按照年度训练计划，组织“四会”教练员集训、海防分队教练员集训、民兵连长集训和军兵种挂钩联训等训练任务。创新组训模式，提升民兵应战能力；修订完善方案，提升备战援战能力；健全完善军地抢险救灾协调联动机制，提高实战实保能力。国防动员更加提质增效。抓好国防动员潜力数据的核准、更新和补采；制订县民兵建设“十四五”发展规划，编建基干民兵队伍；开展基层武装部“评星挂牌”活动；完成新兵征集任务。按纲抓建更加精准规范。坚持品牌牵引，规范基干民兵队伍预建党组织建设和制度运行；坚持按纲抓建，推进“四个秩序”规范建设。党的建设更加坚强有力。全面加强党的领导和党的建设，推动党史学习教育常态化和党风廉政建设，深化政治整训，加强党管武装。

（吴　键）

【党建工作】 县人武部紧跟习近平主席思想步伐深化理论武装，学习中共二十大精神和习近平主席系列重要讲话。聚焦“忠诚维护核心、矢志奋斗强军”开展年度主题教育，着力在学习深度上求拓展、在领悟思想上求深入、在实践运用上求转化，加强政治历练和实践锻炼。结合年度民兵组织整顿工作安排，规范基干民兵队伍预建党组织建设和制度运行。开展“净化网络空间、严守保密纪律”行动、涉酒问题专题警示教育、军委纪委监委第五派驻纪检组通报反馈问题整改、“四严四整”教育整训等专项活动，压实党委主体责任、纪委监督责任，突出重点人和事，聚焦工程建设、征兵等廉洁问题，推动全面从严治党向纵深发展。

（吴　键）

【战备训练】 县人武部坚持每月议战议训制度，把训练刚性落实作为政治要求，选派新任专武干部分别参加警备区、省军区集训，其中1人被评为先进学员；牵头承办全区海防分队教练员集训和派员参加上级集训，其中在警备区组织的冲锋舟操舟手骨干集训中被评为“训练先进单位”，在省军区、警备区组织的“四会”教练员考核比武中崔某被评为“优秀教练员”。

（孟振宁）

【征兵整组】 县人武部紧扣征兵“五率”量化考核标准，按照“早动员、早部署、早宣传、早摸底”思路，主动出击营造氛围，每周召开征兵例会，把征集任务压紧压实到末端，稳妥推进征兵工作各个环节有效落实。完成征集任务。建设民兵队伍，优化结构布局，建强应急力量，拓展新质力量，优化支援保障力量，编建基干民兵队伍。

（孟振宁）

【四个秩序】 县人武部推进“四个秩序”规范建设，投入195万元对营院车场、路面、办公楼、兵器室、器材库等进行改造升级，投入94万元建设军地国防动员联合指挥所，武装部各类库室规范，设施设备逐步完善，各类要素基本齐全，制度机制运行顺畅。

（林荣泽）

人民防空

【概况】 2022年，县人防办在县委、

县政府正确领导和县人武部以及上级人防部门指导下，学习中共二十大精神、《中华人民共和国人民防空法》和《福建省人民防空条例》等法律法规，贯彻“长期准备、重点建设、平战结合”的方针，贯彻国家、省、市有关人防审批和质量监督的法律法规和政策规定。

【人民防空宣传】 县人防办结合“4·21”防空警报试鸣，宣传人防工作。在试鸣前5天通过在罗源县电视台黄金时间点播放防空警报试鸣公告和凤蝶广场大屏幕滚动播放防空警报试鸣公告以及在试鸣前1～2天向市民发送手机短信等措施，让更多市民了解防空警报信号规定。开展城市人口紧急疏散演练。9月26日，联合罗源一中开展城市人口紧急疏散演练，参演教师学生及工作人员约600人。演练组织警报发放、应急疏散隐蔽、物资发放、人员急救科目训练，演练过程穿插进行人防地下室知识及防空防灾知识现场教学以及心肺复苏、伤口包扎等急救知识宣传培训。通过演练增强广大师生防空意识，做好人防军事斗争准备，了解和掌握战时疏散隐蔽、自救互救基本知识和技能，增强青少年安全意识和应变处置突发事件的能力，全面提升全民应急避险、自救自护应变能力。

【人防指挥体制机制建设】 罗源县人防指挥部根据“实案化、实名制”要求，按照“一中心三部门”编成模式，和上下对应、上下衔接的指挥体系，重新调整更新编成单位、人员，推动完善基层人防指挥机构试点建设。

【人防地面指挥所建设】 罗源县完成地面指挥所内部装修、信息系统布线工作，工程合同款492万元，拨付298.91万元，占工程合同款的61%。继续争取财政资金，完成人防地面指挥信息系统建设并投入使用。

（县人防办）

退役军人事务

【概况】 2022年，罗源县退役军人事务局推进退役军人事务治理体系和治理能力现代化，推荐退役军人创业致富带头人周洪磊代表福建省参加全国退役军人创业创新大赛，获得三等奖。选派退役军人朱祥辉的军创企业“福建德胜新建材有限公司”参加在陕西省西安市举办的首届全国退役军人创业创新成果展交会。11月，罗源县革命烈士陵园被市委宣传部命名为福州市爱国主义教育基地。

【优抚工作】 县退役军人事务局为应征入伍义务兵家庭悬挂光荣牌，为退役军人送去慰问金、慰问品。为立三等功现役军人、优秀士兵家庭开展送喜报活动，并发放奖励金。

【安置工作】 “阳光安置”年度符合政府安排工作条件退役士兵、接收自主择业退役士兵。落实随军家属就业、军人子女入学，解决军转安置、随军军属就业、子女入学等“三后”问题。

【支持退役军人就业创业】 县退役军人事务局举办2022年度退役士兵适应性培训会，鼓励退役军人自谋职业、创办实体，组织年度退役军人参加学历教育和职业技能培训。搭建就业平台，联合县劳动就业服务中心先后开展“福虎春送岗，就业在行动”、“爱乡回报家乡、爱家照顾家人”、退役士兵就业创业专场招聘会等，推荐多名退役军人到县消防救援大队、县交警大队、县保安服务公司就业。

【支持国防和军队建设】 县退役军人事务局召开县委议军会、“八一”军政座谈会和县政府专题会议，协调解决国防通信线路罗源段工程、国防光缆白塔段迁改、武警中队营房修缮、县人武部军地联合指挥所等项目建设及2016—2018年进藏兵员优抚待遇等问题，支持部队建设。开展驻罗源部队走访慰问和“情系边海防官兵”等活动，送去慰问金、慰问品。推进拥军支前服务保障，走访慰问驻训罗源部队官兵，送去洗衣机等慰问品。

（林建新）

（编辑 林烨欣）

应急管理

综 述

2022年，罗源县坚持以习近平新时代中国特色社会主义思想为指导，深入学习贯彻习近平总书记关于安全生产、防灾减灾救灾、应急管理工作重要论述、重要指示批示精神，坚持人民至上、生命至上，统筹发展和安全，以推进大安全、大应急、大减灾建设为主线，防范化解重大安全风险，应对处置各类事故灾害，维护社会大局稳定。罗源县年降雨量1401.6毫米，全年经历13次暴雨以及夏秋气象干旱。雨季大范围强降雨，造成敖江支流霍口溪发生超警2次，紧急转移群众2435人次，造成直接经济损失580万元。因旱人民饮水受影响约5000人，农作物受旱面积141.33公顷，农业经济损失约2315.26万元。接森林火警62起，均及时处置，未发生森林火灾。发生生产安全事故7起，死亡4人。消防队伍接出警298起，抢救被困人员30余人，疏散人员80人，抢救财产价值3260余万元。全县火情基本稳定，未造成人员伤亡。未发生地震灾害。

安全生产监督管理

【概况】 2022年，罗源县落实国家和省市党委、政府关于安全生产工作安排部署，对标安全生产“十五条硬措施”，抓好各项安全生产监管措施落实，全县安全生产形势保持平稳。全县发生生产安全事故7起，死亡4人。其中：工矿商贸领域发生事故1起，死亡1人；“十二类”生产经营性道路交通事故发生6起，死亡3人；农林牧渔、采矿、水上交通等行业领域未发生事故；全县未发生一次死亡3人以上的较大事故。

【道路交通安全综合整治】 县应急管理局紧紧围绕人、车、路和企业等关键要素，深入推进道路交通安全综合整治，道安综合考评排名全市第二。6处省市为民办实事项目、2处农村道路安全隐患突出攻坚路口重点攻坚项目、2处农村临水库池塘湖泊路段、2处通寺道路安全隐患、5处农村平交路口“一灯一带”建设项目完成整治，完成率100%。摸排农村“两违”综合治理重点单位20家、重点路段7条，设立重点企业劝导站7家，查处“两违”违法行为178起。增设右转盲区警示区4处，431辆重型货车安装智能视频监控报警装置和右侧盲区预警系统。

【重点行业领域专项整治】 县应急管理局突出危险化学品、燃气安全“两个集中治理”和自建房安全专项整治，推进重点行业领域专项整治，防范化解各类安全风险。

危险化学品　开展危险化学品安全风险集中整治，完成两轮重大危险源企业安全专项督导检查，推动企业自查整改事故及火灾隐患111条，完成市级“消地协作”交叉检查事故及火灾隐患整改109处，推动2家重大危险源企业完成双重预防机制数字化建设。

燃气　开展城镇燃气安全排查整治，检查燃气企业188家次、燃气场站163座次、餐饮场所131家次，查扣非法气瓶138个，发现并整改安全隐患99处。全县110家在册使用管道燃气商业用户及563家使用瓶装液化气商业用户全部完成餐饮场所燃气泄漏报警器安装。

自建房　开展自建房安全专项整治和经营性自建房风险隐患排查整治“百日行动”，排查经营性自建房1807栋，未发现结构重大安全隐患房屋。

水上运输　突出淡头、狮岐、梅花、古鼎屿等重点水域，通过“现场+远程”执法模式，加大现场巡航执法力度。组织执法人员检查2192人次，检查船舶540艘次，海上巡航7706.17千米，实施海事行政处罚6件，处罚金额31.8万元。

渔业船舶　加强海上渔船和乡镇船舶日常管理，辖区注册海洋捕捞渔船管理服务组织12个，125艘捕捞船加入渔船管理服务组织进行编组生产。

1879艘乡镇船舶完成船舶AIS（船舶自动识别系统）定位设备安装调试。

建筑施工 开展房屋市政工程安全生产治理专项行动和安全生产专项检查，组织全县22个在建工地开展安全生产自查自纠，发现并整改一般安全隐患62条。邀请专家对全县在建工地塔吊和施工升降机进行检查，发现并整改安全隐患138条。

同时，继续加强特种设备、民爆物品、文化旅游、自然灾害等其他重点行业领域专项整治。

【安全生产检查】 县应急管理局围绕“防风险、保安全、迎二十大”工作主线，部署开展安全生产大检查和安全生产重点领域“隐患清剿”行动，推进安全生产专项整治三年行动巩固提升。全年成立检查组1895个，排查整改一般隐患2202处。集中开展市县两级第七批重大安全隐患点整治，整治隐患点24处。委托第三方服务机构对危险化学品、城镇燃气、工贸冶金等重点行业企业开展集中帮扶指导，检查企业82家，帮助排查隐患问题874条。依法组织1起一般生产安全事故调查，实施行政处罚115.7万元。

【安全监管基础建设】 罗源县编制实施《罗源县“十四五”应急管理局专项规划》，固化“十四五”期间主要任务和重点工程项目。开展“五个一百”安全应急保障提升工程建设，在罗源动车站站前广场建设安全文化主题公园，构建多元化公众安全生产教育平台。修订《罗源县突发事件总体应急预案》《罗源县生产安全事故灾难应急预案》等，优化完善应急预案体系。开展高危行业领域安全风险分级管控和隐患排查治理体系建设，提升标准化建设质量，推动企业安全生产主体责任落实。

【安全宣传教育】 县应急管理局将安全生产纳入乡镇领导干部能力素质提升专题培训班内容，邀请专家作“防范化解重大安全风险”专题讲座。紧盯春季复工复产、夏季高温等重点时段，发动基层力量开展“敲门提醒”行动，督促提醒各类场所和人群2.9万家次。分行业领域组织企业开展安全生产警示教育活动，集中观看《生命重于泰山》《安全生产警钟长鸣》等警示片。围绕“遵守安全生产法 当好第一责任人”主题，多形式开展第21个全国“安全生产月”活动。组织12支队伍参加新《中华人民共和国安全生产法》知识竞赛，同步进行线上直播，吸引广大网友线上参与。

（郑丽婷）

防汛抗旱

【概况】 2022年，罗源县年降雨量1401.6毫米，全县经历13次暴雨以及夏秋气象干旱。雨季大范围强降雨，造成敖江支流霍口溪发生超警2次，全县水库水位普遍上涨，部分水库过洪，各乡镇发生道路积水、小体量溜塌方、滑坡等险情，其中霍口乡复建公路工程7处出现坍塌、溜方约1700立方米；松山镇迹头村下店高速公路（甬莞高速罗源县松山镇迹头村段）内侧50米处山体出现溜方约2万立方米，全县紧急转移群众2435人次，直接经济损失580万元。夏秋气象干旱造成各乡镇出现不同程度的旱情，全县因旱人饮受影响约5000人，农作物受旱面积141.33公顷，秀珍菇受影响1200万袋，农业经济损失约2315.26万元。

【汛前准备】 县防汛办汛前印发《关于做好2021年度防汛备汛工作的通知》及《罗源县2022年防汛抗旱工作要点》，先后召开3次防汛抗旱工作会议，全面部署年度防汛抗旱工作；落实防汛责任。落实县、乡、村及重点区域、重要部位的防汛责任人900余人，全面夯实防汛抗旱责任体系；修编完善预案。组织修编县级、11个乡镇、202个村（社区）防汛防台预案，审批通过28座小型水库调度运用计划及防洪抢险应急预案，制定县防指工作规则，动态更新县乡防汛指挥作战图；加强应急保障。落实各乡镇各部门应急抢险队伍314支2922人，配备机械设备222台（套），补充更新县乡两级防汛抢险物资；开展汛前排查。组织各乡镇各有关部门排查重点部位1623处，发现并整改隐患13处；及时对摸排核实的384处危险区域转移对象3490人进行建档立卡；复盘典型灾害案例。组织学习郑州特大暴雨灾害调查报告及典型案例分析，各乡镇各部门分别结合辖区及行业实际选取历史典型灾害案例进行复盘分析，查弱项补短板。开展培训演练，组织各乡镇、村500多人开展防汛业务知识培训1场；组织各乡镇各部门800多人开展县级演练1场及乡村级演练10场。

【防汛抗灾】 县防汛办提前动员部署，压实落细责任。汛期，全县上下关注天气发展态势，加强值班值守，相关部门加强监测预警、会商研判。县委县政府先后召开9次全县防御降雨专题部署会及会商调度会，县主要领导多次深入乡镇调研指导防汛抗灾工作，县两办、县效能办全程跟踪督查各乡镇防汛抗灾工作开展情况，确保各项防御措施落到实处。县防指启动防暴雨4级应急响应3次、3级应急响应1次，启动防台风4级应急响应2次。各乡镇各部门迅速行动，包乡驻点干部下沉一线，组织隐患排查、转移避险等防御措施，动员群众共同防汛抗灾。加强监测预警，加密会商研判。气象、水利、自然资源等部门发挥监测预警系统和群测群防体系作用，及时发布预警信息。相关部门抽调技术专家进驻县防指加强会商研判，协助开展指挥调度和应急处置工作。各乡镇各有关部门加强值班值守，实时掌握汛情，并通过主流媒体、手机平台、“村村响”广播、防汛宣传车或包村驻点干部走村入户等多渠道将预警信息和防灾知识传达到村到户到人，做到地域全覆盖、人员无遗漏。科学指挥调度，果断转移避险。适时组织关闭景区景点、港口码头、施工工地等，及时疏散游客及工作人员，并在危险区域设立警示牌153面，拉警戒线9345米，封锁松山、霍口两处灾害点，全面落实安全防控措施，确保不留一处隐患。全县转移陆上危险区域群众637人次，海上渔船、养殖渔排及海上酒家人员1798人次，组织海上作业渔船回港避风411艘次；提前集结抢险队伍，预置应急抢险物资、设备，确保及时投入抢险救援；加强河道及水工程巡查管理，科学调度水库、水闸等，确保重要水闸启闭自如及所有水库在汛限水位下运行，严防洪涝灾害发生。统筹各方力量，抢险救灾。各乡镇各部门突出对地质灾害隐患点、房前屋后高陡边坡、沿河低洼地带、在建工地、道路桥梁、防洪排涝设施、危旧房屋、供电、通信设施等增加巡查频次与加大巡查力度，及时处置突发险灾情和修复水毁的基础设施。全县下沉干部6088人次，投入抢险队伍143支1462人和施工机械107台（套），消除4处积水点、40处电力设施隐患，清理131处小体量溜方。

【抗旱】 为缓解夏秋气象干旱影响，县防指及时组织气象部门抓住有利时机开展人工增雨作业，并按照“先生活、后生产”原则，加强水资源的统一调度和管理，落实节水措施，加快城乡供水一体化等工程建设，保障群众生活生产用水。

（黄莺妹）

防震减灾

【概况】 2022年，县防震减灾中心在省地震局、市防震减灾中心及罗源县委、县政府领导下，按照各项决策部署，开展防震减灾各项工作。制定《2022年罗源县地震灾害风险普查工作任务方案》，完成罗源县地震灾害风险普查任务：控制钻孔6个、钻孔波速测试6个、土动力三轴实验测试8个。发挥鉴江、松山、洋后里3处地震监测点作用，为省市提供地震监测数据，罗源县防震减灾中心被福建省地震局评为2022年度地震监测预报工作先进单位。

【监测预报】 县防震减灾中心加强地震台网监测和日常运行管理，及时做好观测台站仪器设备的维修和管理，确保台网连续可靠运行和地震监测数据的连续性和准确性，观测台仪器全年接收发送数据无间断，台站运行正常。配合省地震局、市防震减灾中心对罗源县台站开展巡检维护工作。建立社区、村灾情速报渠道，宏观点信息报送及时，在全县各行政村配备专职地震信息员201人，把他们列入农村“六大员”管理，每年对各乡镇行政村地震信息员开展年度考核及再续聘工作。

【灾害防御】 县防震减灾中心加强地震预警终端应用宣传推广，宣传地震预警信息发布终端，做好数据统计，重点对未在线和欠费数据进行分析、排查并及时上报，落实各乡（镇）、学校日常运维工作，组织相关建设单位对未在线终端进行巡检巡修，确保设备正常稳定运行，将地震预警信息发布终端运行管护所需经费列入同级财政预算，保障预警信息发布终端运维资金投入，县地震预警终端180个，在线率95%以上，提升地震信息服务水平和地震预警能力。中心坚持地震应急避难场所常态化巡查，加强应急避难场所日常管理，确保震后应急避难场所救助安置作用的发挥。为摸清罗源县地震灾害风险隐患情况，防范化解重大安全风险，中心于9月启动2022年县地震灾害风险普查项目任务，于11月底前完成项目验收工作，县地震灾害风险普查项目工作任务包含控制钻孔6个、钻孔波速测试6个、土动力三轴实验测试8个，科研成果将在罗源县的城市规划与发展中得到运用，为罗源县建设项目抗震设防提供安全科学依据。

【应急救援工作】 县防震减灾中心加强县地震志愿服务队建设，开展地震志愿服务活动，组织地震志愿者参与防震减灾宣传、应急演练、应急救援等公益活动，开展志愿服务260多项，志愿服务时长18300多小时，发挥地震志愿服务队防灾减灾作用。

【防震减灾宣传】 发挥县防震减灾教育基地教育平台作用，时时开展防震减灾宣传培训等科普教育工作，结合防震减灾科普展厅建设，在县防震减灾教育基地配置地震知识展板、地震类书籍及科普模型、应急教学设备，增设水位仪等监测设备，添置科普e站、电视、地球仪等，充实教育基地防震减灾宣传内容。邀请市防震减灾中心主任吴红城到罗源为罗源县领导干部班、中青班举办以“防震减灾从常识学起”为主题的防震减灾知识讲座，提升参训学员防震减灾意识。参与县科协在罗源湾海洋世界开展的以“喜迎二十大　科普向未来”为主题的2022年县全国科普日活动，县防震减灾中心参与活动启动仪式和防震减灾科普宣传，通过设立宣传展位、悬挂横幅、发放宣传资料和手提袋等方式向市民群众普及防震减灾科学知识，并为到场的学生分发防震减灾书籍、折页，讲解防震减灾知识。紧扣重要时间节点，在“5·12”全国防灾减灾日活动期间，以“减轻灾害风险，守护美好家园”为主题，开展防震减灾宣传活动，在罗源县电视台播放《地震应急避难场所宣传片》《2分钟带你了解校园地震预警》等宣传片；在县科协户外电视屏滚动播放防震减灾宣传片；在“罗源科普”“平安罗源”“罗川女性”等微信公众号连载宣传防震减灾知识；各乡镇、学校开展宣传演练活动。5月12日，中心参与县减灾办、县应急局主办线上线下融合开展的全国防灾减灾日宣传活动，在县东方世纪影城举行“5·12”全国防灾减灾日线下宣传活动暨动画短视频发布会。在2022年唐山地震纪念日期间，做好“7·28”唐山地震纪念日科普宣传系列活动。在新时代文明实践中心开展“防震减灾我先行——‘7·28’纪念唐山地震46周年主题活动”宣传及地震应急演练。在起步中心小学夏令营开展“防震减灾　平安常在——‘7·28’纪念唐山地震46周年主题活动”的宣传。

【地震应急避难场所建设】

2022年罗源县地震应急避难场所一览表

表10

场所名称	场地地址
九大中心	凤山镇东区九大中心广场
凤蝶广场	凤山镇四坊街
民族中学田径场	凤山镇西外路民族中学
凤山镇	凤山镇盛世名城广场
松山镇	松山镇外洋中学
白塔乡	白塔乡中心小学
碧里乡	碧里乡中心小学
飞竹镇	飞竹镇飞竹中学
洪洋乡	洪洋乡中心小学
霍口乡	霍口畲族乡中心小学
起步镇	起步镇中心小学
西兰乡	西兰乡西兰中学
中房镇	中房镇中心公园
鉴江镇	鉴江镇鉴江中学

（吴绍国）

消防工作

【概况】　2022年，消防工作始终坚持“预防为主，防消结合”的方针，按照《福州市2022年政府消防工作责任书》要求，以落实消防安全责任制为抓手，抓好火灾防控工作，坚决预防和遏制重特大火灾发生，维护消防安全形势稳定。县消防救援大队下辖凤山和开发区2个消防救援站，有消防救援人员、政府专职员68人，消防执勤车辆7部。

【灭火救援】　县消防队伍接出警298起，其中火警169起，抢险救援57起，社会救助72起，出动消防车306辆次，出动消防员2498人次，抢救被困人员30人，疏散人员152人，抢救财产价值3260万元，处置“1·20”鳗鱼养殖场火灾、“4·5”集装箱餐厅火灾、“10·14”后门溪民房火灾等，全县火情基本稳定。

【火险隐患整治】　县消防大队开展消防安全排查整治专项行动，推进消防安全专项整治三年行动，抓好打通“生命通道”、生产经营居住场所、高层建筑、电气火灾、电动自行车、小型餐饮场所等领域消防安全专项治理。结合“双随机、一公开”消防监管工作，检查社会单位852家，发现

县消防大队开展交通事故救援

并督促整改火灾隐患 326 处，下发《责令改正通知书》177 份、《行政处罚决定书》17 份、《临时查封决定书》8 份，责令“三停”场所 3 家。

【社会消防基础】 县消防大队开展多种形式消防队伍业务技能培训，举办职工消防技能竞赛暨多种形式消防队伍比武竞赛，提高多种形式消防队伍灭火救援能力。完善多种形式消防队伍建设，推动乡镇建立健全专职、志愿消防队建设，缓解偏远乡村救援力量不足的困难。推动金港、飞竹消防站建设工作，提高乡镇及其周边防御和扑救火灾能力。

【服务群众】 县消防大队处理群众反映的各类消防举报投诉 64 件，解答各类问题难点，回复率 100%；深入企业单位开展消防安全指导服务，向企业负责人提供消防安全技术指导；结合“我为群众办实事”活动，开展烈士家属、孤寡老人、留守儿童慰问活动 6 次；开展消防宣传活动 16 次，消防站开放活动 12 次，开展消防安全培训 22 场，拓宽消防宣传的覆盖面和影响力，增强群众消防安全意识和自防自救能力。

（缪建文）

（编辑　林烨欣）

外事

【概况】 2022年，县外事办坚持党管外事原则，健全完善外事领导机制，贯彻落实习近平外交思想和习近平总书记关于地方外事工作重要讲话、重要指示批示精神，增强“四个意识”、坚定“四个自信”、做到“两个维护”。

【领导机制】 县委、县政府主要领导多次对全县外事工作进行指示、批示，县分管领导多次研究解决外事工作有关问题，着力加强党对全县外事工作集中统一领导。加强外事队伍建设，定期组织中共二十大精神等重要政治理论研讨活动。以提升机关执行力和工作效能为目标，以群众满意为导向，以加强绩效管理为核心，转变作风、提升效能，充分发挥外事资源优势。

【工作机制】 县外事办落实“一带一路”建设境外安保协调机制，融入驻外使领馆、涉外侨社、外事系统、属地政府“四位一体”工作体系，提高涉外突发事件的应对处置能力。牢固树立外事工作“一盘棋”思想，加强县乡两级联动机制建设，落实翻译人才收集和出国留学人员信息整理等工作。落实请示、报告和通报制度，主动向上级外事部门报告工作，配合上级外事部门推进闽东北协同发展区外事协作。

【对外交流】 县外事办根据罗源县临港企业特点，相关企业对外交流频繁。在上级外事部门的指导和支持下，拓展对外交流渠道，扩大企业对外影响力。受理企业邀请外国人来华备案64人。用好APEC（亚太经济合作组织）商务旅行卡等政策，便利人员往来，助力罗源企业开拓RCEP（《区域全面经济伙伴关系协定》）成员国市场。

【外事管理】 县外事办围绕“丝路平安”建设项目，走访涉外企业，加强预防性领事保护宣传，提升罗源县人员、企业海外风险防范意识和防范能力。依托市委外办，罗源县开展领事保护专场视频培训2场，受训人员50余人。落实“一带一路”建设境外安保协调机制，融入驻外使领馆、涉外侨社、外事系统、属地政府“四位一体”工作体系，提高涉外突发事件的应对处置能力。

【维稳工作】 县外事办坚持总体国家安全观，维护海洋权益，坚持底线思维，突出归口管理，妥善处理涉外问题。年初，由县外办主导，实施对锚泊罗源县海域7个月的多哥籍“HUAJIAN1”轮及船上11名国际船员的紧急救助行动，得到市政府通报表扬、印度尼西亚及菲律宾驻中国使领馆致电感谢；4月上旬，经过2个多月跨省沟通协调和协商，将滞留罗源县华东船厂1年多的3名格鲁吉亚籍船员送返，得到上级外事部门肯定。

（林炜林）

台湾事务

【概况】 2022年，罗源县委台港澳办开展对台政策宣传、对台联络、对台经贸等各项工作。开展第十届海峡青年节之“海峡两岸好文章”征文活动，推动民间民俗交往交流，接受台胞捐赠，帮助台胞台商维权等。

【招商引资】 县委台港澳办推动福州台立闽金属科技有限公司、福州钠星科技有限公司、恒允升建设有限公司、福州新睿机电有限公司等4个台企项目在福州台商投资区开工建设；引进福州念念文化创意有限公司和福州大美栖地规划设计有限公司等2个台湾团队，分别参与罗源县起步镇集镇文化文创咨询“陪护式”服务项目、起步镇下长治村规划设计咨询“陪护式”服务项目；配合招商部门协调台商，促使牛樟树种植项目在罗源县落地实施。

【文化交流】 县委台港澳办接待厦门大学台湾研究院一行30多名师生，到罗源开展暑期社会实践调研。调研组先后对台资企业汇昌纺织有限公司、福州台商投资区及松山镇八井村进行考察调研，并与台商投资区领导、县委台港澳办负责人、台资企业代表一起座谈交流，就台资企业如何更好地在罗源发展、政府对台资企业的优惠政策、对台资企业的扶持力度、人才引进、畲族同根文化等进行深入交流。

【台胞台商维权】 县委台港澳办建立台胞台商服务保障机制，依托“台胞权益保障法官工作室”“涉台检察联络室”等平台，拓展台胞台商服务渠道。配合县公安局做好台胞居住证办理工作，协调解决台胞2名子女的入学问题，协调1名台籍高三学生按时报名高考。春节、中秋期间走访慰问台胞、台属35人次。

【台胞捐赠工作】 吴氏·杨过基金会董事长吴义雄在“六一”国际儿童节来临之际，到霍口中心小学开展2022年吴氏·杨过基金会奖教助学活动，根植爱心、播撒希望，体现两岸一家亲。

【第十届海峡青年节之“海峡两岸好文章”征文活动】 县委台港澳办推进海峡青年节平台建设，联合福州日报社开展第十届海峡青年节之“海峡两岸好文章”征文活动，带领30多名在罗源台湾学子与罗源学子一起走进罗源台商台企，以“一家亲 同圆梦”为主题，以现场参观互动、请进名师，现场指导、现场写作及点评的形式开展采风写作活动。第十届海峡青年节之“海峡两岸好文章”征文活动宣传覆盖全市所有中小学，收到300余所中小学的6800余篇投稿；覆盖台湾大部分学校和社区，收到近500篇投稿；并选取部分优秀作品结集出版。活动得到海峡青年节组织委员会表扬肯定。

（郑炳旺）

（编辑　林烨欣）

综 述

2022 年，罗源县自然资源和规划局行政审批项目 167 个，其中建设项目用地预审与选址意见书核发 46 个、用地规划许可证 20 个、建设工程规划许可证 41 个、建设项目规划条件核实和土地核验 40 个、既有住宅增设电梯 10 个、乡村公共设施及公益事业建设用地审核 7 个、海域使用权预审 2 个、海域使用权审批 1 个。答复“12345”平台咨询及投诉类事件 374 份。

国土空间规划管理

【国土空间规划编制工作】 县委、县政府重视国土空间规划编制工作，多次召开会议专题研究，审定工作方案，推进各项前期工作。国土空间规划三线划定一直处于动态调整阶段，于 10 月将开发边界最终成果上报省自然资源厅并入库。10—12 月，处于成果完善阶段。

【“多规合一”信息化平台管理建设工作】 县自然资源和规划局推行“多规合一”平台会商机制，全年 54 个项目通过多规平台进行线上会商，并按照市自然资源和规划局、市行政服务中心要求，将“多规合一”平台会商生成的项目数据推送至省工程项目审批管理系统，满足省工程项目审批数据共享交换要求，在平台运行过程中，及时将遇到的问题反馈给技术保障单位，改进平台建设。

【村镇规划编制工作】 县自然资源和规划局推进村庄规划编制工作，发挥村民主体地位，促进乡村振兴。根据《罗源县村庄规划编制三年（2021—2023 年）工作计划》要求，罗源县完成 10 个村庄规划编制任务并通过县政府批复，全县完成 53 个村庄规划编制，为农村建房提供规划依据。做好规划帮扶工作，在凤山镇、鉴江镇、松山镇、白塔乡及起步镇试行责任规划师及规划专员制度，对乡镇及村庄规划进行指导，实行“陪伴式”规划服务，助力乡村振兴。

【年度空间实施规划及项目生成规划】 项目生成结合罗源未来发展的重点区域，对保障项目落地，策划契合县域发展路径的项目储备库，提供技术支撑。通过比对调研发改委提供的年度项目、各部门上报项目、各类专项规划、近期建设项目等，按照罗源县城市发展实际情况，生成 2020—2021 年度空间实施项目库，考虑谋划未来 5 年的重点项目和发展区域，生成备选项目库，提前储备项目。本着应划尽划原则，收录及策划项目 555 个，落图入库项目 259 个，其中纳入年度空间实施“十四五”项目库 127 项。

国土资源管理

【土地整理复垦开发】 福州市人民政府下达 10 公顷补充耕地任务、补充水田任务 7.3333 公顷、旱改水提质改造面积 4 公顷、建设占用耕地耕作层封剥离再利用任务 4 公顷。罗源县人民政府将该任务分解下达各乡镇。全县 3 宗项目通过验收，完成补充耕地任务 7.8693 公顷、旱地改任务 0.8047 公顷，未完成福州市人民政府下达的 2022 年补充耕地任务。

【基准地价更新】 6 月 18 日发布《罗源人民政府办关于公布实施罗源县 2019 年城镇基准地价的通知》。

【城市国土空间监测工作】 以 2021 年度国土变更调查成果为基础，开展 2022 年城市国土空间监测，细化和补充相关内容，掌握自然资源和人文地理要素的类型、面积、范围、分布和变化等情况，相关成果支撑国土空间规划编制及实施监督、城市体检评估和用途管制等国土空间治理工作。

【年度国土变更调查与遥感监测】 以2022年12月31日为统一时点，对自然资源部下发的遥感监测图斑和自行提取的变化图斑，逐宗进行实地调查核实举证，掌握2022年度国土利用变化情况，更新县级国土利用数据，形成年度国土变更调查成果，调查成果通过省自然资源厅审核并上报自然资源部。

【不动产登记】 县不动产交易登记中心推进罗源县不动产统一登记工作，全年服务窗口总收件36375宗，完成发证数21893宗，接受群众查询业务26288宗，其中查封登记1214宗，注销登记4488宗，自助查询机查询量8780宗。外网业务总受理量16113件，外网业务受理量占比98.99%。全县农村不动产登记收件308宗，登记发证299宗。海域使用权首次登记2宗，林权登记发证14宗。开展“我为群众办实事”实践活动，“不动产登记与公证部门双联动”服务常态化，全年为群众联合办理11宗不动产继承登记。与县里7家银行合作，进行抵押直连业务，直接将扫描件等相关数据推送至登记系统，实现无纸化办公。不动产登记与水电气广电网络联办过户不动产登记“一窗受理、信息共享、集成服务”改革工作常态化，基本满足市民“一件事一次办”的需求，巩固二手房过户群众只需跑1次、只到1个窗口、只交1套材料、只填1张表就可以同时办理4项业务的成果。2月25日，办理第一宗小微企业免缴不动产登记费业务。4月，实现税务直连，把“数据多跑路，群众少跑腿”落到实处，方便办事群众。6月1日，为解决电子票据短信通知信任度低、获取不够便利等问题，启用“福建财政”公众号的财政电子票夹功能，同步停用短信通知服务。完善不动产登记存量数据整合工作，推进全县房、地、林、海存量数据收集、整合。完善不动产登记和交易一体化平台软件，向广大群众开放多种查询功能。梳理98项办事指南，精简无法律法规依据的收件材料，优化办理流程，减少审批环节，缩短办事时限，全部登记业务办事时限全面压缩至3个工作日以内。配合县自然资源规划局和行政服务中心开展疫情防控和志愿者活动等工作。

【地质灾害防治】 县自然资源和规划局编制《罗源县2022年地质灾害防治方案》，督促各乡镇、村（居）编制《汛期地质灾害防御群众转移应急预案》，对列入方案的138处隐患点、531处高陡边坡全部发放防灾工作明白卡2676份、避险明白卡1772份。健全汛期防灾值守、预警预报、巡查监测、灾情速报等各项制度。为保障罗源县防灾技术支撑应急队伍建设工作，与福建东辰综合勘察院有限公司签订2022年罗源县地质灾害应急及技术支撑服务合同，并委托地质灾害应急支撑队伍对罗源县地质灾害隐患点进行全面摸排，确保罗源县地质灾害点安全度汛。

【矿产管理】 县自然资源和规划局落实矿产资源公开有偿原则，对废弃矿山生态修复、建设项目场地平整等涉及砂石土资源进行公开拍卖，为县级财政创收4.08亿元，在保障矿产资源利用最大化的同时，实现经济效益、社会效益、生态效益相统一。

【矿产整治】 县自然资源和规划局为彻底消除废弃矿山安全隐患，巩固提升综合治理成效，2021年9月和12月开展2批次18处废弃石碴生态修复工作，拟治理恢复面积73.33公顷；并对涉及的405万立方米废弃石碴进行公开拍卖，总成交价为6520万元。

【执法监察】 罗源县自然资源和规划局利用移动执法终端对190个巡查区域以及城区和全县112个关停矿山和堆渣区进行动态巡查，全年开展巡查6300多人次，发现并制止违章建设86宗，开展大型联合执法行动15次，拆除违章建筑100余处，拆除违法建设面积约15000平方米，其中拆除1宗新增乱占耕地建房，拆除住宅小区违建8宗，拆除面积189平方米；查处非法采矿和违法滥挖石碴行为16宗，其中立案查处非法采矿6宗，移送司法机关追究刑事责任3宗。立案查处60宗各类违法用地用矿案件，行政处罚约200万元，起到“查处一宗，警示一片，规范一方”震慑作用。

【土地卫片与执法检查】 自然资源部季度卫片和省厅“天地网”共下发罗源县2061宗图斑，面积928.8公顷，其中耕地面积166.62公顷，经实地核查，确认违法图斑306宗，面积100.02公顷，其中耕地14.35公顷，共查处整改215宗，面积58.884公顷。其中立案查处28宗，面积7.36公顷，拆除复耕等非法立案查处187宗，面积18.19公顷；完成2宗2021年度土地例行督察的整改销号。

【信访与行政应诉】 县自然资源和规划局依法分类办理信访件94件。发生行政应诉案件14起，案件类型均为土地管理类。

【行政审批服务】 县自然资源和规划局行政审批事项有38项，100%“一趟不用跑”，在材料齐全情况下可实行“全流程网办”，其中有17项属于即办件，在1个工作日内完成项目的受理审批；审批事项按省市级要求做到“五级十五同”要素配置等于或优于省市级，审核审批流程配置进一步规范，特别是特殊环节、补齐补正、整改、退件等流程。推进政务服务标准化、规范化、便利化，推行“一网通办”，部门系统与福州市政务服务管理平台对接，实行数据的“受办分离+实时共享”，做到线上线下融合；开展“全国范围通办”“全市通办”事项，“全国范围通办”事项有6项、“全市通办”事项有18项。优化营商环境，启用投资项目预审查机制，指导经开区、台商投资区如万洋众创城项目、福蓉源高端制造项目等11个项目在开展农转用报批、招拍挂和征地工作阶段，介入建设工程规划许可预审查，变供地空档期为高效审批服务期。

海域管理

【海洋功能区划】 罗源县罗源湾外海洋功能区划为三沙湾保留区、鉴江工业与城镇用海区、井水农渔业区、官井洋大黄鱼海洋保护区；罗源湾内海洋功能区划为濂澳港口区、牛坑湾港口区、碧里港口区、罗源湾航道区、白水工业与城镇用海区、迹头港口区、松山工业与城镇用海区、罗源湾保留区。

【用海项目】 罗源县2022年度县级用海项目2宗。

（县自然资源规划局）

（编辑 林烨欣）

生态环境

综 述

2022 年，罗源县环境质量状况总体良好。空气质量综合指数 2.27 微克 / 立方米，环境空气达标率 99.4%。县级饮用水水源地水质达标率 100%，主要流域 4 个断面及小流域 2 个断面水质均达省市考核要求。区域噪声平均值 50.6 分贝，道路噪声平均值 70.2 分贝。

环境质量

【大气环境】　罗源县环境空气有效监测天数 363 天，达标天数 361 天，达标率 99.4%。6 项空气环境监测指标均达国家二级标准，其中细颗粒物（$PM_{2.5}$）平均浓度 16 微克 / 立方米，可吸入颗粒物（PM_{10}）平均浓度 34 微克 / 立方米，臭氧（O_3）平均浓度 126 微克 / 立方米。

【水环境】　罗源县水环境质量总体保持良好，县级饮用水水源地八井水厂、西溪水厂、洋尾水厂水质达标率 100%，主要流域罗源霍口、连江傍尾、斌溪口、兰水村 4 个断面及小流域南坂洋、方厝桥 2 个断面水质均达到省市考核要求。

【声学环境】　区域噪声平均值 50.6 分贝，比上年下降 0.6 分贝。道路噪声平均值 70.2 分贝，比上年下降 2.3 分贝。

环境监管

【环境执法】　罗源县结合大排查大整治三年行动，推进污染防治与水源保护，开展清流行动、规模化畜禽养殖、养鳗、“雨夜突击”涉水等流域专项行动，常态化开展“散乱污”企业（场所）排查整治和静夜守护专项行动，紧密结合执法大练兵、机构规范化建设，夯牢基础。发现环境违法行为企业 9 家次，下达行政处罚决定书 9 份，处罚金额 136.22 万元；约谈企业 19 家次，下达查封（扣押）决定书 1 份、限期整改通知书 31 份、责令改正违法行为决定书 4 份，移送公安机关行政拘留 2 起，移送涉嫌犯罪 1 起。抽取双随机企业 141 家，随机抽取建设项目 66 项，均完成。受理污染投诉件 400 件，办结率 100%，满意率 100%。

【医废处置】　生态环境局按照疫情指挥部工作部署，统筹抓好疫情防控和生态环境保护工作。牵头涉疫垃圾污水处置专班，对定点医院、涉外港口企业等重点场所开展涉疫垃圾污水处置督导检查和监督性监测，定期上报工作动态和监测结果，确保医疗废物规范收集、贮存、转移和安全处置。

【审批服务】　生态环境局成立审批攻坚突击队，变“项目围着窗口跑”为“审批围着项目转”，完成建设项目环境影响评价文件审批 43 个，其中建设项目环境影响报告书 4 个，建设项目环境影响报告表 39 个（含承诺告知制 2 个）。指导建设项目完成环境影响登记表备案 131 个。豁免万洋众创城、罗马景福城三期、涌胜闽台水产品精深加工、道路改扩建等项目 15 个。指导服务企业 70 多次。

【“放管服”】　生态环境局深化“放管服”改革，开辟疫情防控建设项目“绿色通道”，对医疗卫生、物资生产、研究试验建设项目，免于办理环评审批手续；“简、并、优、联”，豁免城市道路等项目环评 75 类；开展“线上线下评审会”，大幅度压缩审批时间，提高审批效率；坚持“特事特办、急事急办”，开辟重大项目审批绿色通道，启动“容缺后补”机制，助推项目加快落地。

环境监测

生态环境局对主要河口断面、饮用水源地、内河等水质超标情况采取预警监测措施，完成年度水、气、声等各项环境要素监测。定期上报流域水环境综合整治质量通报、区域环境质量月通报、环境质量季报、饮用水水源地水质月报，为环境管理提供监测数据。开展国、省、市控重点工业污染源、污水处理厂监督性监测和污水处理厂在线比对监测。完成污染源监测报告46份。

污染防治攻坚战

【碧水工程】　生态环境局完成中房镇河洋溪流域防洪治理工程（一期乾溪至沙坂），实施起步溪港头至余家塘段防洪工程、起步溪五里桥至岐头桥防洪工程和鉴江镇澳里溪综合治理项目，推进起步溪及护国溪流域水环境综合治理。改造建设污水管网，完成污水管网改造任务2千米。3家二级及以上医疗机构均按要求配套污水处理设施，由专人专管并建立污水处理运行台账。

【蓝天工程】　生态环境局完成闽联木业等6家企业挥发性有机物（VOCs）整治工作。推进钢铁企业超低排放改造，完成14座10蒸吨以下燃煤锅炉淘汰工作。成立“福港罗源湾公共运输廊道公司”，推进罗源湾公共运输廊道建设。开展船舶大气污染防治工作，严厉打击违章使用超标燃油行为，检测船舶燃油369艘次。印发《罗源县声环境功能区划》，推进噪声污染防治。

【碧海工程】　生态环境局加强船舶防污染作业检查，开展登轮防污染现场检查702艘次，有效运行船舶污染物联单制度，规范船舶污染物接收转运处置，严厉打击船舶违法排放。制定海上环卫、入海排污口分类整治等方案，清理废弃渔船480艘、海漂垃圾3052.77吨，按要求完成入海排污口整治目标任务10个。推进海上养殖升级改造，完成传统养殖渔排改造38200处，筏式养殖泡沫浮球改造593.33公顷，建设深水大网箱72口。

【净土工程】　生态环境局开展农药包装废弃物回收行动，设置农药包装废弃物回收点，回收农药包装废弃物4904.6公斤。推进受污染耕地安全利用工作，完成建设用地土壤污染状况调查评审5个，完成危险废物企业规范化环境管理评估20家，完成被列入“危废三年专项行动”清单的产废企业排查工作8家。

宣传与投诉受理

【宣传教育】　生态环境局运用罗源湾新闻网及其微信公众号等新闻媒体，加大宣传力度，营造良好宣传氛围。加大舆情监测力度，关注网上环境保护问题舆论动态，有效引导舆论。开展低碳社区建设，利用“6·5”世界环境日和“6·15”低碳宣传日引导群众践行生态环境保护微行为，共建生态宜居家园。

【环境信访投诉受理】　生态环境局通过“110”社会联动、“12345”便民热线、“12369”环保投诉热线、网站平台等渠道，受理各类环境投诉400件，办结400件，办结率100%。加强环境信访办理和纠纷调处，办理答复涉及生态环境保护的人大建议、政协委员提案8件，办结率100%。

（罗源县生态环境局）

（编辑　林烨欣）

宏观经济管理

【概况】 2022年，罗源县深入贯彻落实党中央“疫情要防住、经济要稳住、发展要安全”重大要求，坚持“3820”战略工程思想精髓，围绕“启航新时代，做强北大门，打响四大国家级品牌，建功丝路海港城”，开展“三提三效”“项目攻坚落实年”等专项行动，着力稳增长稳市场主体保就业保民生，推动经济社会平稳健康发展。全县完成地区生产总值417.04亿元，增长4.7%，其中第一产业增加值完成59.57亿元，增长3.3%，第二产业增加值224.09亿元，增长5.2%，第三产业增加值完成133.38亿元，增长4.4%，三次产业完成比为14.3∶53.7∶32；全县一般公共预算总收入23.7亿元，增长15.3%，其中地方一般公共预算收入16.2亿元，增长34.6%；固定资产投资257.7亿元，增长18.2%，其中工业固定资产投资187.6亿元，增长22.4%；实现城乡居民人均可支配收入28237元，增长4.8%；实现出口总额16亿元，增长0.4%；实际利用外资859万美元。

（陈 捷）

【政策制定】 县发改局制定《罗源县克服疫情影响决胜年末收官战行动方案》《“项目攻坚落实年”专项行动方案》《罗源县政务服务中介代理管理办法（试行）》《罗源县政府投资项目概算管理规定》《罗源县落实榕聚千万人口专项行动方案》等重要文件。

（陈 捷）

【规划编制】 县发改局组织开展编制《罗源湾北岸产港城发展专项规划》等专项发展规划工作。拟定《关于罗源县2022年国民经济和社会发展计划执行情况及2023年计划草案的报告》，提出2023年经济社会发展主要目标和发展思路。

（陈 捷）

【项目投资】 县发改局推动省市县重点项目、省市“重中之重”项目、省级季度新开工项目、集中开工项目落细落实，促进项目早签约、早开工、早投产。全县196项重点项目完成投资272.5亿元，其中122项市重点项目完成投资242.4亿元，12项省重点项目完成投资93.6亿元，分别超序时进度21.2个百分点、12.6个百分点。开展“项目攻坚落实年”专项行动，有效落实重大项目协调例会机制，全年新开工福州（台商）万洋众创城、时代聚丙烯深加工、罗源县第二医院等项目58个、竣工日产3万袋绣球菌基地、亿鑫烧结系统超低排放改造工程、县医院扩建病房大楼工程等项目38个。

（林晓强）

【重点领域改革】 县发改局深化国资国企改革，县建发集团成立董事会，选优配齐董事会成员。推进“三医”集成改革，完善分级诊疗建设，县乡医疗单位加入市一医院医联体，县级医院分别与省立医院、附一医院等省市有关医院建立各种协作关系。实施基层中医药服务能力提升工程，完成罗源县中医院畲医药研究室建设，县中医院通过二级中医专科医院复评。推进养殖海权改革建设，发放养殖凭证1623本。农村公共基础设施管护体制改革成效显著，有关经验得到上级部门肯定并推广。

（陈 捷）

【新型城镇化建设】 县发改局实施县城提质工程，改造提升东大路、岐阳二期路网建设等5条市政道路工程，新建电动汽车公共充电桩31个，新增停车泊位132个，完成城区30公顷郊野公园、10千米福道建设，推进南江滨儿童公园、滨水公园步道、5个街头小公园及5处立体绿化建设，建成生活垃圾分类投放屋23间。提升城乡公共照明节能改造，亮灯率99.31%。实施红毛里后山排水管渠道建设项目、污水应急调节池及开发区至污水厂管道建设工程和溪尾溪上游污水收集及河道治理工程，完善城区管网系统。人居环境不断优化，171个行政村全部推行农村人居环境整治积分制。完成危桥改造2座、裸房整治135栋、新建“绿盈乡村”19个，创建“美丽庭院”100个。起步镇集镇环境整治项目获全省第一名，新增实施霍口乡集镇环境整治市级样板工程，打造宜居集镇整治样板。

（陈 捷）

【项目服务工作】 全年办理行政审批事项254项，其中政府投资项目审批81项，企业投资项目备案171项，节能审查1项，企业投资项目核准（变更）1项。行政审批服务事项承诺时限在法定时限基础上平均压缩92%以上。

（甘乾林）

统计与调查

【概况】 2022年，县统计局在上级统计部门指导支持与县委县政府正确领导下，紧紧围绕全县中心工作，将各项统计工作安排落到实处，在推进高质量发展超越中发挥统计职能作用。定期编印《罗源统计月报》《罗源统计年鉴》等综合性统计资料；发布《2020年罗源县国民经济和社会发展统计公报》《罗源县第七次全国人口普查公报》；开展2020年度县绩效管理有关指标数据的科学采集和考核评分工作，参与改进2020年度县绩效评估指标体系、评估办法、计算方案；通过网站向公众发布经济运行情况。开展罗源县第七次全国人口普查资料开发工作及专业统计调查和常规调查。

【专项调查】 县统计局组织完成农村、工业、能源、投资、房地产、建筑业、贸易、劳动工资、服务业等专业统计年报和定期统计报表工作。

【常规调查】 住户调查 罗源县有记账户150户，其中城镇调查户80户（含问卷户7户），分布在3个乡镇；农村调查户70户（含问卷户7户），分布在4个乡镇。按照省、市工作要求，推广电子记账，电子记账户开户96户，其中：城镇住户65户，农村住户31户。

农村经济调查 县统计局开展农业（稻谷产量、播种面积）、畜禽监测调查。有中稻面积、产量调查村5个，晚稻面积、产量调查村5个，调查地块30块。以县为总体的畜禽监测调查样本8个，分布7个乡镇、8个村，主要调查生猪和畜禽存栏数、能繁母猪头数、期内增加、减少数量等存出栏相关指标数据；定期对11个乡镇集中开展数据质量检查。

工业生产者价格调查 工业生产者价格调查企业10家，抽样调查企业中，上报产品行业覆盖全县工业统计6个大类。

月度劳动力调查 罗源县每月调查64户家庭，分布在2个乡镇。

【调查服务】 县统计局接受县委、县政府和部门委托开展各类专项调查，主要有：受县委、县政府委托对11个乡（镇）、罗源湾开发区开展绩效管理公众评议调查，对56个县级机关单位开展绩效管理公众评议调查；以加强经济运行动态监测为重点，做到月报上报期间每日通报进度，月报结束针对指标运行情况撰写分析报告；及时印发统计资料，为县领导和各部门提供决策依据，全年印发统计月报1100份、统计年鉴200份；根据县委、县政府要求及市绩效评估评分标准，配合县效能办完善绩效考评方案。

（林柯衍）

审 计

【概况】 2022年，罗源县审计局完成审计项目19项［其中，重大政策措施落实情况跟踪审计2项、财政审计10项、经济责任审计4项、自然资源资产离任（任中）审计2项、投资审计1项］，查出管理不规范金额21001万元，非金额计量问题174个，审计提出建议42个，被采纳率100%。

【政策落实情况跟踪审计】 县审计局开展罗源县粮食领域风险防控（粮食购销）专项审计以及罗源县养老服务和农村供水为民办实事项目政策落实情况专项调查审计，查出主要问题18个，问题金额48万元。

2月28日，县审计局举办婚姻家事法律知识讲座

【预算执行情况审计】 县审计局开展2021年度本级财政预算执行情况审计，查出主要问题7个，问题金额17116.6万元。罗源县审计局对县司法局、县住建局、县文旅局、县林业局、县凤山镇社区卫生服务中心、县滨海实验小学、县第二实验幼儿园7个部门（单位）进行预算执行审计，查出主要问题21个，问题金额258万元。

【经济责任审计】 县审计局对县碧里乡、洪洋乡、西兰乡、福州台商投资区4个单位8名领导开展任期经济责任审计，查出主要问题39个，其中认定被审计领导干部责任金额的有1744万元。

【自然资源资产离任审计】 县审计局对县碧里乡、水利局2个单位4名领导开展自然资源资产离任（任中）审计，重点审计水、土地、森林等自然资源和相关生态环境保护事项，查出非金额计量问题9个，查出主要问题金额13万元。

【财务收支审计】 县审计局对县市场服务中心开展财务收支审计，查出主要问题6个，问题金额76万元。

【投资审计】 县审计局开展罗源湾港区将军帽作业区廪尾至新澳进港道路工程竣工决算审计，查出主要问题6个，问题金额1782万元。

【公用经费审计】 县审计局结合年度审计项目，对福州台商投资区、县司法局、县住建局、县水利局、县文旅局、县林业局、县凤山镇社区卫生服务中心、县滨海实验小学、县第二实验幼儿园、县市场服务中心、碧里乡、洪洋乡、西兰乡13个部门（单位）2021年度公务支出和公款消费情况进行专项审计，未发现存在违规违纪问题。

【审计整改】 县审计局对列入2022年审计查出问题整改落实责任制绩效考核项目的整改落实情况开展“回头看”。对被列为整改“回头看”的92个问题整改情况进行跟踪检查，通过“回头看”检查，整改82个，未整改到位10个，整改率89.13%。

（王娜凤）

项目招商

【概况】 2022年，罗源县重大项目招商落地攻坚行动对接落地项目164个，总投资435.57亿元。

【投资促进制度保障】 罗源县实施全流程招商程序，建立“546招商机制”，推行项目研判、银行尽调、并联会审等程序，实施项目投资标准合同，做到专业化、精准化招商，确保落地优质项目。建立产业链招商指挥部协调机制，由指挥长、副指挥长统一领导调度，每周至少召开1次现场推进会，解决项目推进中遇到的问题，推进招商项目尽快落地。建立“一机制三靠前”落地服务体系，一切围绕项目看、一切围绕项目转、一切围绕项目干，做好服务保障工作，打造优质营商环境。

【重点产业领域招商】 罗源县突出产业链招商，以强链补链延链为招商重点，围绕罗源县主导产业、优势产业和新兴产业，重点发展冶金、新材料、汽车和新能源配件、智能装备、仓储物流、食用菌等高产业。罗源县坚持区块化特色招商，统筹区域协同发展，实施“一镇一产、一村一品”，走特色化、差异化发展模式，重点引进轻工制造、机械制造、新型建材、文化旅游、现代农业等产业。聚焦战略性前沿招商，以福州台商投资区松山片区、罗源湾开发区两大园区为承接平台，培育和发展新材料、汽车和新能源配件、装备制造、数字经济、现代服务业等竞争力强、成长性好、关联度高的战略性新兴产业。

【招商宣传推介】 福州台商投资区松山片区围绕新能源、新材料、智能制造及汽车配件产业布局，科学谋划，精准招商，集约开发A片区土地资源，建设配套项目集中的“园中园”模式，为每个入园企业提供“保姆式服务”，实现入驻园区企业审批“一站式”办结。罗源湾开发区立足宝钢德盛不锈钢有限公司、福建罗源闽光钢铁有限责任公司等钢铁龙头企业，开展产业联合招商、产业链招商，推动企业通过扩大产能、技改等，拓展延伸不锈钢下游精深加工产业，推动钢铁产业链向高端发展，做大做强冶金建材全产业链，推动实现千亿海港城目标。

（丁路路）

（编辑 林烨欣）

市场监督管理

综 述

【概况】 2022年，县市场监管局在省市局和县委、县政府领导下，推进市场监督管理工作，立足自身职能，严守安全红线，加大维权力度，深化“放管服”改革，加强食品、药品、特种设备及产品质量安全监管，为优化罗源县营商环境、保障市场健康发展作出贡献。

【商事制度改革】 县市场监管局压缩企业开办时间，降低企业开办成本。对开办企业业务涉及的部门、环节、材料、办理时限等进行梳理，一次性同步收取企业开办涉及的企业登记、公章刻制、发票申领等所需材料，改“串联审批”为“并联审批”，创新同步办理、信息共享、限时办结的“一站式”服务，让群众通过一个窗口就能办成一件事情。推行照章通办、零延时服务，企业登记、公章刻制、发票申领时间压缩至1.5个小时。罗源县新登记企业1160户，比上年增长17.53%。为全县新设立企业提供零费用刻章服务。罗源县对标福州市先进做法，推进刻章制度改革，在全县范围内通过向新设立企业无偿提供1套印章（每套含单位法定名称章、发票章、财务章和法定代表人章4枚）的方式，在全县范围内推行“零费用”刻章服务，降低市场准入门槛、减少企业开办成本，提升企业的获得感和满意度。罗源县为813户新设立企业提供零费用刻章服务。开展全市通办业务。为解决企业和群众异地办事难、“多地跑”“折返跑”等问题，打破行政审批事项属地申报和领取结果的限制，由传统的固定属地申领转变为由申请人根据便利、自愿原则任意选择登记窗口申报和领取结果，满足服务对象“就近、便利、高效”办事需求，节约办事成本，创新服务机制。接受全市通办咨询约90余次，与福州市局、永泰、闽清、晋安合作办理53次。

市场主体监管

【概况】 罗源县各类市场主体26555户，其中实有内资企业450户，注册资本192.24亿元；实有私营企业4743户，注册资本610.03亿元；实有农民专业合作社572户，出资总额24.36亿元；实有个体工商户20790户，出资总额34.07亿元。

【企业登记注册】 新注册登记1318家企业，注册资本102.62万元，新登记个体工商户3505户。

内资企业 新增内资企业70户，实有内资企业450户，比上年下降19.5%，注册资本192.24亿元，比上年增长8.03%。

私营企业 私营企业新增1205户，比上年下降0.85%，注册资金85.07亿元，比上年下降55.59%；实有私营企业4743户，注册资金610.03亿元。注册资金亿元以上的私营企业121户；1000万元至1亿元的私营企业1453户；500万元至1000万元的私营企业462户；100万元至500万元的私营企业1068户。

个体经济 新开业个体工商户3505户，比上年增长11.41%，资金数额5.9亿元，比上年下降42.3%；实有个体工商户20790户，比上年增长10.07%，资金数额34.07亿元，比上年增长12.37%。

农业专业合作社 全县新增农民专业合作社43户，比上年下降30.65%；实有农民专业合作社572户，比上年增长3.62%；出资总额24.35亿元，比上年增长2.09%。出资总额1000万元以上的有62户；500万元至1000万元的有109户；100万元至500万元的有298户。

【商标品牌培育】 县市场监管局实施“知识产权贯标+专利导航”模式，引导企业加强知识产权标准化建设，帮助企业精准定位开展专利布局，助力企业高质量发展。指导贯标培育企业德塔电源技术公司进行知识产权专利导航工作，并通过验收，推荐指导其申报省知识产权示范企业；推荐指导源鑫环保公司申报国家知识产权优势企业，并于10月获评称号；推动和扶持中网电气公司开展知识产权专利导航工作；引导省知识产权优势企业开展专利保险工作；组织推荐2家企业申报福州市专利奖，其中德塔电源技术公司的1项专利获评“福州市专利优秀奖”。

市场监管执法

【概况】 2022年，县市场监管局加大执法办案力度，配合相关部门开展各类专项行动，出动执法人员325人次，检查经营企业、商户655家次，立案99起，罚没款107.35万元。

【企业主体】 根据省市市场监管局年报工作有关文件精神，县市场监管局开展2021年度市场主体年报工作，2021年度内资企业年报率93.55%。353家企业被列入经营异常名录，83户次企业被移出经营异常名录，清理吊销长期停业未经营企业133户。

【专项行动】 *校园周边食品专项整治* 县市场监管局重点检查是否持有食品流通许可证；经营环境是否符合要求；索票索证是否落实；是否有“三无”食品、超过保质期食品等。出动执法人员214人次，检查周边食品流通经营户352家次，发出责令改正通知书3份。

食品安全“守底线、查隐患、保安全”专项行动 将前期“守查保”专项行动中针对重点行业领域、重点食品生产经营单位的重点排查，拓展到覆盖各类行业领域和食品生产经营单位的全方位、多维度大排查，确保全覆盖无盲区。聚焦监督抽查和抽检监测发现的突出问题和投诉举报量大、舆情反映多、群众反映强烈的问题开展重点排查；聚焦重要时段、重点人群，加强涉老食品、校园食品、婴幼儿配方乳粉的隐患排查。在全面排查本地区风险隐患的基础上，梳理问题线索，进行分析研判，形成风险清单。出动执法人员271人次，检查食品生产经营单位387家次，发出整改通知书9份。

抓好夏季食品安全攻坚专项行动 加强食用农产品源头防控。县农业农村局加强食用农产品质量安全执法检查与追溯建设。开展食用农产品质量安全执法检查，检查生产主体51家次，农资企业15家次，生猪屠宰场2家次，监督抽检食用农产品460批次，农产品快检7050批次，查办违法案件2起，罚款金额1.48万元。推进食用农产品承诺达标合格证与“一品一码”追溯并行管理，县乡两级开展线上巡查生产主体1249家次，开具农产品合格证/准出凭证405批次。72家养殖主体纳入水产品“一品一码”追溯系统，完成赤潮毒素贝类风险监测12批次，食用水产品监督抽检64批次、快检108批次，合格率100%。加强食品生产经营整治，检查食品生产经营主体1319家次，监督抽检816批次、快检1500批次，立案查办食品案件12起，罚没金额10.5万元。配合公安机关查获进口冷链食品走私案件1起，涉案食品25吨。聚焦食用植物油生产经营单位，重点整治“两超一非”、微生物特别是致病菌超标等问题。检查食用植物油生产企业2家次（全县食用植物油生产企业仅1家）、经营商户56家次，监督抽检20批次。开展网络餐饮“点题整治”，检查相关餐饮服务单位50家次，发出责令整改通知书7份，下架平台店铺并停业整顿2家次。对夜间辖区各类餐吧、小酒馆等开展集中整治，出动执法人员159人次，检查餐饮服务单位385家次，发出责令整改文书12份。开展秋季开学校园食品安全专项检查，出动执法人员58人次，检查校园食堂69家次，食堂供货商3家次，校园周边食品经营主体134家次，监督抽检92批次、风险监测13批次，合格率100%。加强中秋、国庆两节食品市场监管，加大对月饼、肉制品、酒类等节日食品的监督检查力度，出动执法人员36人次，检查各类食品生产经营主体129家次，监督抽检月饼6批次，其他食品34批次。加强对进口冷链食品的疫情防控，督促企业落实主体责任，做好进口冷链食品“三专三全四证”“入榕通行码”等工作。担负属地监管责任，掌握冷链食品生产经营主体动态，备案登记冷库35个。

经营使用非法医疗设备专项检查 组织辖区医疗器械使用单位开展在用进口医疗设备质量管理情况自查，重点自查省药监局文件列明的三类重点产品。收到使用单位自查表17份，涉及供货企业20家、生产企业25家、维修单位18家。加大对专项中涉及四类重点检查对象、三类重点产品的监督检查力度，重点检查采购、验收、贮存、使用、维护等质量管理情况。检查医疗器械使用单位9家次，抽查产品13批次，发现个别单位验收记录不全的问题，要求问题单位立即整改。

知识产权行政保护专项行动 加强重点领域执法，以滨海永辉超市和六意超市2个人流量大、关乎民生和社会公共利益的商超为重点整治对象，聚焦抗疫防护用品、食品药品、日用品等销售领域，严厉查处假冒专利、商标侵权等侵犯知识产权违法行为；加大地理标志、驰名商标保护力度，发挥县知识产权纠纷人民调解委员会作用，增强知识产权援助、举报、投诉业务处理水平。检查商超、便利店等各类市场主体275家，查办98起知识产权侵权违法案件，罚没16.31万元，调解专利侵权纠纷2起。

【打击传销工作】 县市场监管局综合运用多种举措，各部门协同配合，加大传销打击力度。处理滨海新城涉及传销的投诉举报32起，清查出租屋51处，查获疑似传销人员43人，教育遣返疑似涉传人员6人，立案传销案件2起。

【诚信体系建设】 县市场监管局加强企业信用监管。落实双随机抽查制度。根据省市局通知要求，县市场监管局制定2022年“双随机”抽查工作计划并开展抽查。其中，由县市场监管局牵头组织开展“双随机、一公开”跨部门抽查工作3次，抽查企业323户，抽查结果通过双随机抽查系统录入，由其自动推送到国家企业信用信息公示平台（福建）并向社会公示。建立完善企业信用信息公示体系，助推企业诚信建设。结合“3·15”宣传等活动发放诚信宣传单1200余份，增强企业和公民的诚信意识。规范企业经营异常名录管理，实行申请移出经营异常名录企业行政约谈制度。有83户企业移出经营异常名录，739户个体工商户取消经营异常标注状态。

【打假维权】 县市场监管局开展打击侵犯知识产权和制售假冒伪劣商品行动、知识产权执法“蓝天”行动、北京冬奥会和冬残奥会奥林匹克标志知识产权保护等各类知识产权保护专项行动。县市场监管局立案查处17起知识产权侵权违法案件，罚没10.4万元；立案制售假冒伪劣商品案件8起，罚没款0.58万元。

食品药品监督管理

【概况】 2022年，县市场监管局履行职责，加强食品药品日常监管，落实“四个最严”要求，推动建立完善食品药品监管体系，提高食品药品监管能力，为人民群众的食品药品安全提供保障，年内罗源县未发生重大食品药品安全事件。

【食品安全监管】 食品安全“两个责任”落实 县市场监管局根据国家、省、市食安委工作部署，县食安委印发《罗源县建立健全末端发力终端见效工作机制 推动落实食品安全属地管理责任和企业主体责任实施方案》，明确“今年打基础，明年全覆盖，三年见成效，常态化运行”的目标任务，细化工作实施步骤。建立责任清单制，包保干部分为县、乡（镇）、村（社区）三层级，食品生产经营许可主体划分为A、B、C、D四级。层级对应关系是A级主体上报市级包保，B级主体由县政府领导包保，C级主体由乡（镇）领导包保，D级主体由村（社区）干部包保。建立任务清单制，各层级包保干部每季度对包保主体至少开展1次督导，重要节假日、重点时段应增加频次，督导发现问题的，通报属地市场监管部门。建立督查清单制，建立健全县、乡（镇）二层级督查清单制度，重点督查包保干部落实责任清单、任务清单情况，确保包保工作落到实处。建立责任和任务承诺书制，县政府领导干部同县政府主要负责人或其委托人签订承诺书；乡（镇）领导干部、村（社区）支部书记同乡（镇）政府负责人或其委托人签订承诺书；村（社区）两委、工作人员同村（社区）支部书记签订承诺书。相关承诺书上报省、市食安办备案存档。县食安办负责组织县、乡、村级包保干部培训，县市场监管局开展《企业落实食品安全主体责任监督管理规定》进企业培训宣贯和督促指导，县教育局、工信局等行业主管部门督促学校食堂、规上企业、超市、农贸市场等单位落实食品安全主体责任。罗源县包保主体、包保干部的摸底与分级工作如下：全县包保主体2486户，其中A级0户、B级4户、C级66户、D级2416户；全县包保干部422人，其中县层级领导1人、乡（镇）层级领导34人、村（社区）层级干部387人，并同步完成责任清单、任务清单、督查清单上报工作。

企业主体责任落实 推行“双随机、一公开”抽查监管办法，加强抽查结果运用，督促企业执行法律法规和标准，规范生产经营活动。依托政府信息公开平台，依法规范公布食品安全标准、行政许可、监督抽检、行政处罚、舆情处置、重大典型案件、企业信用、严重失信者名单等信息，并为公众提供网上查询。推行企业食品质量安全自查报告和信用分级监管制度，引导企业加强道德文化和诚信建设，增强食品生产经营者的自觉守法意识。

社会各界参与监督 配合县人大、政协开展食品安全执法检查、监督评议等活动，听取人大代表、政协委员意见建议，改进监管工作。发挥食品安全社会监督员、志愿者等公益性队伍的监督、宣传作用，罗源县组建18支食品安全志愿者队伍，志愿者人数217人。在商场、村居设立投诉举报站点，加强“12315”热线值守，全年受理食品安全投诉举报46件，其中有奖举报1件，诉转案4起，办结率、回复率100%。

【药品器械流通管理】 药品经营和使用环节专项整治检查 县市场监管局结合疫情防控检查开展药品流通环节专项检查，以新开办企业、严重违反GSP（药品经营质量管理规范）的或被检查发现缺陷问题较多的药品经营企业和使用单位为重点检查对象，检查药品购销渠道、处方药销售情况、落实疫情防控情况等，检查药品经营企业37家次，药品使用单位16家次，抽查药品102批次，未发现问题。

第二类精神药品专项检查 结合罗源县实际，县市场监管局与县公安局、卫健局联合制定《罗源县第二类精神药品专项检查工作方案》，成立以各局分管领导为组长的领导小组，明确工作职责和工作安排。加强宣传，组织自查。通过工作群和实地走访开展宣传，要求药品经营企业开展自查自纠，辖区34家药品经营企业全部上交福州市药品零售企业第二类精神药品专项检查（未取得第二类精神药品零售资质企业）自查报告。县市场监管局检查相关药品零售企业55家次。

医疗器械风险隐患排查工作　下发《罗源县市场监督管理局关于开展2022年医疗器械质量安全风险隐患排查整治工作的通知》，聚焦集中带量采购中选产品、疫情防控类医疗器械、无菌和植入性医疗器械等重点产品，聚焦既往发现问题较多等重点企业，深入开展风险隐患排查整治工作。检查医疗器械经营使用单位15家次，抽查医疗器械品种38批次，对产品进货渠道、验收、储存等情况进行检查，未发现问题。

【保健品、化妆品监管】　保健食品专项清理整治行动　县市场监管局落实企业主体责任，加大对流通环节非法添加物、功效成分等指标的抽检力度，严厉打击非法添加等违法行为。加强保健食品标签说明书管理，加强保健食品广告与网络营销监管，严查保健食品销售会、传销和违规直销等违法行为。开展保健食品安全科普宣传4场，发放宣传资料500余份，提升消费者对特殊食品夸大虚假宣传的辨识能力。出动执法人员226人次，检查超市、药店、母婴店等特殊食品经营单位188户次。

不合格化妆品查处　指定专人定期登录国家药品监督管理局网站，收集不合格化妆品的通告并及时向基层市场监督管理所和化妆品经营企业及使用单位进行通报，要求立即停止销售使用相关不合格的化妆品，并做好相关产品的下架工作，要求各所结合双随机检查以及日常监管开展核查工作，防控化妆品质量风险，抽检化妆品60批次，全部合格。

质量技术管理

【概况】　2022年，县市场监管局开展质量强县工作，以省、市政府质量奖培育和推进工作为抓手，落实质量管理、标准化管理、计量监督检查、特种设备管理、产品质量监督、认证监督管理等工作，监管与服务并重，引导企业走质量效益型道路，为维护社会市场经济健康有序发展提供保障。

【质量管理】　县市场监管局开展质量基础设施“一站式”服务建设工作，为中小企业、民营企业提供标准、计量、认证等各类服务，助推经济高质量发展。加强企业全面质量管理。引导企业建立首席质量官制度，深入企业生产一线，掌握企业质量管理最新情况，引导企业建立健全全员、全方位、全过程质量管理体系。组织企业参加先进质量管理方法培训工作，推广卓越绩效、精益生产等科学管理模式和方法，引导各行各业企业争创各级政府质量奖。

【标准化管理】　县市场监管局按照《福建省企业产品标准备案管理规定》，引导企业参与和关注企业产品标准自我声明公开，有3家企业5项产品标准在平台声明公开。开展企业产品标准监督抽查后续工作，督促企业将修订后的标准在“平台”上进行自我声明公开。开展标准化宣传工作，通过世界标准日、“3·15”国际消费者权益日、认证认可日、质量月等主题宣传活动，宣传标准和标准化工作的意义，并组织相关人员参加标准工作业务培训。

【计量监督检查】　县市场监管局开展2022年民生计量专项行动。重点开展眼镜配制场所、电子计价秤、加油机、商品定量包装、能效水效标识等专项监督检查工作。开展能源计量工作，完成辖区3家重点用能企业能源计量审查工作。落实强检计量器具备案工作，对企业提交的备案情况表中涉及未检定及超期未检情况，督促企业通过福建省强制检定平台进行申报检定。开展民用水表、燃气表计量监督检查。开展粮食计量专项整治工作，要求14家粮食应急网点向县市场监管局提交计量器具备案情况。开展计量服务实体经济服务，制定2022年度计量帮扶工作实施方案，确定10家帮扶企业名单，开展计量宣传服务，为6家企业免费培训计量检定校准人员10人。

【特种设备管理】　罗源县在册特种设备数量5757台套（不包括压力管道），其中锅炉201台、压力容器1379台、电梯2341台、起重机械1456台、场（厂）内专用机动车辆380台，总数比上年增加1087台（套），增长率23.28%。另有压力管道320.90千米。特种设备日常监督检查计划完成率100%，使用登记率98.56%，定期检验率99.26%，重要事项闭环率94.19%，立案查处涉嫌使用未经检验的特种设备及使用未取得相应资格的人员从事特种设备作业案件1起，涉嫌违反《中华人民共和国特种设备安全法》和《特制设备安全检测条例》案件1起。

安全生产宣传　县市场监管局开展春季安全生产“敲门提醒”行动。向企业发放《安全公开信》，利用微信和短信发送安全告知提醒。发放安全公开信45份，微信群发信息4次，涵盖特种设备使用单位287家次，短信提醒1000余条。结合安全生产月活动，指导企业开展应急演练。开展宣传活动2场，发放宣传材料1000余份。指导企业开展特种设备应急演练5场。

特种设备安全专项整治　县市场监管局开展压力管道整治工作。经排查，需整治的压力管道28.29828千米，完成整治28.29828千米，整治完成率100%。涉及整治单位42家，完成42家，完成单位比例100%。采取专项检查和集中约谈等方式，推进起重机械双限位整治。全县确认起重机械791台，确认791台，完成比例100%。组织开展城镇燃气安全排查整治行动。加强液化石油气瓶充装单位安全检查。采取“四不两直”的方式对液化石油气瓶充装单位开展安全检查，检查企业17家次，未发现违法行为。深化燃气压力管道安全排查整治。在前期燃气压力管道专项整治基础上，组织辖区内两家管道燃气经营企业开展调压柜（箱）和撬装式设备自查，检查企业2家次，排查燃气调压柜248台。组织开展特种设备夏季隐患清剿行动。发现并排除液化气瓶可疑充装52起，未发现使用视频定格器、口袋码等违法行为，处理电梯安全投诉8起，完成34条重要事项闭环管理。

【产品质量监督】　县市场监管局落实辖区8家工业产品获证企业证后监管，通过建立档案，日常巡查、分类监管等措施，督促企业坚守工业产品质量安全底线，稳步提高工业产品质量合格率。开展重点产品质量安全监管，开展危险化学品、钢筋、水泥、儿童学生用品、食品相关品等监督检查25家次，推动企业落实质量安全主体责任。组织开展产品质量技术帮扶“提高效率、提升效能、提增效益”行动，帮扶重点企业4家，参与技术机构1家。

【认证监督管理】　县市场监管局开展强制性产品认证监督检查，规范强制性认证产品的质量水平，完善产品质量安全监管，对罗源县7家强制性产品认证企业完善建档，开展现场检查。认证活动事中检查，定期查询认证认可业务综合监管平台上的信息，开展认证活动现场审核监督检查19家次，未发现违法违规问题；加强3C免办证后监管，对辖区1家3C免办产品企业开展监督检查；开展辖区2家机动车检验检测机构监督检查。

价格管理

【概况】　县市场监管局重视价格监督管理工作，立足自身职能，加强组织领导，加强学习培训，全面提高队伍素质，开展价格执法工作，维护消费价格总水平基本稳定和公平竞争的市场秩序。

【价格管理】　天价茶整治　常态化执行2021年《全县“天价茶”专项整治工作方案》，以南平市提供的26家福建省知名茶叶品牌名单为重点，在日常工作中推进“天价茶”专项整治工作。重点整治“天价岩茶”乱象及不明码标价、价格虚高、过度炒作、上市销售价格高昂的“非卖品”“品鉴品”等违法行为。倡导茶叶经营商户签订《诚信经营承诺书》，合法合规经营。畅通投诉渠道，发挥“12315”消费者申诉举报服务平台作用。配合县纪委开展“天价茶”背后的“四风”和反腐败问题专项整治。出动执法人员62人次，检查相关茶叶生产企业、商铺132家次，未发现企业、商铺有销售“天价茶”行为。

粮食价格监管　加强粮食价格监管。以各类大米等生活物资为重点，依职责对辖区大型商超、食杂商铺及粮食供应商逐一排查，要求经营者诚信经营，做好粮食产品的明码标价。严厉打击哄抬物价等违法行为；密切关注市场价格动态。按照上级统一部署，配合县发改局，做好粮食价格日常监测工作，疫情防控期间，高度关注粮食产品的市场价格动态，一有异动，马上汇报；畅通投诉举报渠道。发挥“12345”“12315”平台作用，处理人民群众的价格咨询与投诉举报，及时化解价格纠纷，妥善处理价格突发事件，重大问题要及时上报，维护人民群众合法权益。检查商超、粮食副食品经营点206家次，未发现涉及粮食的违法违规行为，未接到涉及粮食的价格投诉。

【收费管理】　检查罗源县铁路、海运领域2020年以来的收费情况，重点查处机场、铁路等领域不执行政府定价、指导价，不按规定明码标价，对明令取消的收费项目继续收费，以及价格欺诈等不正当价格行为，督促船公司遵守价格法律法规，依法查处船代、货代、堆场、报关、理货等中介机构不按规定明码标价等价格违法行为。检查港口3处、铁路站点1处，未发现违规行为。

检查罗源县供水、供电、供气企业2020年以来的价格政策执行情况，检查相关企业6处，未发现违规行为。

检查2020年以来，罗源县开展对公贷款业务的各级商业银行的收费政策执行情况，重点突出以下内容：明令取消、暂停或减免项目继续收费等不执行政府定价、指导价行为；不落实中小微企业优惠政策、不履行价格承诺行为；不执行总行价目表的；利用贷款强势地位开展中间业务捆绑强制或变相强制服务并收费、只收费不服务或少服务行为；违规收取有关信贷资金管理等费用，将信贷业务中开展的尽职调查、贷款发放、支付管理、贷后管理等应尽的工作职责转变为有偿服务；将商业银行自身应承担的抵押登记费或押品评估等相关成本转嫁给企业承担的；其他价格违法行为。检查企业2家，未发现违法行为。

检查县级行政机关、事业单位、行业协会商会2020年以来的收费情况，检查企业6家，未发现违法行为。

（陈忠康）

（编辑　林烨欣）

财 政

【概况】 2022年，县财政紧盯攻坚目标，加强财税部门协同，加强重点行业和重点企业税收征管，加大资源资产盘活力度，深挖税源增收潜力，促进非税收入增长。全县一般公共预算总收入14.82亿元，扣除留抵退税因素后一般公共预算总收入23.74亿元，同口径增长15.3%。地方一般公共预算收入11.76亿元，扣除留抵退税因素后地方一般公共预算收入16.22亿元，同口径增长34.6%；非税收入完成6.07亿元，比上年增长189%。

【争取资金情况】 县财政局制定印发《争取上级资金正向激励奖励方案》，全县向上争取专项资金4.78亿元，比上年增长22.6%。争取到新增一般债券1.02亿元，新增专项债券9.19亿元，保障罗源县高级职业中学新校区（实训基地）、工人文化宫建设工程、文化三馆、总医院建设、福州台商投资区新能源及智能装备制造产业园项目等在建民生和打基础利长远项目资金需求。

【增强发展后劲】 *重点项目发展* 县财政局围绕重点产业链，投入约2.3亿元，加速锻造千亿产业链，推动南铝项目、宝太110万吨冷轧、东恒机械、中国欧电特种阀门不锈钢精深加工、万洋众创城等重点招商引资项目落地。

惠企纾困政策 县财政局贯彻落实省市经济“一揽子”政策措施，完成117家次企业留抵退税工作，金额13.7亿元；减免承租罗源县行政事业单位国有房屋租金88.95万元，涉及67户小微企业和个体工商户，涵养税源，激活市场活力。拨付各类专项惠企资金3509.93万元，其中企业研发投入分段补助资金为561.7万元，引导企业加大研发力度，落实创新主体孵化行动，推动企业转型升级。

乡村振兴推进 围绕“七彩罗源”产业布局，下达各级乡村振兴试点建设资金8433万元，重点用于支持产业振兴、补齐农村基础设施、生态环境保护修复和公共服务短板等，打造中高级版示范村。下达2022年扶持壮大村级集体经济补助资金825万元，增强村集体“造血”功能。下达各类财政资金2671万元，用于实施高标准农田建设，提高罗源县粮食保障能力；拨付1804万元用于发展食用菌、茶叶、果蔬、畜牧、花卉竹木等特色产业。

【办好民生实事】 *健全社会保障体系* 罗源县社会保障和就业支出3.45亿元，主要用于城乡低保、补助困难群体、开展就业创业工作、保障退役军人事业发展、推进机关事业单位养老制度改革等。

支持教育事业发展 拨付生均公用经费4209万元，足额保障学校日常运转，让38559名学生受惠；及时拨付各类奖助学金198.32万元，保证脱贫攻坚在教育领域落到实处；拨付1.3亿元，推动高级职业中学新校区（实训基地）、三中田径场与教学综合楼、县进修校附小教学综合楼、县中小学义务教育学校改造修缮等项目建设，改善教育办学条件。

建设公共卫生体系 拨付3254.63万元，用于疫情防控物资采购等工作；投入5516.78万元用于公共卫生建设，提升公共卫生保障能力；拨付2999万元用于独生子女医保补助、计生家庭奖扶等支出；投入3944.59万元支持乡镇卫生院发展。

推动文体事业发展 拨付62.5万元支持美术馆、公共图书馆、文化馆（站）、博物馆免费开放，国家非物质文化遗产保护资金投入80万元，保障和改善文化民生；拨付113.5万元，用于建设县体育场、社区足球场等；拨付2022年中央专项彩票公益金资金1000万元支持地方社会公益事业发展，保障全民健身、体育竞技的发展。

提升人居环境质量 拨付保障性安居工程项目资金3.08亿元，用于岐阳棚户区改造、老旧小区改造等；提升生态环境质量。坚持生态优先、绿色发展，突出重点流域治理，筹集资

金 1.13 亿元，主要用于护国溪、起步溪流域生态环境综合治理工程、鉴江镇澳里溪综合治理项目和农村生活污水治理等，改善鉴江镇、起步镇周边流域水环境，提升生态建设水平。

推进平安罗源建设　公共安全支出 1.24 亿元，主要用于加强和创新社会管理及综治平安建设、公安及司法部门办案及装备配备、完善监控探头改造建设及交通安全设施建设、扫黑除恶斗争等，“平安罗源”建设得以保障。

【提升管理效能】　预算绩效管理　县财政局开展财政支出项目绩效目标与整体支出绩效申报、绩效运行监控和绩效评价工作，全县 383 个项目纳入绩效管理，涉及资金 25.2 亿元；对农村幸福院运营补贴、2021 年造林绿化上级补助资金、工会经费等 3 个项目开展重点评价；选取教育附加费支出开展项目评估，提高财政资源配置效率和使用效益。

财政资金监管　深化国库集中支付和动态监控改革，全年预计受理支付业务 6.04 万笔，金额 37.97 亿元，退回、重新核定不合理或不合规 233 笔；全面落实中央八项规定精神，开展“1+X”监督检查、会计信息质量及民生领域专项资金管理“点题整治”等工作；审结建设项目 750 个，送审金额 27.25 亿元，审定金额 24.42 亿元，核减金额 2.83 亿元，综合核减率 10.39%，加强财政监督检查结果运用，确保财政资金安全规范运行。

国有资产管理　开展行政事业单位资产管理信息系统一体化整合工作，建立健全资产全链条、双向控制机制，完善资产入库、使用、处置等管理流程。加强资产动态管理，每月开展行政事业单位国有资产月报编制工作，从严审批各类国有资产的调拨、报废等，受理批复 18 个行政事业单位固定资产报废、调拨申请，涉及资产 992.4978 万元。

（高伟杰）

税务

【概况】　2022 年，罗源县税务局组织各项收入 165173 万元，比上年减少 92650 万元，下降 35.94%。落实新增减税降费及退税缓税缓费 154611.10 万元。在福建省营商环境纳税指标市场主体满意度调查工作中，省排名从 2021 年第六十八名提升至 2022 年第四十三名。

【组织税费收入】　罗源县税务局组织各项收入 165173 万元，比上年减收 92650 万元，下降 35.94%。其中：税收收入 43453 万元，比上年减收 142720 万元，下降 76.66%，扣除留抵退税因素还原后，实际税收收入 181293 万元，比上年减收 8142 万元，下降 4.30%；社保和非税收入完成 121721 万元，比上年增收 50071 万元，增长 69.88%。

【减税降费落实】　罗源县税务局落实新增减税降费及退税缓税缓费 154611.10 万元，增值税期末留抵税额 137840.75 万元；小微企业“六税两费”减免税费 2225.32 万元；办理制造业中小微企业延缓缴纳税费 7580.08 万元，激发市场主体内生动力。

【税收法治建设】　罗源县税务局与法院建立健全执法协作机制，着力解决制约破产、执行转破产、执行财产变现工作中的涉税问题，欠缴税费参与法院分配入库税费及滞纳金 219.49 万元。完善内控日常监督，接收上级推送执法疑点 7 条，核实疑点成立 3 条，整改问题 3 条。

【货物和劳务税管征】　罗源县税务局入库增值税 -48855 万元（增值税期末留抵税额 137840.75 万元），比上年减少 134554 万元，下降 157.01%。在全面数字化的电子发票受票试点工作中，组织受票业务培训 102 人，办理受票业务定向预约纳税人 3 户，进行信息推送并开展宣传辅导的受票预先服企业 484 户，受票纳税人 4896 户次。

【企业所得税管征】　罗源县税务局入库企业所得税 30907 万元，比上年减收 9591 万元，下降 23.689%。落细落实“六税两费”减税退税工作，六税减免户次 3483 户次，减免金额 1516.13 万元。

【个人所得税管征】　罗源县税务局入库个人所得税 22850 万元，比上年减收 6346 万元，下降 21.74 %。全县个人所得税（组织）退库 39 户，退库金额 5.56 万元，个人所得税（自然人）退库 15470 人次，退库金额 891.02 万元。

【财产行为税管征】　罗源县税务局落实房产税、城镇土地使用税日常管理及困难减免工作，因疫情减免服务业小微企业和个体工商户租金相应减免房产税 3.84 万元，减免城镇土地使用税 0.62 万元。辅导纳税人做好环保税税源信息采集及申报，入库环境保护税 806 万元。

【国际税收管理】　罗源县税务局建立健全非居民税收管理各项工作台账，提升境外涉税信息监控工作，非居民企业入库增值税 19.33 万元，入库企业所得税 7.5 元，合计 26.83 万元，比上年减收 273.94 万元，下降 91.08%。

【社保费和非税收入管理】　罗源县税务局组织入库社会保险费 71257 万元，比上年增收 5906 万元，增长 9.04%。非税收入完成 6090 万元，比上年减收 182 万元，比上年减收 2.9%。新划转的非税项目中，国有土地出让收入入库 44109 万元；海域使用金入库 115 万元，矿产资源专项收入入库 3000 万元。

【纳税服务】 罗源县税务局推广“非接触式”办税缴费服务，平均电子申报率 99.56%。为老年群体提供陪同办、上门办等多项无忧办税服务；协同优化不动产交易“一窗受理”服务，罗源县税务局二手房交易互联互通集成办理率 94.7%；开展“春雨润苗”专项行动，发挥“银税互动”机制作用，为小微企业提供信用贷款 315 万元，推动纳税信用“融资变现”。

依托金税三期纳税信用管理系统实现全过程纳税信用管理，完成信用评价户数 3877 户，其中 A 级纳税人 220 户，B 级纳税人 1343 户，A、B 级纳税人占比 40.31%，全县整体纳税信用水平不断提升。

【税收征管改革】 罗源县税务局探索钢铁行业以数治税，撰写并报送案例材料（案例题目：“以数治税”在钢铁行业的应用——以福建罗源闽光钢铁有限责任公司为例）被选送至国家税务总局。牵头成立税收科研课题组，撰写课题报告《税收征管数字化转型研究》，获 2022 年度福建省税务系统优秀税收科研成果三等奖。加强税费收入质量监控，下发疑点数据 15 条。开展市场主体未办税户管理服务工作，核查未办税户企业 1371 户。

5 月 5 日，县税务局积极参与罗源县企业服务年启动仪式暨优化化营商环境落实惠企政策对接会

【税收风险管理】 罗源县税务局完成纳税评估任务（含纳税辅导）25 条次，应补缴税费 4.22 万元，加收滞纳金 1.1 万元。深化机制砂行业税收风险应对管理，调整完善“销售偏差比”数据模型，实现常态化监管，制砂行业 2022 年实现各项税收净入库 750.89 万元，比上年增长 56.82%。加强自然人电子税务局数据安全管理，清理互斥岗位数据 125 条。健全“查管互动”协作机制，接收稽查建议函 4 份、稽查税务处理决定书 13 份、受托协查任务 21 条次。

（康 钰）

（编辑 林烨欣）

农业 农村

农村建设

【概况】 2022年，县农业农村局落实完善强农惠农政策，全面深化农村改革，优化农业结构，转变农业生产方式。推进农村土地“三权分置”改革，基本完成全县农村土地承包经营权证颁发，加强村财监督管理，开展农村“三资”监管不力问题专项整治。

【强农惠农政策】 县农业农村局为促进粮食生产，罗源县出台制定《罗源县人民政府关于印发2022年度罗源县促进粮食生产七条措施的通知》。耕地地力保护补贴下达资金1112万元。其中一般农户补贴资金1078.7285万元，补贴面积10759.56公顷，每亩补助66.83元；种粮大户补贴资金33.2715万元，补贴面积147.87公顷，每亩补助150元。水稻种植保险面积2924.86公顷，特色农业设施食用菌保险投保数量831.611万袋。

【村财监督管理】 “三资”网上公开工作 县农业农村局按照市委办公厅、市政府办公厅印发《福州市农村集体“三资”网上公开实施方案》文件精神和市局工作部署，2021年6月7日下发县委办公室、县政府办公室《关于印发〈罗源县农村集体“三资”网上公开实施方案〉的通知》，县级财政每年安排专项资金50.16万元用于农村集体“三资”网上公开工作。完成农村集体“三资”监管系统与福州市惠民资金网接口对接和全县189村2020年度、2021年度本月货币资金收支情况表、村级货币资金收支明细公开表的数据提取工作。完成固定资产、在建工程、村级资源性资产等有关内容的公开，稳步推进公开经营性资产招租出租情况。公开资金17.43亿元；公开资产6086项，其中固定资产5381项，在租资产163项，在建工程542项；公开资源414宗；经营合同卡片录入678份。

村干部任期和离任经济责任审计 根据文件精神，全面完成全县11个乡镇202个村（社区）任期和离任审计工作，审计总金额308739.33万元，出具审计报告201份，发现涉及不合理开支0.12万元，清退0.12万元；有9个村13个项目村集体资产资源租金或承包金被拖欠49.7867万元，由乡（镇）政府发出审计意见书。整改11个项目，收回40.89万元，减免3万元。

农村集体“三资”监管专项治理情况 贯彻落实福州市农业农村局《关于开展农村集体“三资”监管专项整治工作实施方案》和中共罗源县纪委办公室关于印发《罗源县2021年“点题整治”群众身边腐败和不正之风突出问题的工作方案》的文件精神，全县审查资产资源承包合同371份，金额8338.28万元，其中未按期履行合同20份，金额208.73万元。完成整改问题合同19份，其中16份合同收回资金183.23万元，3份合同解除并免除租金11.5万元。贯彻落实县纪检监察机关《关于开展分地域分领域分层级治“四风”树新风专项工作任务分工方案》的文件精神，对村级津、补贴或福利等问题进行自查自纠，发现梅花村“七一”党员活动伙食补贴费超标0.2万元，清退收回0.2万元。

【“三农”体制改革】 农村集体产权制度改革成果提升 县农业农村局按照省市的部署安排，在上年“回头看”基础上，完善集体经济组织成员信息，推动股权证书全部发放到位，排查并化解成员身份确认“两头空”“两头占”问题。通过全国农村集体资产监督管理平台，对失地农民保险身份审核比对，发现农村集体经济组织成员疑似“两头空”人员问题，发通知各有关乡镇进行调查落实，维护农村妇女合法权益。

农村集体经济运行机制创新 探索通过资源开发型、资产盘活型等多种形式发展壮大集体经济。推进资源变资产、资产变股份、农民变股东“三变”改革，增强集体经济发展活力和实力，增加农民收入。

农村土地承包管理　推广使用农业农村部、国家市场监督管理总局制定的《农村土地经营权出租合同（示范文本）》和《农村土地经营权入股合同（示范文本）》，引导土地经营权流转规范有序进行。发动各乡镇人民政府在LED宣传栏上宣传新修订的《中华人民共和国农村土地承包法》，增强村民法律维权意识，减少村民在土地承包、经营权流转、承包经营权登记等方面的矛盾纠纷，为实施乡村振兴建设提供有力的法治保障。

【农产品质量安全监管】　县农业农村局通过出台制定《2022年罗源县农产品质量安全例行（风险）监测及监督抽检工作方案》，完成果蔬、茶叶、食用菌、禽蛋禽肉等生产环节农药残留检测78251件次，合格率99.99%；定量检测428批次，合格率99.1%。完成瘦肉精检测4159头份，合格率100%。创建完成2个优质农产品标准化示范基地（畜牧养殖1家，食用菌1家）。罗源县244家生产主体纳入福建省食用农产品承诺达标合格证与一品一码追溯并行系统监管，上传生产档案数831条、开具食用农产品承诺达标合格证/追溯凭证13630批次。开展食用农产品“治违禁、控药残、促提升”三年行动、草莓质量安全专项整治行动、农药使用监督检查等，出动监督执法人员769人次，检查农业生产经营企业503次，查办违法案件5起，罚款金额1.2万元。

（全艳芳）

农业产业化

【概况】　2022年，罗源县通过“政银担”三方合作方式，解决农业企业融资难题，全年担保贷款户数346户，担保金额8065万元。助推农业生产规模化、农产品加工精深化发展，做大做强食用菌、茶叶、花卉苗木、竹业、畜牧、果蔬、水产等优势农业产业及农产品精深加工。全县完成农林牧渔业总产值105.07亿元，比上年增长3.7%；完成一产增加值59.57亿元，比上年增长3.3%。

【农业经营主体】　县农业农村局培育合作社和家庭农场等新型农业主体，指导新型农业主体建立健全制度建设，引导向规范化管理、规模化经营发展。中央资金培训高素质农民255人，其中专业生产型培训205人，技能服务型50人；省级资金培训高素质农民1302人次，其中技能服务型978人次，经营管理型324人次，加快培育发展壮大农业经营主体，促进农业增效、农民增收、农村发展，致力于培育出有技能、善经营的现代新型职业农民。

【休闲农业】　县农业农村局为全面提升罗源县农业产业化水平，利用农业自然生态环境、农业产品和农村人文资源，挖掘、保护和传承农村农耕文化，科学发挥农业和农村休闲旅游功能，拉动休闲农业经济增长，加速城乡一体化，增加农民收入。在省、市相关部门的支持下，创建休闲农业示范点。

【品牌农业】　县农业农村局为推进“质量兴农、绿色兴农、品牌强农”战略实施，引导企业开展“三品一标”认证及品牌申报工作。“三品一标”获证数43个产品：其中无公害农产品18个、绿色食品23个、地理标志农产品2个。福建省著名十大农产品区域公用品牌1个：罗源秀珍菇；福州市知名农产品区域公用品牌2个：罗源秀珍菇、罗源七镜茶；福州市知名农产品品牌2个：罗川七境牌绿茶、罗中福牌秀珍菇。

【智慧农业】　县农业农村局围绕食用菌、茶业、果蔬、畜禽等特色产业，加快推进大田种植、设施园艺、畜禽养殖等农业物联网应用，鼓励引导各类新型农业经营主体开展农业物联网技术应用，开展农业物联网应用基地建设，建设省级农业物联网应用示范基地1个，市级农业物联网应用示范基地2个。

【农民专业合作社】　县农业农村局培育合作社和家庭农场等新型农业主体，有1家合作社获评省级农民合作社示范社，2家家庭农场获评省级家庭农场示范场。5家合作社获评市级农民合作社示范社，4家家庭农场获评市级家庭农场示范场，4家合作社获评县级农民合作社示范社，4家家庭农场获评县级家庭农场示范场。指导新型农业主体建立健全制度，引导向规范化管理、规模化经营发展。

2022年罗源县产业龙头企业一览表

表11

序号	企业名称
1	福建华鸿竹木业有限公司（省级）
2	罗源生春源茶业有限责任公司（省级）
3	中绿农（福州）茶业有限公司（省级）
4	福州海林食品有限公司
5	罗源县西洋农林牧专业合作社
6	罗源县长盛水产发展有限公司
7	福建省罗源县福双红酒业有限公司

续表 11

序号	企业名称
8	罗源县益洋食用菌专业合作社
9	罗源县岐峰山水生态农业农民专业合作社
10	福建省洋泽海洋生物科技有限公司
11	福建省农兴海洋渔业有限公司
12	福建中房长晟生态农业科技有限公司
13	福建七境茶业有限公司
14	福建沐禾源农业开发有限公司
15	福建省罗源县百谷农业发展有限公司
16	福建省新魁强禽业发展有限公司
17	福建盛丰农业科技有限公司
18	福建潮歌生态农业发展有限公司
19	福建省长之兴农业科技有限公司
20	福建省创味食品有限公司
21	福州菌之路农业综合开发有限公司
22	罗源县老兵农业发展有限公司

（全艳芳）

农业科研与服务

【农村实用人才】 2022 年，县农业农村局结合罗源县主导产业发展的技术和人才需求，分层次分批开展培训，选派 11 名农技人员分期参加全国农技推广骨干班培训；组织 80 名农技人员参加县级农技（畜牧兽医）人员培训；组织 76 名农技人员使用“中国农技推广”App，农村实用技术远程培训 5000 人次。全县举办各类农业技术培训 30 期 1000 人次，使用中央资金培训高素质农民 255 人，使用省级资金培训高素质农民 1302 人次。

【农业技术推广】 县农业农村局根据罗源县实际情况，依据主导产业遴选推介 16 项主推技术，建立 2 个农业示范基地，选聘 80 名农技人员结对帮扶服务农村农业发展。遴选 27 名农技人员为 2022 年县级科技特派员，2 名农技人员为 2022 年市级科技特派员，加大农业主推技术的推介应用力度，发挥农业科技试验示范基地、农技人员及科技特派员的作用，及时组织专家、农技人员在关键农时、关键技术环节开展技术指导和培训工作。

（全艳芳）

种植业

【概况】 2022 年，罗源县主要农产品持续增长，其中粮食产量 3.5011 万吨，比上年增长 3.04%；蔬菜产量 15.32 万吨，比上年增长 4.39%；水果产量 6.67 万吨，比上年增长 3.48%；食用菌产量 21.34 万吨，比上年增长 4.54%；茶叶产量 8930 吨，比上年增长 3.03%。

【粮食生产】 罗源县粮食播种面积 6294.73 公顷（其中，谷物 3196.33 公顷、薯类 2470.93 公顷、豆类 627.47 公顷）。总产量 3.5011 万吨。下达各乡镇指导性面积 6233.33 公顷，总产量 3.45 万吨。

【经济作物】 蔬菜水果 县农业农村局落实科学发展观，以市场为导向，以“稳面积、攻单产、优品质、创品牌、扩市场、增效益”为工作主线，以调整优化果蔬品种结构与布局为重点，以优新实用技术为手段，突出特色，发展无公害果蔬生产，提高果蔬产品的市场竞争力。全县完成蔬菜播种面积 7673.33 公顷，销售产量 14.68 万吨，实现产值 9.1 亿元。开展低产劣质果园改造和标准化果园建设，完成低产劣质果园改造 1000 公顷，新植果园 86.67 公顷，建设科技示范园 66.67 公顷。全县水果总面积 2909.33 公顷，销售产量 6.67 万吨，实现总产值 5.33 亿元。

食用菌 贯彻落实省市有关食用菌政策的精神，促进食用菌产业提质增效，加快转变食用菌生产方式，以农民增收为核心，以壮大产业为主线，推动食用菌高质量发展。立足原有产业基础，重点抓好国家级福建珍稀食用菌产业集群项目建设，在食用菌设施化栽培、标准化生产和秀珍菇周年化、工厂化生产上下功夫。在起步、中房、西兰、飞竹、霍口等乡镇开展食用菌标准化基地建设。完成食用菌生产规模 2.94 亿袋（平方尺），销售鲜菇 21.34 万吨，实现产值 13.44 亿元。

茶叶 重点抓好生态茶园、市级现代农业（茶叶）产业园建设、茶叶初制加工清洁化改造，稳步推进茶产业转型升级。全县茶园面积稳定在 2866.67 公顷，全县生产各类干毛茶 8930 吨，茶叶总产值 3.06 亿元，比上年增长 3.03%；建设生态茶园 2733.33 公顷，占全县茶园总面积 95%。

【农作物病虫防害防控】 县农业农

村局贯彻“预防为主、综合防治”的植保方针，落实“公共植保、绿色植保，构建新型植保体系”精神，以服务农业为宗旨，以病虫测报防治为重点，加强开展植物检疫，推广植保新技术、新产品，开展植保技术咨询与病虫害防治指导工作。农业有害生物发生面积 1.06 万公顷次，防治 1.33 万公顷次，挽回粮食损失 2359.32 吨，挽回果树损失 958.3 吨，挽回蔬菜损失 183 吨，挽回茶叶损失 20.1 吨。农药使用量 164.21 吨。农药使用量比上年减量 3.86 吨，减量率 2.3%。平均每公顷用药量 9.26 千克。主要农作物绿色防控技术覆盖面积 1.19 万公顷次，覆盖率 42.1%；专业化统防统治覆盖面积 0.58 万公顷次，覆盖率 43.7%。

（全艳芳）

农垦业

【概况】 2022 年，罗源县农垦企业为全民所有制国有农垦企业，有国营罗源综合农场，位于罗源县松山镇刘洋，国营罗源叠石茶场，位于罗源县霍口畲族乡西峰村下车畲族自然村；国营罗源曹湾茶场，位于罗源县中房镇乾溪村。

【农场基地建设】 罗源县农垦三场创办于 1958—1963 年，主要用于安置福州市上山下乡知青和罗源县知青，有经营的土地总面积 408 公顷，主要经营有茶叶和林业，由于茶叶为农垦三场主营项目，随着市场的开放，以及茶园老化，品种单一，品质下降，国营罗源综合农场的 60 公顷经营茶叶，其他转为主营林业。

【产业转型升级】 罗源县农垦三场在 2018 年根据中央，省、市和罗源县人民政府有关国有农垦土地确权登记发证和深化国有农垦农场办社会职能改革文件精神要求，罗源县农垦三场已确权登记发证土地面积 408 公顷，并根据深化国有农垦农场办社会职能改革文件的要求，罗源县农垦三场与当地人民政府签订国有农垦农场办社会职能的分离工作，罗源县农垦三场根据自身的条件进行不同形式的招商引资，加快农垦联合经营，建立公司化的经营模式，形成产业的转型升级，为发展优质的罗源农垦奠定基础。

【特色农业产业】 罗源县农垦企业夯实“一菇独秀，八产并进”产业发展格局，立足原有产业基础，重点抓好国家级福建珍稀食用菌产业集群项目建设，在食用菌设施化栽培、标准化生产和秀珍菇周年化、工厂化生产上下功夫。在起步、中房、西兰、飞竹、霍口等乡镇开展食用菌标准化基地建设。完成食用菌生产规模 2.94 亿袋（平方尺），销售鲜菇 21.34 万吨，实现产值 13.44 亿元。重点抓好生态茶园、市级现代农业（茶叶）产业园建设、茶叶初制加工清洁化改造，稳步推进茶产业转型升级。茶园面积稳定在 2866.67 公顷，全县生产各类干毛茶 8930 吨，茶叶总产值 3.06 亿元，增长 3.03%；建设生态茶园 2733.33 公顷，占全县茶园总面积的 95%。

（全艳芳）

畜牧业

【概况】 2022 年，罗源县出栏生猪 12.1 万头，期末存栏羊 1.2 万头、兔 3.3 万头、牛 0.4 万头、禽类 107 万羽，肉蛋总产量 2.5 万吨。

【畜禽养殖】 草食动物产业 罗源县以发展山羊、肉牛、肉兔养殖为主：出栏肉兔 3.6 万只、牛羊 1.1 万头（只）。通过新下廉羊科技发展有限公司与山羊养殖专业户采用“公司 + 农户”合作模式，推广下廉羊养殖。

规模标准化生态养殖 发展畜禽规模化养殖，引导养殖场因地制宜改造提升，推进养殖设施化、装备集成化，加强移动互联技术应用，推进现代化标准化信息化养殖。引导生态养殖，推行生态养殖模式和畜禽粪污资源化利用相结合模式，种养结合，推进畜牧业绿色循环发展。全县保留生猪养殖场 5 个，生猪养殖场规模化率 100%。

优质肉禽与蛋禽养殖 罗源县家禽存栏 107 万羽，其中鸡存栏 96 万羽、鸭存栏 11 万羽。洪洋乡存栏 30 万羽蛋鸡养殖场 1 家，起步镇存栏 20 万羽蛋鸡场 1 家，中房镇存栏 10 万羽蛋鸡养殖场 1 家。继续做大蛋禽产业，在建 1 家规模现代标准化蛋禽养殖场，发展蛋禽设施养；发挥本地蛋鸭养殖产品优势，同时与福州品牌企业和农交会等平台合作，打造蛋鸭产品新亮点；结合当地养殖与市场需求实际情况，指导养殖户引进苏北草鸡、江西乌骨鸡、闽清毛脚鸡等优质鸡品种，并发展特种家禽养殖。

畜牧业技术推广与养殖业信息化建设 县乡两级开展重大动物疫病防控培训 5 期，畜禽遗传资源普查、官方兽医检疫监督、畜禽养殖安全生产、防疫技术推广培训 2 期，组织科技下乡 26 次，提供服务信息 7 条，印发技术措施和资料 1000 多份。

【重大动物疫病防控】 全县家禽高致病性禽流感免疫 158.18 万羽，家畜口蹄疫免疫 15.34 万头，生猪猪瘟免疫 14.09 万头，羊小反刍兽疫免疫 1.82 万只，鸡新城疫免疫 131.75 万羽，应免疫密度均 100%。开展非洲猪瘟防控、动物疫病监测和流行病学调查，监测辖区内 11 个乡镇、检测 9003 份血清样品，检测结果均达到国家要求。全面开展消毒灭源，使用消毒剂 3.55 吨，消毒覆盖11个乡镇的所有养殖场户、家屠宰场、农贸市场和所有活禽宰杀点。

【动物卫生监督】 受理生猪产地检疫1188批次，检疫生猪10.2945万头；家禽检疫38.7961万羽。受理家畜屠宰检疫1444批次，屠宰同步检疫家畜4.7499万头。做好“瘦肉精”等违禁药物监督检查，养殖和屠宰环节检测生猪“瘦肉精”4159头份，均为阴性。开展动物卫生监督执法，立案查处案件5起。

【畜禽屠宰监管】 县农业农村局开展日常监督检查和随机抽查，督促屠宰企业履行屠宰环节质量安全主体责任，按照牲畜屠宰各项制度要求，严格实施牲畜入场查证验物、待宰静养、宰前检验和宰后检验，牲畜产品凭“两章两证一码”出厂，确保肉品质量安全。

【畜禽无害化处理】 县农业农村局加强病死动物无害化处理监管，重点开展生猪规模化养殖场、屠宰场监管，生猪养殖环节和屠宰环节病死猪无害化处理8191头。屠宰场病死猪无害化处理54头。

（全艳芳）

巩固拓展精准扶贫成果

【概况】 2022年，罗源县委、县政府深入学习贯彻中共十九大精神和习近平总书记一系列重要讲话精神，一以贯之把脱贫攻坚作为重要政治任务和最大民生工程，下足“绣花”功夫，加强责任落实，尽锐出战，聚焦贫困人口精准施策，坚持脱贫标准强力推进，贯彻落实好中央、省、市脱贫攻坚各项决策部署，完成脱贫攻坚目标任务，全县脱贫攻坚工作取得决定性胜利。罗源县脱贫户928户2558人，分布在11个乡镇181个村，于2017年全部实现脱贫。全县脱贫村31个，涉及10个乡镇，经过帮扶全部达到或超过贫困村退出标准，于2017年底全部实现脱贫摘帽，脱贫率100%。

【责任落实】 县农业农村局调整充实罗源县扶贫开发成果巩固与乡村振兴工作领导小组，下设12个专项小组和4个服务团。继续沿用脱贫攻坚期间的作战指挥体系，实行县级领导挂乡联村、省市县驻村干部制度，并与疫情防控联防联控网格化体系紧密结合。制发《罗源县乡村振兴重点工作专项督导方案》等文件，全面安排部署推动工作落实。严格落实常态化驻村工作机制，全县选派省、市、县驻村第一书记（工作队长）39人，实现全县重点村工作队选派全覆盖。

【政策落实】 县农业农村局健全完善控辍保学工作机制，确保全县义务教育阶段适龄儿童少年零辍学。发放学生资助资金21.57万元，惠及学生302人次。落实医疗保障，符合医疗救助条件的100%享受医疗救助。全县脱贫户（含省定扶贫标准线下的低保对象）医疗救助11307人次（含特门）337.14万元；扩大医疗叠加保险报销病种范围，开展大病专项救助行动，实施分类救治、防止因病致贫、因病返贫问题，2022年总计赔付6460人次84.58万元。巩固住房保障，县住建局每月组织开展专项筛查，建立月台账，每季度研判，及时发现问题解决问题，出台农村低收入群体等重点对象住房安全保障实施方案，组织乡镇对辖区内各类人员进行住房安全保障情况监测，保障农村低收入人口基本住房安全。确保饮水安全，巩固维护好建成农村供水工程成果，保障脱贫人口、脱贫村饮水安全，城乡居民全部实现供水入户，农村饮水管网入户率100%。抓实兜底保障。对无生产劳动力的贫困对象实行兜底政策，低保标准提高到880元/月，全县脱贫户中有1119名建档立卡的贫困人口纳入农村低保，并按家庭人均收入低于当地低保标准的差额办法发给低保金。

【产业扶贫】 县农业农村局脱贫攻坚期结束后，罗源县委、县政府出台《关于加快推进乡村振兴的若干措施》，结合实际制定巩固脱贫攻坚与乡村振兴有效衔接总体方向和具体举措。县财政每年安排资金扶持发展食用菌、茶叶等农业六大特色产业项目，将符合条件的脱贫户纳入规划，增强脱贫户“造血”功能。县乡村振兴局继续做好光伏扶贫项目日常维护管理工作，全县总共建有3座光伏扶贫电站，帮助142户建档立卡脱贫户每年均增收2000—2500元，21个脱贫村年增加村财收入6万元左右。继续实施脱贫户产业扶贫保险，全县50户脱贫户发展产业，产业项目61项，保额338.125万元，保费15.28万元。发放产业帮扶补助金75万元，帮扶274户脱贫户发展生产，确保有意愿有条件的脱贫户因地制宜发展生产增加收入。争取各级财政衔接资金2054.488万元（其中，中央衔接资金523万元、省级衔接资金1309.91万元、市级衔接资金221.578万元），规划实施项目41个，重点用于促进产业发展的基础设施建设、种养殖业及发展壮大村集体经济。同时，建立稳定的利益联结机制，实现产业帮扶全覆盖。农民专业合作社健康有序发展，全县登记在册的农民专业合作社529个，覆盖全部乡镇和行政村。实施脱贫人口小额信贷贴息工作，2022年度扶贫小额信贷户数167户，发放贷款318.55万元，发放贴息10.44万元。

【就业帮扶】 县农业农村局加大就业政策宣传力度，抓实转移就业培训，做好就业精准帮扶，推动农村劳动力大规模、高质量转移就业。全县开发乡村公益性岗位262个，带动脱贫劳动力就近就地就业262人。加强岗位信息推送，为1156名脱贫人口推送岗位信息3次。通过罗源县电视台、罗源湾之窗、广场LED显示屏等传统信息平台和新媒体，及时发布用工招聘会和企业岗位需求等各类就业信息，在罗源县电视台发布就业信息22期，发布就业岗位需求3592条。举办、组织参加招聘会29场，其中线上网络招聘会9场，线下招聘会20场。组织655家企业开展求职招聘活动，提供就业岗位10875个，达成就业意向2669个。

【综合执法】　农业方面　县农业农村局出动执法人员464人次，检查企业222家次。抽样送检兽药样品3个，检查兽用生物制品12批次，主要包括口蹄疫疫苗、禽流感疫苗和猪瘟疫苗；检查农药标签95批次、种子标签15批次、肥料标签53批次。立案查处违法案件8起，处罚金额6.2万元。其中动物防疫普通案件2起、生猪屠宰简易案件1起、调运应当检疫而未检疫的种子案1起、销售劣农药案1起、饲料案件1起、与公安部门联合查处未经定点从事生猪屠宰活动案2起（扣押生猪无害化处置），移交公安机关处理。受理群众投诉1起并调解。

重点农资质量执法抽检　落实省市有关执法抽检突出精准性、针对性的要求，着重对7种重点农资进行抽检。完成省市下达的20个农资产品质量抽检任务，其中农药抽检任务11批次，肥料产品抽检任务9批次。完成县级自检任务20批次，其中农药样品15批次、肥料样品5批次。检测发现1个批次不合格农资产品并立案查处。

开展农产品质量安全抽检工作，配合完成省市农产品质量安全抽检任务176批次，完成县级农产品质量安全监督抽检269批次；风险监测159批次。

农资监管信息平台应用　推进罗源县农资平台应用，根据省市有关推进农药兽药实名制购买的相关要求，组织开展实名制购买专项检查，督促农资企业按要求完善购销台账，完整记录实名购买相关信息。开展线上巡查455人次，巡查农资企业5740家次，着重巡查高毒农药和异常农资购销问题。发挥平台快速查询追踪功能，加大平台线上巡查力度，动态监管农资购销行为。结合线下稽查、质量抽检，对检查发现、上级通报的假劣农资全面排查，开展双向全程全域追查假劣农资，严防假劣农资流入农业生产领域。

渔业安全生产执法监管工作　结合港口和海上巡查，宣传渔业安全法律法规和省市有关渔船海上安全生产规定，发放宣传材料260多份。加大执法巡查力度，结合各专项执法行动和海上退养监管工作，出动执法人员2312人次、执法艇259艘次、执法车辆66辆次、检查渔船548艘次，查处渔船驾驶台两侧没有悬挂船名牌简易案件2起、未经批准在港内新建渔港设施及水上施工作业案件1起，均结案。

水产品安全执法监管工作　加强对辖区水产苗种和养殖生产的制度落实、三项纪录、是否使用违禁药等情况进行检查，出动执法人员152人次，检查育苗场和养殖生产单位62家次，发放整改通知书14份，均整改到位。

水产品质量抽检工作　结合疫情防控工作，完成好省、市、县三级水产品质量安全监督抽检工作。为做好河豚、织纹螺禁用宣传工作，在沿海港口、码头和市场等张贴宣传海报13份，宣传有关规定；组织巡查渔港、澳口和小码头等，禁止捕捞、销售河豚和织纹螺，保障群众生命财产健康。

水生野生动物专项执法工作　为配合打击整治破坏水生野生动物资源违法行为专项行动顺利开展，在市、县专项部署下，农业综合执法大队构建“一周两天查”常态巡查机制，并广泛开展宣传工作，重点对沿海村居、酒楼、酒店、捕捞渔船船东船长进行宣传；张贴关于《全面禁止非法水生野生动物交易、革除滥食水生野生保护动物陋习、保障人民群众生命健康安全的倡议书》20张，餐饮机构签订承诺书18份，发放宣传资料65份，初步营造良好的宣传氛围，逐步提升群众知晓率。

落实伏季休渔监管措施　执法人员在沿海各乡镇、渔村和渔港、澳口、渔船集中地以及海上渔排养殖区开展伏休宣传工作，张贴伏季休渔通告15份，组织人员深入村居开展召开座谈会1场，发放伏季休渔宣传材料275多份，广泛宣传伏季休渔有关规定，提高社会公众思想认识。

（全艳芳）

林　业

【概况】　2022年，罗源县林木总蓄积量547.62万立方米，森林覆盖率54.26%。

【造林绿化】　罗源县完成植树造林548.73公顷，占任务的105.5%。其中，完成松林皆伐改造提升425.33公顷，占任务的101.3%；完成红树林造林90.07公顷，占任务的103.9%；完成名特优经济林33.33公顷，占任务的100%；完成森林抚育2516.47公顷，占任务的104.3%（其中完成松林择伐抚育改造604.73公顷，占任务的101.9%）；完成封山育林2060.4公顷，占任务的103%。

【森林资源保护】　林业执法　推进林业领域扫黑除恶斗争常态化，结合森林资源督查工作，严厉打击各类破坏森林资源等违法犯罪行为，重点整治矛盾突出、疑难复杂等涉林问题，查处各类林业行政案件49起，移送涉嫌犯罪案件11起，罚款82.97万元。

森林防火　加强森林防火宣传教育，分别在第二实验小学、西兰乡礤石村、中房镇满盾村、闽星广场开展森林防火宣传活动4场，推进森林防火宣传进校园、进乡村、进社区，进一步提升公众森林防火安全意识。春节、清明节期间联合县森防办制作森林防火宣传广告，在罗源广播电视台广告栏循环播出。狠抓野外火源管控，加强督查，全县排查一般隐患12个，整改一般隐患12个，整改率100%。推进森林火灾风险普查工作，通过省级质量检查，并根据省级质检报告将数据上报至国家系统，全面提升预防、控制和扑救森林火灾的综合能力。

病虫害防治　开展春、秋两季松材线虫病普查工作，举办2期松材线虫病防治技术培训班，制定《罗源县2022年松材线虫病防治年度实施方案》，完成松枯死木清理任务42621株，完成松材线虫病除治576.47公顷，经监测调查统计全县发生松材线虫病面积5666.93公顷。

信访工作　受理人民群众来信、来访8件，办结6件；受理“12345”诉求18件，办结18件。

【林业科技】　科技“三下乡”活动发放林业技术宣传资料2000多册和宣传品1000多份；举办林业专职护林员和林农技术员培训班1期48人次；选派2名县级和2名市级科技特派员到涉林企业、合作社提供林业专业技术服务；选派2名新型职业农民到福建林业技术学院大专班学习。

【林业产业】　林下经济　罗源县新增培育林下中草药种植经营实体28家，20公顷以上示范基地5个，林下中草药种植面积超过200公顷，主要种植五指毛桃（牛奶根）、黄精、金线莲等道地药材。带动林下养鸡80公顷，林下中华蜂养殖1.2万箱，新增林下采集竹笋和野生中草药采集加工866.67公顷，景观利用新增面积100公顷。实现全县林下经济利用总面积15000公顷，林下经济总产值约6.7亿元。

竹产业　新增笋竹加工企业2家，全县有10家笋竹加工企业，总产值68996万元，完成税收417万元，带动就业约800人，带动农民收入35000万元。

古树公园　开展古树公园建设，分别在起步镇党林村、霍口乡山垄湾村建设2个名木古树“微公园”，加强古树名木保护，持续优化农村人居环境。

森林村庄　分别在霍口乡大王里村、溪前村、鉴江镇井水村、碧里乡廪尾村、起步镇杭山村、松山镇小获村6个村，创建2022年省级森林村庄。

森林保险　落实森林综合保险引入市场竞争机制，签订2022年森林保险协议，其中生态林投保面积28577.867公顷，商品林投保面积43223.53公顷。

【花卉苗木生产】　全县发展花卉苗木种植面积为786.67公顷，从事花卉苗木各类经营实体500多家，从业人员万人以上，主要分布在碧里、松山、起步等乡镇。全产业链总产值约93200万元，作为核心区的碧里乡西洋村花卉苗木种植面积378.67公顷。

【国有林场】　罗源国有林场2022年度完成造林134.53公顷（其中：松林改造113.86公顷，国家储备林建设20.67公顷），森林抚育264.8公顷，病虫害防治84.67公顷、国家储备林建设54.67公顷。完成防火林带维修抚育107千米，林道70.5千米。完成2022—2023年生物阻隔带建设30.512千米。完成木材生产1033立方米，木材销售1033立方米，木材销售收入36万元。

【林政管理】　审核审批征占用林地项目22宗，涉及使用林地131.4672公顷。其中，临时用地5宗15.2457公顷，永久用地15宗106.3136公顷，内部用地2宗9.9079公顷。

【林长办】　罗源县林长办2022年举办8次县级林长会议，设置林长视频培训罗源分会场，策划落实15次县级林长巡山，1次公检法联合巡山。乡镇村每月至少1次巡山，严格按照要求办结检查，完成各项记录工作，及时报送数据。建立推动落实“林长+警长”“林长+检察长”“林长+法官”工作机制，在全县范围内实施网格化管理。制定《罗源县2022年林长制工作考核实施细则》。

（黄　锋）

海洋与渔业

【概况】　2022年，全县水产养殖面积7364公顷，水产品总产量为223476吨，比上年增长1.03%。其中，海洋捕捞11023吨，比上年增长0.55%；海水养殖192029吨，比上年增长0.72%；淡水养殖20424吨，比上年增长4.31%。

【农渔综合种养】　县海洋与渔业局推广稻（农）渔综合种养，深入开展项目田间基础设施建设改造和水产养殖苗种购买技术等指导工作。建成北山湾农民专业合作社、西兰乡岭头村2个百亩标准化稻渔示范基地，中房镇满盾村千亩莲虾套养基地。

【品牌渔业建设】　2022海峡（福州）渔业周·中国（福州）国际渔业博览会举办期间，独立设立罗源县展区，搭建“罗源馆”，组织罗源10家规模企业参展。同时开展品牌创建，“罗源鲍鱼”国家地理标志证明商标注册成功；福州海林食品有限公司的海带、紫菜两个产品获得无公害农产品认证。

【推动水产种业发展】 县海洋与渔业局组织创建省、市水产原（良）种场，福建盛丰农业科技有限公司、罗源县宇富水产发展有限公司申报复评市级水产良种场通过专家评审。罗源县潮格里养殖农民专业合作社开展的稻鱼蛙立体综合种养示范案例获评市级新品种引进新模式推广二等奖。

【水产品安全生产】 县海洋与渔业局开展水产品质量安全抽样检测。开展水产品药残快检64批次，合格率100%，完成任务率103.2%。推进水产品“一品一码”追溯体系建设。纳入水产品“一品一码”追溯系统的生产企业有72家，赋码率为100%，赋码9270条，平均赋码数为128.7条。开展食品安全专项整治工作。开展治理“餐桌污染”，组织检查执法44次，出动168人次。开展水产品“治违禁，控药残，促提升”专项行动，夏季食品安全专项行动，检查水产品生产主体82家次，出动172人次。出具整改通知书13份。组织水产品质量安全宣传活动3次，发放用药明白纸等宣传材料800余份，发送宣传短信8万条。

【安全生产隐患排查治理】 县海洋与渔业局履行监管责任，落实港口检查制度，采取动态检查和重点检查相结合，对进出渔港或靠离码头的渔船登临检查。全年完成渔政巡查337次，出动人员2394人次，检查船舶526艘次。

【重点区域海上执法】 县海洋与渔业局重点在湾内连罗交界海域、湾外吉壁、濂澳以及鉴江海域开展专项执法。在罗源湾退养海区开展巡查329次，出动人员2731人次，割除渔业养殖延绳共约2150条，养殖浮球3252个，劝导养殖户自行清理养殖物，清理面积约44.87公顷；联合执法巡查6次，发放整改通知书2份，制止侵占海域违法行为7起，驱赶违规船舶5艘，查扣违规船2艘，清理鳙尾海域新增6个管理房，处置1起撞船事件。在湾外碧里海域开展巡查269次，开展13次联合执法行动，出海人员1462人次，对非法占用海域养殖行为当事人制作笔录3份，发放整改通知书4份，海上发放宣传通知单30份，割除渔业养殖绳933条，渔业养殖浮球633个，扣押违法养殖船7艘，制止清退侵占海域违法行为48起，清理新增养殖场约59.2公顷。

8月25日，县海洋渔业局工作人员到滨海新城水域进行捕捞情况调查

【落实伏季休渔监管措施】 县海洋与渔业局在沿海各乡镇、渔村和渔港、澳口、渔船集中地以及海上渔排养殖区开展伏休宣传工作，张贴伏休通告15份。组织人员深入村居开展伏季休渔宣传活动1场次，发放伏休宣传材料275份，宣传伏休有关规定，提高社会公众思想认识。

【渔船组织化建设】 县海洋与渔业局制定渔船组织化工作细化方案并落实，辖区内注册海洋捕捞渔船管理服务组织12个，全县125艘捕捞船全部加入渔船管理服务组织，进行编组生产，完成1艘大中型船舶标准化建设任务。

【开展鳗场尾水治理】 县海洋与渔业局根据福州市“碧水保卫战”专项巡察反馈问题整改有关要求，以及《罗源县鳗鱼养殖尾水治理工作实施方案》，罗源县43家鳗场全面完成尾水治理设施设备安装与运行工作，并于5月制定《关于加强鳗场尾水处理设施运行监督工作的方案》，每月牵头组织县效能办、县政府督查室、生态环境局、县水利局联合开展督查。12月2日，牵头组织福州市海洋与渔业局、福州市生态环境局联合开展规模以上鳗鲡养殖场尾水治理验收工作，罗源县2家全部通过验收。

【推进养殖海权改革】 县海洋与渔业局推进养殖海权改革，收取养殖海域租金696户，264.15万余元，利用养殖凭证抵押贷款660万余元，发放养殖凭证533本。

【渔港建设】 县海洋与渔业局加大

渔港基础设施建设力度，推动鉴江圣塘二级渔港等项目开工建设。完成项目建设工程量约 50%，完成施工产值 2893 万元，开展渔港项目土地征收、用地报批、项目预算审计等工作。

【开展海上养殖转型升级行动】 县海洋与渔业局开展罗源县海上传统养殖设施升级改造工作，罗源县鉴江镇、碧里乡更换筏式养殖塑胶浮球约 600 公顷，升级改造塑胶渔排 18547 口，新建深水抗风浪网箱 44 口。

【“清新水域”工程】 根据《2022 年度福州市水生生物增殖放流工作方案》要求，多次开展增殖放流活动，在罗源县水域放流真鲷、鲢鱼、大黄鱼、双齿围沙蚕等 9757 万尾。

（辛 欣）

水 利

【概况】 2022 年，罗源水利系统紧紧围绕县委确定的“启航新时代，做强北大门，打响四大国家级品牌，建功丝路海港城”奋斗目标，推动新阶段水利高质量发展，统筹推进水旱灾害防御、水资源集约节约利用、水生态保护修复等项目谋划、生成、实施，实现罗源水利工作走在福州（市）区前列。全县水利投资责任目标为 11.6336 亿元，其中，重大水利项目投资 11.019 亿元，面上水利项目投资 0.6146 亿元。完成目标任务 11.7551 亿元，其中重大水利项目完成投资 11.1193 亿元，面上水利项目完成投资 0.6358 亿元。2022 年度水利投资工作成效获得福州市政府、福州市水利局通报表扬。

【水利工程建设】 *霍口水库项目* 霍口水库系全国 172 项节水供水重大水利工程之一，于 2017 年 6 月开工建设，2022 年总体项目完成年度投资 1 亿元。

昌西水库项目 昌西水库系省重点项目，总投资 7.21 亿元，2022 年完成年度投资 5000 万元。同时，昌西水库工程还获评福建省水利厅“水利工程标准化示范工地”。

城乡供水一体化项目 罗源县城乡供水一体化一期工程完成前期工作并开工建设，开展二期工程初设方案。完成疏港公路（华东船厂段）DN600 供水管道迁移应急项目、起步镇西北片区（杭山至西山段）供水主干管应急项目及开发区江滨北路（迹头高速路口至码头物流段）供水管道改造应急项目。力争让广大群众尽早喝上“安全水”“健康水”。

中小河流治理项目 完成中房镇河洋溪流域防洪治理工程，新建起步溪港头至余家塘段、五里桥至岐头桥防洪工程及鉴江镇澳里溪综合治理工程。按照“整河流治理、分阶段实施”原则，谋划起步溪流域洪洋段、起步段、凤山段剩余 5 条中小河流治理进行整流域闭合式建设，河道整治长度 27.87 千米，争取中央专项补助资金 7000 万元，位列福州市第一、福建省第五。

【水生态提升建设】 罗源县水利局深化水系工程治理与专项整治相结合的综合治理工作机制，推动数字赋能，探索智慧治水，提升水环境质量与水旱灾害防御水平。牵头推进生态环境“三大攻坚战”中重点流域水环境治理工作，形成整治措施 91 条，其中工程整治措施 12 条，精细管理措施 79 条。建设河湖物业化管理中心，搭建生态管护综合平台，配备无人机巡查和河长 5G 助手，对罗源县河湖实施数字化和物业化巡查管护。通过“美丽罗源监管平台”，以问题为导向，以智慧化、信息化平台为抓手，实现各级各部门信息共享，将巡查、发现、提交、办理、整改、验收、销号等每个环节的责任落实到具体单位和具体责任人，实现问题整治与综合执法闭环管理。推进全县重点流域综合整治、水质提升、违规畜禽水产养殖整治、排口整治等综合治理工作，使罗源县重点流域水质稳定向好，小流域、乡镇交接断面水质全年平均Ⅲ级以上，达到省市考核要求。

【河（湖）长制工作推进】 *河湖管护* 罗源县河长制办公室在 2021 年管护经验基础上，搭建生态管护综合平台，加大科技投入力度，配备无人机巡查和河长 5G 助手，对全县河湖实施数字化和物业化巡查管护，健全河道问题、信息的监测和采集机制，有序开展 2022 年河湖管护物业化服务工作；优化河湖长制工作月考核问效制度，加强罗源县检察院驻河长办联络室和罗源县法院驻河长办联络室工作衔接，聘任县乡两级河道警长，为河湖水系治理工作提供有力的制度保障。2022 年根据检察建议书联合办理涉水案件 2 起；建设河湖物业化管理中心，通过“美丽罗源监管平台”，以问题为导向，以智慧化、信息化平台为抓手，实现各级各部门信息共享，将巡查、发现、提交、办理、整改、验收、销号等每个环节的责任落实到具休单位和具休责任人，实现问题整治与综合执法闭环管理。在 2022 年福州市河湖长制工作综合考评中，罗源排名第一。

水资源保护 开展水资源管理和节约用水工作，加强用水总量、用水效率、农田灌溉水利用效率控制；全面推进节水载体建设，开展福建省第四批县域节水型社会达标建设县工作；巩固提升农村饮用水水源地生态环境专项整治成效，做好全面摸底排查、科学管理水源保护区、完善水源地基础设施建设、实施清理整治、防控环

境风险、健全长效机制六个方面内容。全面完成农村“千吨万人”“千人以上”农村水源地“划、立、治”工作，“千人以下”农村水源地划定工作通过罗源县人民政府批复实施。

面源污染防治　推进城区污水系统治理工程，实施三四级管网缺陷修复，推进市政管网清污疏浚，完成9处老旧破损管网综合治理修复，市政管网清淤长度2640米；启动溪尾溪上游污水收集及河道整治项目，投资800万元，完成2.1千米污水管网建设，提高城区污水的收集治理能力。开展农村生活污水治理项目，实施起步镇11个村农村生活污水治理项目、起步镇上下长治村农村生活污水治理样板工程和白塔工业集中区生活污水管网及污水处理厂工程等项目，总投资3540万元；完成福州市下达罗源县生活污水管网建设任务5千米，其中起步镇3千米、中房镇2千米；推进畜禽粪污资源化利用工作，规模以上畜禽养殖场粪污处理机械装备配套率100%，畜禽粪污综合利用率93%；加强鳗鱼养殖尾水监管，每月定期对鳗鱼场进行巡查，结合流域实际要求，制定切实可行的退养方案；推进废弃石碴点位生态修复工作，积极引导各方社会资本参与废弃石碴生态修复工作，共吸收社会资本1005万元，妥善处置18处废弃石碴生态修复产生的废物资源405万立方米，供应于机制砂企业生产使用，实现资源再利用，避免对生态环境造成二次破坏。

媒体宣传　4月，根据中共福州市委、福州市人民政府安排，扩展结合农村人居环境整治内涵，升级成为“护河爱水，清洁家园”主题系列活动。活动坚持按照水岸同治整治思路，采取县乡联动形式，发动广大干部群众、党员志愿者及社会各界人士参与。开展14期系列活动，参与志愿者30000余人次，清理整治河道岸线长度500余千米，清运河道杂草、水葫芦、垃圾等1000余吨，补植绿化苗木7000余株，增殖放流鱼苗100余万尾，整治涉河违建乱象800余处，拆除涉河违建面积5000余平方米。开展全方位、多层次的宣传，罗源县河长制办公室通过美篇简报等发布宣传报道579篇，被中央及省市主流媒体报道、省级河长制公众号等发表123篇。罗源县县、乡两级开展河湖长制各项宣传活动75场。12月，在福州市各县（区）率先成立罗源县幸福河湖促进会，发挥社团的桥梁纽带作用，整合集聚各方力量，动员社会各界关心支持河湖管理保护，助力推进罗源县幸福河湖建设。

【安全生产工作】　罗源县水利局2022年全面落实水库、堤防、水闸、山洪危险区防治等责任人，完成28座小型水库2022年度汛期防洪调度运用计划与6座小（1）型水库调度规程审查批复，确定水库2022年汛限水位。开展各项督查、检查，排查并整改隐患53处。完成全县山洪灾害43个监测站点、1座中继站、1座中心站、6座图像站、17座公益性水库视频监控及县级预警平台巡检维护工作。发布水旱灾害防御预警报告8期，发布山洪灾害预警报告14期，发送山洪预警短信748条，下发调度令5份。在福州市率先成立数字水利综合指挥中心，引入数字孪生平台，搭建防洪排涝、预报、预警、预演、预案和河湖管护“两张网”，实现从“治水”到“智水”的蝶变。

（郑晨涛）

农业机械发展

【概况】　2022年，罗源县农业机械发展中心全面贯彻落实中共二十大精神，紧紧围绕省、市有关会议精神和工作部署，采取措施，落实责任，把主要农作物生产全程机械化、农机合作社发展、农机购置补贴、农机安全生产等各项农机化工作任务落到实处，推动农业和农村经济稳步健康发展。2022年罗源县拥有拖拉机及配套机械205台，耕整机械412台，联合收割机7台，农用动力排灌机械164台，田间管理机械202台，农产品初加工机械493台（套），畜牧养殖机械35台，渔业机械7752台。农业机械向农业种植的耕、种、植保、收获和农产品加工等方面发展，农业机械化装备水平大幅度提高，水稻耕、种、收机械化综合水平80.4%，比上年增加0.9%。

【农机推广】　县农业机械发展中心调动从事农业生产的个人和组织购买与使用农机的性，引导农民购置新型农业生产机械，全年推广各类农机新机具173台套，144户农民受益。根据全县农机化发展需要，组织召开水稻收获后处理机械、农业新机具、水稻生产高效植保机械、甘薯机收演示现场、农机惠民政策进乡村活动等场观摩演示推广会5场。参观观摩人员300余人，培训指导各类农机人员200人次。

【农机装备服务】　农机装备总量　罗源县农机总动力5.6573万千瓦，农业机械总值8412万元。

农机化服务　农机作业总收入1.385亿元，机收面积4990公顷，机耕面积5480公顷，机播面积1667公顷，机灌面积425公顷。农机户5028户，其中，农机化作业服务专业户1625户。

【农机安全】　生产形势　县农业机械发展中心检验拖拉机214台次，检验率100%，新车注册5台；在册持证拖拉机驾驶员655人，持证率100%，年内补换证18人。全年无道路以外拖拉机事故死亡人数，农机安全生产形势平稳。

宣传教育　县农业机械发展中心举办农机安全教育宣传活动 14 次，发放宣传资料 630 余份、农机安全宣传手册 560 份，张贴安全标语 12 幅。完成农机安全检查 19 次，出动农机监理人员 79 人次。联合其他部门检查 9 次，出动公安交警人员 27 人次，出动执法车 18 辆次，查处违章 13 起，查处违法擅自改装改制拖拉机 5 台，查处非法驾驶（操作）人员 13 人，安全隐患整改 13 处。

（全艳芳）

水土保持

【概况】　2022 年，罗源县水土保持工作在县委、县政府正确领导下，深入学习贯彻习近平生态文明思想，按照省、市水利部门部署，推动水土保持生态文明建设。

【水土流失治理】　根据福州市政府下达的罗源县 2022 年度水土流失综合治理任务 1.27 万亩（846.67 公顷），县水保委有关成员单位按照县水保委的要求，结合工作实际，细化落实具体区域、具体地块和责任人，全县投入水土保持治理资金 3312.23 万元，完成治理面积 1.49 万亩（993.33 公顷）。

【水土保持宣传】　12 月 10 日，是福建省第 8 个水土保持宣传日，在县水利局门口 LED 显示屏上滚动播放水土保持宣传画和宣传标语，在鉴江上澳水土保持省级生态村现场进行水土保持宣传，拓宽水土保持宣传受众面，提高广大人民群众的水土保持意识，倡导“水土保持人人有责”理念，推动罗源县水土保持生态文明建设。

【水土保持监督检查】　罗源县水土保持工作中心除了安排对生产建设项目日常的水土保持巡查监督外，按照省水保监督站的要求开展水土保持法贯彻实施情况监督检查工作。对每个检查项目的检查情况进行记录并建档。检查内容包括项目建设进展情况、水土保持方案实施情况、日常管理、存在的主要问题和不足、落实整改措施情况及督促完工项目业主开展水土保持设施验收等。做到前有检查，后抓整改落实。开展水土保持监督检查 28 次，检查生产建设项目 25 个。根据省、市下达的工作部署，按时完成罗源县辖区内生产建设项目水土保持遥感复核及水土保持动态监测工作，完成疑似违法违规扰动图斑现场复核。

【水土保持方案审批】　县水土保持工作中心审批县级开发建设项目水土保持方案 19 宗，开展水土保持设施验收项目 8 宗，依法征收水土保持补偿费 63.96 万元。

【水土保持目标责任考核】　县水土保持工作中心按照福州市人民政府要求，开展 2022 年水土保持目标责任各项考核工作，开展县人民政府对各乡镇人民政府水土保持目标责任考核工作。加强对水土保持工作的领导，完善水土保持管理各项制度及有关水保政策文件，促进罗源县水土流失治理、水土流失预防保护、水土保持宣传、监测和信息化等工作开展。

（县水土保持工作中心）

（编辑　林烨欣）

工业

综述

【概况】 2022年，罗源县规模以上工业企业104家，完成产值763.59亿元，比上年增长12.9%。主要有福建罗源闽光钢铁有限责任公司、宝钢德盛不锈钢有限公司、福建亿鑫钢铁有限公司、福建罗源小蕉轧钢有限公司、福建德胜能源有限公司、福建时代包装材料有限公司、福建华东船厂有限公司等，企业主要位于罗源湾开发区、福州台商投资区松山片区和白塔乡，其中罗源湾经济开发区规模以上工业企业34家、福州台商投资区松山片区规模以上工业企业14家、白塔乡规模以上工业企业12家。

罗源县产值超过10亿元工业企业8家，分别是：宝钢德盛不锈钢有限公司、福建罗源闽光钢铁有限责任公司、福建亿鑫钢铁有限公司、福建罗源小蕉轧钢有限公司、福建德胜能源有限公司、华能罗源发电有限责任公司、福建悦得软包装有限公司、福建华东船厂有限公司。8家企业完成产值637.68亿元，占全县规模以上工业企业总产值83.51%，产品主要有镍合金及不锈钢材料、热轧光圆钢筋、热轧带肋钢筋、连铸方坯、粗钢、焦炭生产及供电等。

（曾 煌）

【工业重点项目】 罗源县列入福州市工业重点项目30个，计划总投资265.92亿元，实际完成投资62.49亿元，分别是宝钢德盛精品不锈钢绿色产业基地项目——钢铁产能置换项目、三钢产能置换（罗源闽光部分）及配套项目二期工程及年产130万吨H型钢生产线、福建三钢闽光股份有限公司产能置换（罗源闽光部分）及配套项目、福建德盛镍业配套煤气工程节能减排改造升级项目、原料场智能升级改造项目、宝钢德盛厂区西侧红土镍矿原料场技术改造项目、锦源纺织二期项目、宝钢德盛老产线烧结系统脱硫脱硝系统技术改造项目、兴闽威岩棉保温材料生产线扩建项目、水产膨化配合饲料建设技术升级改造项目、汇昌纺织年产3000吨绿色环保无纺布技改项目、汇昌纺织年产3000吨绿色环保无纺布技改项目、船舶修理及产能技术改造工程项目、铁件热镀锌技术升级改造项目、中网电力智能电网配套工厂建设项目、年产700吨阀门机和管道配件加工项目技术升级改造、蛋类食品加工技术升级改造建设项目、地恒多功能干粉砂浆技术升级改造项目、德亿环保砖生产升级改造项目、同茂生物质燃料颗粒技术改造提升项目、宝钢德盛精品不锈钢绿色产业基地项目——原有烧结机超低排放及设备升级技术改造项目、宝钢德盛精品不锈钢绿色产业基地项目——原有炼钢连铸转型升级技术改造项目、宝钢德盛精品不锈钢绿色产业基地项目——原有高炉超低排放及设备升级技术改造项目、宝钢德盛精品不锈钢绿色产业基地项目——炼钢厂西区新增西侧除尘设施技术改造项目、宝钢德盛精品不锈钢绿色产业基地项目——炼钢厂西区起重机技术改造项目、宝钢德盛精品不锈钢绿色产业基地项目——能介动力设备、设施技术改造项目、宝钢德盛精品不锈钢绿色产业基地项目——电网谐波综合治理技术改造项目、盛兴源干混砂浆生产升级改造项目、竹制品智能加工辅助技术升级改造项目、新能源汽车电池精密结构件项目。

（洪晨森）

【工业行业发展】 罗源县104家规模以上工业企业主要从事非金属矿物制品业、废弃资源综合利用业、橡胶和塑料制品业、黑色金属冶炼和压延加工业、修造船企业、家具（橱柜、竹木加工）制造、烟草加工等行业。

【工业龙头产业】 罗源县有福建省工业龙头企业6家，分别是福建罗源闽光钢铁有限责任公司、福建亿鑫钢铁有限公司、宝钢德盛不锈钢有限公司、福建时代包装材料有限公司、福州德塔电源技术有限公司、福建华东船厂有限公司。

（曾 煌）

【园区建设】 福州台商投资区完成规模以上工业总产值24.62亿元、比上年增长38.48%，工业固定资产投资18.21亿元、比上年增长238.53%，17个园区标准化建设项目完成投资18.19亿元。罗源湾开发区完成规模以上工业总产值646.7亿元、比上年增长14.2%，工业固定资产投资85.5亿元、比上年增长9.1%，5个园区标准化建设项目完成投资52.42亿元。

【工业主要产品产量】 宝钢德盛不锈钢有限公司粗钢产量376.69万吨，福建罗源闽光钢铁有限责任公司粗钢产量253.59万吨，福建亿鑫钢铁有限公司粗钢产量185.83万吨。

【龙头企业、企业技术中心】

2022年罗源县龙头企业、企业技术中心一览表

表12

福建省工业龙头企业、福建省企业技术中心
福建罗源闽光钢铁有限责任公司
福建亿鑫钢铁有限公司
宝钢德盛不锈钢有限公司
福建时代包装材料有限公司
福州德塔电源技术有限公司
福建华东船厂有限公司
福建省企业技术中心
宝钢德盛不锈钢有限公司
福州德塔电源技术有限公司
福建中网电气有限公司
福州市企业技术中心
福建时代包装材料有限公司
福建金闽再造烟叶发展有限公司
福建华东船厂有限公司
福建源鑫建材有限公司

（曾 煌）

电 力

【概况】 2022年，罗源电网供电区域覆盖全县11个乡镇及2个经济开发区（罗源湾开发区、台商投资区），为全县202个村居、约26.95万人提供电力服务，供电面积1187.18平方千米，其中陆域面积1062.2平方千米，海域、滩涂面积124.98平方千米。辖区内供电户数16.5万户。全年售电量41.33亿千瓦时，比上年增长18.88%；固定资产投资7993万元。

网架结构 罗源地区220千伏电网形成以华能罗源湾电厂和500千伏洋中变为电源支撑的环网结构；110千伏电网形成以单链为主、双辐射为辅的网架结构；10千伏电缆线路以单环网为主、架空线路以三分段两联络为主。

电网概况 全县有220千伏公用变电站3座（220千伏白花变、220千伏碧里变、220千伏半章变），变电容量120万千伏安；110千伏公用变电站10座（110千伏东区变、110千伏寿桥变、110千伏港头变、110千伏松山变、110千伏洪洋变、110千伏管柄变、110千伏将军帽变、110千伏新城变、110千伏应德变、110千伏鉴江变），变电容量77.05万千伏安；110千伏线路24条，长度275.8千米；35千伏变电站4座，变电容量4.4万千伏安。有35千伏线路5条，长度58.37千米；10千伏线路203条，长度1545.74千米，其中公用线路164条，长度1564.56千米；配变数量2410台，总容量128.3万千伏安，其中公用配变1440台，容量70.1万千伏安。

【发电及电力供应】 地区最高负荷808.68兆瓦，比上年增长9.96%；网供最高负荷758.63兆瓦，比上年增长20.83%。供电可靠率99.989%，农网综合电压合格率99.954%。全县用电量51.10亿千瓦时，比上年增长18.44%，增速居全市第二位。其中第一、二、三产及城乡居民用电量分别为0.58亿千瓦时、44.87亿千瓦时、2.52亿千瓦时、3.15亿千瓦时，比上年增长分别为12.88%、20.11%、6.36%、9.10%。

【电网建设与改造】 电网基建项目建设 竣工霍口水电站—寿桥110千伏线路工程。完成110千伏霍口线路送出配套寿桥间隔工程。完成罗源港头110千伏变电站2号主变扩建工程。推进福建福州罗源鉴江110千伏变电站110千伏间隔扩建工程。

配网建设 新建、改造配网线路137.12千米，电缆4.839千米，新建、改造配变12台、箱变6台。10千伏及以下电网工程年度建设投运率100%，其中配网项目竣工、结算、关闭率100%。“福州罗源110千伏寿桥变10千伏档厝线29杆至64杆改造工程”获评省公司优质工程。罗源配网工程业主项目部、福州亿力罗源施工项目部获评配网工程优秀项目部，亿

山福州罗源施工项目部获评配网工程标杆项目部。

【电力技术创新】 罗源县收官国企改革三年行动，完成适应新型电力系统建设深化管理体制机制变革发展和营销2个专业试点任务。建成2个全业务核心班组，变电运检班承接计划性检修工作。配网全业务核心班组推行网格片区制与设备主人制融合模式。上线营销2.0系统。推进电能计量装置智能化改造，HPLC（高速宽带载波智能电表）智能电表用户覆盖率79.75%。

【电力安全生产】 安全隐患治理　罗源供电公司总结安全生产专项整治三年行动“两个专题、九个专项”排查整改情况，实现隐患整改率100%。统筹开展隐患大排查大整治、秋检等专项工作，排查问题整治问题225项。梳理迎峰度夏配网设备负面清单，完成相关隐患问题整治。

做好电力保供　出动保电人员482人次，完成中共二十大保电、中高考保电、玉石文化节、防范暴雨灾害等各项保供电任务，保供电客户36户次，实现“供电设备零故障、重要负荷零闪动、保电工作零差错、供电服务零投诉”“四零”目标。加强客户侧负荷控制，完成18家用户控制回路接入及试跳工作，可控负荷13.316万千瓦，其中5户实现分路控制。

提升运检质效　开展不停电作业720次，配网不停电作业化率90.13%，节约停电17214小时，增供电量115.34万千瓦时，业扩不停电接火率100%。压降配网故障，治理高故障线路7条、高故障台区6个，完成单刀闸分界点断路器改造12处，改造杆塔防风478基，高故障线路比上年下降42.9%，配网线路百千米跳闸比上年下降26.15%），配变故障停运率比上年下降24%，户均停电时间4.0小时/户，比上年下降0.49%。

【客户服务】 助力乡村振兴　罗源县新增、改造10千伏配电线路31条、配变台区20个。完成2个老旧小区供配电设施改造、1个小区新增双电源改造。县域首家出台乡村电气化示范评价标准政策，起步镇率先挂牌命名“乡村振兴 绿色赋能”电气化示范镇。

优化电力营商环境　推广“一键下单、现场办结”，完成接电容量5.32万千伏安。“水电气讯”一站式联办、“刷脸办电”服务实现全覆盖。落实电网延伸投资界面至客户建筑区画红线政策，与相关部门探索落地实施方案。

服务民生　完成新时代“双满意”工程3项为民办实事项目。在香缇半岛、香蜜湖2个小区打造“零计划停电区域”。为提升中高考学校供用电可靠性，推进中高考学校双电源改造，计划分期分批完成。

（温舜策）

2022年罗源县全社会用电量情况一览表

表13

指标名称	计量单位	1月	2月	3月	4月	5月	6月	7月	8月	9月	10月	11月	12月
全社会用电量	万千瓦时	33939.6002	33016.2788	41348.1197	40165.8102	44965.3679	46065.3932	48953.541	44299.3612	44299.3612	44702.0339	43028.5124	45325.7235
其中：工业用电量	万千瓦时	28985.7130	28205.5899	34859.0534	36145.7875	40680.5593	40687.4242	40750.1978	38294.6207	38294.6207	39983.0295	38904.6551	40313.7629

2022年罗源县全社会用电量累计比上年增长一览表

表14

指标名称	计量单位	1月	2月	3月	4月	5月	6月	7月	8月	9月	10月	11月	12月
全社会用电量	%	-7.53	8.53	10.32	13.7	18.43	24.59	19.72	11.37	23.19	36.09	43.83	26.34
其中：工业用电量	%	-9.24	5.86	11	14.62	21.1	27.59	20.85	7.3	28.74	41.55	50.22	28.54

冶金机械建材

【概况】 2022年，罗源县冶金机械建材主要有福建亿鑫钢铁有限公司、福建罗源闽光钢铁有限责任公司、宝钢德盛不锈钢有限公司、福建罗源小蕉轧钢有限公司、福建榕工环保机械制造有限公司、罗源鑫顺金属制品有限公司等企业，产品主要有镍合金及不锈钢材料、热轧光圆钢筋、热轧带肋钢筋、连铸方坯、粗钢、水泥、混凝土等。

【冶金行业】 罗源县有黑色金属冶炼和压延加工业企业6家，分别是福建亿鑫钢铁有限公司、福建罗源闽光钢铁有限责任公司、宝钢德盛不锈钢有限公司、福建罗源小蕉轧钢有限公司、福建永荣不锈钢制品有限公司、福州聚和鑫不锈钢有限公司，产值560.6亿元，比上年增长14.26%。

【造船行业】 罗源县有1家规模以上修船企业为福建华东船厂有限公司，产值10.5亿元。

（曾 煌）

【重点项目建设】 宝钢德盛精品不锈钢绿色产业基地项目——钢铁产能置换项目、三钢产能置换（罗源闽光部分）及配套项目二期工程及年产130万吨H型钢生产线等9个项目竣工投产，福建三钢闽光股份有限公司产能置换（罗源闽光部分）及配套项目开工建设，福建德盛镍业配套煤气工程节能减排改造升级等项目按序时进度稳步推进。

（洪晨森）

【企业技术创新】 福州德塔电源技术有限公司、福建中网电气有限公司被认定为福建省企业技术中心。

（曾 煌）

【企业服务】 罗源县开展各类政策宣贯服务65场次，服务企业324家次；开展各类创业创新服务8场次，服务企业13家次；开展“专精特新”企业培育服务3场次，服务企业7家次；开展融资服务1场次，服务企业10家次；开展市场拓展服务3场次，服务企业27家次；发放《惠企政策汇编》96本；推荐福建榕工环保机械股份有限公司、福州萍晴日用化妆品有限公司、中科瑞能电气股份有限公司申报福建省“专精特新”中小企业。

（张子业）

2022年罗源县龙头企业及产量一览表

表15

企业名称	产量
福建罗源闽光钢铁有限责任公司	253.59万吨
福建亿鑫钢铁有限公司	185.83万吨
宝钢德盛不锈钢有限公司	376.69万吨
福建时代包装材料有限公司	8.55万吨
福州德塔电源技术有限公司	5757台（套）
福建华东船厂有限公司	229艘

（曾 煌）

塑料食品

【概况】 2022年，罗源县规模以上软包装企业3家，产值25.25亿元；食品加工企业9家，产值6.29亿元。

【软包装】 罗源县规模以上软包装企业3家，分别是福建时代包装材料有限公司、福建景泰包装材料有限公司、福建悦得软包装有限公司，主要生产聚丙烯薄膜、共挤压光聚酯、PP粘胶带等，产值25.25亿元。

【食品加工业】 罗源县规模以上食品加工企业9家，分别是福建省罗源县美味食品有限公司、福州市新聚丰食品发展有限公司、福州海林食品有限公司、福建味中味食品有限公司等，主要生产海菜、紫菜、烤鳗、肉松等产品，产值6.29亿元。

（曾 煌）

工艺美术

【概况】 2022年，罗源县工艺美术企业主要涵盖寿山石玉石雕刻、角梳及牛角工艺品、寿绘画及雕塑和以脱胎漆器、漆画与现代生活装置、手作艺术相结合的文创企业。

【行业管理】 罗源县工艺美术业代表性企业3家，分别是罗源盛世寿山石有限公司、罗源县角梳厂和罗源湾谷仓画院有限公司。罗源县启动玉石产业回归工程，出台《罗源县玉石雕刻文化产业发展实施方案》，以“打造玉石大师发展平台、擦亮‘天下石，罗源工’品牌、建立玉石文化产业集聚区”为目标，发力玉石雕刻文化产业链，着力打造“中国玉石雕刻艺术之都”。罗源县工艺美术学会赖庆光、陈为新、王朝杰、郑良东、郑立波、谢道勇、郭丽等7名艺术家参加第二届全国工艺美术博览会，收获百花奖金奖3件、百花奖银奖2件、百花奖铜奖1件、百鹤奖2件。

【罗源工艺美术大师】 罗源县国家级工艺美术大师5人；国家级玉石雕刻大师11人；美术师1人；全国技术能手3人；省级工艺美术大师26人；省级玉石雕刻大师20人（其中福建省玉石雕刻大师9人，其他省级玉石雕刻大师11人）；福建省工艺美术名人16人；福建省雕刻艺术大师7人；福建省雕刻艺术专家4人；雕刻艺术名家6人；罗源县首届优秀人才3人，罗源县第二届优秀人才4人。

（郑文熙）

其他门类工业

【烟草】 2022年，罗源县烟草加工企业1家为福建金闽再造烟叶发展有限公司，从事再造烟叶（俗称烟草薄片）生产和经营，产值2.39亿元。

【造纸】 罗源县造纸行业企业1家为福建皇冠纸业有限公司，产值1.13亿元。

【竹木加工业】 罗源县家具（橱柜、竹木加工）制造企业8家，分别是罗源县金源竹业有限公司、福建亿森竹业有限公司、福州立雅家具有限公司、福州豪仕达厨具制造有限公司等，产值9.06亿元。

（曾　煌）

（编辑　林烨欣）

建筑业

【概况】 2022年，罗源县建筑业总产值完成60.19亿元，建筑业增加值1.9%。完成施工许可48项，施工面积927871.15平方米，竣工面积836565.3平方米。

【建筑市场管理】 罗源县加快机制创新，通过引进和引导建筑企业提升资质档次，为企业办理资质提供及时的政策服务，帮助企业提升参与建筑市场的能力。全县有资质等级的总承包与专业承包建筑业企业、施工劳务126家，其中，施工总承包一级企业6家，施工总承包二级企业7家，施工总承包三级企业62家，建筑业从业人员约1.659万人。

【建筑产业化】 罗源县探索建筑产业化发展方向和模式，利用标准化设计、工业化生产、装配式施工等现代化模式实现建筑的长效管理。加大政策扶持力度，完善标准体系，创新组织管理模式，推动建筑产业化。

【海绵城市建设】 根据罗源县海绵城市建设专项规划，将海绵理念融入市政项目建设中。

【建筑节能和绿色建筑】 罗源县城乡道路照明节能改造及能源管理委托运营项目正式运行以来，城乡亮灯率保持在98%以上，用能下降26%以上；自2018年1月起，11个乡镇181个行政村路灯完成节能改造，改造光源数量49362盏，周边群众满意度得到提升。加强建筑节能专项备案管理，做好建筑节能、绿色建筑与装配式建筑工作，重视可再生能源建筑应用工作，推广应用绿色建筑新技术、新产品。

【建筑工程招标】 罗源县进入福建省工程领域招投标在线监管平台备案的公开招标项目37项，完成开标项目32项，招标控制价82385.72469万元，中标总价74509.68275万元。利用省工程领域招投标在线监管平台系统对违法行为进行大数据分析，对招投标过程、标前标中标后等进行实时监控，利用平台，开展两次“双随机”抽查，处理平台预警15个，加强与招标人和招标代理的联动监管。

【建设工程质量安全监管】 新申报项目31项（其中房建29项，市政工程2项），单位工程83个，建筑面积49.35万平方米，造价18亿元。在建受监工程项目68个，单位工程195个，建筑面积173万平方米，造价70亿元。出具工程质量监督报告30份。组织开展在建工程检查54次，发出工程质量安全问题责令改正通知书54份，发现隐患总条数301条。

【工程造价管理】 罗源县贯彻执行国家、省、市有关工程建设标准、定额、计价方面的方针、政策和法规，做好相关计价依据的指导和计价行为的监督管理。做好造价本职工作，及时发布建筑材料市场信息，增强信息服务社会效果。深入基层和市场收集建材物资价格的一手资料，提高信息的及时性、适用性。根据省、市、县有关文件精神和工作部署，做好施工企业合同履约行为信用评价相关规范的宣贯与执行，促进企业加强和完善劳务管理，保障农民工合法权益。

【建筑项目审批服务】 年内行政许可、审批项目受理383份，办结382份：其中福州市建筑工程施工许可证核发（含房建、市政、装修）48份；建筑工程施工许可证核发（变更）14份；福州市房屋建筑和市政基础设施工程竣工验收备案（含房建、市政）20份；工程建设涉及城市绿地、树木审批2份；既有建筑装修改造建设工程竣工验收消防备案以及其他建设工程竣工验收消防备案14份；既有建筑装修特殊建设工程消防设计审查以及特殊建设工程消防设计审查14份；建设工程消防验收15份；市政设施建设类审批12份；城镇污水排入排水管网许可（含临时）3份；房地产经纪机构备案6份；

建筑起重机械备案（含注销）14 份；建筑起重机械使用登记 32 份；建筑施工企业安全生产许可证核发（含初次申请、重新核定、证书变更）23 份；建筑业企业资质认定增项、注销、简单变更（不涉及更换发证机关的资质证书变更）24 份；物业服务合同备案 4 份；瓶装燃气供应许可证核发 2 份；瓶装燃气供应许可证年审 2 份；燃气经营许可证核发及年检 2 份；商品房预售许可（含变更）17 份；新建房屋白蚁防治工程施工合同备案 6 份；住宅专项维修资金使用审核（含住宅专项维修资金一次性使用审核、住宅专项维修资金预付款使用审核、住宅专项维修资金余款使用审核）81 份；住宅专项维修资金退款审核 3 份；住宅专项维修资金账户更名 25 份。福建省瓶装燃气供应许可证年审 16 份；燃气经营许可证核发 2 份。

【城建档案管理】 县住建局做好城建档案接收管理工作：成立住建局档案管理工作领导小组办公室，组织力量开展档案收集管理；对制定城建档案归档清单、归档审核细则、整理立卷细则等措施文件，规范档案收集管理工作。

（县住建局）

房地产业

【概况】 2022 年，全县 10 个在售楼盘，分别为香山小镇花园、正荣悦璟台、万豪城市广场三期、香蜜湖住宅小区、蓝湾明珠二期、罗源湾滨海新城、东方星城 B 区二期，岐阳·金尊名城、汀州云墅住宅区、汉昇城。

【商品房销售政策】 11 月 21 日出台《关于印发罗源县关于防范商品房延期交房问题的工作措施的通知》。

【房地产市场管理】 罗源县有 10 个在售楼盘，分别为位于凤山镇的香山小镇花园、正荣悦璟台、万豪城市广场三期、东方星城 B 区二期，岐阳·金尊名城、汀州云墅住宅区，位于松山镇的香蜜湖住宅小区、蓝湾明珠二期、汉昇城，位于开发区的罗源湾滨海新城。凤山镇的香山小镇花园总建筑面积 61.57 万平方米，3788 套，分 6 期开发；正荣悦璟台总建筑面积 15.19 万平方米，1043 套；万豪城市广场三期总建筑面积 7.54 万平方米，528 套；东方星城 A 区、B 区（二期）总建筑面积 15.18 万平方米，1024 套；岐阳·金尊名城总建筑面积 34.17 万平方米，3385 套；汀州云墅住宅区总建筑面积 7.7 万平方米，含 300 套安置房；位于松山镇的香蜜湖住宅小区总建筑面积 12.75 万平方米，837 套；蓝湾明珠二期总建筑面积 13.16 万平方米，1237 套；汉昇城总建筑面积 39.96 万平方米，2860 套。

【房屋征收管理】 岐阳片区棚户区改造项目总被征收户数 1390 户，完成最后一户签约扫尾工作，完成率 100%。1 月 15 日中心配合岐阳旧改指挥部组织启动该片区地块二安置房交房，至此，岐阳片区旧改项目所有 1135 户征迁户实现回迁，总安置房屋 1797 套，交房 1705 套。中心市场地块项目完成中心市场征收前期工作，根据县政府新的工作安排部署，中心市场地块项目将采取双向分户评估的方式，进行征收。12 月 2 日房屋征收完成罗源县中心市场地块项目建筑物拆除及回收物处置项目招投标工作，项目中标方为福建晟利莱建设工程有限公司，该公司于 12 月 5 日入场进行房屋拆除工作，中心市场内部店面及铁棚部分、原城东工商所主体大楼拆除。

【住房保障】 根据市委、市政府部署要求，罗源县 2022 年度保障性租赁住房目标任务为 1200 套（间），实际完成筹集 1375 套（间），完成率 114.58%，员工宿舍项目分布在台商投资区和金港工业区。

【经济房公租房】

2022 年罗源县经济房公租房一览表

表 16

序号	楼盘名称	建设进度	选房用房情况
1	南洋花园（公租房）	截至 2014 年以购代建 615 套	罗源县公租房 615 套。年内定向 50 套环卫工人住房安排 42 套，剩余 8 套；定向 35 套人才公寓住房安排 30 套，剩余 5 套；530 套保障城镇中低收入住房困难家庭、外来务工人员家庭、机关事业单位在编人员及一些特殊保障对象住房，安排 512 套，剩余 18 套。剩余 18 套房源作为 2020 年度、2021 年度取得租赁资格 21 户轮候家庭配租
2	南洋花园（经济适用房）	建成	2011 年城镇居民购买 68 套

注：5 月将腾退出来的 15 套公租房房源配租给 2020 年度 15 户轮候申请家庭，8 月将腾退出来的 1 套公租房房源配租给 2020 年度 1 户轮候申请家庭。

【物业管理】 全县城区有物业服务的住宅小区67个，住宅面积约853.91万平方米，登记备案的物业服务企业21家，从业人员1259人。

【住房公积金管理】 概况 2022年，罗源住房公积金缴存职工2.02万人，新增缴存单位40家，新增缴存职工1548人；归集住房公积金3.4535亿元，比上年增长17.91%，历年累计归集公积金29.4785亿元；全年提取公积金2.761亿元，比上年增长9.30%，历年累计支取20.4002亿元；全年发放贷款364笔1.5907亿元，比上年下降32.28%，累计发放贷款7131笔20.4685亿元，个人住房贷款使用率146.31%。

政策调整 5月27日，福州住房公积金管理委员会出台《关于支持职工合理住房需求及提高二孩以上家庭住房公积金贷款额度的通知》，从6月1日起，职工家庭首次申请纯住房公积金贷款购买自住房，产权面积在90平方米（含）以下的，首付款比例不低于20%；申请组合贷款购房的，参照商业银行首付款比例的相关规定执行。职工家庭第二次申请纯住房公积金贷款购房的，首付款比例调整为不低于30%；申请组合贷款购房的，参照商业银行首付款比例的相关规定执行。生育、抚养两个及以上未成年子女的职工家庭，首次申请住房公积金贷款，在其他贷款条件符合的情况下，其住房公积金贷款额度按公式测算时另加10万元，且最高可贷额度调整为双职工按100万元、单职工按70万元执行。

6月28日，福州住房公积金管理委员会出台《关于调整2022年度福州住房公积金缴存基数的通知》，从7月起在福州地区缴存住房公积金的单位及其职工住房公积金最高月缴存基数由原来的24120元调整为26262元，最低月缴存基数为1960元；单位为职工缴存的住房公积金月缴存额和职工住房公积金月缴存额上限合计6302元，下限合计196元。

8月8日，福州住房公积金管理委员会出台《福州住房公积金管理委员会关于加大租房提取力度促进租购并举工作的通知》，从8月26日起，提高缴存地无房职工租住商品房提取住房公积金支付房租的额度，在罗源县缴存住房公积金的职工，每人每月最高可提取住房公积金额度由800元提高至1000元；取消“职工支付房租提取的金额不能高于职工每月缴存的住房公积金”的限制；享有租房提取资格的缴存职工及其配偶，因在福州市行政区域内购买自住房申请购房提取住房公积金的，提取间隔无须满12个月。

公积金提取 罗源有0.71万名职工提取住房公积金。其中，购买、建造、翻建、大修自住住房占9.39%，偿还购房贷款本息占42.29%，租赁住房占30.79%，离休和退休提取占4.81%，单位终止劳动关系提取占12.32%，其他占0.4%。中低收入占99.37%，高收入占0.63%。

公积金贷款 福州住房公积金中心罗源管理部发放贷款364笔1.5907亿元，支持职工购房面积4.05万平方米。贷款金额中，住房面积90（含）平方米以下占13.06%，90～144（含）平方米占83.99%，144平方米以上占2.95%；购买新房占70.38%，购买二手房占29.62%；首套房申请贷款占90.49%，第二套房申请贷款占9.51%；中低收入占99.18%，高收入占0.82%。

公积金网办业务 福州住房公积金中心全流程网办事项增加至47项，占全部事项的90.38%。福州住房公积金中心拓展数字+公积金“高效办”服务，为缴存职工提供便捷高效的办理体验，全年通过网上办事大厅、E福州、闽政通、微信公众号等渠道为罗源2.02万缴存职工办理住房公积金各类业务。

住房公积金缴存扩面 福州住房公积金中心罗源管理部开展扩面攻坚部署，梳理30家重点扩面对象企业，开展上门宣传12次、扩面座谈7次；全年新增缴存单位40家，新增缴存职工1548人，新增归集额3.4535亿元。

（福州住房公积金中心罗源管理部）

【二手房交易登记平台】 罗源县存量房网上签约系统是一手房、二手房交易监管服务管理平台，有助于政府、行业、买卖双方更公平、更透明地参与市场，有助于罗源县二手房市场的健康稳定发展。罗源县二手房面签系统签约2107宗，其中住宅1981宗、非住宅98宗，成交面积207293.72平方米。

【年度商品房交易情况】

2022年罗源县不动产登记和交易中心商品房交易情况一览表

表17

项目/区县	批准销售商品房			新建商品房（住宅）成交 其中：住宅				
		其中：住宅		90平方米及以下		90平方米以上		金额（亿元）
	面积（平方米）	面积（平方米）	套数（套）	面积（平方米）	套数（套）	面积（平方米）	套数（套）	
罗源县	184024.97	112518.92	1048	16129.78	186	103061.21	887	12.20

续表 17

二手房（住宅）成交				商品房累计可售	
新建商品房		二手房		面积（平方米）	套数（套）
面积（平方米）	套数（套）	金额（亿元）	面积（平方米）		
198273	2107	7.18	383400	361000	3478

【不动产登记管理】 罗源县不动产登记和交易中心开展多种形式的便民服务活动，把“一趟不用跑”作为优化服务的牵引，实现上门服务、利民到家。为高效服务企业，打造企业“绿色通道”，专人跟踪，领导督办，优先办理，为企业提供更高效、更便捷的服务。为了方便企业和金融机构，企业一般抵押登记在24小时办事时限基础上再承诺8小时内办结，即上午收件、当天即可办结，实现“最多跑一趟”。2月中旬，配合县行政服务中心实地走访服务企业，为福蓉源再生资源开发有限公司、福蓉源新材料高端制造有限公司、东恒新能源公司等公司开展上门服务。如今“延时服务、上门服务”是常态化工作，为企业提供延时服务78次，为群众提供上门服务41次，办结率100%，满意率100%。12月20日起，为了方便群众办理抵押权注销登记不再收取结清证明。房屋权属登记历史遗留问题是老百姓关注的热点、难点问题，易造成社会不稳定因素，罗源县不动产登记和交易中心本着尊重历史事实、实事求是的原则，分类、分批、分步地解决好历史遗留楼盘不能办证的难题。4月30日起经县政府、凤山镇政府、国家税务总局等单位共同努力，陆续为蓝湾明珠房地产项目缺失贷款发票的群众办理不动产权证，受理111宗，发证111宗。

（黄　琴）

（编辑　林烨欣）

贸易

商贸经济

【概况】 2022年，罗源县社会消费品零售总额65.7亿元，比上年增长4.6%,高于福州市平均增幅(2.9%)1.7%、高于福建省平均增幅（3.3%）1.3%。

（李斯琼）

【“菜篮子”工程】 罗源县列入市级直控基地5家，其中生猪基地3家，分别为罗源县中森畜牧综合开发有限公司、罗源福田农业综合开发有限公司生猪、罗源安泰生态农林专业合作社；蛋禽基地2家，分别为福建省新魁强禽业发展有限公司、福建鑫惠铼禽业发展有限公司。生猪基地出栏数75214头，存栏数52356头，其中罗源县中森畜牧综合开发有限公司生猪出栏数30242头，存栏数16856头；罗源福田农业综合开发有限公司生猪出栏数21090头，存栏数15320头；罗源安泰生态农林专业合作社生猪出栏数23882头，存栏数20180头。蛋禽基地总产蛋量727.41万千克，其中福建省新魁强禽业发展有限公司421.45万千克；福建鑫惠铼禽业发展有限公司305.96万千克。

（王水英）

【零售业】 罗源县限额以上零售业135家，纳统销售额35.2亿元；限额以上大型超市4家，分别是福建省青禾购物广场有限公司、罗源县金源瑞都超市有限公司、福建省罗源福永兴超市有限公司、罗源金源东方星城超市有限公司，纳统销售收入4.9亿元。

（李斯琼）

【物流业】 罗源县规模以上物流企业13家，分别是华能（福建）海港有限公司、福州港罗源湾陆岛码头有限公司、福建博澳码头有限公司、福州港罗源湾码头有限公司、福建罗源湾鲁能海港有限公司、福建宏鑫航运有限公司、罗源县安泰物流有限公司、福建德盛物流有限公司、福建鼎辉物流有限公司、福州菁源禾物流有限公司、福建善祥物流有限公司、罗源华达客运有限公司、福港（罗源）国际港务有限公司，营业收入10.8亿元。

（黄美坤）

【餐饮业】 罗源县限额以上餐饮企业62家，纳统销售额4.7亿元。限额以上餐饮法人企业30家，分别是罗源县松泽园生态农业有限公司、罗源姆龙谷休闲农场有限公司、福州源流餐饮有限公司、福建坤源阁餐饮有限公司等，纳统销售额2.8亿元。

（李斯琼）

【电子商务】 罗源县网络零售额6.5亿元，比上年增长54.3%，开展电商零售业务企业226家，直接从业者1463人。

（李斯琼）

【家庭服务业】 罗源县规模以上家庭服务业4家，分别是福州永乐保洁有限公司、福建盛德峰保洁有限公司、罗源宝盛保洁有限公司、罗源县博泰保洁服务有限公司，主要从事单位（家庭）保洁服务。

（李斯琼）

粮油贸易

【储备粮轮换】 2022年，轮入的储备粮于10月下旬入库到位，新入库的粮食经福州市粮油质检站检验，各项指标良好，粮情稳定，储存安全。

【粮食安全保障体系】 罗源县粮食和物资储备局与13个粮油经销店［县城3个、乡（镇）10个］和1个粮食加工企业签订罗源县政企共建粮食安全保障体系协议书，每年给予每个粮食应急供应网点1000元补贴，每个粮食应急加工企业2000元补贴，完善粮油供应网络建设，增强粮食应急供应保障能力。

【粮食市场监管】 罗源县粮食和物

资储备局组织开展县级储备粮库存检查3次，出动检查人员15人次，对储备粮的库存数量、质量、轮换管理情况、出入库情况、安全储粮和安全生产情况进行检查，维护粮食市场秩序和粮食安全。检测县级地储粮18批次，合格率100%，粮食质量、品质、卫生经福州市粮油质检中心检测全部达到国家粮食标准。

【国有粮食企业】　县粮食和物资储备局下辖3家粮食企业，即粮食收储公司、粮油工贸公司、粮油加工厂。粮食收储公司主要从事政策性粮食收购、储备和轮换业务，下辖粮食中心储备库。粮油工贸公司主要负责驻罗部队粮食供应工作。

【清仓查库】　县粮食和物资储备局成立粮食库存检查工作小组，对全县地方储备粮库存进行全面普查，检查结果罗源县库存粮食宜存率100%，粮食质量合格率100%，总体粮情稳定，粮食储存安全。

【军粮供应】　县粮食和物资储备局落实严格执行军粮“一批一检一报告”制度，深入开展“粮油服务进军营”活动，及时地将所需品种、数量专车安全送到部队，按时完成军粮供应任务，部队满意率100%。

（黄　文）

烟草专卖

【概况】　2022年，罗源县烟草专卖局（分公司）坚持以习近平新时代中国特色社会主义思想为指导，学习贯彻中共二十大精神，在罗源县委县政府和省市局党组领导下，高效统筹疫情防控和经济运行，各项工作稳中有进、稳中向好。

【党建工作】　政治思想引领　县烟草专卖局深入学习贯彻中共二十大精神，第一时间组织全体党员，收听收看中共二十大开幕会实况。第一时间借助“学习强国”学习平台、榕烟党建“e指通”开展学习讨论。制定宣贯学习方案，重点突出、主题明确、进阶推进。将二十大精神学习作为班子会第一议题，确保领导班子先学一步、学深一层，发挥领导班子“领头雁”领学作用，推动全局上下迅速掀起学习热潮。依托“三会一课”、党日活动、培训班等形式，加强“群雁”跟学效应，推动中共二十大精神入心、进脑。

党建联创共建　拓展支部共建项目，与省政协研究室理论和调研处党支部、中信银行罗源支行签订支部共建协议，深入开展红色资源联学共建活动。联合党建共建单位开展“强国复兴有我，粽叶飘香邻里情”等主题活动，深化巩固“我为群众办实事”活动成效，铸强“凝心筑罗烟”党建子品牌。

党建业务融合　以行业内党建推进会为契机，探索“以‘1333’工作法加强党建引领，有力推动农网建设高质量新发展”课题，完成打造具有罗源特色的“窗、明、几、净”的行政服务窗口，完成党建品牌创建成效案例及党建引领、亲情帮扶案例、攻坚队伍先锋模范案例3项。

党风廉政建设　严格落实谈心谈话制度，开展廉政提醒谈话27人次，任前廉政谈话4人次。常态化开展廉政教育，组织党员干部学习中央、地方纪委和行业内典型通报材料650人次，发布廉洁过节提醒短信330余条。深化纪律作风建设，发现54个问题均落实整改。

监督执纪问责　加强对“一把手”和领导班子落实全面从严治党主体责任、执行民主集中制、依规依法履职用权等情况的监督。深化明示承诺监督工作，每月实地走访卷烟零售户，形成“一月一调研”工作机制。常态化开展“两评议”，以月调“客户满意度”，季调“基层员工评议机关干部作风满意度”推进相关工作。

【营销网建】　品牌培育　县烟草专卖局坚持“高价突破、高端扩张、基座上移”方针，借助13场直播宣传、15场中烟尊享会、25次跨界营销、81场宴席营销，深度挖掘高价位圈层市场潜力，实现高端高价加快成长。通过铺开粉丝计划、集盒换礼、创意陈列的受众面拓展“消费圈”，深化省产品牌培育。

农网建设　探索建设涵盖党建引领、政企合作、工商协作、数据智能和旅游民俗各类主题的农网海丝惠民小店6家，以提供经营指导、延伸服务功能、提升店面形象、加强数智支撑为思路，实现农网终端经营能力更强、布局结构更优、服务乡村振兴战略更好的总体目标。

多元化经营　践行“平台+实体+精品”的经营模式，以全员营销、非烟消费“进商务、进餐娱、进宴席”等活动为抓手开展非烟宣传推介，核心客户群逐步形成，17家企业引进非烟产品作为商务接待用酒，11家餐饮业引进非烟产品开展销售宣传。

【市场监管】　烟警协同高压严打　县烟草专卖局加强县区级联勤工作站建设，实现辖区内海岸线高清摄像监控全覆盖。与罗源公安联合建立“涉烟信息研判分中心”“沿海涉烟违法犯罪联合防控点”，开展4次联席工作会，重点部署联合行动，严厉打击涉假、涉私卷烟活动，查办海上运输假烟案件1起，现场抓获涉案人员4人。

多维协同治理市场　联合市监局开展守“未”成长专项行动，清理中小学、幼儿园周边持证户29户。县内有电子烟零售许可持证户3户，协同公安局、检察院、市监局等部门办理全区第二起向未成年人售卖电子烟违法案件。

渠道监管净化市场 全年查获终端案件 40 起。对城区关键物流点进行建档造册，查获物流寄递环节案件 61 起，市场净化率 97.3%。

许可控量改善零售许可布局 在许可控量上发力，自新版《合理布局规划》实施数量调控模式以来，新办零售许可证 112 户，比上年下降 38%。全年办理延续许可 825 户，清理不符合延续要求的零售户 37 户，勘验率 100%，完成延续申请关键年度的“攻坚”工作。

【企业管理】 *数字化转型* 县烟草专卖局以“数以智用·四新罗烟”为主题，立足安全管理，开发“安全随身带”App 和安全数字大屏集成展示安全管理水平；立足队伍锻造，开发罗烟先锋智慧云、先锋数字大屏，实现对员工、党员队伍的动态评估；立足营销管理，自主研发高质量新发展指标预警平台和“数智”营销管理微平台，初步构建“2622”营销管理新模式；立足专卖管理，借助专卖指标跟踪可视化数字大屏展示指标完成进度、案件频发区域和许可证管理信息等内容，展现罗烟全员创新、部门联动、数据共享的落地实践成果。

企业管理 着力推动全员创新，全年申报 2 个 QC（品质控制）课题、2 个精益改善、5 个合理化建议，覆盖机关所有部门，在全市系统竞赛中，取得 2 个二等奖、1 个三等奖、1 个第七名、3 个第八名，创新成效逐步释放。联合秀屿区局开展对标共建活动，通过座谈交流、实地走访等多种方式，推进对标实效提升。

基础管理 安全管理有效落实，对安全管理员、基层所（部、站、班、组）长开展消防安全、交通安全、“七有七会”专题宣贯。开展涵盖安全救护、家庭常见急症救助、情景演练、意外伤害处置、突发事件处理等内容的安全系列培训。开展未成年人保护法、电子烟监管、宪法宣传周等特色普法活动，创新应用线上渠道开展普法宣传，推进普法活动取得实效。

文明创建 实现“志愿福州”平台在职职工 100% 注册，全年开展文明交通、疫情防控等志愿活动 82 场，参与 418 人次，志愿服务时长 2736 小时。主动参与创建全国文明城市、保护未成年人成长环境相关工作。推荐 2 名员工参加“我推荐我评议身边好人”活动。向罗源县慈善总会定向捐赠 8.5 万元用于设立“罗源县志愿者联合会”和为生活困难道德模范、身边好人、新时代好少年提供慰问帮扶。

（*游颜卿*）

供销合作

【概况】 2022 年，罗源县供销社下辖 11 个基层供销社，13 个直属企业。全系统实现商品销售总额 739635.66 万元，比上年增长 23.14%；消费品零售额 308892.42 万元，比上年增长 17.11%，实现利润 121.39 万元。

【农资供应】 县供销社下属农资企业根据全县农业生产需求，做好农资储备、调运、供应保障工作，确保量足价稳质优。全年完成化肥储备任务 2900 吨，销售化肥 2230 吨、农药 5086 件、农膜 18 吨、水稻种子 11.39 吨、各类喷雾器 1927 台。

【烟花爆竹专卖】 县供销社下属烟花爆竹企业全年销售烟花爆竹 11710 件，销售额 163 万元。其中烟花类 7936 件、爆竹类 3774 件。

【基层社改造提升】 县供销社坚持全社一盘棋，推进基层社改造提升，组织开展起步供销社、洪洋供销社惠农综合服务中心项目建设，为周边群众提供农产品购销、农业生产资料供应、日用消费品销售、快递物流、金融代办、农民技术培训等综合服务，提升基层单位为农服务能力。

【农业生产社会化服务】 县供销社坚持面向乡村产业发展，组织柑橘、花卉苗木 2 支专业化为农服务队伍开展好常态化为农服务。以提升生产端为农服务能力为重点，抓好专业化为农服务队伍组建工作，拓展为农服务领域、提升为农服务能力。联合粮食生产大户丰华生态农业公司组建全县

县供销社丰华为农服务队为农户提供耕、种、管、收、加一体化服务

首支以服务粮食生产为重点的为农服务队伍——罗源县供销社丰华为农服务队，引进犁田机、育秧机、插秧机、收割机、烘干机、碾米机等现代农业生产“新农具”，耕田 360.67 公顷、插秧 254 公顷、收割 698.67 公顷，烘干粮食 1600 吨，帮助农户销售粮食 1520 吨；依托西兰供销社组建绿丰飞防服务队，引进大疆无人机开展飞防作业植保技术服务，作业面积超过 666.67 公顷。

【农产品流通】 县供销社发挥流通领域作用，做好罗源县“十佳”农特产品产销对接工作，组织企业参加省供销社“一县一周”名特优农产品•2022年迎新春年货展销订货会等活动，扶持潮歌咸鸭蛋等罗源特色农产品进高速服务区销售，帮助企业拓展市场，推动“罗”字号农产品走出去。抓好县供销社名优特农产品展示展销中心产销平台建设，组织开展罗源特色农产品经营，与县农信社开展合作，导入福农易购综合服务平台、福农驿站及菜鸟驿站等相关资源，开展好综合惠农服务。8 月，罗源县供销社农产品产销对接工作入选全省供销社工作经验汇编。

（谢美燕）

对外及对港澳台经济贸易

【概况】 2022 年，罗源县实际利用外资完成 859 万美元，进出口总额 42.3 亿元，其中出口总额 16 亿元、进口总额 26.3 亿元。

（黄美坤）

【招商引资】 罗源县引进港资项目 1 个为北湾时代智造产业园项目，总投资 0.7 亿元；引进外贸企业 1 家为福州豪仕美新型建材有限公司，总投资 0.51 亿元。

（丁路路）

【对外贸易】 罗源县外贸出口企业 29 家，完成出口总额 16 亿元，主要出口产品以发电机组、不锈钢卷、家具等为主，产品主要出口美洲、欧洲等地区。

（黄美坤）

【罗源县 2022 年厦门投资贸易洽谈会可望签约项目】 9 月 8 日，第二十二届中国国际投资贸易洽谈会在厦门开幕，罗源县签约 2 个项目，总投资 113 亿元。在福州市外资项目对接座谈会上，罗源县与福州北湾时代投资发展有限公司签约北湾时代智造产业园项目，项目计划总投资 3 亿元，其中外资 1000 万美元，致力于打造集生产制造、研发孵化、仓储物流、生活配套、智慧管理于一体的新型制造业集聚平台。在福建省重大项目集中签约会上，罗源县签约牛坑湾港口及加工物流园区填海工程项目，项目总投资 110 亿元。

（颜志炜）

（编辑 林烨欣）

金融业

综 述

2022年，罗源县有银行类金融机构9家，33个营业网点，从业人员495人；保险类机构10家，其中支公司4家，营销部6家；证券类机构1家。全县金融机构本外币各项存款余额195.90亿元，比年初增长10.93%。其中，人民币各项存款余额195.34亿元，比年初增加19.42亿元，增长11.04%，其中个人存款余额134.71亿元，增长13.68%；单位各项存款余额58.88亿元，增长7.61%；外汇各项存款余额785万美元，比年初减少261万美元，下降24.97%，其中个人外汇存款余额314万美元。金融机构本外币各项贷款余额249.78亿元，比年初增加14.58亿元，增长6.2%。其中，人民币各项贷款余额249.22亿元，比年初增加18.84亿元，增长8.18%。

中国人民银行罗源县支行

【概况】 2022年，中国人民银行罗源县支行（以下简称“人行罗源县支行”）坚持稳中求进的工作总基调，更加注重提高经济增长的质量和效益，落实宏观审慎调控，维护辖区金融稳定，提升金融服务水平，履行基层央行职责，推动地方经济金融运行稳健发展。

【金融政策】 人行罗源县支行主动作为，使稳健货币政策落到实处。向地方政府、金融机构全面传导人民银行总行、福州中支工作会议精神，发挥信贷政策导向作用，传导货币政策，在保持稳健货币政策灵活适度和辖区流动性合理充裕下，争取地方政府对金融工作的支持，引导辖内金融机构实现信贷政策传导与政府产业政策引导相统一，服务地方经济发展。向县委县政府报送7期《呈阅件》，其中《2022年3季度罗源县金融存贷款简报》县委书记作指示。罗源县金融机构本外币各项存款余额195.90亿元，比上年增长10.93%；本外币各项贷款余额249.78亿元，比上年增长6.20%。深入调研，加强“窗口”指导。支行一把手、分管行领导多次深入各乡镇调查了解金融支持实体经济、乡村振兴、“一县一品”等工作情况。向地方党政负责人汇报上级行信贷政策情况，主动与相关经济部门进行沟通交流，通过综合管理评价、金融形势分析、信贷引导会议、现场宣传等措施向地方政府、金融机构和社会公众传导政策导向。

【信贷服务产品和方式创新】 人行罗源县支行指导金融机构做好差别化信贷服务。加强产融合作，落实好总行对国家重大战略、实体经济重点领域的信贷支持政策，引导辖区金融机构全力服务支持实体经济。罗源县金融机构新发放企业贷款金额56.75亿元，比上年增长62.17%，其中新发放小微企业贷款14.08亿元，比上年增长20.32%。发挥央行再贷款再贴现政策和普惠小微贷款支持工具的撬动作用，向福州中支争取再贷款额度1.39亿元，引导法人金融机构加大对小微企业、涉农领域的信贷支持力度。罗源县各金融机构发放央行再贷款12830万元，推动辖内金融机构发放科技再贷款2笔1765万元，指导县工行对接中医院发放设备更新改造再贷款1笔256万元。落实好普惠小微贷款支持工具，支持小微企业发展。罗源县法人金融机构办理普惠小微贷款支持工具8.84亿元。

坚决贯彻疫情防控决策部署，加大金融统筹支持力度，完成疫情防控资金投放，助力企业纾困解难。加大小微企业“纾困贷”“信用贷”“首户贷”等投放力度，罗源县金融机构已发放小微企业“纾困贷”125户，金额1.61亿元；“信用贷”10643笔，金额1.48亿元；发放小微企业“首户贷”201笔，金额1.55亿元；发放“乡村振兴贷”11笔，金额677万元；发放“科技贷”3笔，金额2465万元。

重点关注农村产业发展资金需求，引导推动辖区金融机构创新金融服务，推出针对少数民族特色产品“畲情贷”“畲e贷”，支持农村产业发展的“农贷通”“花卉贷”“菌菇贷”，支持海洋产业发展的“福海贷”“鲍鱼贷”“蔚蓝贷”“渔排托管贷”，支持乡村旅游发展的“普惠金融旅游卡”“农家乐经营贷”等精准定向的信贷产品和支持食用菌、茶叶、鲍鱼养殖、乡村振兴带头人等特色“快农贷”信用贷款等，加强金融支持乡村振兴发展。罗源县农户农林牧渔业信贷支持余额30.74亿元，比上年增长6.15%。

【金融稳定与金融风险维护】 宏观审慎管理　人行罗源县支行履行“属地监管”职责，引导辖内法人机构根据逆周期宏观审慎管理理念，确保年度内、季度内、月度内均衡信贷投放。按季开展宏观审慎评估工作，指导法人机构进行自我信贷调控，防范系统性风险，发挥逆周期调节作用，抑制盲目扩张冲动，合理稳健经营。罗源县2家法人机构广义信贷资产保持平稳增长，在2022年前3个季度的宏观审慎评估中罗源县农信社评级均为B档，村镇银行3季度从B档下调至C档。

规范金融市场利率行为　全面贯彻总行及全国利率自律机制政策精神，落实金融机构存款利率的自律管理，做好贷款产品明确标示年化综合费率管理。引导法人金融机构继续下降贷款利率水平，减轻实体经济的成本负担。全辖金融机构贷款平均利率5.03%，比年初下降0.58个百分点；企业贷款利率4.54%，比上年下降27个基点；2家法人机构普惠小微贷款平均利率为6.36%。

“民族+信贷”专项行动　落实福州中支《“一县一品 贷动‘闽’生”专项行动工作方案》工作部署，制定《“民族+信贷”专项行动工作方案》，运用“民族+信贷”畲族专属信贷品牌，引导更多金融资源倾斜支持罗源县畲乡畲村企业生产和群众生活，如在全省首创“民族+文明积分贷”，信贷助力描绘畲族乡村振兴主旋律电视剧《那山那海》在央视一套黄金档首播，助推罗源县畲乡畲村经济文化发展。发放民族地区贷款余额9.08亿元，比年初增长115.68%，其中企业贷款余额1.32亿元，比上年增长432.61%。

县域绿色低碳高质量发展　对标国家“碳达峰、碳中和”战略目标，推进绿色金融发展，加大绿色信贷投放力度，支持罗源县绿色低碳高质量发展。罗源县金融机构发放绿色贷款余额14.50亿元，比年初增加11.33亿元，增长502.66%，其中发放单位绿色贷款余额10.97亿元、个人绿色贷款余额0.36亿元。

属地管理　年初支行党组召开防范金融风险专题会议，落实《罗源县防范处置金融挤兑突发事件合作备忘录》，联合县金融办、银保监部门召集辖内各投保机构“一把手面对面”进行防挤兑金融风险政策再传导，并就河南、安徽5家村镇银行风险事件对罗源县2家法人投保机构做出风险提示。

风险管理　落实金融风险“早识别、早预警、早发现、早处置”，针对辖区村镇银行实际资本充足率低于宏观审慎资本充足率、流动性指标逼近监管警戒线等问题，对该行下发风险提示函；跟踪房地产领域信贷风险，关注辖内1家房地产企业贷款五级分类下调至“关注类”，及时督导贷款银行采取措施防范不良贷款的产生，确保信贷资产安全，上报监测信息《关于罗源礼昌房地产开发有限公司风险情况的调查》。

金融机构综合评价　对辖内9家银行业金融机构开展2021年度经营管理综合评价工作，以促进辖区银行业金融机构提升金融政策执行力度；根据辖区实际和监管需求，评估综合评价工作的必要性；落实重大事项“零报告”机制，防范金融重大事项发生可能引发的金融风险。

投保机构日常监测　深入推进央行金融机构评级，完成两家法人金融机构2021年度现场评级；开展法人机构资产质量真实性专项评估，加强对信用风险的预判，做实资产质量；做好费率管理、保费核定与缴纳等存款保险基础履职工作，加强投保机构风险监测和管理，做好前3季度两家法人机构的保费缴纳工作。

存保知识宣传工作　推进宣传网格化管理，制定《罗源县2022年存款保险宣传工作方案》，开展形式多样的存保宣传，组织各金融机构将党建与业务深度融合，加强基层宣传，聚焦中老年群体开展精准宣传、聚焦青少年群体开展公益宣传，取得良好宣传成效。相关做法被福州中支金融稳定处《福建存款保险工作动态》采用，上报信息的《罗源县支行“五有”力推存款保险宣传》被基层动态采用。

辖区地方法人金融机构流动性风险应急演练　依托罗源县防范处置金融挤兑突发事件联动合作机制，组织开展应急演练。8月26日、9月14日，携手县金融办、县银保监组分别与罗源汇融村镇银行、罗源县联社联合开展地方法人金融机构挤兑风险应急处置模拟演练。利用联合演练让应急预案“活起来”，提高各方对金融突发事件的综合管理水平和应急处置能力。

【外汇改革和服务】 人行罗源县支行提升非现场分析水平，利用外汇非现场检查分析应用系统，重点监测企业贸易交易的真实性，及时发现异常线索。依照程序对县中行开展国际收支核查，保证辖区银行国际收支申报数据准确性，派出干部参加福州中支对省建行的专项检查，取得较好的成绩。利用微信、微视频等新媒体技术（线上）及深入企业乡镇等（线下）多渠道、多形式开展外汇诚信兴商宣传，引导外汇市场主体合规经营。多次走访公安机关获取跨境赌博和网络炒汇等违规案件信息来源。重点关注辖区进口付汇大户——宝钢德盛不锈钢有限公司进口与付汇情况。定期完成宝钢德盛不锈钢有限公司、福州德塔电源技术有限公司等3家企业贸易信贷调查，完成两家法人机构对外金融资产负债及交易统计调查，及时做好2022年银行外汇业务合规与审慎经营评估工作，提高国际收支数据质量。及时处理滞留数据和异常指标数据，处理8笔合规性指标信息，保证资本项目数据准确无误。及时发现和处置福州景特包装材料有限公司伪造FDI入账登记表事件，并将调查结果和监管措施上报省分局，受到省分局的肯定。

【普惠金融发展】 人行罗源县支行深化金融服务农村服务，支持巩固拓展脱贫攻坚成果同乡村振兴衔接，健全有的162个“农村普惠金融服务点”服务功能，发放宣传材料5765份，办理社保金缴纳及各类缴费2.61万笔，金额460万元；发放城乡居民养老金及财政补贴40.09万笔，金额1.01亿元，新农保取现5.46万笔，金额3012万元。参与整治拖欠农民工工资治理工作，督促银行加强对农民工工资专户资金监测。配合县政府开展金融纾困助企活动，扶持辖内民营企业恢复生产发展。及时关注、调研、解决小微企业和个体工商户享受降费政策过程中遇到的问题和困难，提升减费让利工作实效。辖内各银行机构减费105万元，惠及个体工商户及小微企业5381户。

【支付服务环境优化】 人行罗源县支行坚决贯彻落实国务院关于对跨境赌博、电信网络诈骗等新型违法犯罪资金链的治理工作，及时通报辖内银行卡涉案情况，督促银行加强对涉案银行卡的线索排查和管控，携手公安对涉案较多银行进行现场督导、约谈、召开会议等方式压实银行账务主体责任。辖内对103张涉嫌诈骗的银行卡进行查控，涉案银行卡比上年减少20%。充分调动银行机构业务资源，打造辖内移动支付示范街区和示范乡镇，利用政府消费券发放，拗九节、端午节等节日推广云闪付优惠活动提升云闪付新旧用户和云闪付商户的活跃度。云闪付活跃用户、活跃商户数任务完成率居福州辖区第三名，交易笔数及新用户数任务完成率排名辖区第六名。

【经理国库水平提升】 人行罗源县支行做好预算收入及时报解入库，保证预算收入第一时间入库。及时收纳、拨付上级新增财政直达资金，配合财税部门完成税费征收划转改革工作，履行好国库支持地方经济发展的职责，提升国库服务水平。落实国库减税降费等相关政策，快速办理各项退税，助力企业恢复发展。办理留抵退税135笔，金额13.77亿元，惠及辖内130家企业，服务实体经济，支持地方经济发展。对辖内定点企业开展3轮的问卷调查，为上级部门做好政策评估提供一手依据。坚持对国债发行进行巡查，提升辖区内国债销售量和国债下乡的影响力，辖内6家国债承销银行中5家银行国债业务量实现较大增幅，有3家超额完成全年工作任务目标。全辖全年销售国债突破1100万元，比上年增加100%。实现辖区国债下乡突破10万元。

（江 东）

银行业

【福建监管局罗源监管组】 概况 罗源县有9家银行业金融机构，1家代理机构。其中法人机构2家，国有大型银行5家，股份制银行1家，地方性银行1家。存款余额195.62亿元，比上年增长12.10%；贷款余额249.04亿元，比上年增长6.74%。辖内保险业金融机构10家，其中寿险公司4家，财险公司6家，实现保费收入3.04亿元，比上年增长0.82%。各项赔付支出0.995亿元，比上年增加2.18%。依据监管组职责，罗源监管组通过对辖内银行业金融机构非现场监管报表审核分析、巡查、调查等方式开展日常监管工作。全年完成并上报省局3个机构迁地初审，全部获得核准。全年完成并上报省局5个高管任职资格初审，全部获得核准。

风险防控 监管组依法履行监管职责，严守风险底线，辖内金融机构安全稳健运行，全年全辖无案件发生。监管组应对信用风险反弹压力，通过约谈方式进行窗口指导，年中要求辖内金融机构开展贷款存量风险排查，摸清风险底数，做实资产分类，加大处置力度，提前化解未来可能出现的不良贷款压力。年末全辖不良贷款率为0.63%，维持在较低水平。做实做细员工行为管理，加强操作风险防控。监管组通过深入一线网点开展突击检查和非现场监测相结合的方式开展员工行为排查。督促各机构了解行内员工是否存在信用卡大额消费、大额资金异常往来。对于高管及关键岗位员工重点开展员工行为排查，起到抓好“关键少数”，带动“绝大多数”的作用。完善流动性风险防控机制。指导法人机构建立重大风险事件防控和应对机制，完善行内《声誉风险管理办法》和《流动性风险管理办法》，定期开展流动性压力测试，结合外省村镇银行风险事件，明确处置原则、各方责任和具体步骤，做好正面宣传和引导，避免发生风险事件。年内组织辖内2家法人机构制定防控和应对“集中取款”事件的应急预案并进行现场演练，提升应急管理和处置能力。

普惠金融工作　监管组致力于全社会尤其是弱势群体都能享受到充分的金融服务，主要做到三项工作。落实普惠金融政策。督促金融机构主动作为，是基层监管的工作主线，用好用足金融服务政策及推动惠企惠民政策落地是重要的关注点，农村中小法人机构平均下调利率0.64个百分点，最大限度为实体经济提供金融支持。着力推动中小微企业高质量发展。年内要求机构在服务小微企业上灵活运用其金融产品，在解决融资难的同时也要减轻小微企业负担，做知小微、懂小微的银行。监管组通过联动相关部门开展“专精特新八闽行”企业走访活动，全面了解企业生产经营情况，畅通企业“血脉”，“贷”动中小企业高质量发展；带领金融机构团队参与罗源县大型惠企政策宣讲对接活动。会上8家银行分别与辖内12家“专精特新”“纾困贷”“绿色金融”“一县一品”代表企业达成12笔授信。旨在助企惠企，“贷”动未来；走访农信社“纾困贷”政策落地的重点行社，督查“纾困贷”政策落地情况，鼓励其利用好普惠性政策工具，加大对涉农、小微企业的信贷支持力度，随时对接中小微企业纾困增产增效专项资金贷款政策。引导金融助力乡村振兴。指导各机构坚持“立足县域、服务本土”的市场定位，加大当地信贷投放力度以助力乡村振兴项目。年内召集当地法人机构高管赴花卉种植特色村西洋村调研，了解种植户的金融需求及查找金融机构的服务遗漏点；带领罗源联社、中华联合财产保险股份有限公司罗源服务部共赴西兰乡进行实地调研，了解春耕备耕工作开展情况，因地制宜，对接金融服务，“贷”动春耕备耕、保险公司悉力保驾护航的模式，加强乡村振兴金融服务，确保金融服务不误农时；带领法人机构前往中房镇实地了解养殖业创新模式，就“荷虾共养”模式作出评估分析，对接金融需求。

保险统计工作　寿险公司实现保费收入16533.74万元，比上年减少1.68%；分险种看，人寿保险实现保费13118.06万元，比上年增加4.09%，健康保险实现保费3040.11 万元，比上年减少19.78%，意外保险实现保费375.58万元，比上年减少11.41%。赔款支出1335.60万元，比上年增加4.68%。财险公司实现保费收入13827.98万元，比上年增加3.98%，其中车险实现保费收入7038.37万元，比上年减少0.14%。赔款支出8616.88万元，比上年增加1.81%，其中车险赔款支出4394.16万元，比上年增加11.89%。

（雷华信）

【中国银行罗源支行】　概况　2022年，中国银行罗源支行人民币存款时点余额13.36亿元，比上年增长2.54亿元，其中，人民币公司存款时点余额4.07亿元，比上年增长0.67亿元；人民币储蓄存款时点余额9.29亿元，比上年增长1.87亿元。外币存款时点余额692万美元，比年初下降251万美元，其中，外币公司存款时点余额449万美元，比年初下降208万美元；外币储蓄存款时点余额243万美元，比年初下降45万美元。人民币各项贷款余额38.84亿元，比上年增长0.33亿元，其中，人民币公司贷款21.46亿元，比上年增长1.65亿元，人民币零售贷款16.64亿元，下降0.18亿元。

网点建设　中国银行罗源支行营业网点1个，坐落于罗源县凤山镇司前新村16号。自助网点位于支行本部的自助银行，安装3台存取款一体机。

风险管控　中国银行罗源支行贯彻中央经济工作会议精神，把防范金融风险作为重要抓手。加强资产风险管控，确保资产质量的提高。在把握市场风险、政策风险、经营风险、操作风险的情况下，加大对当地重点企业、重点项目、支柱产业的融资支持力度，严格贷款“三查”，重点监测信贷资金流向，加强信贷资金流向监控，严格执行贷款新规，警惕和防范金融掮客贷款，严防借名贷款，严防信贷资金涉黑涉恶。

金融服务　中国银行罗源支行一如既往坚持推行高层营销，班子成员亲自带队登门拜访等营销策略。坚持由行领导带队上门拜访重点客户，沟通解决银企合作过程中遇到的情况和问题，为企业节约财务成本、增益献计献策，如为企业提供汇率咨询、服务方案等，既规避企业的汇率风险，又增加客户依赖度，得到客户的认可。

继续深化与当地政府部门、重点企业等单位的业务合作，重点加强与县财政局、招商办、台投区等行政事业单位，以及宝钢德盛、闽光钢铁、金闽烟叶等重点企业的合作，深挖发展潜力。跟踪开发区、招商办等部门把握市场信息，营销对公账户。通过对进出口企业提供资金业务、国际结算业务和银行承兑汇票业务等金融服务。贷款业务方面，抢抓宝钢德盛、罗源闽光等重点企业扩大产能生产的机遇，营销客户提用额度。公司贷款时点余额市场份额35.10%，为当地企业发展做出突出贡献。通过开办银行承兑汇票业务，满足企业融资需求，通过办理“爱家分期”“汽车分期”等业务，为个人消费群体提供资金支持。充分利用智能柜台，做好客户引导，提升业务办理效率。推进第三代社保卡业务拓展，厅堂开设社保卡“一站式”服务，受理开卡时帮助客户激活社保功能，实现即时办、立即通、马上用。

发挥外汇业务优势，在国际结算方面为企业提供金融服务，全年完成国际结算量、跨境人民币结算量市场份额均列当地同业第一。

社会服务　中国银行罗源支行在拓展业务，支持地方经济建设的，践行社会责任，开展“我为群众办实事”

活动。第七个“中华慈善日”组织员工为罗源县慈善总会捐款；参加罗源县妇联举办的“关爱母亲，家家安康”“母亲健康1+1”公益募捐活动，组织员工为贫困妇女捐款；组织员工参与志愿无偿献血、志愿护河行动、环境保护宣传、反假货币宣传、金融知识宣传等活动，弘扬互助互爱，无私奉献的传统美德，增强群众的幸福感与获得感，获中国银行福建省分行“巾帼文明示范岗”。

支持地方经济建设　中国银行罗源支行为支持地方经济建设，与当地企业加深合作，近几年公司贷款市场份额始终保持当地同业第一名。为罗源县当地23家企业提供固贷、流贷、保函、银行承兑、信用证等丰富的授信产品，授信批复总量41亿元，贷款主要投放钢铁、港口、民营制造、普惠等，主要支持宝钢德盛、闽光钢铁、鲁能海港等当地重点企业，增加授信额度，为加快罗源县建设千亿海港城贡献中行力量。在助力重点民营企业方面，为16家小微企业提供普惠授信，缓解中小企业融资难融资贵的痛点，在业务发展过程中践行绿色金融，投放量位列全县第一。

（叶宏弘）

【中国农业银行罗源县支行】　概况　2022年，中国农业银行罗源县支行存贷款合计总额112.78亿元，是罗源县唯一存贷总额超百亿元的金融机构。各项存款余额37.18亿元，比年初增加4.58亿元；各项贷款余额75.60亿元，比年初增加8.23亿元。其中，各项存款存量、增量排名四行第一位，各项贷款存量、增量排名四行一社第一位。

“三农”服务　中国农业银行罗源县支行始终坚持以服务“三农”为己任，坚定做服务乡村振兴县域领军银行，充分发挥专业服务优势，拓展金融服务罗源经济社会发展的广度和深度，为罗源县乡村振兴工作提供支撑。签订战略合作项目。4月30日，参加县委、县政府主办的罗源县企业服务年启动仪式暨优化营商环境落实惠企政策对接会，现场与中共罗源县委统战部签署“提升全国民族团结进步示范区，助力罗源县民族地区乡村振兴发展”战略合作协议以及与罗源县工商联签署“党建+金融，助力乡村振兴”战略合作协议，扩大品牌影响力，为罗源县乡村振兴工作贡献更多农行力量。加强服务渠道建设。在罗源县6个镇5个乡建成11个标准型服务点，加强对乡镇的辐射及与乡镇客户的联系，弥补服务半径不足的短板。为受灾鲍鱼养殖户提供金融保障。严格落实县委县政府相关指示精神，对于78户存量快农贷——鲍鱼养殖受灾农户实行应转尽转，绝不出现抽贷断贷情况，且部分受灾农户可凭海域权证办理转贷由原先10万元信用额度提升至20万元，养殖大户还可引进担保公司进行最高不超过50万元的大额授信。惠农e贷授信金额11.88亿元，贷款余额9.37亿元，比年初增加1.33亿元，增长16.66%。

网点建设　中国农业银行罗源县支行下辖营业网点3个，分别是支行营业厅、凤山支行、滨海支行。为提升网点服务品质，根据《中国农业银行2022年“服务升温工程”工作方案“浓情暖域”网点服务品牌推广建设方案》安排，落实好总行“浓情暖域”网点服务品牌启用及推广工作部署，按要求完成全辖网点“浓情暖域”挂牌工作和硬件日常维护工作，使网点营业环境“宽敞、明亮、整洁”，带给客户温馨舒适、赏心悦目的来行体验。

信贷管理及不良贷款管控　中国农业银行罗源县支行加强信贷营销合规操作，严格客户准入及调查环节管理，重点防作假、防越权、防违规，严把源头控制关。加强用信管理，高度重视押品被查封、被登记居住权对实现债权的影响。加强贷后管理，及时发现并处置风险。加大信贷营销规范和员工管理力度，严防违反“七不准”和参与资金掮客等违规行为，严禁出现道德风险，确保营销行为合法、合规。严格遵循逾期催收管理要求，立足自主清收，加大清收力度。做好大额不良贷款分层管理，明确清收工作重点，提高清收工作效率。对逾期时间达到规定天数的贷款，及时开展司法催收，应诉尽诉。做好不良贷款“清淤工程”，实行清单制管理，加快推进不良贷款核销。本外币各项贷款余额75.60亿元，不良贷款余额0.52万元，法人贷款实现“零”不良；不良贷款率0.69%，信贷风险总体可控。

运营基础管理　中国农业银行罗源县支行夯实“三化三铁”创建。按季开展运营尽职监督检查及“三化三铁”检查，组织学习账户管理、现场管理、反洗钱微课堂以及运营风险案例及“三化三铁”辅导PPT。制定运营管理条线案防专项治理工作方案，梳理案防重点工作涉及的风险点，明确风险点防控的重点和排查方法，按季有序开展运营案防专项治理工作等，保持强监管的高压态势。充分发挥监管平台作用，并加强营业场所现场管理、单位结算账户开户、个人结算账户开户的非现场穿透式监管，开展营业场所专项检查，覆盖全辖3个网点，不定期抽查内勤行长工作日志，开展内勤行长工作质量考核，加强运营监管工作再监督，把业务风险、操作风险管住。

社会服务　中国农业银行罗源县支行常态化组织参加“护河爱水　清洁家园”志愿者活动，组织青年志愿者参加无偿献血活动，参加县慈善总会组织的“慈善一日捐”、县妇联组织的“母亲健康1+1”公益捐款活动，配合县人行、银保监组、公安局等单位开展“防范电信诈骗，远离非法集资”等金融宣传活动，保护消费者合法权益，用实际行动践行农行人的社会责任。

（范晓岚）

【中国工商银行股份有限公司罗源支行】 概况 2022年，中国工商银行股份有限公司罗源支行有员工52人，设有五部两行：分别为支行本部的综合部、市场一部、市场二部、乡镇外拓部、营业部（地址：罗源县东大新村20楼012号）和中国工商银行股份有限公司罗源凤城支行（地址：罗源县罗川中路1号）及中国工商银行股份有限公司罗源港城支行（地址：罗源县松山镇松岐路1号滨海新城风情商业街C区1号楼27～30号）。中国工商银行罗源支行本外币总存款余额20.05亿元，其中，公司存款余额5.76亿元，储蓄存款余额14.3亿元，较上年年末增加2.72亿元；本外币各项贷款余额40.91亿元，其中，公司贷款余额13.42亿元，个人贷款余额27.48亿元。

网点建设 中国工商银行罗源支行下辖3个网点（含营业部），全行配备4个自助银行网点，分别为东门自助银行、凤城支行自助银行、港城支行自助银行、东方星城自助银行，设有存、取款机具12台，智能终端机具12台。通过加大对智能设备和自助设备的投放使用力度，在提升网点科技含量的同时，也缓解网点柜面服务的压力，为广大罗源县人民百姓提供便捷舒适的便民金融服务体验。在2022年度新增设中国工商银行罗源港城支行网点，全面提升对外的良好形象，更好地发挥渠道建设效能，推动网点布局优化调整，使网点物理结构、动线更加合理，充分发挥毗邻县城商业繁华中心区域的地理位置优势，在罗源县域彰显工行良好品牌形象，增强罗源各党政机关团体和人民群众的认同感和亲切感，让客户感受到老工行的新面貌和新活力。

风险管控 中国工商银行罗源支行始终把风险防控放在经营发展的第一位，高度重视资产质量安全，在多方面采取措施严控风险。完善信贷管理体制，实现全面履职监督；其次，加大清收处置力度，提升资产质量。在公司贷款方面，重点关注市场变化和外部监管风险，目标是保持法人贷款零不良；在个人贷款方面，要求支行信贷人员逐户确认、逐户核实梳理，制定明确的办理流程与进度，要求严格按照既定的进度进行跟踪办理。针对不良贷款客户，及时做好催收通知工作，逐户落实上门催收，深入了解不良客户的实际情况，分类施策逐户与借款人制订细致的还款计划。通过树立典型案例，开展案例分析会，总结经验与不足，加快不良处置进度。

金融服务 农业强不强、农村美不美、农民富不富，决定着亿万农民的获得感和幸福感，中国工商银行罗源支行高度重视金融服务实体经济，结合工商银行信贷政策，深入乡镇，利用“工银兴农通”App，加大对罗源县知名企业的宣传力度。发挥金融活水精准滴灌的作用，开发面向小微企业主、个体工商户、新型农业经营主体的金融产品和服务，让发展成果更好、更快地流向乡村。践行新发展理念，优化金融产品供给，坚持以人民为中心的价值取向。加强金融服务实体经济的能力，必须优化金融产品供给体系，将社会主义金融事业发展的根本方向和价值目标锚定在为人民服务上。建立起的普惠金融产品，助推精准扶贫、精准脱贫，加强偏远乡镇金融服务的供给，通过精准投放的金融服务提高低收入群体的生活水平。聚焦优化人民生活环境，开发“一揽子”绿色金融产品。树立和践行“绿水青山就是金山银山”的理念，助力生态文明建设，通过创新性金融制度安排，打通并拓宽绿色产业的投融资渠道，建立健全碳金融、基金、保险等绿色金融体系，带动绿色产业的发展。聚焦城乡一体化发展，提升金融产品的针对性，壮大农村金融以助推乡村振兴战略的实施，促进金融供给目标下沉，引导乡村地区经济实现自我循环，为农村良好发展创造有利条件。落实金融支持民营企业、小微企业的政策措施，加大普惠金融贷款投入力度，以各种产品为抓手，主动作为，提升金融服务水平。普惠贷款较年初增加3643万元。在个人金融业务方面，对客户群体进行细分，有针对性地提供分类综合服务，提升客户满意度。在公司业务方面，加强对辖区内优质企业的走访维护，通过优势产品与服务，加快贷款投放进度，加强对罗源县优质企业的贷款支持，如福州中民新能源有限公司、福州万景石化公司、福建景泰包装材料有限公司等，发放公司贷款10.36亿元。为响应2022年国常会确定专项再贷款与财政贴息配套支持部分领域设备更新改造的精神，罗源支行第一时间响应人行会同发改、银保监组织召开的关于设备更新改造专项再贷款及扩大制造业中长期贷款投放的动员部署会，率先向福建省罗源县中医院发放设备购置贷款256万元，全部用于福建省罗源县中医院医疗设备更新改造项目设备购置与更新使用，助力提高其医疗水平，更好地服务于罗源当地居民。

社会服务 中国工商银行罗源支行坚守人民至上，服务普罗大众，坚持以人民为中心的发展思想，推动新金融实践，实现由资本向人本的转变、由客户思维到用户思维的人民思维的升华。秉承这种价值追求，履行社会服务责任，组织员工参加无偿献血、爱心敬老、助梦高考及金融宣教等公益活动，为服务大众安居乐业、建设现代美好生活贡献力量。为特殊客户上门服务，坚持特事特办、急事急办，让特殊群体感受到工行服务的暖心与贴心，有温度、有热情地体现大行服务与担当。开展关心军人、关爱军属的“拥军优抚”活动，深入推进拥军工作及优抚对象精细化服务管理的脚步。通过多次深入乡镇，进学校、进社区、进企业、进部队，制作H5动画和抖音宣传片在微信朋友圈宣传等多种形式普及金融知识、“3·15”金融消费者权益保护宣教、“普及金融知识，守住钱袋子”、“防范电信诈骗、非法集资”等主题鲜明的金融知识普及宣传活动。推动金融消费者权益保护工作，向社会公众宣传金融知识，引导社会公众增强风险意识，树立科学理性的金融消费观念。10月20日，中国工商银行罗源港城支行正式开业，其位于罗源湾滨海新城，地理位置优越，地处人流大、业务密集的区域，新网点开业为附近居民与商户提供更便捷安全的金融服务体验。为提高服务品质，新网点合理设置现金业务区、对公业务区、洽谈室、工行驿站、客户等候区、智能服务区等多个服务区域，并结合自助存取款机、自助回单打印机等自助设备完善配套服务，全面满足客户的各类业务需求。罗源港城支行贯彻总、省、市行党委决策部署，坚持“客户为尊”的服务宗旨，坚守服务地方发展的初心和使命，更好、更全面地为广大客户提供优质的金融服务。

支持地方经济建设　中国工商银行罗源支行为服务小微实体经济，发展普惠业务，发行推广多种普惠信贷产品，如数字供应链、税务贷、结算贷、跨境贷、闽e借、e抵快贷、e企快贷、园区e贷等低息产品。其中闽e借、e抵快贷等年利率低至3.5%。普惠贷款年限最长可办理10年期，还款方式灵活，均可申请随借随还，对部分临时周转困难的企业提供无还本续贷业务，担保方式不局限于抵质押。自2009年与中国软包装集团建立信贷关系以来，为客户提供多方面的金融服务，该集团时代、悦得、景泰的融资余额为3.45亿元。为助力罗源县地产行业，响应政府“保交楼”号召在2022年期间，为在建项目罗源礼昌房地产开发有限公司“香山小镇花园”项目提款4950万元，用于项目建设；为企业延长还款期限，给予房地产企业支持，使得项目不至于烂尾，降低舆论风险，增加当地购房客户的购买信心。加大对小微企业的支持力度，对符合条件的小微企业贷款随到随审随批，信贷规模优先保障。罗源支行新增小微企业贷款14户，法人普惠贷款余额3936.31万元，其中包含抵押贷款1005万元，经营快贷2931.31万元，法人普惠贷款新增847.31万元。

（林雨鑫）

【中国建设银行股份有限公司罗源支行】　*概况*　2022年，中国建设银行罗源支行存贷规模方面，全行存贷款41.59亿元。全行全口径存款时点余额20.58亿元，负新增0.53亿元；对公存款日均余额4.14亿元，增长7210万元。全行个人本外币储蓄存款时点余额16.06亿元，比年初新增3882万元；企业存款余额4.52亿元，负增长0.92亿元；各项贷款余额21.01亿元，负增长0.14亿元，其中公司类贷款余额0.84亿元；个人住房贷款余额16.61亿元。全行普惠金融贷款余额1.16亿元，较年初新增4344万元，授信客户数较年初增145户。

网点建设　中国建设银行罗源支行所辖营业网点1个，开通离行式自助银行4家，附行式1家，自助存取设备10台，网点大堂式智慧柜员机6台，自助设备账务性交易量比80%以上。罗源支行营业网点是建总行级旗舰网点（旗舰二级），按照旗舰网点标准来打造网点装修。在打造旗舰网点方面思路主要是在网点综合竞争力建设方面突出“三个一体化”，通过空间合理布局，提升网点3个方面能力建设，综合业务处理能力，数据营销创效能力，客户综合服务能力。罗源支行营业网点装修区域为一楼和二楼，一楼在12月完成装修并正式对外营业，二楼预计在2023年5月完成装修计划。根据当地的经济发展方向和人文情况，结合“丝路海港城”，将海洋风格作为网点建设主题。通过两个方面在海洋元素方面打造，即入门大堂的天花板使用海浪线条，楼梯、过道区域用上海水的蓝色灯光进行氛围烘托；在劳动者港湾的设计上将柜子打造成船体的形状，软装上使用救生圈、贝壳、帆布等装饰物。网点设置“劳动者港湾”为环卫工人、快递员等户外工作者打造一个“累了能歇脚，渴了能喝水，没电能充电”的休息区域，网点还配备母婴室、“职工之家”等人性化关爱设施，提供更有“温度”的服务，提升客户体验和公益品牌形象，提高支行经营质效。

风险管控　中国建设银行罗源支行坚持稳健经营，坚持党建引领业务发展，将党建工作融入“三个能力”建设，做到党建工作与业务工作同谋划、同部署、同推进、同考核。深刻认识员工行为管理的重要意义，压实员工行为管理责任，抓好案件防控工作，支行通过全行警示教育会、两防联席会、党员大会及线上教育等形式进行警示案例学习及党章党规知识学习，组织党员上党课、通过全行性及部门分层警示教育，增强员工案防意识，做到合规从业。落实网格管理，抓好员工行为管控，抓实员工行为排查工作，从源头上消除员工因不良行为可能引发案件的因素，推进案防关口前移。以党支部为单位，督促和引导全行党员干部在工作中将内控合规管理建设与日常经营相结合，加强业务操作合规性的监督检查；完善全面风险管理体系，加强信贷业务管理，巩固资产质量稳中向好趋势；深化内控合规管理建设，加强重点领域的业务合规风险和关键岗位的监督与制衡，

严防操作风险和员工道德风险。定期开展声誉及安全应急演练提高市场风险管理水平与风险处置能力，增强声誉风险意识，提升应急处置能力。

金融服务　中国建设银行罗源支行按照上级城东支行工作部署，聚焦普惠金融、乡村振兴、惠泽民生等方面迈出坚实步伐。加强信贷项目营销。一方面加强大中型客户的贷款营销，申报审批大中型企业客户福建省福蓉源再生资源开发有限公司综合额度授信2.96亿元；福建省福蓉源新材料高端制造有限公司综合额度授信8.4亿元；福建省水利投资集团（霍口）水务有限公司综合额度授信8亿元，投放2280万元；华能（闽清）清洁能源有限责任公司太阳能发电项目两个分别授信630万元、580万元，投放249.63万元。另一方面是小微企业信贷客户稳妥发展，普惠个人类贷款比年初新增145户，商户云贷新增106户。稳步推进普惠业务。加强对网点人员培训，开展全员营销。充分发挥网点功能全、覆盖广的渠道优势，将小微企业服务重心下沉到网点，提高客户服务覆盖面。用足大数据，精准获客。充分挖掘行内客户资源，筛选存量优质结算客户，推广信用类小微快贷。推广“建行惠懂你”App。通过对存量客户的挖掘及新开客户群渗透，提高注册、绑定和认证率。在2022年第五届数字中国建设成果展览会使用数字人民币进行碳汇购买实现此次活动零碳排放交易。参加此次活动的参展商和参观者实现2686笔数字人民币购买碳汇实现“碳中和”，实现数字中国建设成果展览会“碳中和”理念和数字人民推广。

社会服务　中国建设银行罗源支行坚决贯彻党中央及总行、省行党委部署要求，结合当地监管机构工作部署，按提升站位，将消费者权益保护工作与党史学习教育相结合，坚持以客户为中心，紧贴县域当地客群金融服务需求，履行社会责任，做好客户服务和金融消费者权益保护工作，开展消费者权益保护系列活动。开展的活动有“3·15”金融消费者权益日、“普及金融知识，守住钱袋子”“防范非法集资宣传月”“金融知识普及月”“普及金融知识万里行”“国家网络安全宣传周”“存款保险宣传活动”“反洗钱宣传”“金融标准、为民利企”“防范电信诈骗宣传”“反诈拒赌　安全支付”等一系列活动。通过开展专项宣教活动和学习金融知识的日常性，教育引导乡村客户群体、务工人员、青少年、老年人等重点人群学习掌握自身所需的金融知识，合理选择与自身特点相适应的金融产品和服务，提升风险防范意识和依法维权能力，营造辖区良好的金融消费环境。

支持地方经济建设　中国建设银行罗源支行推进乡村场景融合服务模式，助力乡村振兴。打造一个省级乡村振兴重点发展乡镇“裕农通”服务模式。罗源建行结合各乡镇实际情况，整合资源继续打造场景，在起步镇打造重点发展乡镇特色服务模式，构建乡村金融服务生态圈，依托乡村富裕农户在镇、村中心地建立5个“裕农通”服务点，为乡村留守老人、产业示范园区农户、农业龙头企业提供缴费、农户信贷、金融知识普及等服务。搭建线上平台，金融活水触达农户。依托“建行惠懂你”App和“裕农通+”App服务平台，促使信贷资金和民生平台支付结算直触农户，发挥“裕农通”服务点宣传主阵地优势，多渠道布放宣传广告及二维码下载链接，以“互联网获客+全线上信贷业务流程”服务新模式，为农户、涉农小微企业提供额度试算、预约开户、贷款申请、支用还款等金融服务。搭建县域消费场景，促消费扩内需。打响“建行生活”品牌，扩容生活商户门店，培育优质商户。应用建行生活新业态场景，深耕“建行生活”App，推进建行生活品牌推广，用好“建行生活”App场景，拓展优质餐饮商户入驻，实现一条商业街（府前街）、一个商圈（罗源世纪金源购物中心）、一百个建行生活商户门店的生活业态。加大县域居民消费权益投放力度，新注册“建行生活”App可获得商超、餐饮、外卖、电影等消费场景满减券，存量用户采用签到送券、定时抢券方式促消费。把握县域促消费的机遇，充分发挥罗源建行个人消费信贷产品优势，促消费提经济。拓展县乡干部、医护人员、教师等客户，通过投放装修分期、消费分期、优信分期等消费类信贷产品，提升消费市场活力，提振市场经济。

（张月平）

【罗源县农村信用合作联社】　概况　2022年，罗源县农村信用合作联社（以下简称“罗源农信联社”）各项存款余额55.91亿元，比年初增加4.70亿元，比上年增长9.18%，其中：对公存款余额13.20亿元，比年初增加872.25万元。储蓄存款余额42.71亿元，比年初增加4.61亿元。各项存款市场份额28.66%，位居县域金融机构第一名；各项贷款余额39.23亿元，比年初增加4.58亿元，比上年增长13.22%；不良贷款余额3854.71万元，不良贷款占比0.98%；实现财务收入38135.57万元，净利润1.08亿元。

普惠金融　2022年，贷款总户数25795户，比年初增加484户，贷款覆盖面37.28%，比年初上升0.70个百分点，户均17.51万元，比年初增加1.11万元。农户贷款19752户，户均16.72万元，农户贷款覆盖面32.08%。全辖精准建档总户数36983户，比年初新增2404户，农户建档评级覆盖面49.39%，比年初增加0.72个百分点。在整（乡）镇授信，整村授信满足最广大农户资金需求的基础上推陈出新。如发放“渔排托管贷”27户682万元，助力县域海权改革；推出“玉石贷”“人才贷”等产品支持在罗人才创新创业；结合白塔乡南洋村人居环境整治积分制，全省首例推出“人居环境整治文明积分+金融”模式，并推出“文明积分贷”，推动焕新村容村貌，构建文明和谐的农村生活环境。

乡村振兴　罗源县农村信用合作联社重点支持符合条件的农业企业、农民合作社、家庭农场等中小微农业企业。普惠型小微企业贷款余额7.77亿元，比年初增加2.94亿元，增幅60.91%。发放支农再贷款2564笔，2.96亿元；主动对接“金服云”平台企业名单和融资需求，通过“金服云”平台顺利为254家小微企业办理“万通宝·小微贷”，授信总额1.83亿元，其中纾困企业贷款156笔，金额1.45亿元；对小微企业制定差异化定价策略，主动让利企业。2022年度投放贷款加权利率下降54BP，减息2118.55万元，其中，小微企业减息945.40万元。

多社融合　罗源县农村信用合作联社深入实施“党建+金融助理+多社融合”战略，分别与县委组织部、县林业局、县工商联等20多家单位签订战略合作协议，建立信息共享渠道，充分发挥各涉农主体在“三农”领域特色优势，共同助力乡村振兴战略；与县委组织部联合印发《“党建引领聚合力，金融助力促发展”联合行动方案》，共同选派22名农村金融助力队党建指导员、54名乡村振兴金融指导员、15名乡村振兴信息员到村（社区），延伸聚焦“党政所需、农村所缺、农民所盼、农信所能”，为全面推进乡村振兴和促进共同富裕提供的金融支撑。

助力实体　罗源县农村信用合作联社紧密围绕县委县政府产业发展规划，重点扶持海产养殖、食用菌、花卉苗木等产业，发放海产养殖贷款8.06亿元、菌菇贷款1.95亿元、花卉苗木贷款3485万元。涉农贷款投放总量、涉农贷款占比和农户贷款覆盖面均位居全县金融机构第一名；帮扶116户因饲料问题受灾的鲍鱼养殖户，完成转贷615万元、增加授信519万元、降息补贴603万元，帮助养殖户渡过难关。

信用工程　罗源县农村信用合作联社深入推进信用工程创建工作，推进信用乡镇、信用村居以及信用户创评工作，向县人民银行申报评定信用村19个，成为县域金融机构信用村（镇）的主办行。通过利率优惠、简便手续、开辟绿色通道等方式优化对信用村民的金融服务。

罗源农信联社全省首推“人居环境整治积分+金融”模式

社会责任　全年入库税收4865.23万元，纳税总额稳居全县前列。响应县委县政府创建全国文明县城号召，联合社区开展金融知识进社区、护河等志愿服务活动。对2637名家庭困难学生提供生源地信用助学贷款，授信金额6483.47万元。开展捐资助学活动，自2014年以来，连续9年资助155名寒门学子，资助金额64.9万元。发扬罗源农信联社“源于社会，回报社会”的优良传统，组织开展2022年“慈善一日捐”活动，支持慈善事业发展。

（吴世杰）

【福建海峡银行罗源支行】　概况　2022年，福建海峡银行罗源支行在罗源县罗川中路1号有本部1个网点及附行式自助银行，亿鑫钢铁厂内、县医院大楼内、溪尾街7号店面3个离行式自助网点，存款余额25.85亿元、贷款余额10.67亿元。

金融服务　福建海峡银行罗源支行协调乡镇长者食堂开户，开立西兰村、上澳村等4家长者食堂示范点账户，并完成银龄开卡、POS机收款等配套设施，便利县域老年人，助力民生工程。搭建“海峡福利社”“海峡通”多功能消费场景，切入客户日常消费，完善客户体验。

合规案防　2022年是“十四五”规划的开局之年，支行全面从严治行加强作风建设，营造干事良好氛围，按月召开学习，推进不敢腐、不能腐、不想腐，将关口前移，加强对重要环节、重要岗位、重点人群的日常监督，用制度管钱、管人、管事。通过金融知识万里行、金融知识进校园多场活动为推动县域居民金融知识普及宣教，推动清廉金融文化建设。

（尤　婷）

【中国邮政储蓄银行罗源县支行】
概况　2022年，邮储银行罗源县支行

本外币各项存款余额13.89亿元，比年初增加1.33亿元，增长10.16%。各项贷款余额15.89亿元，比年初增加1.46亿元，增长10%。不良率0.48%，比年初降低0.07%。资产质量不断向好，实现不良资产量率双降。

网点建设　中国邮政储蓄银行在罗源共有5个营业网点（包括1个自营网点和4个邮政代理网点），布设6台附行式ATM（自动取款机），为重点区域提供金融服务，充分依托覆盖城乡的网络优势，坚持“服务‘三农’”基本定位，立足县域各乡镇，不断改革创新，努力打造服务乡村振兴基层银行，为全面推进乡村振兴、促进共同富裕提供高质量金融服务。

风险管控　邮储银行罗源县支行坚持党建引领与风险管控工作紧密结合，深入学习习近平新时代中国特色社会主义思想，全面贯彻中共二十大精神、二十届中纪委二次会议和中央经济工作会议精神，充分发挥党组织战斗堡垒和党员先锋模范作用，聚焦“融合、赋能、创新”，推进党建、风险管控与业务工作同谋划、同部署、同落实、同检查。全行开展“强意识、促发展”合规知识学习月活动，营造全员合规氛围。配合罗源县政府打击治理电信网络新型违法犯罪工作联席会议办公室和罗源县公安机关，对高风险受骗人员有关账户采取保护性止付措施，切实保护人民群众财产安全和合法权益。

金融服务　在县委、县政府以及上级行的正确领导下，邮储银行罗源县支行认真学习贯彻中共二十大精神，落实国家经济金融政策，围绕县委确定的“启航新时代，做强北大门，打响四大国家级品牌，建功丝路海港城”的奋斗目标，践行社会责任，主动融入地方经济建设，加大地方建设信贷投入力度，创新拓展业务领域，优化金融服务。服务服务“三农”，助推产业发展：持续加大“三农”领域服务力度，针对罗源县水产、花卉苗木、茶叶、食用菌等特色产业，推出福茶贷、福海贷、福林贷、福菌贷等个人产业链贷款，全年累计为67名经营户发放产业链贷款2060万元，扶持本地特色产业的发展；提高“民族＋信贷”投放力度，打造“民族＋信贷”专属产品，深入农村开展信用体系建设，本年新增建设12个畲族信用村，累计投放“民族＋信贷”82户，投放金额869万元，为民族乡村振兴注入金融活水；积极配合县委、县政府推进海权改革工作，制定海权改革相关金融配套政策，同时开展村委走访及老客户回访工作，宣传各项优惠政策，切实让群众知晓、享受海权改革所带来的优惠政策。服务中小企业，支持民营经济：助力罗源县实体经济发展，壮大新型农业主体、玉石产业等支柱产业，针对省级以上工艺美术大师、产业带头人、科技特派员、示范家庭农场的实际控制人、村委干部及县级以上人社局认定的高层次人才等，推出“人才贷”，为罗源县支柱产业提供金融支持；继续做好困难行业企业、纾困企业的信贷支持工作，累计发放“困难行业”贷款、“纾困企业”贷款3112万元，支持企业复工复产；创新推出小水电贷、龙头企业贷、科技贷、小微易贷、工程信易贷、海关贷、网商贷等信用类创新贷款产品，有效解决小微企业担保难、融资难的问题，更好地为当地中小微企业发展提供服务。服务重大项目，致力城乡建设：服务本地重点企业，为多家市级及以上产业化龙头企业累计授信6500多万元；积极服务专精特新企业，主动对接全县专精特新企业，助力企业科技创新。服务城乡居民，拓展普惠内涵：深化开展移动支付便民工程建设，大力推广手机银行，提升中国邮政储蓄银行POS机、中国邮政储蓄银行卡绑定云闪付、微信、支付宝、数字人民币等线上支付的交易量和用户活跃度，打造老百姓“爱用”“会用”的移动支付应用，将移动支付的服务能力深入到罗源县农村地区，提升农村地区的移动支付覆盖面。开展金融知识普及活动，加强金融消费者权益保护，助力金融生态环境建设：根据消费者地域、文化、受教育水平、年龄及职业等特点，针对重点人群设计差异化教育宣传内容，将金融知识正面宣传与非法金融活动反向风险提示、以案说险相结合；落实金融知识宣传“五进入”——进社区、进学校、进企业、进乡村、进军队，提升教育宣传触及率和实效性，进一步提高城乡消费者对金融产品和服务的认知能力，提升城乡消费者金融素养、诚实守信意识及风险防范意识，推动金融教育宣传工作高质量发展，助力构建和谐稳定的银客关系和金融消费环境。

（邱雄芳）

【中信银行罗源支行】　概况　2022年，中信银行罗源支行各项存款余额53021万元，一般存款余额53021万元，比年初增加13659万元；对公存款余额10147万元，比年初增加1291万元；个人存款余额42874万元，比年初新增12368万元；对公贷款余额35079万元，比年初增加25767万元；个人贷款余额24745万元，比年初增加851万元。

网点建设　中信银行罗源支行设有1个自营网点，附行式存取款机3台，多媒体自助终端6台。网点内实现免费Wi-Fi信号全覆盖，配备多种移动智能设备及13项便民设施，为特殊客户群体提供专项服务。

风险管控　中信银行罗源支行加强合规经营和风险把控，始终把合规挺在业务发展的前面，体系化建设“平安中信”。围绕合规风险、信用风险、操作风险、综合融资风险、财务风险、人力资源风险、道德风险和声誉风险等八大类主要风险防控工作，提出“3666 平安中信”加强业务发展与风险管理一体化理念，风险和业务实现同向发力。全行上下坚定不移推进“3666 平安中信”建设，统筹发展和安全，实现高质量发展和高水平安全相统一：坚持党建引领，突出法律法规、监管政策、总分行制度的传导学习，提升企业文化、制度流程、绩效考核等多维度的检查监督，针对重点业务、关键环节，特别是党和国家关心及监管部门关注、涉及实质性风险管控的重点领域，主动开展内控评估，坚持主动合规和监督并重；发挥合规文化驱动力，在全行形成“正己守道”、合规经营的自觉，将合规理念融入日常管理。以网格化管理为载体，促进行为管理和业务管理相融合，形成案防监督管理合力；加强精准问责，做实失职追责、尽职免责，坚持防控风险和支持发展并重，对内外部检查发现问题，延伸排查，整治同步，坚决遏制屡查屡犯、此查彼犯；围绕“平安中信”抓好安全生产、运营管理、舆情管理和信访等重要保障工作，支持业务发展；提升消保服务的专业性，加强培训、检查、考核，打造监管肯定、客户认可“有温度”的消保服务，力争客户服务类零投诉；打造高水平平安中信，明底线、守底线，风险合规意识深化，屡查屡犯问题遏制，员工违规行为逐步减少，每位员工深刻认识到自己是平安工作的第一责任人，从根源上变要“我”平安为“我”要平安，真正将“3666 平安中信”目标内化于心、外化于行，形成确保平安的长效机制。

金融服务　中信银行罗源支行围绕“服务立行”与“专业 + 协同”的经营理念，保持信贷投放，支持实体经济，全行上下以客为尊、全心服务，落实“主流”银行基本方略，抓协同、重实干、振品牌，实现业务的高质量发展。作为国有金融企业，始终坚持金融工作的政治性、人民性，提升专业性，心系国之大者，践行社会责任担当，聚焦集团与福建省全面战略合作协议，发挥集团“金融 + 实业”综合服务优势，在主动融入并服务新福建建设中提升服务实体经济质效，并打造具有福建发展特色、中信品牌特色、独一无二的协同精品，筑牢夯实风险合规内控基础，以更出彩的成绩赢得监管好评以及当地政府、主流客户、社会各界的认可，让中信品牌唱响八闽大地。扛起国有银行责任担当，把业务发展与落实中央决策部署、支持实体经济有机结合，把国家稳增长的各项政策落到实处，坚定落实总行“342 强核行动”，提升三大核心能力，坚定不移打造价值银行。围绕福建未来经济发展及制造业转型升级方向，建立行业及区域经济研究机制，支持福建省数字、绿色、海洋、文旅四大经济，攻坚政策性开发性金融工具、设备更新改造、制造业中长期贷款等三大清单，聚焦绿色信贷、战略性新兴、普惠金融、乡村振兴、工业园区、基础设施建设等重点领域优质资产储备，探索专精特新、上市拟上市、“三链”客户、施工企业等中小授信客户特色打法，优化信贷结构。树牢零售信贷“主流意识”，做大按揭规模，加速投放房屋按揭贷款，深化渠道经营，开拓场景新业务，以按揭基本盘夯实带动整体规模增长；推进信秒贷、经营贷等业务，深入开展新市民金融服务工作，扩大信用产品市场供给，释放新市民消费潜力，提升金融服务的可得性和便利性。

（黄夏璐）

【罗源汇融村镇银行】　概况　2022 年末，罗源汇融村镇银行资产总计 45788.90 万元，负债 39503.44 万元。其中各项存款 28837.37 万元，比上年增加 396.87 万元；各项贷款 36790.51 万元，比上年增加 10856.07 万元，农、林、牧、渔业 26474.14 万元，占比 71.96%。实现净利润 420.6 万元，税收 155.66 万元。

工作措施　罗源汇融村镇银行以党建为引领，完善公司治理，发挥董事会作用，制定战略谋发展，充实资本防风险；逐步健全公司法人治理，完善公司治理架构；反洗钱及案件防控工作；加强金融消费者权益保护；完善制度规范经营，夯实会计基础，财务运营上水平；加强队伍建设，提高员工综合素质；加强金融知识宣传，履行社会责任。

网点建设　罗源县凤山镇富丰小区 7-8 号 1 个自营网点、附行式 ATM（自动取款机）1 台、CRS（存取款一体机）2 台。

金融服务　罗源汇融村镇银行立足罗源县域，坚守服务“三农”的市场定位，坚持“支农支小，小额分散”的原则开展信贷业务。执行普惠金融政策，加大普惠型小微企业贷款投放力度，涉农贷款 26474.14 万元，实现“两增两控”目标。罗源汇融村镇银行配合中国人民银行罗源县支行、福建银保监局罗源监管组、罗源县政府金融办公室、罗源县银行业协会等单位开展各项宣传活动。借助营业网点、LED 屏幕、宣传展架、微信公众号推广等多种形式，结合进社区、进市场、进校园等方式展开“金融知识普及月”、“3·15”国际消费者权益保护日、“扫黑除恶，打击套路贷”、“防范电信诈骗、防范非法集资”等金融宣传活动，加强金融知识的普及，提升人民群众风险防控意识，履行社会责任。

（周少玉）

保险业

【中国人寿财产保险股份有限公司罗源县营销服务部】　概况　2022 年，中国人寿财产保险股份有限公司罗源县营销服务部实现保费 1353.69 万元，比上年增长 4.33%，满期赔付率 41.24%。

业务经营　国寿财险罗源县营销服务部产品体系完善，涵盖机动车保险、企业财产保险、家庭财产保险、工程保险、责任保险、保证保险、货物运输保险、船舶保险、农业保险、意外伤害保险、短期健康保险、综合保险等各个门类，为客户提供全方位、多层次、专业化保险保障。

客户服务　国寿财险罗源县营销服务部践行服务为民，为广大保险消费者尽责护航，以用心服务彰显保险正能量，以“服务形象统一、服务标准清晰、服务内容规范、服务流程简约、服务网络健全、客户感受愉悦”为目标，对服务质量进行立体化监控，客户满意度保持在 95% 以上。

风险管控　国寿财险罗源县营销服务部增强全员风险管理意识，确保在防范认识上的统一；全面提高承保、理赔质量，搞好各环节的配合与协调；加强对财务、资金、非保险实体的管理，控制内部的自身风险，免除经营管理中的后患；建立健全的风险管理机制，做到有专人抓、专人管，形成公司、社会、保户“三位一体”的联防体系。加强内部监督制约机制，防范和控制公司内部和外部的风险，以保证产险公司稳健经营。

保险理赔　国寿财险罗源营销服务部 2022 年赔付支出 774.17 万元，其中车险赔付支出 618.31 万元。

（赖丽群）

【中国人寿保险股份有限公司罗源县支公司】　概况　2022 年，中国人寿保险股份有限公司罗源县支公司实现总保费 14489.84 万元。其中，长险首年保费 3128.95 万元，短期险保费 1193.19 万元，续期保费 10167.7 万元。总保费列罗源寿险行业首位。

经营业务　公司主要经营人寿保险、健康保险、意外伤害保险、医疗保险等各类保险业务。长险首年期交保费 2962.3 万元；长险首年标准保费 1025.21 万元；短期险保费 1193.19 万元。

客户服务　中国人寿客户服务主要针对保险客户的后续服务，保险服务分售前、售中、售后三部分，前两部分主要是由业务员和公司来完成，售后部分由客服人员完成。主要包括为客户办理满期、退保、保单转移、变更、保单借款、续期交费、理赔等后续的服务工作。服务渠道丰富，包括拨打“95519”客服专线电话、中国人寿官网、“中国人寿寿险”App、空中客服以及全国各地的客户服务中心等，使客户能随时随地享受到方便、快捷的服务。

风险管控　中国人寿保险股份有限公司罗源县支公司加强对风险的管控。加强再查再改，查摆问题。坚决按要求做好各项治理工作，稳妥化解存量风险，严控增量风险。突出工作重点，严密部署各项风险治理工作。根据监管要求，重点对单证、印章等主要风险点开展排查梳理工作，梳理阶段工作重点，定期、及时对从业人员开展风险排查。严肃问责，确保专项治理成效。深化溯源整改，对于检查工作中发现的风险点，要求对照检查、举一反三。查找和剖析问题并提出整改举措，逐项推进，按时完成各项工作，增强干部员工依法合规经营意识和风险防范意识，提升公司经营管理水平。

保险理赔　中国人寿保险股份有限公司罗源县支公司全年赔付案件 1045 起，赔付金额 1147.71 万元。其中，长期险赔付案件 63 起，赔付金额 500.67 万元；短期险赔付案件 972 起，赔付金额 647.04 万元。

（吴烨虹）

（编辑　林烨欣）

开发区建设

罗源湾开发区

【概况】 罗源湾开发区开发建设面积31.46平方千米，包括松山垦区、获溪片区、白水垦区，冶金建材、船舶修造、轻工食品、机械制造、港口物流五大支柱产业。2022年，被列入全国固废综合利用示范区。

【项目建设】 罗源湾开发区全年列入省、市、县重点项目21个，总投资367.67亿元，年计划投资106.08亿元，完成投资112亿元，完成率106.6%。福州市项目攻坚落实年专项行动开工项目任务数10个，完成开工项目10个，完成率100%；竣工项目任务数5个，完成竣工项目5个，完成率100%。福州市项目攻坚落实年专项行动总排名全县第一。

【招商引资】 罗源湾开发区全年洽谈招商项目45个。引进落地福蓉源年产25万吨再生铝及圆铸锭项目、源申年产120万吨钢铁渣粉新建项目、新良佐自动化设备制造项目、北湾时代智造产业园项目、灿兴环保科技公司稀贵金属资源化利用项目、罗源星宝园医康养项目、润华钢构项目等招商项目16个，总投资116.361亿元。其中，投资额超10亿元项目5个，超2亿元项目8个；三产项目4个，二产项目12个；引进欧特、叙佑、宝太等3家钢铁产业，延伸钢铁企业产业链。

【园区建设】 党建引领 罗源湾开发区以党建“红色力量”推动各项工作开展，区内建有支部38个，覆盖率92.7%。弘扬“马上就办、真抓实干”优良作风，深化“千名干部进千企”活动，排摸企业难题190多个，完成由开发区解决的难题110个。建立“小红帽”志愿服务队，组织开展“弘扬雷锋精神 深化文明实践 共创文明之城”暨“强国复兴有我”等主题活动49场；响应“党徽护航”行动，助力“无疫园区”创建工作。全区建设网格微信群404个，加入微信群人数17242人，无疫园区宣传覆盖率92.31%，通过微信群宣传疫情防控知识和防控政策。

要素保障 盘活时代包装、博美生物、宇星彩板、海宁医院、鑫旺物流等地块47.33多公顷土地，产业结构优化。申请农业发展银行基础设施投资基金2.13亿元，其中五五路、松岐北路、金港纵路、岐鹤东路排洪渠及道路工程、站前北路、迹头堵点整治等项目可研编制、预审与选址意见书完成；北片污水管网及提升泵站等项目可研编制完成，并对接相关有资质单位公开招标开展工程服务全过程咨询；江北中路、Bopp项目排洪渠完工。组建专班保障边岐山、宝太、凤贵山、兴拓重工等项目砂石处置工程，及时协调解决工作中出现的纠纷等问题。

生态环保 把环境保护工作和污染防治工作纳入全年工作的议事日程，投入3000万元支持环保工作。完善环

宝钢德盛不锈钢有限公司员工办公场景

保基础设施建设，金港工业区污水处理厂完成可研编制，北片污水管网及提升泵站完成可研编制，加强园区道路洒水降尘，督促宝钢、闽光、亿鑫、能源、墙地砖等5家企业配套移动雾炮和喷淋系统等设施建设；开发区环境事件应急预案完成编制，并通过审查，上报生态局备案。加强园区重点区域环保巡查，上报散乱污事件13件，均关停取缔，按要求完成整改；深入推进“四减四增”，加快亿鑫钢铁超低排放、德盛镍业节能减排项目改造升级，三钢产能置换（罗源闽光部分）及配套项目一、二期和130万吨H型钢生产线、宝钢德盛精品不锈钢绿色产业基地项目——钢铁产能置换项目等建设。罗源湾开发区被列入全国固废综合利用示范区。

安全园区　罗源湾开发区推进“三年行动”集中攻坚及安全隐患大排查大整治工作，落实隐患排查治理“五到位”。全区开展定期不定期安全检查、专项检查、节前检查、管委会主要党政领导带队督查等45次，出动安全生产专家12人次、安全监管部门人员90人次，发现一般事故隐患34条，整改34条，整改率100%。督促区内冶金、危险化学品等重大风险行业企业深入开展风险分级评估工作，冶金、危险化学品等6家重点监管企业完成风险分级评估工作。加强突发事件应急救援体系建设和汛期安全建设，调整充实应急救援队、义务消防队、抗台防汛应急救援分队，组织开展2场大型应急救援演练。

（陈佳霖）

福州台商投资区松山片区

【概况】　2022年，福州台商投资区着力构建加快培育以“汽配及新能源、新材料（含绿色建材）、装备制造”等战略性新兴产业为主导的特色产业体系，推进园区标准化建设，将园区打造为推动制造业高质量发展的重要平台和发展引擎。完成规模以上工业总产值24.62亿元，比上年增长38.48%；固投23.96亿元，比上年增长263.3%，其中工业固投18.21亿元，比上年增长238.53%，实现大幅增长。在上半年全市17家重点工业（产业）园区标准化建设工作考核中，工业固投增速位列全市第一，规上工业总产值增速位列全市第四。主要经济指标中规上工业总产值、固定投资额、工业固投3项增幅位居全县第一。

【基础设施建设】　福州台商投资区围绕园区主导产业，加快万洋众创城项目建设，新增4.5万平方米专属厂房。新增保障性租赁住房2.2万平方米，提供优质的住房保障和服务。台商区污水处理厂及其配套管网建设项目完成项目立项前置手续。增量配电试点项目与省发展和改革委协调，由国家电力先行介入，确保重大招商项目落地用地需求，做好用电保障。松岐中路（含松山一路）B片区段1.1千米建成通车；通屿路完成1.9千米路基、管网等市政设施建设。推进A片区滞洪区、防洪堤及大获闸站软基处理施工，确保完成扩区工程项目整改工作。

【土地要素保障】　福州台商投资区盘活弘景木塑、澳蓝二期、航塑二期、兴腾二期等4宗31.67公顷低效闲置土地。完成5个项目66.81公顷（其中福蓉源铝精深加工项目地块47.06公顷、万洋补充地块0.54公顷、汇升项目地块0.7公顷、弘景木塑地块13.35公顷、台商区污水处理厂及配套管网项目地块5.16公顷）用地出让；完成可供出让土地102.66公顷。

【重点项目建设】　福州台商投资区开展“千名干部进千企”“我为群众办实事”专项行动，依托领导班子挂钩服务企业制度，加强跟踪服务，推动项目建设。12个市重点项目中，完成投资额43.58亿元，占年度计划投资额36.55亿元的119.23%，其中华扬科技、台立闽、福蓉源、中网电力、中科瑞能、汇辰智造、万洋等在建项目均超额完成任务；3个省重点项目，完成投资额28.71亿元，占年度计划投资额25.5亿元的112.58%。园区新开工项目6个，完成投资额15182万元，占年度总任务数10000万元的151.82%。促成汇昌纺织、臻隆塑胶等竣工项目2个，完成投资额6551.58万元，占年度总任务数5000万元131.03%。

【招商引资】　福州台商投资区主动融入全市产业链生态圈，落实产业链“一图谱、N清单”，坚持扶引大龙头、培育大集群、发展大产业，紧紧围绕“新材料（含绿色建材）、新能源、装备制造、汽车及配件”产业招大引强，引进福蓉源铝精深加工、东恒新能源等项目9个，总投资70.3亿元，其中投资额0.5亿～1亿元的项目1个、3亿～5亿元的项目9个、5亿～7亿元的项目1个、30亿～50亿元的项目1个。

【优化营商环境】　福州台商投资区深化“放管服”改革，完善“云代办”“打包办”等政务服务进园区举措，健全企业服务机制。启用罗源县行政服务中心台商投资区代办服务点，为企业办理项目前期节点10个、协调解决问题102个。应对疫情影响，帮助企业纾困解难，减免臻隆、乐星、国钧等3家入驻创业园标准厂房企业租金37.81万元；帮助兴腾、百泓达、汇昌、创隆、正颜等5家入园企业申请纾困贷款3100万元。与罗源县检察院共同设立“涉台检察联络室”，发挥涉台检察联络室桥梁纽带作用，着力构建台胞台企法律服务保障体系。

（陈　锦）

（编辑　林烨欣）

固定资产投资

【概况】 2022年，在县委、县政府领导下，县住建局深入学习贯彻中共二十大以及十九大和十九届历次全会精神，按照“提高效率、提升效能、提增效益”要求，突出抓好重点工程、民生保障和建筑市场管理等工作，坚持依法行政，凝心聚力，真抓实干，聚焦主业，突出重点，以饱满的工作态度投入“启航新时代，做强北大门，打响四大国家级品牌，建功丝路海港城”相关工作中，健全城市功能、提升城市品质。

【新型城镇化建设】 城区建设 按照县委、县政府的工作部署要求，实施县城提质工程，改善城区面貌。致力改善交通。组织实施东大路、罗中路至教师进修学校附属小学之间道路、九大中心广场东侧道路、岐阳二期路网建设、老年大学进校道路改造提升等5条市政道路工程，总长约2千米，并铺设供水、燃气、雨水、污水、弱电等市政管网，使城市功能更加完善。推进渡头湿地公园人行景观桥、东门桥加固修复工程以及三道桥至岐头桥车道标线更新，使路网结构更加优化，群众出行更加安全。美化城区环境，完成城区30公顷郊野公园、10千米福道建设，并推进南江滨儿童主题公园、滨水公园步道、5个街头小公园及5处立体绿化建设，为群众的休闲、活动、娱乐提供高品质环境。亮化城市环境，提升城乡公共照明节能改造，亮灯率99.31%，完成新建楼盘岐阳片区、东方星城、亿阁汀州、香蜜湖等小区楼顶以及渡头2号景观桥和渡头景观桥夜景轮廓灯光建设，并完成南溪流域两岸7千米、双拥路桥、南门桥、东门桥、三道桥、岐头桥、渡头桥、港头桥等9座桥梁夜景灯光建设。提升安居品质，完成莲花东区、岐阳小区344户老旧小区改造任务，增强人民群众的获得感、幸福感。加强城区水系治理，开展老城区生活小区、城中村雨污排水口调查，并实施红毛里后山排水管渠道建设、污水应急调节池及开发区至污水厂管道建设工程和溪尾溪上游污水收集及河道治理工程等项目，完善城区管网系统，提升污水收集率，助力打好“三大战役”。

乡村建设 坚持精细化管理目标。推进乡镇驻地污水改造提升和村庄环境综合整治工作，着力改善村镇人居环境面貌。打造优质样板。起步镇集镇环境整治是福州市唯一省级集镇环境整治样板工程，在2021年度获得全省集镇环境整治考评第一名的基础上，开展起步镇集镇环境整治项目，推进二期集镇环境整治提升，围绕环境美、人文美、产业美、治理美和成效美“五美”目标，通过改善集镇环境、完善集镇功能、塑造集镇特色，全面提升集镇品质，培育集镇新动能，探索集镇环境综合整治的模式和路径。整治项目投入3000多万元，取得初步成效。新增实施霍口乡集镇环境整治市级样板工程，完成投资303万元，占年度投资比例101%。结合“六清一改”，实施既有农房整治、集镇污水整治、“厕所革命”等工程，其中，完成市下达罗源县135栋既有裸房年度整治任务，完成率100%，并成立工匠协会，配齐各乡镇工程施工专业管理力量，加强农村建房安全管理。完成生活污水管网建设5千米。编制“十四五”乡镇生活污水处理设施建设运维实施方案，并推动起步镇11个村生活污水治理项目建设以及负荷率低于50%的乡镇生活污水处理设施整改提升，使农村面貌明显改善，环境质量得到大幅提升，生态文明乡村建设取得明显成效。

【项目投资】 县住建局组织实施东大路、罗中路至教师进修学校附属小学之间道路、九大中心广场东侧道路、岐阳二期路网建设、老年大学进校道路改造提升等5条市政道路工程；完成城区30公顷郊野公园、10千米福道建设，并推进南江滨儿童主题公园、滨水公园步道、5个街头小公园及5处立体绿化建设；完成新建楼盘岐阳片区、东方星城、亿阁汀州、香蜜湖等小区楼顶以及渡头2号景观桥和渡头景观桥夜景轮廓灯光，并完成南溪流域两岸7千米、双拥路桥、南门桥、东门桥、三道桥、岐头桥、渡头桥、港头桥等9座桥梁夜景灯光建设。完成莲花东区、岐阳小区344户老旧小区改造任务。实施红毛里后山排水管渠道建设、污水应急调节池及开发区至污水厂管道建设工程和溪尾溪上游污水收集及河道治理工程等项目；推动古厝文化遗产的保护工作。实施历史建筑传统风貌建筑保护利用，完成8处古厝修缮、3处古厝活化利用（含“九个一批”历史建筑活化利用精选示范项目1处），完成第五批历史建筑（12处）和第一、二批传统风貌建筑（20处）的公布，扩充古厝保护名录。改善提升传统村落，完成中房镇满盾村5处古厝修缮，并同步推进活化利用工作。发展燃气管道下乡入村，完成25.1千米燃气管道铺设，其中起步镇上长治村作为罗源县首个燃气下乡试点村率先实现天然气通气。

（县住建局）

智慧罗源建设

【概况】 2022年，罗源县“智慧罗源”管理服务中心主要工作任务是围绕构建数字化、网络化、智能化城市管理体系，抓好“12345”政务服务便民热线平台及数字城管平台诉求件（案件）办理，推进智慧城市信息化项目平台建设。

【智慧城市建设】 罗源县“智慧罗源”管理服务中心推进罗源县智慧城市公共服务信息化项目建设，完成项目可研编制及审批工作，涉及教育、应急、公安、水利、林业等20个信息化项目建设，并向县发展和改革局、财政申报列入2023年地方政府专项债资金投资计划；搭建完成县城乡综合执法联动机制监管平台暨“美丽罗源监管平台”建设，并正式运行；完成“e福州”便民服务自助终端二期投放在松山镇滨岐社区、白塔乡便民服务中心、起步镇便民服务中心3台的任务，并优化调整1台，罗源县投放11台，打造“15分钟”便民服务圈。

【便民服务】 罗源县“智慧罗源”管理服务中心以“事事有着落，件件有回音”为工作目标，做好“12345”诉求件查阅、批转、审核、报备、跟踪回访等工作，畅通群众诉求渠道，提升市民满意度。抓好每月通报工作，定期将各承办单位的办理情况，市民关注的热点、难点问题形成专报给县领导和各职能部门，为领导决策提供依据和参考。加强对各承办单位的业务指导与督促，提高“12345”便民平台查阅率、回复率、满意率，推动全县“12345”便民服务迈上新台阶。罗源县“12345”政务服务便民热线平台受理群众诉求10030件，诉求受理率100%，反馈回复率100%，群众满意度99.1%。

【数字城管】 罗源县“智慧罗源”管理服务中心落实数字城管系统案件采集、立案、批转、核查、结案等办理流程，每月通报办理情况。罗源县数字城管系统采集、处置有效案件7488件，结案率100%，综合指标值99.93，评价等级A。

（程　远）

市政建设

【概况】 2022年，为提高城区管护水平、提升道路平整度，罗源县投入180万元对城区市政道路及其基础配套设施进行建设及日常管理维护，并定期安排人员全路段巡查，发现问题及时处理修复。

【城区路桥建设】 罗源县完成岐阳二期路网、东大路等市政道路建设，道路长约1.2千米，主要工程为道路拓宽改造，铺设沥青路面、缆线下地、

东门桥改造提升项目完工通车

起步镇集镇环境整治建筑立面改造完成

新建雨污水管网、路灯照明、人行道、行道树等配套设施；计划启动学前洋路、府前街改造等项目建设。

【城市景观整治】 罗源县完成城区30公顷郊野公园、10千米福道建设，并推进南江滨儿童主题公园、滨水公园步道、5个街头小公园及5处立体绿化建设；完成新建楼盘岐阳片区、东方星城、亿阁汀州、香蜜湖等小区楼顶以及渡头2号景观桥和渡头景观桥夜景轮廓灯光，并完成南溪流域两岸7千米、双拥路桥、南门桥、东门桥、三道桥、岐头桥、渡头桥、港头桥等9座桥梁夜景灯光建设。

【内河整治】 罗源县开展老城区生活小区、城中村雨污排水口调查，并实施红毛里后山排水管渠道建设、污水应急调节池及开发区至污水厂管道建设工程和溪尾溪上游污水收集及河道治理工程等项目，完善城区管网系统，提升污水收集率，助力打好“三大战役”。

【供水】 罗源县有水厂4座：滩内水厂（10万吨/日）、八井水厂（3万吨/日）、可湖水厂（2万吨/日）、洋尾水厂（1万吨/日）；水库5座：西溪水库、南榜水库、可湖调节库、八井调节库、东岩调节库。公司日供水能力16万立方米，供水区域覆盖罗源县城区，罗源湾开发区、港区，松山镇、起步镇部分村居，用水人口约10万人，同时完成敖江引水工程，保障城区供水。推进城区老旧小区二次供水改造，完成岐阳小区、莲花东区2个老旧住宅小区二次供水改造。

【供气】 全县供气企业数量有4家（其中管道燃气企业2家，瓶装液化气企业2家），新增供气管网长约10千米，管道液化天然气日供气量约31.18万立方米，全年供气量约11383万立方米；瓶装液化石油气日供气量约4.27吨，全年供气量约1560吨。

【污水处理】 罗源县提高污水管网覆盖率，新建、改造污水管道建设2.1千米，提升污水收集率；投入200万元开展城区排水管网日常清淤维护工程，清淤长度约50千米。

（县住建局）

城市管理与执法

【概况】 2022年，全县立案处罚各类违规行为779起（其中市容占道经营处罚160起，破坏市政设施等处罚13起，渣土车违章处罚99起，随意倾倒建筑垃圾处罚25起，“门前三包”问题处罚370起，小区侵占公共部位行为处罚112起），处罚金额66.47万元；查扣违停电动车2000余起；处理小区违章装修行为268起（含小区侵占公共部位处罚112起）；拆除及整改违规广告牌和店牌店招250余处。

【市容综合整治】 县住建局分组分路段监管流动摊占道、沿街晾晒、堆放杂物等市容乱象；增加早班和夜间巡查频次，规范夜市流动摊和早市批发市场经营，取缔流动摊点2200起，立案处罚209起，清理杂物185车次，整治违章晾晒323起。加强“门前三包”巡查管理，打造“门前三包”智能监管平台，推行“一户一码”信息化创新监管模式。平台建设完成并投入使用，城区约2000户商户基本完成信息采集，滨海新城约1600户在经营沿街商户完成录入400余户。规范两车停放秩序，本着“应画尽画”的原则，在城区合理范围增画约500个二轮车辆停车位；劝导规范电动车停放5000余次，处置违停车辆2000余辆，加强共享单车企业监管，督促考核不达标企业缩减投放量，清退不符标准企业。清退1家不达标共享单车企业，核减共享电动车投放量1500辆。制定罗源县户外广告管理实施方案，规范审批流程，对辖区内违规设置的店牌店招及户外广告逐一整治。

【城乡环境卫生管理】 全县生活垃圾清运率100%、道路清扫保洁率100%、生活垃圾无害化处理率100%；城区主要车行道机扫率80%以上，洒水冲洗率80%以上。整体环境水平得到改善，总体清扫保洁质量效果良好。

【垃圾无害化处理】 全县无害化处理辖区生活垃圾74483.63吨（其中，城区55669.2吨，乡镇18814.43吨）。

【建筑垃圾工程渣土管理】 县住建

局采用定期定点巡查与不定期专项整治相结合的方式，对城区在建工地及主要施工路段的渣土运输车辆进行严格管理。联合公安、交警等部门定期开展路面扬尘联合整治行动，加强渣土车辆交通违法的现场查纠。查扣各类违规车辆142部，检查在建工地200余次，责令整改33次，立案处罚107起（其中违规车辆103起，在建工地4起）；开展“双随机、一公开”检查工作，检查运输企业1家。

落实渣土监管平台与福州市渣土智能管控平台的对接工作，罗源县7家渣土公司、105辆渣土运输车辆定位信息上传至福州市渣土智能管控平台，实现对工地和渣土运输车辆的实时监控，与福州市城管委信息共享。罗源县新增并审批新建工地建筑垃圾消纳备案10起，统筹建筑垃圾消纳量约40.4万立方米。

【环卫基础设施建设】 年内，全县投入资金10万元，新建2座环卫工人休息屋，改善环卫工人的工作条件；滨海新城首批5座公厕投入使用，方便市民如厕；更换城区果皮箱100个。建设生活垃圾分类投放屋（亭）47座。年内，城区生活垃圾处理费征收575万元。

（县住建局）

园林绿化

【概况】 2022年，绿化覆盖面积402.58公顷，全县绿地面积约366.57公顷，绿化覆盖率43.76%，绿地率39.84%，人均公园绿地14.75平方米。

【城市绿化】 罗源县有公园绿地107.67公顷，行道树9662株，沿起步溪新增2公顷溪滨绿地，大量引进菩提榕、黄花风铃木、兰花楹、乌桕、朴树等树种，推进城市公园生态化进程。

【公园建设】 罗源县投入1200万元建设渡头景观桥，渡头桥桥下空间的修整利用，将起步溪南北两岸的南江滨公园、北江滨公园、渡头公园贯通形成环线，便于市民健身游园。南江滨儿童主题公园（28.5万元）的改造提升，提升公园人气。罗源湾高速出口附属绿地（300万元）的建成，提升罗源山海城市印象。

【园林管理】 罗源县推进城区园林管理工作，城区43公顷、滨海新城48公顷公园绿地、14公顷松岐中路道路绿化通过政府采购纳入市场化管理，提高精细化管理水平。

（县住建局）

（编辑 林烨欣）

交 通

【概况】 2022年，在县委、县政府正确领导，市交通运输局指导下，在广大交通系统干部职工共同努力下，县交通运输局紧紧围绕全县中心工作，以习近平新时代中国特色社会主义思想为指导，深入学习贯彻中共二十大精神，统筹疫情防控和交通运输发展，有效防疫情、稳投资、保畅通、促发展，为实现罗源县“十四五”开好局、起好步奠定坚实基础。

【重点项目建设】 *省道S207线罗源白塔至西兰段公路工程* 罗源县完善路网布局，促进沿线产业转型，实现西兰、飞竹、霍口等西部乡镇半小时通达高速，助力乡村振兴和经济发展，县交运局组织实施省道罗源白塔至西兰公路工程建设工作，路线全长约8千米（其中隧道2.9千米），采用二级公路标准，路基宽度17.5米，双向四车道，估算总投资约6.7亿元，建安费约5亿元。完成工程项目可行性研究报告编制（初稿），并上报申请纳入省道规划及全省高速“便捷通”项目库，且深化设计方案。

罗源县丝路港城配套道路整治工程（迹头堵点整治）项目 为缓解罗源湾高速口拥堵状况，改善省会北大门门户形象，罗源县组织实施丝路港城配套道路整治工程（迹头堵点整治）。改造路线全长0.829千米，概算总投资约9000万元，实际完成建安投资约3817万元。

罗源湾公共输送廊道项目 罗源湾公共运输廊道项目总用地面积128763平方米，建设连接碧里作业区与金港工业区的输送廊道及水电、生产辅助建筑物等设施配套，主要输送煤炭、焦炭、铁矿石、红土镍矿等散货，采用全智能化物料输送方式，建筑面积69323平方米，路线全长7.78千米，其中隧道段2.452千米，架空廊道段5.16千米，地面段0.168千米，设计输送量1900万吨/年，其中一期1700万吨/年。项目总投资估算10.4亿元，其中一期投资8.85亿元。2022年度完成特许经营项目招标工作，确定项目投资人。

航道二期项目 罗源湾港区定位为福建省“两集两散”中重要的干散货集中区，是重要的散货运输港区之一。为促进罗源湾北岸港口设施的建设，完善碧里作业区、淡头作业区、可门作业区公共服务功能，完成罗源湾港区深水航道二期工程，于2017年立项，总投资约2.7亿元，工程分6个部分扩建及新建航道总长度约42.74千米。

前锋大桥 霍口乡前锋大桥，位于乡道012霍琅线，中心桩号K7+454，横跨霍口水库，于2019年动工建设，2022年完工。桥墩基础采用钻孔桩基础，主桥墩采用双肢圆端形空心墩，主桥墩与梁固结，引桥墩柱采用矩形板墩，上设盖梁；桥台采用U形桥台，桥梁高69米。桥梁全宽8.5米，行车道宽7.5米，桥梁全长623米[孔跨布置为引桥（2×35+3×35）+主桥（59+2×108+59）+引桥（3×35）=614米，桥台9米]，引桥上部结构采用预应力混凝土简支转连续小箱梁，主桥采用变高度预应力混凝土连续箱梁。桥梁改造工程总投资3880.51万元，建安费用3467.7万元。

“科技治超”建设项目 X143（S207替代线）白塔至西兰段、G228鉴江段、G104博澳码头段和G104罗源湾码头段4个道路动态检测点“科技治超”项目全面动建。

【公路建养】 罗源县实施农村公路新改建7千米，总投资约1750万元；完成农村公路路面大中修养护工程49.94千米，总投资约738万元；完成建设幸福农村路工程13.5千米，总投资约290万元；完成西兰乡溪上坂桥危桥改造1座，桥长30米，总投资154.3万元；完成松山镇X141与江滨南路交叉口修复改造，投资约9.6万元。

【码头建设】 罗源鉴江井水陆岛交

通码头建设规模300吨级客货泊位1个，建设地点位于罗源县鉴江镇井水村，总投资约1235万元，项目业主为罗源县鉴江镇人民政府。

【运输管理】 长途客运 罗源县运营有罗源至福州（含福州汽车北站、南站、西站）、长乐机场、长乐金峰、福清、平潭、宁德、霞浦9条市县际班线。

农村客运 罗源华达客运有限公司运营农村客运车辆61辆，开通农村客运班线17条，覆盖11个乡镇189个行政村，其中49个行政村采取预约班车的方式，解决群众出行难问题，行政村通客车率100%。

出租汽车客运 罗源华达出租汽车有限公司新能源出租车80辆。

道路货运运输 全县普通货物运输企业33家，拥有各类运输车辆615辆，总吨位9191.5吨，大型车辆占营运货车100%，货车车辆平均吨位为14.94吨。

水上货运运输 全县普通货物运输企业1家，拥有运输船舶3艘，总载货量32867吨，水路货运量为193万吨，货物周转量为255278万吨千米。

【路政管理】 罗源县农村公路巡查聘请乡村道专管员20人，利用“智慧路长”App进行巡查，发现问题及时进行整改闭合。

【交通执法】 交通运输综合执法大队围绕执法主责主业，常态化开展道路运政、公路路政、水路运政、地方海事、交通工程质量安全等方面执法检查工作。全年出动交通运输执法人员2954人次，执法车辆893辆次，检查车辆3000余辆次，巡查里程3.5万余千米，办理交通运输执法案件119起，结案金额60.929万元。其中，非法违法危货运输3起，非法营运出租车、非法网约车20起，道路普通货物运输违规90起，客运班车违规1起，未有效执行交通违法动态信息处理制度1起；公路路政违法1起，超限运输源头案件2起；工程质量安全执法案件1起。治超方面，联合公安交警部门开展治超289次，联合查处超限超载车辆417部，卸载货物7500吨。运输源头安全监管方面，检查运输企业42家次，发放整改通知书1份。

【邮政业发展安全监管】 罗源县寄递企业3家，分支机构8家，邮政业发展安全中心做好“平安寄递”创建活动，促进各项工作措施落实到位，全年检查寄递企业102家次，出动检查人员278人次，发现一般安全隐患157项，全部整改到位。

（林楚欣）

邮 政

【概况】 2022年，罗源邮政分公司在职员工88人，其中党员13人，职能管理部门设综合办公室、市场部、寄递事业部。经营生产部门设金融客户部、集邮与文化传媒公司、渠道中心，营业窗口部门有南街邮政支局、东环营业所、凤南营业所、莲花营业所、碧里营业所以及碧里、鉴江、洪洋、中房、西兰、飞竹、霍口、松山、白塔、起步10个乡镇邮政所。

【业务经营】 罗源邮政全年指标2961万元，实现业务收入2983万元，完成年计划100.74%，比上年增长3.72%。其中，金融收入1836万元，完成年计划98.21%，比上年增长13.73%；寄递业务收入443万元，完成年计划83.58%，比上年下降20.75%；邮务类收入536万元，完成年计划116.27%，比上年增长18.85%。

【邮运网建设】 全县开设邮政局所17处，完善邮政网点基础设施建设，对邮政三合一处理进行扩大与功能提升，全县投递邮路53条，单程邮路总长1772.10千米。

（县邮政局）

通 信

【中国电信罗源分公司】 概况 2022年，中国电信罗源分公司坚持以习近平新时代中国特色社会主义思想为指导，紧紧围绕集团战略部署及省、市公司工作要求，坚定实施云改数转战略，坚持党建统领，按照“建制度、出思路、创环境、带队伍、做表率、抓落实”6个方面工作，发力航道经营，双轮驱动推进码号经营和产数拓展，取得较好经营业绩，位列全区第四，获福州分公司“2022年度绩效考核二等奖”。

业务经营 完成收入6556万元，比上年增长2.6%，预算完成率98.81%，位列全区第三；发力航道营销，组织数字乡村、智慧小区场景营销，践行航道营销新模式，做好县域公客市场的空间洞察、GB联动，实现全县行政村100%签约乡村振兴平台，新增平安乡村监控超1200路，推进重点网格村的家宽融合发展。推进强渠一把手工程，新增专营门店6家，快递代理点10家，实现渠道拓点与效能双提升。

网络运营 基础网络建设提速，5G覆盖形成规模，超额完成全年5G建设任务，完成率107%，主要完成对城关区域及钢铁厂区域5G网络优化、滨海新城及各集镇5G网络覆盖；4G点位有效补足，完成14个缺陷库站点建设；千兆光宽持续提升，完成全县所有节点的C600设备改造，新增224个万兆PON口，所有乡镇均具备万兆接入条件，每10G PON口千兆用户数从年初的1.03户/PON口提升至2.71户/PON口。网络健壮性持续增强，完成母局开关电源和部分机房蓄电池更新改造等。加快低效设备退网与利旧，持续落实共建共享，节约建设资金，实现降本增效。

通信保障　完善防汛等通信保障预案，完成两会、第五届数字中国峰会、“文化科技卫生‘三下乡’”、罗源县首届玉石文化艺术节等重大活动的通信及网络信息安全保障任务，助力地方政府做好疫情防控通信保障。

客户服务　继续秉承“用户至上，用心服务”的服务理念，罗源客户服务工作执行力完成情况继续保持全区领先，全年聚焦开展“我为群众办实事解难题”“全心全意只为您10分满意”活动，持续加强千兆网络和智家服务建设；继续优化线上线下服务，推出企业微信线上预约服务；持续优化用户放心消费举措，严格落实防范打击通讯信息诈骗专项行动工作要求。罗源电信东环营业厅“爱心翼站”被省总工会评选为“户外劳动者示范休息室”，获市级“青年文明号”荣誉。集团、省内装维服务满意度评测，罗源综合得分同业第一；4个季度集团评测都是同业第一，3个季度省内测评同业第一。

信息化建设　深耕行业数字化，云改数转加速落地，采用新建、改建和扩建等方式，完成“雪亮工程”380路视频监控建设项目，助力“平安罗源”建设；发挥中国电信天翼云“云网融合、安全可信”优势，打造“云+网+应用”标准化产品融云解决方案，全面推进用户上云，罗源县精神病防治院医院上云项目成为省公司云项目标杆案例；智慧工地等建设项目解决传统管理上存在的难点、痛点，保障安全可控，实现管理智能化；拓展智慧校园项目建设，助力提高校园智慧化水平。

（陈莹艳）

【中国移动罗源分公司】　概况　2022年，中国移动罗源分公司员工70人，党员22人，下设综合部、网络部、市场部、政企客户部4个部门及4个网格。全年运营收入超亿元，比上年增长10.1PP。

业务经营　围绕创一流“力量大厦”总体目标，坚持“五个领先、四个发展”，聚焦5G领先、重点聚焦平安乡村、智慧社区、健康养老等工作重点，强党建、夯基础，抓经营，提管理，推动公司持续、健康发展，收入份额、有线宽带到达份额均超50%，比上年分别增长10.1PP、3.13PP，5G网络客户到达份额近70%，经营总体情况良好。

网络建设　聚焦网络品质提升，网络优势继续保持。重点围绕网络质量优化、客户满意度提升和农村宽带建设等方面推进网络工作，罗源分公司新增开通5G基站157个，开通299个5G基站，实现城关区域5G网络的连续覆盖与各乡镇区域5G网络覆盖，同步加大农村宽带建设投资力度，新增建设交维宽带小区56个及161个县各乡镇幸福院宽带网络建设，解决偏远农村用户的上网难问题，并为政府远程实时了解养老机构运营提供技术支撑。依托5G网络的智能生产，宝钢德盛不锈钢有限公司在“5G全连接工厂—智能制造”上取得突破性成就。

客户服务　始终围绕“追求客户满意服务”企业宗旨，深耕网络品质及用户触点服务。为客户提供服务关怀，提升服务及时性。全年4G/5G基站可用度99.91%、关键小区可用度99.95%，通过软硬件扩容、多频段设备投放等措施解决高业务热点区域用户上网慢的问题，提升用户感知度，手机客户满意度94.79%、宽带客户满意度96.26%。

（黄　红）

【中国联通罗源分公司】　概况　2022年，中国联合网络通信有限公司罗源县分公司员工36人，公司下设罗源县综合网格，罗源县政企网格，罗源县网格公众网格、罗源县建维组，主要经营移动通信产品、无线上网、固网宽带、固话、光纤专线、电路、行业信息化应用和承接社会服务项目。中国联通罗源分公司主营业务收入3360万元，比上年增长0.68%。

企业管理　罗源联通紧紧抓住“抓党建、促发展”这一工作主线，公司业绩也取得进步。罗源联通以党建引领，全面转向新营销：在家庭市场上，通过五大抓手来做好家庭市场；在基础能力上，做好三大通路打造坚实的基础能力；在客户拓展上，聚焦3项重点工作，发挥网格的主动性，推进服务维系能力提升；在特色市场上，进行多方尝试；在服务能力上，注重用户体验，提升服务品质。加强能力提升，加快推进创新业务的规模发展。

网络建设　中国联通罗源分公司持续推进4G/5G网络建设，改善基站深度覆盖建设优化工作。拥有物理基站1087个，其中3G(WCDMA)基站215个、4G（LTE）基站611个、5G基站261个，发挥5G试点城市先发优势，坚持以行业应用为驱动力，加强合作创新，开发一系列基于5G的行业应用，打造标杆示范工程，研发应用慧合解、医疗云、智慧党建、智慧河长、智慧工单、智慧路长、桌面云等产品助力数字福州，为数字经济发展贡献力量。加速推进具备“算力、数力、智力、盾力”能力的云网一体2B云网，为个人和政企客户提供安全可信、云网一体、多云协同、专属定制的优质网络。推进光宽网络建设覆盖和用户光改，光纤资源覆盖率100%以上，实现全光网络覆盖并完成宽带用户光改工作。其中，FTTH（光纤到户）光分纤盒纤芯总数21186口，光宽带端口占用率31%，FTTH-末梢OBD端口容量为21440个，FTTH-末梢OBD端口占用率32%。

客户服务　在服务理念上本着

“客户至上，一切以客户为中心”的原则，从细节上为用户提供主动服务，推出“首问责任制”“一台清”“站立服务”“微笑服务”等一系列服务举措。服务攻坚，提升客户服务水平。聚焦客户感知，重构基于客户信任的流程；实现重要客户分级分类服务，提升客户服务能力。

（王蓉桦）

政府信息化建设

【概况】 2022年，罗源县有125家县直单位、乡镇、社区（村居）接入智网，全面实现双向电子公文换。在政务内网上运行的系统主要有机要公文传输系统、财政国库统一支付系统、人事工资管理系统、政务视频会议系统等。各级党政机关和社区上网率100%。

【政务信息化基础设置】 无线局域网 罗源县实现重要公共区域热点覆盖，宽带网IP城域网覆盖11个乡镇，城区主要公共场合基本覆盖无线网络。全县光宽带资源覆盖率100%，实现全光网络覆盖，2G基站、4G基站扩建，实现县域范围内村居全覆盖，加快5G网络建设进度，城关和钢铁厂区域基本实现覆盖。

政务内网 主要承载政府部门涉密部分系统应用与数据的传输，全县重点单位和乡镇、部门均接入。

政务外网（智网） 罗源县电信、联通、移动、广电4家运营商各在政务中心机房设有1台汇聚设备，全县125家县直单位、乡镇、社区（村居）接入智网。该网络承载包括“12345”便民服务系统、社区综合受理系统、信访平台、数字城管系统、综治网络化管理平台、公共信用管理平台、视频监控平台以及全市统一的协同OA（办公自动化）办公系统等平台。

【政务信息化应用】 罗源县机关、企事业单位正式启用福州市综合协同办公系统，125家单位开通综合协同办公系统账号，全面实现双向电子公文交换。按照省政府办公厅的要求完成政务视频会议系统建设，具备同时召开3场视频会议条件。乡镇应急防汛视频会商系统完成标清改高清建设，满足随时召集乡镇召开会议要求。

【政务信息安全】 罗源县直单位通过智网实现互通，个别单位接入省级、市级网络专线，具有独立的内网与外网线路，通过物理/逻辑隔离以及网络安全设备实现具体的安全防护工作。

【政务信息化重大成果】 罗源县推进智慧城市公共服务信息化建设前期工作，建设民生领域公共服务数据采集、传输和智能化应用等软硬件及相关系统开发，提升民生领域公共服务和社会管理信息化水平，促进政务数据汇聚共享。推进罗源县数字水利项目建设，实现水利信息采集、传输、存储、管理和服务的智能化，全面提升水利事业各项活动的效率和效能。加强罗源17座公益性水库安全监测，实现水库工作现代化管理、信息化管理、数字化管理。

（陈婷婷）

（编辑 林烨欣）

科 技

【概况】 2022年，罗源县科技工作在省市科技部门和县委、县政府领导下，以推进科技创新、转变经济发展方式为主线，实施“科创兴县”战略，培育创新主体，推进科技合作，构建创新平台，集聚创新人才，优化创新生态，深化“产学研”合作，突出项目为王的工作导向，呈现出创新驱动支撑能力日益提升的良好格局，为全县经济社会发展提供更强的科技支撑。

【科技投入】 县发改局聚焦全社会研发试验发展（R&D）经费投入不动摇。支持企业开展技术创新、科研攻关，提升企业核心竞争力，发挥政策叠加、放大效应，提升企业研发填报的覆盖率，抓好R&D统计与分段补助申报推荐工作。全县企业研发投入（R&D）归集入库9.13亿元，比上年增长22.7%，占GDP（地区生产总值）比重2.54%。

【科技创新主体】 县发改局围绕产业链布局平台链，打通科技创新推动产业发展的通道。发挥科技大市场，创造科技新人才发展有利环境，鼓励企业加大科研投入力度，支持企业开展关键核心技术攻关和进口替代，加强高水平研发平台建设，推进现代农业创新基地、星创天地、企业技术中心等创新平台建设，完善创新创业链条，继续挖掘、发现和培育一批创新创业项目，围绕技术难题需求，推进技术攻关和示范应用，激发科技创新活力，促进科研成果与企业技术需求有效对接。

【科技人才服务与项目管理】 县发改局抓好高层次人才队伍建设。重点遴选一批高层次人才申报国家、省、市级人才计划，开展海外高层次人才来榕培养计划等，推进海外人才联络处建设，加强人才支撑，统筹落实人才引育政策，持续加大人才招引力度，鼓励中介机构与科创平台开展深度合作，整合资金、场地等创新要素，吸引高端人才和项目入驻平台进行孵化，鼓励支持高端人才项目与科技型企业在罗源县创新资源较为集聚的乡镇开展异地孵化或设立异地研发中心，吸引高校院所导师与学生开展研发实践，促进人才和资本等创业要素在罗源县集聚。

推荐企业申报2022年度省级科技计划项目1项；推荐7家企业申报省级科技创新券补助；申请通过“企业研发费用税前加计扣除”项目5项；推荐1人申报福建省引才“百人计划”创新个人人才项目；推荐1人申报2022年度福州市“榕创之星”人才项目，并开展科研助理岗位开发工作，罗源县企业通过开发科研助理岗位吸纳6名高校毕业生就业。

【科技特派员】 罗源县深入实施科技特派员制度，加快推动农业农村现代化，助力乡村振兴，结合农业、畜牧、水产、林果等产业发展需求，完善科技特派员政策保障，做好省、市、县科技特派员推荐申报对接服务，突出产业帮扶，加大科技特派员选认力度。认定省级科技特派员21人、省级团队4个；认定市级科技特派员47人、市级团队7个；认定县级科技特派员80人，实现省、市级科技特派员乡镇全覆盖，县级科技特派员行政村全覆盖，一、二、三产业全覆盖。推动乡村振兴和农村科技创新创业，引导科技、人才、资金、信息、管理等要素向农村聚集，助推乡村振兴。

【科技服务】 县发改局开展以“走进科技，你我同行”为主题的科技活动周系列活动。内容涵盖科技法律政策、农业实用技术、环境保护、防灾减灾、粮食安全、崇尚科学、反对迷信等多方面知识。通过设立咨询台，悬挂大型宣传标语等形式，向群众普及科技创新、医疗健康、应急救险、农业技术等热点问题基本知识。活动接受咨询80多人次，发放科普宣传资料500多份。通过开展科技扶贫、科技下乡、科技兴粮兴储、科普进社区、科普进校园等系列科普惠民活动，组织广大科技工作者和科普工作者，尤其是科技特派员，深入田间地头、企业、社区农村、中小学校等开展形式多样的为民科普服务活动，让科技创新成果和科学普及活动真正惠及全县广大人民群众，为推动罗源县经济社会发展作出贡献。

【高新技术企业】 县发改局加强科技型中小企业、高新技术企业、科技“小巨人”企业创新链条培育，打造企业创新主体链，聚焦科技主体高质量培育，开展创新型科技企业试点示范工作，引导和支持企业在构建创新体制机制、培养引进创新人才等方面进行先行先试，着力培育一批具有核心竞争力和较强行业带动能力创新型科技企业。新增高新技术企业8家，全县高新技术企业总数26家；新增省科技“小巨人”企业5家，总数11家。

【科技奖励经费】 县发改局拨付企业省级创新券补助资金13.26万元；高新技术企业出入库奖补资金158.3072万元；省级科技特派员经费30万元、市级科技特派员工作经费52万元。

【科技宣传与培训】 县发改局开展农业科技服务活动，助力乡村振兴。联合市科技局、省级科技特派员、省农科院水稻研究所到罗开展科技下乡活动，指导罗源县春季农业生产，确保春耕生产工作有序推进。组织省、市、县级科技特派员深入罗源县白塔乡和西兰乡等乡镇开展春耕备耕生产科技指导，为农民专业合作社、种植大户等指导水稻育秧、品种选择和秧田建造，一对一开展技术服务。推进农业现代化水平，加速农业新品种、新技术的引进和推广，调动县农业综合服务站的技术力量，相适应推广动植新品种选育，病虫害综合防治技术，健康养殖技术，优质茶叶技术，农业半机械化、无害化产品、优良禽畜高产优质高效养殖技术等农业关键性增产、增效技术。

【产学研合作】 县发改局抓好产学研结合工作。组织重点企业与高校、科研院所的技术对接活动，为企业引进技术、引进人才，加强企业技术中心建设的指导和扶持，增强企业发展活力，提高就业能力，发挥科研单位在高端人才与科技服务方面的聚集优势，深入推进科技成果转化，加快企业研发和成果转化步伐。建立以企业为主体的科技成果转化基地，加强产学研协同技术攻关与成果转化应用，支持承担国家科技计划项目的企业，在示范区开展成果落地转化。推动科技创新券对科技型中小企业和创新创业人员全覆盖，推动跨区域互通互认，提升企业科研水平，培养企业科研队伍。

（黄　峰）

气象服务

【概况】 县气象局坚持以习近平新时代中国特色社会主义思想和中共二十大精神为指导，在县委县政府和福州市气象局领导下，落实全面从严治党主体责任，党建业务融合发展。面对新时代新形势新要求，将贯彻习近平总书记对气象工作重要指示精神与落实国务院《气象高质量发展纲要（2022—2035年）》结合起来，推动健全“党委领导、政府主导、部门联动、社会参与”的气象防灾减灾机制和双重领导双重计划财务体制落实。

【气象工作】 县气象局加强基层气象防灾减灾组织体系建设。完善乡镇村居气象信息员队伍，气象预警信息覆盖部门、乡镇村居、山洪地灾安全责任人。健全以气象灾害预警信息为先导的部门应急联动机制，密切应急、水利、资规、农渔、交通等部门联防联动，联合发布山洪、地灾、农业、渔业、交通等气象预警信息，针对行业特点及服务需求适时开展直通式、定制式气象服务，发布自然灾害预警382条。

试点暴雨分区预警，修订气象灾害应急预案，改善业务流程，完善强天气“叫应”制度，推动气象预警精准靶向发布，完善党政领导直报制度、面向防灾部门“叫应”服务机制和面向社会“12379”预警信息发布机制。向县委、县政府及有关部门报送决策服务材料246期，预警短信333条，接收34.9万余人次，直报短信4条。为首届玉石文化节、龙舟竞渡、疫情防控等重大活动提供递进伴随式气象服务，得到县委县政府及主办方肯定。对接县防火办和《县防灭火应急预案》，修订业务规定，规范业务流程，统一服务产品，提升森林火险气象服务水平。10月31日针对辖区内森林火情，在市气象局指导下，协调连江、闽清、晋安、闽侯以及宁德蕉城开展区域联动人工增雨作业，使用焰条20根，火情区域小雨持续1个多小时，为压制火势、扑灭山火创造有利条件。抓住有利时机开展人工增雨12次，燃烧焰条46根，有效缓解旱情。加强观测设备运行维护，加强区域站社会化保障考核监督，实现站网、维护、仓储、计量信息化、标准化管理。推进大气垂直集成系统项目建设，加强风廓线雷达和风云三号、四号卫星及供电系统运行管理。升级改造霍口、碧里牛坑、飞竹斌溪自动气象站，在罗源湾沿岸安装3套LoRa（无线通信技术）海雾监测站。新装微波辐射计，推进大气垂直集成系统项目建设，开展大气廓线资料的融合应用，提高大气垂直监测能力。常态化提供关键农时天气预报及生产建议，护航农业丰产增收。挖掘农业气候资源，为引进特色农业如飞竹蓝莓、茶叶开展气候适宜性分析。开展气象灾害风险普查，加强气象灾害风险普查成果应用，挖掘农业气候资源，趋利避害，为引进特色农业开展气候适宜性分析，落实茶叶低温冻害气象指数保险，与农业局、人保公司共同建立“农业+保险+气象”的合作机制，为生春源、长韵等茶企投保400公顷，保费108万元，赔付64万元。为清华大学重点科研项目落地、牛坑湾填海工程生态环境评估、工程可行性研究提供气象数据和气象灾害分析。履行社会管理职责，健全综治平安、安全生产管理机制，防雷竣工验收许可2件，防雷重点单位安全检查覆盖率100%，优化营商环境及许可流程，梳理公开责任清单，提高办事效率和政务服务水平。

（县气象局）

（编辑 林烨欣）

教育

综述

【概况】 2022年，罗源县新开办滨海第二实验幼儿园，扩建教师进修学校附属小学。罗源县有教师进修学校1所，中小学、幼儿园82所，学生44645人，教职工3574人，专任教师2982人（新招聘120人，其中：高层次人才8人、公费师范生2人）。其中：中学19所（初中13所、九年一贯制1所、完中4所、职中1所）、小学25所、幼儿园37所、特教学校1所。高中学生5472人（其中，普高3274人，职高2198人）、初中学生8766人、小学学生21587人、幼儿园学生8756人、特教学校学生64人。有高级职称教师261人、中级职称教师1153人。罗源县学校占地面积1059878平方米，建筑面积437210平方米。

（罗源县教育局）

【教师管理】 罗源县教师资格认定网络申报人数为263人，经过教师资格审查，235人通过教师资格认定。罗源县教师学历更改10人，其中，本科学历10人。开展教师职称评聘工作，42名教师通过高级职称评审、50名教师通过中级职称评审、103名教师通过初级职称评审，468名教师晋升高一级专业技术岗位。组织开展新一轮中小学幼儿园教师职称评审工作，推荐43名教师参加高级职称评审、53名教师参加中级职称评审、103名教师参加初级职称评审。

教师招聘 罗源县通过全省统一招考，公开招聘中小学、幼儿园编外新任教师200人，实际招聘110人，一定程度上优化罗源县城乡教师的年龄结构和学科结构。引进高层次人才8人，接收公费师范生2人，通过柔性引才方式引进1名中国工艺美术大师，“回巢”计划接收7名回罗源执教教师。

名师培养 职业中学校长沈庆焉参加省级名校长培养，范瑜艳、卢芳老师参加省学科带头人认定，罗源一中老师吴雪峰、杨峰、陈大年，罗源三中老师陈世春被列为福州市教学名师培养对象。选送市级学科带头人培养对象9人，市级骨干教师培养对象31人；评选县级名师44人、名师培养对象23人，学科带头人41人、学科带头人培养对象12人，并成立13间名师工作室。

（范远琳）

教研工作 组织开展市级教研活动2场，县级教研活动88场，634节，其中送教送培378场，讲座、公开课286节。组织中小学毕业班县域一体化集备109场，其中初中91场，小学开展18场。“两三”质量提升专题研训72场次，受训教师1100人次。组织开展中小学作业设计评选活动，评选出71份获奖作品。组织开展教师技能大赛，选出大赛一等奖31人、二等奖60人、三等奖86人、教坛新秀155人、教学能手43人。选送30份作业设计参加市级评选，其中10份作品获奖（二等奖2份，三等奖8份）。组织903名中小学生开展罗源县“凤川雏鹰杯”科学素养（中小学数学、中学物理）夏、冬令营活动。

名师“送教送培”活动 抓好培训工作，培养教师队伍，助推教育高质量发展。县进修校组织34个培训项目，采用三位一体、引外内出和按需施训的形式开展线上线下及异地培训，参训11092人次。

教师继续教育岗培采取公需课、校本研训、集中面授课“三位一体”的模式，组织罗源县教师2437人开展为期一个月的线上公需课培训，全员取得培训合格证书；上半年开展6场岗位集中培训，学习研究《义务教育课程方案和课程标准（2022年版）》；9—12月，中小学开展课程标准（2022版）和中高考专题培训，幼儿园结合省下沉式项目培训开展岗位集中培训，聘请38名省市专家、名师为参训教师举办41场讲座，参训教师2486人。开展中层以上管理干部（含校长、园长）165人次的培训，有“2022年福建省中小学（幼儿园）教育行政管理干部（教学管理）研修班”、赴泉州五中开展学习交流活动、龙岩古田干部学院为期7天的名优校长封闭式培训、福建省教育厅幼儿园下沉式（罗源县）项目培训以及2年期的罗源县优秀校园长培养工程等项目。根据需求，开展思政教师、班主任、名优骨干教师等心理健康专项培训项目，参训教师4662人次，全面促进教师专业成长。

科研工作　“十三五”规划县级课题结题43项；“十四五”规划县级课题61项课题通过立项；“十三五”规划市级课题12项结题；“十四五”规划市级课题7项立项；福师大基础教育课题3项立项；“十四五”规划2022年度省级课题2项通过立项，10月申报12项省“十四五”规划课题，有10项通过立项。收集汇编课题专辑材料4册，编辑中小学《教与学》科研、课改论文9期。

（高　琛）

【素质教育】　罗源县教育系统坚持以习近平新时代中国特色社会主义思想为指导，深入贯彻落实《中小学德育工作指南》，全面落实立德树人根本任务，紧密结合学生生活实际，创新德育工作方式、拓展德育工作渠道、丰富学校德育内容，进一步提高学校德育工作实效，促进学生健康、全面成长。

思政宣传教育工作　开展迎接、学习、宣传中共二十大专项行动，推动理想信念教育常态化制度化，深入开展中国特色社会主义和中国梦宣传教育，开展爱国主义、集体主义、社会主义教育，加强马克思主义唯物论和无神论教育，加强形势政策、法治教育和防范化解重大风险宣传教育。深化文明培育、文明创建、文明实践，培育和践行社会主义核心价值观。开展“扣好人生第一粒扣子”主题教育实践活动，推进未成年人思想道德建设。开展书香校园评选、“我推荐我评议身边好人”“我们的节日”等活动和“温暖在罗川”志愿服务关爱行动，建立常态督导机制，推进文明县城创建。打造“福”文化品牌。各学校围绕中共二十大召开、“福”文化传播等策划开展活动并组织创作网络文学作品，组织学生创作“福”主题美术创意作品参加“福满榕城　把福送给你”2022福州市文创设计大赛。组织第29届读书教育活动。各校园围绕“永远跟党走，奋斗新征程”这一主题，以征文活动、小学生故事会、中学生演讲会、春苗网知识问答4种形式开展读书教育活动。选送的罗源第一中学学子谢昕烨在福建省青少年爱国主义读书教育活动中获全省二等奖。

思政一体化建设　建立以各学段思政课程教育为核心，以“五项教育”为基础，以劳动教育和《新时代中国特色社会主义思想学生读本》学习为重点。申报省级课题《探究课程思政与高中物理课堂教学的融合》，建设推广系列思政德育精品课程，推出精品课4节。推荐罗源县教师进修学校附属小学杨柳的《溪长流　家长宁　国长安——〈清平乐·村居〉》、福建省罗源滨海学校潘美芳《国家好　大家才会好》及罗源一中黄建安《离心运动》等优质课参加福州市德育精品课程教学设计比赛。推荐罗源县教师进修学校附属小学黄静敏《美好的理想召唤我》、罗源一中雷世英《依法履行义务》及罗源一中李非《坚持新发展理念》遴选福建省中小学思想政治理论课示范课。选送罗源县教师进修学校附属小学《弘扬传统文化　培养时代新人》和罗源一中《夯实德育基础　注重德育实效　提升学校品位》参加省第三批“一校一案”落实《中小学德育工作指南》典型案例遴选。推荐罗源滨海实验学校《育五色少年　树时代新人》参加省第三批“一校一案”落实《中小学德育工作指南》典型案例遴选。罗源一中张朝钧、高孝妃的《红树林变成“金树林”——脱贫攻坚与区域经济发展的探究》获2022年福州市中小学学科德育精品项目。罗源一中曾丽琴入选福州市大中小学思政课一体化建设指导委员会专家指导组成员。

家庭教育工作　全面贯彻国家、省市关于加强家庭教育指导工作部署要求，落实立德树人根本任务，推动家庭教育和学校教育紧密结合，家校合力，共同促进青少年健康成长。组织学习家庭教育法律法规，推广优质家庭教育网络平台，落实家庭教育各项规章制度，了解家庭教育相关支持渠道，配合相关单位开展共建活动。组建罗源县教育系统家庭教育指导服务队，牵头开展家庭教育指导活动。选送黄佳勇等10名家庭教育指导服务队成员配合县妇联开展家庭教育工作。联合县法院等9家单位建立家庭教育工作联动机制，提升家庭教育服务水平，构建各方协同的家庭教育服务“罗源模式”。推荐罗源县第二实验幼儿园、罗源畲风红培研学营地获评2022年“福州市家庭教育创新实践基地”；组织罗源县第二实验幼儿园的案例《尊重欣赏　静待花开——浅谈二孩家庭的互补共进型教育》参加省级家庭教育典型案例遴选；推荐罗源县第二实验幼儿园申报省级家庭教育特色学校。发挥学校实践育人功能，示范引领罗源县家庭教育工作。

心理健康教育工作　筑牢心理健康防线，维护青少年学生心理健康，确保安全稳定，各校常态工作常抓不懈。健全完善学生心理档案，做好“一生一档”工作；梳理学生情况，关心关爱和指导帮扶特殊生；开展心理问题和个案分析研究；贯彻落实《中华人民共和国家庭教育促进法》，用足用好心理健康教育资源；加快实施心理健康教育行动，开齐开足心健课、抓好心理教研和心理场所建设，做好各类老师的培训工作。引进闽江学院“中小学心理健康服务赋能平台”，为学校提供方便、快捷、贴心的赋能辅助服务。罗源县34所中小学（含职业中学、特教学校）将利用中小学心理健康服务赋能平台开展倾听、量表和“一生一档”等服务。下发《关于开展罗源县中小学幼儿园心理健康教育教师、班主任培训的通知》，邀请长汀市龙宇中学为罗源县中小学幼儿园心健教师、班主任作绘画心理学健康教育专题培训，提高疫情期间中小学、幼儿园师生心理健康教育的科学性、规范性和实效性。

德育主题教育 坚持以习近平新时代中国特色社会主义思想为指导，深入贯彻中共十九大、二十大精神，紧紧围绕立德树人根本任务，开展一系列主题教育。组织开展“我们的节日”系列主题活动。推动中华优秀传统文化传承。突出“我们的节日·精神的家园”主题，以春节、拗九节、清明节、端午节等节日为重点，各中小学幼儿园开展具有鲜明内涵、形式生动活泼的“我们的节日”主题活动。

家风家训主题活动 各校园围绕主题，以短视频、好照片、微征文、书法作品等形式生动活泼地继承传统，优秀作品频频刊出。教师进修学校第二附属小学2篇微征文在海峡教育报刊出，1幅绘画作品在全国少工委公众号刊出。

新时代好少年推荐评选活动 配合县委文明办评选“2022年新时代好少年”，选树身边少年榜样，引导青少年见贤思齐。卓尔等10名学生获评“2022年罗源县新时代好少年”，其中起步中心小学郑凯俊同学获评“2022年福州市新时代好少年”。

6月，各中小学幼儿园开展以“绿色低碳 节能先行”为主题的全国节能宣传周活动。在第35个国际禁毒日开展“全民禁毒宣传月”活动。组织学生开展好毒品预防教育“五个一”活动，引导学生参与禁毒部门组织的中小学生禁毒快乐征文赛系列活动，加强毒品预防教育。9月，协同扫黄打非办开展“绿书签”活动，发放“绿书签”300余张，宣传品100余份。每月定期开展垃圾分类宣传活动，每月不少于5场“小手拉大手”及课堂分类活动，不定期开展垃圾分类志愿活动。各校园邀请法律人士到校园举办法律讲座；通过各种形式开展法治进校园活动，举办主题班队会、讲座等；组织学生参加市局“学宪法 讲宪法”演讲比赛，组织各校园开展“宪法宣传周”活动。各中小学在党组织、团组织的指引下，以全情饱满的姿态，结合国旗下讲话、主题班队会、手抄报、阅读活动等活动形式，深入学习宣传贯彻中共二十大精神。

（陈灼芳）

【教育信息化】 罗源县更新班级多媒体设备93套，配置计算机256台，配建计算机房3间，为教育云空间和“一师一优课”活动深入开展提供硬件保障。新建录播教室2间，逐步改善教师的信息化办公和学生的信息化学习环境，推进职业中学数字校园建设，提升学校教育技术装备现代化水平。推进中小学教师信息技术应用能力2.0提升工程，分层分批开展信息技术能力提升专项培训。推进罗源县中小学教育技术装备管理的信息化、规范化，更好地服务教育改革和发展。

（林韬）

【基础设施建设】 在县委县政府重视下，罗源县继续加大教育基础设施建设力度，实施17个建设项目，投入总资金33252万元，具体项目如下：

7个项目竣工 全面改薄提升工程（罗源县教师进修学校附属小学教学综合楼扩建工程）、2021年校安长效机制项目包（罗源第二中学学生宿舍楼加固、洪洋中心小学教学楼修缮、碧里中学学生宿舍楼修缮、霍口小学教学楼修缮、白塔中学宿舍楼修缮）、新建罗源县滨海第二实验幼儿园。

4个项目在建 起步中心小学教学综合楼，项目建设总投资1800万元；松山小获小学教学综合楼，项目建设总投资990万元；松山幼儿园项目，项目建设总投资4789万元；罗源县高级职业中学新校区（实训基地）建设项目，项目建设总投资20386万元。

6个项目启动前期建设 罗源三中田径场与教学综合楼项目、福州民族小学（二期）、特殊学校新校区项目、罗源县高级职业中学新校区建设项目、松山中学改造提升工程、民族中学宿舍楼改造提升工程。

（胡聪琳）

【教育教学交流】 罗源县小学落实“双减”政策，科学落实作业布置制度，提高课堂教学效益，课后服务提质增效。罗源县小学划分为4个片区，以县实验小学、县教师进修学校附属小学、凤山小学、县教师进修学校第二附属小学为龙头学校，成立“一个教育联盟、三个教研片”联合带动区域内所有学校落实六年级集中县教师进修学校集体教研、其他年级集中片头校教研，实行“师资互派、资源共享、统一教学、捆绑考核”的管理模式，整合片区内义务教育学校资源，提高片区内薄弱学校的办学水平，整体提升义务教育学校教育教学质量，推动县域义务教育优质均衡发展。

（许则标）

【民办教育】 罗源县2022—2023学年度有30所民办幼儿园（总幼儿数3936人，其中政府购买普惠性幼儿园22所、幼儿数3551人；提供普惠幼儿园2所、幼儿数181人；非普惠性幼儿园6所、幼儿数204人），17所校外教育培训机构（其中，学科类2所、非学科类15所）。

规范提升民办学校办学水平 牵头草拟并印发实施《罗源县教育局关

于进一步加强民办学前教育发展实施意见（试行）》，加强和规范罗源县民办学前教育管理，提升办学水平，促进罗源县民办学前教育事业健康持续发展。县财政在年初预算中予以分别拨付2021—2022学年度民办普惠性幼儿园生均公用补助经费258.3万元，及购买普惠性民办幼儿园专项经费853.47万元。

校外培训机构“双减”工作　制定出台《罗源县中小学生校外培训项目分类鉴别指南》；印发实施《罗源县教育局2022年“点题整治”学科类校外培训机构专项整治行动实施方案》《罗源县校外培训机构资金监管实施办法（试行）》；牵头成立校外培训机构整治工作领导小组及办公室联席会议制度，罗源县校外培训机构培训材料和从业人员排查专班暨审核专家组。签订教育局、监管银行和校外培训机构三方《校外培训机构培训经费监管协议》，学生家长直接缴存到开设的银行资金监控专户中。把17家机构全部纳入全国校外培训监管与服务综合平台，实现平台核验通过及支付开通“双百分百”。开展校外培训机构培训教材和从业人员专项排查，对存在不规范的行为责令机构立即整改。对罗源县无证校外培训机构开展整治，联合驻县教育局纪检监察组、属地政府、社区以及县直相关部门加强督导检查，及时发现校外培训机构管理存在问题并进行通报。同时，在县政府网站公布取得办学许可的机构名单。

民办学校年度检查工作　对罗源县辖区内29所民办幼儿园和16所校外培训机构开展年度检查核验（备注：有1所民办幼儿园、1所培训机构不参加年检），评出9所优秀、23所合格、11所基本合格、2所不合格机构，并在罗源县政府网上公示。对不合格的2所单位下发《停止办学通知书》。

民办教育成果汇报演出　民办教育成果汇报演出在九大中心影剧院举办，展示罗源县民办教育近年来教育教学成果，是罗源县在国家“双减”政策落地后，探索“立德树人”教育理念，减轻学生学业负担，提高学生学习兴趣，使学生德、智、体、美、劳全方面发展，促进学生健康成长的一次大检阅。

（陈月银）

学前教育

【概况】　罗源县有幼儿园37所，其中公办幼儿园7所（附设班不计校数），民办幼儿园30所，在园幼儿8756人，学前三年入园率98%以上。公办学额覆盖率55.05%，普惠学额覆盖率98.79%。有教职工1060人，其中专任教师585人。罗源县有3所福州市示范性幼儿园和19所县级示范性幼儿园。

【政府购买教育服务】　罗源县在发挥公办幼儿园提供普惠性学前教育服务的主体作用的同时，引导和扶持民办幼儿园提供普惠性服务，投入省市专项奖补资金63.02万元，县级专项资金约853.47万元，用于普惠性民办园购买教育服务，改善办园条件，提升学前教育公共服务水平。县政府另投入约255.24万元幼儿园公用经费，用于定额补助普惠性民办幼儿园生均600元/（人·年）。公办普惠性幼儿园7所，民办普惠性幼儿园24所，普惠在园幼儿数8650人，罗源县普惠性覆盖率98.79%，超额完成省、市目标任务。

【公办性质幼儿园】　罗源县公办幼儿园7所（附设班不计校数）。秋季，实验幼儿园岐阳园区和滨海第二实验幼儿园全面开班办学，增加学位720个。罗源县公办学额的覆盖率55.05%，完成省、市要求的目标任务。

【示范性幼儿园】　发挥各级示范性幼儿园在促进幼儿园教育教学改革、规范幼儿园管理、发挥示范与辐射等方面的作用。民办幼儿园“青苗荟罗瑞苑幼儿园、安琪儿滨海实验幼儿园”经评估确认为县级示范性幼儿园。罗源县有示范性幼儿园22所（市级示范园3所，县级示范园19所）。

（黄　琛　陈月银）

初等教育

【概况】　罗源县小学25所，其中两城区学校8所，农村学校17所。在校小学生21587人，教师1309人。罗源县小学适龄儿童入学率100%、巩固率100%，小学生毕业率100%。

【课程设置】　罗源县落实福建省教育厅《关于调整义务教育课程设置及比例的通知》，各校开齐开足上好省颁规定的全部课程，不超比例安排语数课时，不挤占体育课、艺术课、综合实践等教学时间，并确保学生每天体育锻炼1小时。根据教育部关于《完善中华传统文化教育指导纲要》精神，把中华传统文化教育落到实处，提高学生民族自信心和爱国主义情怀。制定校本课程实施方案、开设校本课程，促进学校特色建设。

【“义务教育管理标准化”活动】按照《福建省教育厅关于开展“义务教育管理标准化学校”创建与评估的通知》，罗源县除新开办的县第二实验小学、县第三实验小学、福州民族小学因条件不够外，其他所有学校都通过省市级评估，被评为省级义务教育管理标准化学校。鉴江中心小学、碧里中心小学、松山中心小学、西兰中心小学、霍口中心小学等5所学校被评为福州市温馨校园。

【小学招生】 在统计分析两城区适龄儿童少年的相关信息数据的基础上，按照“先法定、再政策、后调剂”和“相对就近，免试入学”的原则，坚持“划片招生和电脑派位相结合”的招生办法，两城区9所小学招生21587人，其中凤山镇和滨海新城招生17461人，其他乡镇招生4126人，优先安排优抚和政策生源195人。

【教育质量监测】 6月，市教育局对罗源县六年级语文、数学、英语、道德与法治学科进行质量抽测；根据罗源县中小学质量提升计划，对罗源县小学进行一轮教学常规视导；2021—2022学期末县教师进修学校组织对罗源县小学四、五、六年级语文、数学、英语进行教学质量抽检。

（许则标）

普通中学教育

【概况】 罗源县有中学18所，其中初中13所，九年一贯制1所，完全中学4所（市属福州三中罗源校区开设初中部），高中学生5472人（其中普高3274人，职高2198人），初中学生8766人。全面实施“12385”教育强县工作思路，着力构建符合罗源教育实际，与教育强国建设相接轨的高质量教育体系；在新课程改革的背景下，提出《罗源县基础教育高质量发展目标、问题与对策》；罗源县34所义务教育阶段学校实现课后服务“2+N”模式全覆盖，其中城区实现“2+3”课后服务模式的学校100%；县领导带领局班子成员及部分校长赴福清一中、连江一中、长汀一中考察学习，借鉴学习先进地方的成功经验；与福清市教育局签订两地发展合作协议；5所中学和进修校主动与县内外30所学校结成帮扶联盟；引进科大讯飞和学海密探教育技术平台，发现学科短板并解决实际问题；县教师进修学校组织开展中考9个学科县域集备一体化研训活动，形成中考9个学科校本教案、课件和校本练习一套材料；邀请清华大学钟建文教授为高三学子介绍高三冲刺阶段以及学生专业选择的建议。

【中学招生】 初中招生：按照招生政策和“相对就近，免试入学”的原则，坚持“划片招生和电脑派位相结合”的招生办法，全县初中七年级招生2758人。

高中招生：由市中招办统一组织普通高中高一招生1171人，职业中学高一招生839人。

【中考中招工作】 九年级考生2453人、八年级考生2941人参加中考，设罗源一中、民族中学、滨海学校3个中考考点，九年级设83个考场，八年级设100个考场，中招录取普通高中1171人，五年大专34人，中职学校1024人。

【高中教育】 罗源县3所高中学校3274名学生，专任教师261人。扩大高中优质教育资源供给，罗源一中与福清一中签约共建帮扶，罗源二中与长乐一中签约共建帮扶，福州民族中学与连江一中签约共建帮扶。罗源县高中学校以教学质量为抓手，重视普高内涵发展、特色办学，注重“培优壮腰托底”工作，提高教育教学质量。获中学生奥林匹克竞赛（数学、物理、化学、生物、信息技术）省三等奖1人、市二等奖3人、市三等奖7人；罗源一中80周年校庆、福州民族中学30周年校庆举行。

【普通高中考试及高考】 罗源县参加（夏季）普通高考报名1033人（罗源一中447人、福州民族中学312人、罗源二中153人、往届生及社会化121人）。另有15人同时报名参加（春季高职分类招考，被录取）。

经3所高中校班主任了解考生统计，罗源县在校生上线情况如下（不含往届及社会考生）：

罗源一中　本科上线664人，上线率74.02%；其中特殊类型（即指原本一线）上线人数257人，上线率28.65%。600分以上有29人。其中特殊类型（本一线）上线218人，上线率48.77%。理工类最高投档分649分，福建省排名第1029名；文史类最高分592分，福建省排名第1666名。

福州民族中学　本科上线187人，上线率59.94%。其中特殊类型（本一线）上线29人，上线率9.29%。最高分理工553分，文史557分。

罗源二中　本科上线62人，上线率44.93%。其中特殊类型上线10人（本一线），上线率7.25%人。最高分理

5月4日，罗源一中举办80周年校庆活动　（林荣亮　摄）

工 524 分，文史 502 分。

2022 年（春季）高职分类招考罗源县报名 722 人（其中县职业中学 583 人、福州民族中学 21 人、罗源二中 100 人，往届生及社会化 18 人）。本科上线 47 人，上线率 6.51%，上线 47 人都是罗源县职业中学学生。

（唐英俊 林 准）

【其他】 罗源一中通过省一级达标高中复评；县教师进修学校通过省标准化进修学校评估；福州民族中学获省“优秀青少年社会责任推广学校”荣誉称号；霍口中学通过省“义务教育管理标准化学校”评估验收；鉴江中学、碧里中学、白塔中学通过省“乡村温馨校园”评估验收。

（陈志朝）

中等职业教育

【概况】 教学班 52 个，另有福职院罗源校区高职大专班 2 个；在校中职生 2198 人，高职学生 49 人；专任教师 130 人，8 月招聘教师 13 人。

【实训基地建设】 罗源县通过“福州债券”争取 5000 万元用于实训基地三期建设，在原有实训基地的基础上建设新校区。5 月 20 日开工建设，其中智能制造车间于 8 月 28 日封顶，综合教学楼于 10 月 7 日封顶，比预期提前 9 个月完工。总体完成 77% 工程量，进入内部装修。投入 298.7 万元采购“1+X 数控车铣加工证书制度试点考点设备”和“焊接机器人”等设备。学生生均仪器设备值 12015 元。实训基地被评为福州市首批市级职业教育公共实训基地。

【教师队伍】 全县在编教师 130 人，高级职称教师 17 人。省级双师型教师 31 人，市级双师型教师 10 人；省特级教师 1 人，省学科带头人 2 人，省级名校长培养对象 1 人、学科带头人 2 人，市级学科带头人 1 人、骨干教师 9 人，参加各类教科研活动 71 人次，其中国家级 13 人次，省级 16 人次，市级 42 人次。在研课题 23 项，其中省级 2 项，市级 8 项。发表论文 43 篇，其中 CN 级 19 篇。

【毕业生就业】 毕业生 458 人，比上年增长 9.3%。毕业生中有升学和直接就业，其中有 408 人升学；各专业就业率 100%，对口就业率（含升学）97.8%，初次就业起薪比上年增长 5.72%，毕业生就业质量稳中有升。

【校企合作】 罗源县新增福建联塑新材料科技有限公司、福建罗源闽光钢铁有限责任公司、福建汇仟航空科技有限公司等知名企业进行深层次合作，达到 57 家紧密型合作优质企业，在福建华东船厂、福建德胜能源有限公司等 21 家校外实训实习基地，在师资互动、人才共育、教学改革及技术服务等方面取得显著成效，合作企业接收顶岗实习学生 627 人，年培训企业员工 3000 多人次；完成新能源汽车配件芯盒箱体加工工装等 2 个产品的技术改良研发项目和 8 个项目的企业技术服务项目。

【学生技能竞赛】 罗源县高级职业中学参加各类技能竞赛 238 人次，市级以上获奖有 50 人次，其中焊接技术、零部件测绘与 CAD（计算机辅助设计绘图软件）成图技术等 3 个项目选手代表福州市参加福建省职业院校技能大赛，其中焊接技术获得一等奖 2 人，代表福建参加全国职业院校技能大赛，零部件测绘与 CAD 成图技术项目均获福建省职业院校中职组技能大赛三等奖。以赛促学，人才保障，促进和美乡村建设，为罗源湾智能制造产业培训人才。

【培训服务】 罗源县高级职业中学承办福州地铁站务员培训班，为福州地铁培训新入职员工 80 人。为省会福州地铁新线路解决用人与技能培训需求。8 月承办罗源县信用社职工沟通技巧提升班，培训 136 人，促进罗源县城乡金融服务水平提升。9 月与福建罗源闽光钢铁有限责任公司签约开展校企合作培训，培训人数 380 多人次。开展校企合作培养千人计划，以“订单式”的培训模式精准开展紧缺职业（工种）培训，完成各类技能培训 1100 多人次。联合仁瑞职业培训学校开展网络营销师培训计划，培训电商从业人员 400 多人。

【对口帮扶工作】 罗源县高级职业中学开展闽宁职业教育协作和山海协同发展合作，推进跨域职教交流，与宁夏红寺堡区职业技术学校、福安民族职业学校、政和县中等职业学校开展帮扶交流活动。开展线上教育教学交流活动 6 场，互访交流教师 20 多人。落实国家奖助学金政策，奖助学 129 人，发放奖学金 1.2 万元，发放助学金 23.9 万元。

【学校荣誉】 罗源县高级职业中学通过“铣床快速夹具加工与制作”省级精品在线课程验收，获评第二批省级“平安校园”、福州市首批市级职业教育公共实训基地，被评为福州市五四红旗团委；获国赛贡献奖、省赛教学能力比赛团体优胜奖二等奖，获罗源县“先进基层党组织”“罗源县名校”称号。

（沈庆禹）

成人教育

【概况】 罗源县在办好成人高等学历教育的同时，发展全民终身教育，为罗源县经济社会发展需要培养职业型和应用型人才，初步形成学历教育与非学历教育并举以及多层次、多类别、多形式教育共同发展的办学格局。罗源县电大工作站于7月13日经福建开放大学审核批复通过转型升级为开放大学，9月30日，经罗源县人民政府审批，正式更名为罗源开放大学，有教职工10人，兼职教师28人。开设教育管理、金融、会计、法学、行政管理、学前教育、建筑施工与管理、劳动和社会保障、“一村一名大学生培养计划”（行政管理、家庭农场经营与管理）等10个专科专业；开设公共事业管理、汉语言文学、学前教育、小学教育、法学、会计学、金融学、行政管理、土木工程等9个本科专业。在籍生519人，其中专科397人，本科122人。

【学历教育】 罗源县开放教育在籍生519人：专科397人，本科122人。新招收本、专科开放教育新生142人，其中，“农民工求学圆梦计划”学员28人、“乡村振兴人才学历提升班”学员63人。毕业本、专科学生120人（其中本科生39人，专科生81人），5名学员获得“国家开放大学奖学金”，3名学员获评“国家开放大学优秀毕业生”，罗源电大获评福建开放大学2019—2022年度全省办学体系先进集体。

【非学历教育】 罗源县推进终身教育、社区教育持续健康发展，建立和健全社区教育学院、社区教育学校的各类档案，确定社区教育学校的专兼职人员，整合各类教育资源，开展各类培训活动。罗源县11个乡镇全部挂牌成立乡镇社区学校，50个标杆村居设立社区学习中心，乡镇教学点建点率100%，村居教学点建点率24%以上。县社区学院依托电大系统资源，探索“互联网+老年教育”新型办学模式，与县老年大学联合推送声乐独唱技巧、诗歌朗诵与欣赏、王羲之手札技法精讲、玩转手机摄影等网络直播公开课；联合人社局、宣传部等部门组织开展罗源县“文明礼仪师”培训，结业50人，为从业人员提供继续教育与培训；组织开展8期“互联网营销师”培训，结业375人，为罗源县培养一批推广本土特色产品的互联网营销达人，助力乡村振兴。

（黄友平）

（编辑 林烨欣）

文 化

【概况】 2022 年，在县委、县政府领导下，在市文旅局的支持下，罗源县文化体育和旅游局以习近平新时代中国特色社会主义思想为指导，推进罗源县文化、体育、旅游事业建设，坚持文体旅游业疫情防控“两手抓”，提升全域旅游发展水平，加强公共文化服务体系建设，促进文化旅游产业融合发展。举办各式各样的文艺活动及文艺培训课程，为罗源县群众文化活动开展提供人才保障。

1 月 9 日，罗源县举行“颂千年古韵、续罗川风华”少儿经典诵读大赛

【文艺创作演出】 “明月照罗源”新歌云首发。在国家 AAAA 级景区罗源湾海洋世界开创大型畲族文化演出《天畲奇源》，展示畲族民俗文化。举办罗源县畲族非遗项目常态化表演——《山哈剧场》演出 60 场。推进地方剧种发展，举办戏曲进乡村、进校园活动 20 场。

1 月 1 日，罗源县智慧公园开园暨全民健身嘉年华“乡约罗源”乡村旅游活动启动仪式举行

【文化惠民工程】 县文旅局出台《关于进一步加强罗源县非物质文化遗产保护工作的九条措施》，将非遗保护专项资金纳入财政预算。加大非遗文化宣传力度。完成提升 10 个高级版基层综合性文化服务中心。举办非遗进校园、进景区、进古厝活动 15 场。举办罗源县“启航新时代 筑梦罗源

湾——首届罗源玉石文化艺术节暨《凤山雅集》潘惊石师徒传承展”，促进文物点活化利用。举办2022年度元旦、春节系列活动33场；畲族服饰亮相2022年的“诺贝尔奖之夜——诺贝尔颁奖典礼”；用英语向世界介绍畲族服饰宣传视频在福建发布、“学习强国”福建学习平台上发布。结合端午、“五一”国际劳动节、国庆、中秋、喜迎二十大等节庆日举办“童心齐向党 喜迎二十大”二实幼“六一巧手送福非遗剪纸作品展示活动”“福见罗源 一见粽情 粽叶飘香 福满畲乡”主题活动、“强国复兴有我”系列活动等20场。“福见罗源 一见粽情 粽叶飘香 福满畲乡”主题活动登上央视，中秋节在畲族南洋村举办“民族一家亲 中秋话团圆”活动在央视直播。非遗文化走进江西科技师范大学美术学院、福建艺术职业学院、福建省师范大学（旗山校区）美术学院、闽江学院等学校。新增省级乡村文化和旅游带头人1人。

（陈言榆）

【文化旅游市场与管理】 *文旅市场巡查监管* 为加强罗源县文旅市场监管，规范运营秩序，县文化市场综合执法大队严格检查，严厉查处，采取集中整治和突击检查相结合、网络监测与实地检查等方式，严查网吧是否接纳未成年人、游艺机店是否经营违禁机种、KTV是否经营违禁曲库、旅行社是否和游客签订合同等行为。出动执法人员970人次，检查文旅企业382家次。受理19起诉求件并处理完毕。办理案件9件，其中警告7件，罚款2件，处罚金额4000元并结案。下发责令整改通知书9份并整改到位。

文旅市场消防检查 重点对各企业消防安全疏散预案的制定和责任落实情况、安全出口和疏散通道的畅通情况、疏散指示标志和应急照明是否正常使用、消防设施的运行以及消防栓和灭火器材的配置是否符合消防要求等情况进行检查，发现9起一般安全隐患，下发整改通知书9份，要求限期整改并整改到位。

“扫黄打非”专项行动 县文旅局开展“扫黄打非”“正道”“新风”集中行动专项整治，开展以查处侵权盗版音像制品和整治非法出版物以及利用网络传播淫秽色情信息为重点的“净网”行动专项整治工作；以查处侵权盗版音像制品和整治非法出版物为重点的“清源”行动；以查处“三假”为重点的“秋风”行动；以查处邪教出版物和非法的宗教出版物为重点的“固边”行动；以查处校园周边出版物为重点的“护苗”行动。开展“绿书签”活动暨“扫黄打非”进校园普法宣传活动，通过悬挂宣传横幅、向学生派发绿书签、现场提供文化市场法律法规咨询、“绿书签”签名活动等形式开展宣传教育，发放“绿书签”300余张，宣传品100余份。

（陆淑钗）

【文物管理】 *文物保护基础性工作* 县文旅局完成全国重点文物保护单位消防和安防维护保养；完成国保、省保、县保及部分文物点白蚁防治工作；举办文物消防安全培训会，现场开展文物消防演练活动，夯实文物消防安全工作基础；完成全县木构文物建筑用电安全排查，向县政府争取到84万元对罗源县存在用电安全隐患的文物建筑进行电线改造。

文物建筑保护 加强不可移动文物的日常巡查和维护保养，与各乡镇签订文物安全责任书，层层落实责任，确保文物安全；提前介入项目建设前期工作，提出涉及文物建设的指导意见。邀请省、市文物局考古专家对工程范围内有可能涉及的文物问题进行考古调查、勘探和处置；对古建筑类文物保护单位进行消防安全巡查工作，特别是对兼具宗教场所的文物保护单位的消防设施设备配置，以及用气用火、燃香点蜡烧纸的规范管理；对辖区内面临倒塌、灭失风险的文物保护单位，将建立“濒危名录”，多渠道筹措资金及时开展抢救性保护。完成霍口水库项目3处不可移动文物及4处古建筑迁移工程，完成曹山寺、林可彝烈士墓、孟氏宗祠、凤山寺等文物的保护修缮工程。

（孙秀清）

【非物质文化遗产申报传承】 *非物质文化遗产项目及传承人申报工作* 罗源县非遗项目畲药锤板拍打疗法和罗源进水宫庙会（过火）被列入福建省第七批省级非物质文化遗产代表性项目名录；福州民族小学被评为福州市第七批非物质文化遗产项目传承示范基地；开展罗源县第六批县级非物质文化遗产代表性项目和罗源县第五批县级非物质文化遗产代表性项目代表性传承人申报工作，畲族请祖、罗源礼饼制作技艺（中房坂墩礼饼制作技艺）、寿山石雕、罗源肉松传统手工技艺（罗源湾肉松制作技艺）、绿茶制作技艺（七境茶制作技艺）等5个项目（含2个增设保护单位）被列入罗源县第六批非物质文化遗产代表性项目；兰爱玉、雷钗钗、兰新风、雷秀萍等4名代表性传承人被列为罗源县第五批县级非物质文化遗产代表性项目代表性传承人。

非物质文化遗产保护活动 非遗展示馆常年对外开放，组织传承人定期开展非遗展示活动场地；选送畲族服饰、畲族婚俗、畲族医药等非遗保护项目参加省市各大非遗宣传展示活动，2022年海峡两岸民俗文化节、2022年“文化和自然遗产日”非遗宣传展示福建主会场活动、第五届数字中国建设峰会之“闽江之心”文艺活动等大型活动中都为参加活动的领导嘉宾及观众展现罗源非遗，使其感受罗源蕴含的深厚文化底蕴；与起步中心小学、实验小学、第二实验小学、

福州民族小学等学校合作开展 2022 年非遗进校园培训课程，将非遗送入课堂，让青少年近距离地感受非遗、了解非遗，加深对罗源县非遗文化的认识。参与 2022 年福州市“春雨工程”文化志愿边疆行文化交流系列活动，将罗源县的畲族服饰、八井拳带到祖国西北，推动闽疆两地文旅深度融合、互动发展。

（郑昱岚）

【文化馆】 罗源县文化馆为全国二级达标文化馆，为过渡馆，在建新馆位于九大中心，面积 2445 平方米。县文化馆全面推行免费开放惠民政策，常年开设少儿美术、少儿声乐、舞蹈、非洲鼓、月琴、广场舞等课程，形成注重普及性，恪守公益性、致力于资源整合、推进培训网络构建的免费开放特点。县文化馆担负县非物质文化遗产保护中心的职责，组织工作人员对县境内非物质文化遗产进行搜集、整理，做好保护工作。为了让公共文化服务惠及更多百姓，罗源县文化馆先后创建罗源县文化馆网站和微信公众号平台并实现文化馆场所 Wi-Fi 全覆盖。公共文化服务模式的日益丰富，群众可以直接通过网站和微信公众号了解文化馆咨询、进行公益性课程培训网络报名以及公益性文艺演出索票等，实现信息的互通互联，让市民享受“一站式”公共文化数字化服务。

（郑昱岚）

【博物馆】 罗源县博物馆坐落于罗源县九大中心，建筑占地面积 1679 平方米，陈列展厅面积 609 平方米，是安防设施达标馆。展厅分为 5 个展区 28 个展柜，是地方历史文化的缩影。是集文物征集、宣传教育、考古、收藏、研究、展示于一体的专业博物馆。为了更全面系统直观地展示文物，数字化博物馆是现代化博物发展的趋势，县博物馆利用互联网的媒体，建设博物馆官方网站、微信公众平台和 720 度云全景网络平台。游客可以随时随地通过移动设备在微信、朋友圈或扫二维码直接观看立体效果，也可以利用 VR 眼镜从视觉、听觉、触觉等立体全景感官模拟，让体验者身临其境感受罗源博物馆魅力，数字化博物馆既增加馆藏珍品的曝光度，增加游客之间的互动，又将博物馆的社会价值推向极致。点击 170 万人次，超过实地参观人数。接待各地游客及当地观众 2 多万余人，体现博物馆是地方文化的名片。

（黄新强）

【图书馆】 罗源县图书馆总馆位于九大中心二号楼，建筑面积约为 1500 平方米，一楼设有综合阅览室、少儿阅览室 2 个全开架阅览大厅，二楼设有特藏书库、多功能厅、放映厅、电子阅览室等厅室，实行全免费开放，另有图书馆直属分馆位于滨海新城 19 区综合楼，建筑面积约 4003 平方米，新馆位于九大中心游泳池地块，面积 5700 平方米，计划于 2023 年底建成。全县公共图书拥有量 32 万册，全年接待读者近 13 万人次。建成以县图书馆为总馆，乡镇文化站图书室为分馆，村农家书屋为流通点的罗源县公共图书馆总分馆服务体系。

（方 宇）

体育事业

【概况】 2022 年，全县有体育协会组织 18 个，健身气功站点 4 个，国家社会体育指导员 474 人（其中国家级 3 人、一级 25 人、二级 193 人、三级 253 人）。

【群众体育】 在做好疫情防控的前提下，发挥县老体协及各单项体育协会组织的作用，罗源县因地制宜地开展形式多样、丰富多彩的群众体育活动。于年初承办 2022 年罗源县元旦、春节全民健身系列赛活动，(包含篮球、足球、气排球、乒乓球、羽毛球、象棋、围棋、广场舞)，于年中陆续开展“喜迎二十大系列全民健身活动”（包含篮球、足球、游泳、门球、健步走等)；于 10 月举办罗源县第九届老健会，助力“全民健身”，让体育融入老年人日常生活；暑假期间开展第一期罗源县青少年乒乓球训练班，提高青少年乒乓球竞技水平。加大一线社会体育指导员的培训力度，以体育社会组织

1 月 15 日，罗源县举办“广电网络杯”乒乓球邀请赛

为主力军，组织社会体育指导员和一些体育协会人员参与志愿服务，推动科学健身进企业、进学校、进社区，营造罗源县多元化全民健身氛围。

【体育竞赛】 由县体训中心高级教练魏永前选送的运动员在福建省第十七届运动会中取得优异成绩。其中张开浩（国家一级运动员，福州市青少年体育运动学校柔道主教练）带领福州市代表队取得5枚金牌、2枚银牌、4枚铜牌的好成绩且金牌数量和总分位列全省第一；郑宏涛获帆船帆板男女混合团体亚军、男甲个人第四名；刘嘉棋获女丙个人花剑第五名；林婷雯获皮艇双人500米亚军、女乙200米第五名；吴家树获赛艇男乙双人双桨2000米亚军、赛艇男甲单人双桨4000米团体亚军；郑家杰（市赛艇队队长）获男甲双人单桨2000米第七名；郑若昂获双人皮艇1000米第四名、单人皮艇第七名；张瑞哲获跆拳道比赛俱乐部组男甲44公斤季军。

【人才培养】 罗源县创造条件开展业余训练和人才输送工作，重点抓好田径、水上项目、小轮车、武术散打等项目，进行系统训练。选拔培养4名优秀体育苗子送至市体校训练。

【体育设施】 建设为民办实事项目，县财政和体彩公益金投入资金135万元，更新更换20条健身路径，新建1个篮球场、提升改造1处篮球场。

（郑棋杨）

旅 游

【概况】 2022年，罗源县旅游事业发展中心全面贯彻落实县委、县政府及省市文旅部门各项工作决策部署，深入挖掘“七彩罗源”资源特色，完善旅游基础设施建设，丰富旅游产品供给体系，拓展旅游新业态，提升“畲风海韵·七彩罗源”旅游品牌影响力。全县全年接待游客311.59万人次，创旅游收入22.92亿元。

2022年罗源县国家A级旅游景区一览表

表18

序号	景区名称	等级	评定时间	基本情况
1	罗源湾海洋世界旅游区	AAAA	2015年	以海洋文化为主题，内含海洋世界、白鲸馆、海上搏斗等项目，具有海洋科普教育、休闲观光、海上游乐等多项功能
2	畲山水景区	AAA	2015年	融合畲族文化、百年红枫林、天际瀑布群、纯净溪流等人文景观和自然景观，集山水风光和畲族风情于一体

【乡村旅游】 乡村旅游品牌提升，罗源县松山镇获评福建省“全域生态旅游小镇”，白塔乡百丈村被评为福建省“金牌旅游村”，白塔乡百丈村——凤坂村联合体打造市级乡村旅游精品示范村。乡村旅游产品丰富，畲族文化民俗小镇、竹朴乡畲院、百丈红色旅游综合体、北山渔村、井水渔村等一批重点乡村旅游项目旅游产品业态拓展。乡村旅游产品体系完善，制定出台《罗源县关于促进民宿发展三年行动方案（2022—2024年）》《罗源县民宿管理办法（试行）》，全年开工乡村民宿12个，竣工10个。

【旅游项目建设】 县旅游事业发展中心加强公共服务设施建设，建成斌溪村、林家村、南洋村游客服务中心等文旅配套项目。推进百丈红色旅游综合体、井水渔村等一批重点乡村旅游项目建设，百丈红色旅游综合体项目完成红军步道、凤坂村庭前一井垄游客步道、百丈红色研学基地、塔里农庄、游客服务中心等项目建设；井水渔村完善游客服务中心、民宿、餐饮、购物、停车场等旅游配套设施建设，并配套建成无动力乐园、悬崖秋千、彩虹桥等休闲娱乐设施。改善乡村旅游点通达条件，推动碧里乡碧牛线Y022国道228至牛澳段（228国道连接线）、碧里乡吉壁村主村道路拓宽改造工程、凤山镇管柄村道路（Y044）提升改造工程等项目建设。

【旅游公共服务】 罗源县有畲海旅行社、海天假日旅行社、罗源湾假日旅行社、美辰海游旅行社4家国内旅行社。

【旅游宣传推广】 县旅游事业发展中心策划并举办2022年“中国旅游日”主题活动、“畲风海韵·乡约罗源”乡村游主题活动、“世界冠军和你一起过端午”美丽乡村旅游季专场活动及福湖村畲族文化节、“红树林海蛎美食节”等具有浓郁地方特色的文旅节庆活动，并通过中央省市主流媒体及“清新福建 文旅之声”、“遇见福州”、“e游罗源”智慧旅游平台、“畲风海韵罗源游”、“烟火罗源”等省市县文旅推介平台对罗源乡村文化旅游产品进行宣传推广。元旦期间策划的全民健身嘉年华暨“乡约罗源”乡村旅游系列活动，得到《人民日报》客户端、“学习强国”学习平台、《福建日报》、福建新闻联播等多家官方媒体关注；与省电视台联合拍摄的罗源畲族凤凰装短视频在福建省新闻频道全球发布；端午节在起步庭洋坂村举办的畲族包粽子习俗在央视新闻频道播出；中秋节在白塔乡南洋村举办的畲族中秋民俗活动被央视、《人民日报》、《福州日报》等多家主流媒体宣传报道，“畲风海韵·七彩罗源”文旅品牌的知名度和影响力提升。

【旅游管理】 疫情防控和复工复产 县旅游事业发展中心坚持常态化疫情防控工作，推动旅游行业平稳运行。在做好常态化疫情防控前提下，着力扩大优秀文化和旅游产品、服务供给，审慎、安全、有序举办文化和旅游消费活动，突出畲风海韵、山水情怀、红色经典、非遗文化等特色，展现罗源独特的风情，活跃节假日期间文化和旅游消费市场。实施福州市应对疫情影响促进旅游业复苏九条措施等政策，制定出台《罗源县贯彻落实巩固拓展经济向好势头的一揽子政策措施的实施细则》，施行鼓励旅行社引客入罗、扶持民宿产业疫后恢复、发放民宿能耗补贴等一系列优惠政策，激发乡村文旅消费市场内生动力，促进旅游业加快复苏发展。在元旦、春节、“五一”国际劳动节、国庆等节假日，协调主要景区推出优惠促销措施，在抖音等平台开展线上门票优惠促销活动。开展各类旅游活动，在元旦、春节、端午、中秋、国庆举办以“畲风海韵·七彩罗源”为主题的“乡约罗源”乡村旅游系列活动，在端午假日期间开通3条乡村旅游直通车专线。通过政策扶持和宣传引导，打造“畲风”“海韵”等精品旅游线路，拓展客源渠道，提升游客量。

旅游市场监管 采取集中整治和突击检查相结合方式，加大旅游市场监管力度，净化旅游市场环境。出动执法检查人员219人次，检查旅游企业89家次，责令整改2起并整改完毕；受理诉求件11件并办结。

【旅游统计体系建设】 县旅游事业发展中心加强旅游统计体系建设，指导旅游景区、乡村旅游经营单位和酒店进行网络填报接待游客情况；制定《罗源县2022年度旅游绩效考核办法》，加强对11个乡镇旅游绩效考核，加强绩效考评工作管理，准确反映乡村旅游产业整体现状和发展趋势，推动罗源旅游产业发展。

（林 珍）

（编辑 林烨欣）

新闻宣传 广电网络

新闻宣传

【概况】 2022年，罗源县融媒体中心紧紧围绕县委、县政府中心工作，提升新闻宣传水平，推进媒体深度融合发展，持续唱响新时代主旋律，为经济社会发展营造舆论氛围。

【新闻宣传报道】 罗源县融媒体中心以中共二十大精神为指导，持续深化“思想+艺术+技术”融合传播，紧扣县域大发展，深化地方特色，开设《深入学习宣传贯彻党的二十大精神》《奋进新征程 建功新时代》《抢抓机遇 振兴乡村》等专题栏目30个；开设广播专栏9个；精心制作《七彩罗源》《做强省会北大门 建功丝路海港城》《让红色经典永流传》等专题片8个；在县广播电视台推出新闻295期，自办栏目《影像罗源》47期；在“罗源湾新闻网”网站推送本地新闻2000多篇，转载媒体报道1300多篇；在“罗源县融媒体中心”微信公众号平台推送推文1800多条，同名微博平台推送2400多条；在视频号推送及转载短视频660多条，其中本地视频近300条，推送抖音120多条。

【央视新闻】 县融媒体中心开拓、精心谋划外宣工作，创作一批质量优、社会反响好、思想性艺术性强的作品在中央平台播出。其中，《罗源县碧里牛澳村5G技术应用丨我国进入创新型国家行列》在央视《新闻联播》播出；《端午十二时辰》《在希望的田野上 秀珍菇采收正当时 撑起乡村振兴“致富伞”》《海上森林绿意盎然 绿色卫士守护生态》等9条新闻在中央电视台CCTV-1、CCTV-4、CCTV-13等频道播出。

【对外宣传展示】 县融媒体中心外宣稿件采用量呈稳步上升趋势。选送《品美食 赏非遗 福建罗源 畲风山韵迎中秋 长桌宴上话团圆》《福建罗源 明月千里 金秋山河 演员们身着“凤凰装”庆佳节》等168条电视新闻，《全省首单“人居环境整治文明积分贷”在罗源发放》《罗源县霍口畲族乡：打造畲乡特色“复兴少年宫”》等37条广播新闻，《罗源县鉴江镇：加快推进AIS设备安装 为渔船安全管理添保障》《福州罗源：〈山哈剧场〉展现畲族文化魅力》等38条微博在中央、省、市平台播出、转载；选送《七彩罗源 福进畲家》《电力工人：战高温斗酷暑 保障万家“清凉”度夏》等54篇视频、文章在“学习强国”学习平台发布，扩大罗源宣传半径，提升罗源知名度、美誉度。

【防疫新闻宣传】 县融媒体中心聚焦社会正能量，挖掘疫情防控先进事迹和典型案例，展现罗源战“疫”担当。制作播出《党员干部下沉一线 众志成城共抗疫情》《碧里乡吉壁村：严防海上疫情输入 筑牢乡村疫情防线》等电视新闻316条、新媒体等平台推送疫情相关信息1180余条、精心拍摄《微光汇聚星海 照亮战疫征途》《青春战“疫”曲》《一碗“福粥”温暖一座城》《勇者不孤》等疫情防控短视频35条。其中短视频《“疫”路同心 守护家园》《仓山加油 罗源再出征》阅读量均10万余人次；《一碗面，敬你辛苦也祝你平安》阅读量超3万人次。

【全媒体矩阵传播】 县融媒体中心构建以微信公众号、App、网站为主的新媒体发布渠道，网络宣传成效凸显。“罗源县融媒体中心”微信公众号粉丝量28658人，同名微博粉丝数4436人，每条平均阅读量2000人次；“罗源湾新闻网”网站保持日更新频率10条，“罗源湾新闻网”浏览量1223936人次，访客数205180人次；在小米、华为、苹果的应用商店上架“罗源融媒”App，下载量536人次；实现多媒体联动、同频共振。

【深化“媒体+综合服务”】 县融媒体中心坚持以人民为中心的工作导向，多链接全联动，打造全新“新闻+

政务+服务”综合平台。在“罗源县融媒体中心”微信公众号服务菜单综合服务板块接入罗源县政府官网、罗源县行政服务中心微政务平台，提供防疫一张图、天地图——罗源、便民信息查询等政务服务，为广大用户提供生活便利。

（王容辉）

广电网络

【概况】　2022年，福建广电网络集团罗源分公司员工69人，设综合部、市场营销部、技术维护部、工程管理部、政企业务部5个部门，5个广电网络服务站及11个乡镇服务点，担负“党媒政网”职责，负责全县有线电视传输网络的规划、建设、运营和管理工作，参与全县应急会商系统、融媒体平台以及政府视频会议平台等建设，承担中央电视台、各省卫视、罗源县本地电视台以及付费频道节目信号传输。公司主营高清互动电视、广电宽带、广电5G等基础业务；电子商务、远程教育、系统集成、文化传媒、网络工程建设、广告服务、电视商城、智慧家居等增值业务；视频会商、雪亮工程、应急广播、大数据、云存储服务等智慧业务；为党委政府企业提供专线传输业务，开展“互联网+”业务，参与数字福建、智慧城市、乡村振兴等党委和政府的重点战略项目。

【广网建设】　福建广电网络集团罗源分公司为建设罗源千兆宽带城市，罗源分公司非工程类固定资产投入额度51万元，对广电网络IP城域网扩容升级，新增光纤入户1408个端口；工程类固定资产投入额度为216万元，投资网络升级改造，主抓对凤山镇、松山镇、起步镇、白塔乡、霍口乡等22个小区、村进行网改网优，完成131个光节点区域光纤改造，新增覆盖户数8611户，城区光纤覆盖率85%，基本实现村村通广播电视宽带；全县光缆1725千米，其中干线光缆53.39千米、县乡光缆226.54千米、本地光缆1445.07千米，为创建全国文明城市，改善市容市貌，共计投入91.86万元，完成290个点71千米的线缆规范整治工作；并与福建移动开展700兆赫频段5G基站共建共享820个，发挥700兆赫频率广覆盖优势，创新与700兆赫关联的5G政企信息化服务模式。

【业务发展】　罗源分公司全年总收入比上年增长0.25%；其中公共用户方面，高清用户比上年增长1.89%，互动用户比上年增长2.81%，宽带用户比上年增长4.12%，5G手机用户实现突破；罗源分公司致力发挥党媒政网优势，深耕政企业务，全年政企业务收入比上年增长1.92%，拓展智慧广电、融媒体等新型业务，巩固平安城市监控、视频资源接入、智网平台等专网专线业务市场，推进数字乡村（智慧社区）、智慧移民村等智慧+新产品平台项目推广。以智慧社区业务为抓手，与新建住宅开发商在小区智能化、桥架工程、高清互动宽带团购商机等方面进行合作拓展。在互动平台分PORTAL（门户网站）、县级融媒体平台、“万福千屏”全省户外大屏联播网、福建高清互动云电视、广网智融屏等方面的融媒体业务打造罗源当地特色品牌服务。结合数字电视开机广告、EPG广告及互动平台广告资源，提高平台广告运营管理水平。

【客户服务】　罗源分公司始终坚守“用心感动用户，用户满意在心”服务理念，以“热心、尽心、耐心、细心、齐心”的态度对待每一个用户。提高营维员、营业员综合服务能力，制定流程规范，优化故障申告，为不方便进厅用户提供上门收费、上门办理业务；安装及故障处理及时率均98%以上，用户对公司服务满意率均99%以上。在基础服务升级、新产品体验升级的基础上，开展基层公共服务示范网点建设，组建一支专业队伍，针对全县187个行政村“村村响”及应急广播，以及全县应急视频会商系统，定期开展巡检维护，现场会务保障；承诺全天候响应、4小时内到达现场并完成修复。提供“爱家驿站”广电网络特色服务，增设“爱心服务岗”“党史学习角”等，为来往群众提供指路问路、应急药箱、爱心雨伞、爱心针线包、临时休息、免费饮水、免费Wi-Fi、手机充电、书报阅读等便民服务。

【安播保障】　罗源分公司贯彻落实安播工作要求，完成中共二十大、福建省十三届人大六次会议、2022年北京冬奥会残奥会开闭幕式、庆祝中国共产主义青年团成立100周年大会等安全播出保障任务。对防汛、政务、财政、发改等视频会议，提供会前联调保障、会时现场待命支撑、会后巡查等全方位保障支撑，实现“零失误”“零事故”“零停播”。全年有效支撑视频专网会议343场次，完成全县196个村居应急广播正常播出。

（兰枝钗）

（编辑　林烨欣）

卫生健康

综 述

2022年，罗源县县级医疗卫生机构6所：卫生监督所、疾控中心、县医院、中医院、妇幼保健院、精神病防治院。乡镇卫生院10所，社区卫生服务中心1所。县乡公立医疗卫生机构编制873人，在职1463人（编内820人，临聘643人），其中卫技人员1159人，占79.22%，每千人拥有卫技人员4.54人。正高职称21人、副高职称113人、中级职称258人。村级卫生人员195人。全县医疗卫生单位占地总面积6.5万平方米，用房建筑总面积10.04万平方米，固定资产总值3.77亿元，编制床位1199张，实际开放1658张。全县医疗单位门诊量80.81万人次，住院1.94万人次，业务总收入3.15亿元，业务总支出3.86亿元。财政一般性补助（含基本公共卫生专项补助）10820.49万元，财政专项经费6814.53万元，政府性基金预算财政拨款17900万元。

医药卫生体制改革

【公立医院改革稳步推进】 罗源县推动“三医联动”工作，按病种付费的出院人数占比58.26%、实施临床路径管理的出院人数占比72.5%。推进药品、医用耗材带量集中采购，落实药品跟进采购，采购量和使用量均达到要求。完善医疗机构用药管理、处方审核制度，把药占比列入各医疗单位年终绩效考核指标，控制公立医院医药费用不合理增长。完善薪酬制度改革，落实县级公立医院院长年薪制和医院工资总额核定。县医院继续与省立医院开展协助帮扶，省立医院选派1名副主任医师挂职县医院副院长，实现骨外科多项技术零的突破；福建省中医药大学附属第二人民医院下派业务骨干挂职县医院医务科任副科长，建立长期帮扶协作关系；引进协和医院胡建章、省肿瘤医院陈路川主任医师团队，设立专家工作室，让群众足不出县就可享受省级三甲医院名师的优质服务。开展“千名医师下基层”对口支援活动，选派13名县级医疗机构中高级职称医师帮扶基层医疗机构开展医疗业务，诊疗175人次、病例讨论28次、教学查房32次、业务培训390人次、学术讲座5场、送医上门7次。

【统筹推进信息化项目建设】 罗源县完成县级3家公立医院（县医院、中医院、精神病防治院）检查检验结果互认平台对接，建设全县财政医疗电子票据管理平台（实施医疗机构包括县医院、县中医院、罗源县妇幼保健院、县精神病防治院），投入使用。完成县精神病防治院医院信息系统[包括HIS（医院信息系统）、LIS（实验室信息管理系统）、PACS（医学影像存档与通信系统）、电子病历等模块]改造提升改造，并投入使用。

【基层综合医改持续推进】 罗源县优化家庭医生签约模式，开展“积分制”家庭医生签约服务，全人群签约106190人，“积分制”签约7022人。推进基层医疗机构薪酬制度改革，落实从医疗纯收入提取不高于70%的比例纳入绩效工资总额作为奖励性绩效工资增量部分用于二次分配政策。

公共卫生

罗源县基本公共卫生服务项目得到落实。年人均经费增加到75元，补助经费按时拨付到位。居民健康档案电子建档216190人；0～6岁儿童系统管理人数14749人；孕产妇系统管理人数905人；65岁以上老年人22715人，老年人健康管理16825人；老年人健康管理率74.06%；高血压管理人数建档14656人，规范管理11436人，规管率78.02%；糖尿病建档人数4863人，规范管理4033人，规管率82.9%；严重精神障碍患者在册管理1250人。全民健康教育工作稳步推进，举办宣传活动196场、专题讲座140次。

基础设施建设

县卫健局推进补短板项目，提升基础设施建设。罗源县总医院建设项目，完成前期各项审批工作，一期动工建设，二期进行施工图审查。完成县医院扩建病房大楼项目建设，并投入使用。县医院感染性疾病科负压病房综合楼封顶；负压病房完成5层主体建筑封顶，预计2023年完成二装并投入使用。鉴江卫生院迁建项目动工建设，预计2023年2月底主体封顶。推进村卫生所规范化建设，新建或改建10家，公共租赁27家。凤山社区卫生服务中心、西兰卫生院通过市级“优质服务基层行”验收。

疾病防控

年内，全县出生儿童1249人，建卡1249人，建证率100%；全县免费接种国家免疫规划疫苗35909人次，各种疫苗的接种率均95%以上。全县报告乙、丙类法定传染病682例，发病率268.6901/10万，无死亡，未报告甲类传染病。全年免费HIV抗体、梅毒检测各388人，发现HIV抗体阳性7例；公安监管场所收押人员检测189人，未发现抗体阳性病例；完成高风险人群干预1795人，发放宣传材料2001份，安全套3517只。开展流行病学调查新冠病毒感染确诊病例2例（外轮）。处置2起流感聚集性疫情、3起流感聚集性苗头事件。开展儿童青少年近视调查工作，调查2416人。

妇幼健康

全县孕产妇保健覆盖率97.92%，产检率97.92%，早管率96.12%，产后访视率95.2%，住院分娩率100%，孕产妇系统管理率93.19%，高危筛查率67.56%，管理率100%，围产儿死亡率5.6‰。免费叶酸发放1134人。免费婚检493人，其中女婚检人数246人、男婚检人数247人，婚检率37.29%，查出各种各类疾病人数51人，患病率10.34%。孕前优生健康检查579人，男性279人、女性300人，免费孕前优生健康检查年度目标人群覆盖率57.9%。全县3岁以下儿童系统管理率96.0%，婴儿死亡率3.2‰，新生儿死亡率2.4‰，无新生儿破伤风；5岁以下儿童死亡率4‰。规范托幼园所的卫生保健管理，做好入园儿童体检、在园儿童体检和园所工作人员健康体检，散居体检4982人次，全县入托儿童5478人，体检儿童数6500人。幼儿园保教人员体检724人。按时超任务完成“两癌”免费筛查任务，其中乳腺癌筛查2043人，检出乳腺原位癌1人、浸润癌2人、检出乳腺纤维瘤18人、导管内乳头状瘤2人，其他良性病例742人。宫颈癌筛查2006人，检出宫颈病变112人，其中低度病变94人、高度病变15人、原位癌1人、浸润癌2人，对查出的疾病均按照规定给予积极的转诊或治疗随访。开展适龄女性人乳头瘤病毒（HPV）疫苗免费接种项目，第一针接种1750人。

人口监测与家庭发展

全县总人口282928人，出生1466人，出生率5.18‰；其中政策内出生1456人，政策符合率99.32%；政策外多孩出生10人，政策外多孩率0.68%；人口自然增长-134人，人口自然增长率-0.47‰；出生男婴820人，女婴646人，性别比126.93（女性：100）。

计生惠民政策得到落实。6004人享受农村部分计生家庭奖励扶助金；2061人享受城镇部分计生家庭奖励扶助金；2348人享受农村二女结扎奖励；320人享受农村部分计生家庭贡献奖励金；有89人享受计生特别扶助金。贯彻落实省委省政府为民办实事。进一步推进婴幼儿照护服务普惠项目建设，着力提升婴幼儿照护服务工作水平，发展2家普惠性托育机构，设置有180个托育托位数。

卫生人才队伍建设

县卫健局引人才重培养，壮大医疗卫生健康队伍。公开招聘入编卫技

5月19日，县卫健局在罗源县医院开展第十届全县青年医师、护士临床岗位技能竞赛活动

人员28人，事业单位招聘非卫技人员1人，充实基层医疗卫生人才队伍。选送骨干到上级医院进修38人，参加住院医师规培4人，助理全科医师培训3人，参加远程继续教育600余人。完成在职学历教育变更24人，参加成人教育学前登记23人。开展县乡医疗帮扶56次，乡村医生规范化培训170人。联合县总工会联合举办青年医师、护士技能竞赛，开展“守护健康，基层力量”宣讲活动等，提高县乡医护人员医疗水平和能力。

卫生综合监督

县卫健局出动监督员6728人次，巡查各类医疗机构1632家次，发出监督意见书255份。立案处罚10起（一般程序1起、简易程序9起），罚款0.6万元。完善公共场所卫生监督长效机制和公共场所卫生管理的信用体系，出动监督员123人次，检查公共场所160家次，发出卫生监督意见书74份。深化“放管服”改革，落实卫生许可行政审批，核发公共场所卫生许可证47份，核发医疗机构执业许可证168份，医师执业注册124人，护士执业注册205人。乡村医生执业注册7人。

中医药工作

县卫健局巩固中医创先工作成效，福建省第四批名老中医（陈霖）经验传承建设项目和福建省第二批基层老中医药专家（游硕）师承带徒工作建设项目申报并获批。推动畲医药快速发展，完成畲医药研究室装修改造建设，建成罗源畲医畲药体验馆，邀请省级畲医药传承人入驻体验馆开展工作。组织开展《罗源畲医畲药》专著编纂工作，完成药学部分撰写。举办中国民族医药学会畲医药学会学术年会暨畲医药“非遗”传承培训班，获得省、市、县级领导肯定。

（肖宁扬）

（编辑 林烨欣）

民政

【概况】 2022年，罗源县民政局坚持以习近平新时代中国特色社会主义思想为指导，践行以人民为中心的发展思想和“民政为民、民政爱民”理念，加强体系建设、完善优化服务、加强作风建设，推动民政事业高质量发展。

【社会救助】 城乡低保与特困供养对象 县民政局落实低收入人口动态监测和常态化救助帮扶机制，及时掌握困难群众实际需求实施救助帮扶。全县有城乡低保对象4312户6592人，年内新增城乡低保对象596户978人，动态减员475人，发放低保金5936.78万元；有城乡特困人员供养对象792人，年内新增52人，动态减员48人，发放特困人员供养金1637.67万元；年内新增低保边缘对象314人；向困难群众发放11期临时价格补贴392.67万元；春节期间，以每人800元的标准向全县城乡低保、特困供养对象发放困难群众一次性过节费549.68万元。从4月1日起，将城乡低保标准提高至每人每月880元（每年10560元），将分散供养标准每人每月全自理、半护理、全护理分别提高至1340元、1640元、1930元；集中供养标准每人每月全自理提高至1610元。

临时救助 落实临时救助“分级审批”“先行救助”政策，发挥县级困难群众基本生活保障工作协调机制作用，年内救助困难家庭2208人次，发放临时救助金256.646万元。

【社会福利】 养老服务 县民政局推进21所农村幸福院质量提升，并依托农村幸福院等城乡公共服务设施创新建设4家长者食堂，建设11家长者食堂，解决老年人用餐的“急难愁盼”。罗源县养老机构12家，其中县级福利中心1家、民办养老机构2家（罗源县爱心护老院、红苹果老年公寓）、乡镇敬老院9家。县社会福利中心配套建成医保定点的罗源康养医院，提供院内养老和就医“一站式”服务，实现养老床位和医疗床位融合转换，减轻老年人医疗负担。动工建设白塔乡农村区域性养老服务中心，拟新增养老床位80张。实施全县376户困难老年人家庭适老化改造，改善老年人家庭居住条件，提升居家养老品质。开展政府购买居家养老上门服务，服务低保、分散供养特困等特殊家庭中的老年人和80周岁以上老年人650余人。

困难残疾人 困难残疾人生活补贴对象3366人，年内新增428人，动态减员135人，发放困难残疾人生活补贴1100.249万元；有重度残疾人护理补贴对象2953人，年内新增292人，动态减员115人，发放重度残疾人护理补贴359.2324万元。从1月1日起，将罗源县困难残疾人生活补贴标准提高至每人每月285元；将生活困难重度残疾人一、二级护理补贴标准分别提高至每人每月119元、99元。

孤儿保障 全县有9名孤儿，发放孤儿保障金15.06万元；对年满18周岁后仍在就读的中专、大专、本科学生和硕士研究生每学年给予1万元助学金，有6人享受助学金。

事实无人抚养儿童保障 全县有132名事实无人抚养儿童，发放事实无人抚养儿童保障金127.5115万元。

精简退职救济 全县有精简退职老职工7人，年内减员1人，发放救济费11.31万元。

【基层政权和社区建设】 县民政局开展村级组织扫黑除恶，对罗源县村（居）委会成员进行每月一次“回头看”，杜绝涉黑涉恶行为。组织村（居）规民约修订，择优挑选8篇优秀村（居）规民约上报福州市民政局。深入实施罗源县城乡社区治理常态化工作，指导凤山镇城关村开展全国村级议事协商试点工作，探索村级议事协商新模式。以滨岐社区为试点开展新一轮社区综合提升行动工作，创新搭建“滨岐家园”微平台，提炼形成“五彩滨岐”工作法。

【殡葬服务】 县民政局开展整治违

建坟墓三年行动，充实坟墓整治巡查小组力量，加大对“三沿六区”违建坟墓的巡查力度，保持高压态势，发现一起打击一起，遏制乱建坟墓的现象。完成硬化坟墓整治数量1219座。推行《骨灰领取承诺书》制度，从源头上管控骨灰去向，巩固罗源县违建坟墓整治成果。为提升农村公益性安葬设施管理水平，制定出台《罗源县农村公益性骨灰楼（堂）管护指南》。做好殡仪服务的常态化工作，落实惠民政策，对困难群众给予免除基本丧葬费，免除困难群众基本丧葬费234人。深入开展移风易俗，开展殡葬改革宣传教育，发动全县党员干部带头推动殡葬改革。清明、白露期间发动全县28个殡葬机构共同倡导代祭扫、云祭扫等绿色文明祭祀，发放《移风易俗倡议书》800余份。在全县悬挂宣传标语200余条、发放宣传单8000多份。

【婚姻、收养登记】 县民政局推进婚姻登记信息化、智能化，加强婚姻家庭辅导规范建设，落实周末轮班制度、延时服务和窗口无否决服务机制，实现群众办事“最多跑一趟”。婚姻登记中心办理结婚登记1056对，离婚登记588对，补发结婚登记证270对，补发离婚证82对，收养登记1件，并生成电子证照，登记合格率100%。对242对婚姻当事人提供法律咨询及疏导调解服务，并进行相应回访，劝回离婚对象66对。

【区划地名管理】 县民政局开展国家地名信息数据质量建设行动，按时完成地名信息数据审核上报4089条。做好全县路牌、二维码门牌的日常管护工作。

【民间组织管理】 县民政局深化“放管服”改革，精简行政审批事项，优化登记服务网上办理，依法做好审批登记工作，推动实现“最多跑一趟”。全年办理事项92件，包括公共服务43件，行政许可49件（其中新成立登记7件，注销登记11件，变更登记30件）。加强事中事后监管，开展“双随机”抽查。开展清理整治违规评奖，常态化开展扫黑除恶斗争，打击非法社会组织，开展平安创建活动，规范社会组织管理。加强行业协会商会监管，完成行业协会商会的脱钩工作，落实减税降费政策，严格规范收费行为。充分发挥社会组织孵化基地桥梁纽带的作用，整合全县社会工作资源。健全完善社会组织党建联络员机制，推动全县社会组织党建工作实现全覆盖。完成全县各乡镇社会工作服务站建设，按照“一年覆盖、两年规范、三年提升”工作思路，采取向社会服务机构购买服务方式，全面启动全县乡镇社工站项目，实现全县11个乡镇社工站全覆盖，每个站点配备站长1人，专职社工2人；规范乡镇社工站的运作服务，形成覆盖基层民政领域的专业服务体系，提升基层为民服务能力，加快打造基层服务新模式。推进社工人才队伍建设，全县社工持证人员256人，持证人数占总人口数每万人10.03人，全市排名第六。

【边界管理】 县民政局开展县级界线（闽侯—罗源线）和乡级界线（飞竹—霍口线、中房—飞竹线、西兰—飞竹线）联检工作，实施界线界桩委托管护，确保边界平安。

【老区建设】 县民政局向上级争取老区扶建项目和革命遗址管理等专项资金570万元，建成老区村道路、路灯、自来水等基础设施建设项目42项，完成革命遗址修缮项目3项，夯实老区村基础设施和产业布局，推动老区村社会经济发展；实施“阳光1+1（社会组织+老区村）牵手计划”，对接30家社会组织与30个老区村开展结对帮扶和深度合作，助力老区村乡村振兴；按照《福建省民政厅、福建省财政厅关于调整革命“五老”人员定期生活补助标准的通知》和市政府2002年第33次常务会议纪要文件要求，及时提高罗源县革命“五老”人员定期生活补助标准至每人每月1880元；向全县60名品学兼优的老区山区贫困高中生发放奖学金6万元。

（林朋基）

社会保障

【概况】 2022年，罗源县城乡居民养老保险参保138514人、企业职工养老保险参保24368人、机关事业单位养老保险参保8731人，工伤保险参保38117人、失业保险参保22061人。

【城乡居民扶贫】 县人社局开展社保扶贫“动态清零”行动。加强政策宣传，协调卫健、民政、扶贫办等部门，完成5930人的特殊群体认证工作。为贫困人员3521人代缴金额70.42万元；正常领取待遇3561人，领取金额963.07万元。

【被征地和被收海征地渔农民养老保障】 县人社局为凤山镇、松山镇、碧里乡、起步镇、中房镇5个乡镇27个村6691人发放被征地农民、被收海征地渔农民养老保障金，按每人每月150元的计发标准，发放1162.29万元。

【调整社会保险待遇】 县人社局落实社会保障政策，自1月起，机关事业单位退休人员人均月增资177.75元，企业退休人员人均月增资120.33元，城乡居民基础养老金每人每月从190元提高到240元。

【社保基金监管】 县人社局开展养

老保险稽核工作，及时堵塞漏洞，保障参保人员利益。追回城乡居民养老保险待遇136人，涉及金额14.28万元；追回被征地和被收海征地渔农民养老保障待遇16人，涉及金额2.34万元；追回高龄人员过节费33人，涉及金额1.13万元；追回企业职工基本养老保险死亡冒领养老金人员9人，涉及金额3.65万元；追回企业职工基本养老保险服刑人员待遇2人，涉及金额0.76万元。

劳动就业

【概况】 2022年，罗源县城镇新增就业1431人，完成市下达任务1400人的102.2%，城镇失业人员再就业384人，完成市下达任务120人的320%；城镇就业困难对象再就业307人，完成市下达任务210人的146.2%。

【就业工作】 县人社局牵头制定《罗源县本地就业万人计划三年行动实施方案（2022—2024年）》并推进实施。全省首创就业服务驿站村级服务点工作模式。在全县11个乡镇设立就业服务驿站80个，输转农业富余劳动力转移就业2322人，相关经验做法被《人民日报》、“学习强国”学习平台、《福建日报》等主流媒体报道15次。推进就业信息网格化工作，借助1011个小区业主微信群和社区公告栏定期发布就业岗位信息，在全县村村响广播系统、调频FM88.4频道定时播报岗位信息，打通宣传群众、服务群众“最后一公里”。牵头制定《罗源县服务龙头企业五条措施》，落实国务院“两稳一保一防”政策。为422家企业发放普惠性失业保险稳岗补贴519.35万元，惠及企业职工15292人；阶段性缓缴企业三项社保费97.71万元，减轻企业负担。组织开展线上线下招聘会37场，提供就业岗位10875个，达成就业意向2669人。新增用工调剂平台1个，调剂用工11人。建立省外县级劳务协作基地3个，每月定期向其发送罗源县用工招聘信息。抓好高校毕业生就业工作。开展人社局长拓岗行动、离校未就业高校毕业生座谈会、青年就业见习行动等，组织4场高校举办毕业生专场招聘会，提供就业岗位989个；为外地生源到罗就业提供12个月免费住房床位300个。落实高校毕业实习补贴政策，做好离校未就业高校毕业生实名就业登记工作，离校未就业高校毕业生就业率99.8%。

【职业技能培训】 县人社局牵头制定《罗源县职业技能培训千人计划》，开展校企合作“订单式”培训、“互联网营销师培训”等职业技能培训工作，为城乡劳动者提供技术支持与工作指导。引进培训机构7个，举办各类职业技能培训26期，培训城乡劳动者1702人。鼓励劳动者参加职业技能培训，按规定为1038人发放职业技能培训补贴102.11万元。对接福建省职业技能鉴定中心，宝钢德胜不锈钢有限公司成为罗源县第一家拥有自主鉴定技能资格的龙头企业。

【促进和谐劳动关系】 县人社局加大监察力度。以开展清理整顿人力资源市场秩序、“大数据+根治欠薪”、打击防范强迫残疾人劳动违法犯罪等专项行动为契机，深入用人单位、农民工集中地宣传《保障农民工工资支付条例》等法律法规；开展专项检查286人次，接待咨询、现场投诉449起，接到各类劳动关系纠纷舆情12起、全国根治线索反映平台线索218件、金保网欠薪预警平台线索20件；查处拖欠农民工工资案372起，涉及劳动者1273人，为劳动者追回拖欠工资1005.9万元。受理工伤申请329起，作出工伤认定273起273人，金额208.6万元，维护劳动者合法权益。推进劳动关系有序开展。创建“无欠薪项目部”，规范劳务用工管理。指导企业成立劳动纠纷投诉（立案）联合受理中心，打造“一窗式”高效维权平台；全县21家单位获评福州市劳动关系和谐单位，13家单位获评福建省劳动关系和谐单位。加强调解仲裁。建立县、乡、企业三级劳动人事争议调解网络，改革创新调解仲裁办案模式，加快“互联网+”建设，提升仲裁案件管理及办理效能。立案受理122件，涉及122人，结案115件，涉及金额687.67万元，结案率94%，在线办案率100%。

（县人社局）

（编辑 林烨欣）

乡镇

凤山镇

【概况】 凤山镇地处罗源城区，区域面积32.3平方千米，均为陆地。辖9个行政村、8个社区居委会，有20952户63612人。凤山镇退役军人服务站获得“省级百家红色退役军人服务站”荣誉称号。

【经济建设】 基础数据 凤山镇全年地方级财政收入1.19亿元，比上年减少12.13%；社会消费品零售总额23.25亿元，比上年增长17.03%；固定资产投资18.26亿元，比上年减少11.17%；工业固定资产投资4.20亿元，比上年增长12.07%；规模以上工业产值5.04亿元，比上年减少35.77%；规上服务业总额5.87亿元，比上年增长39.35%；农业产值1.03亿元，比上年增长4.2%。

农业 农业产值1.03亿元，比上年增长4.2%。

工业 规上工业产值5.04亿元，比上年减少35.77%。

服务业 规上服务业总额5.87亿元，比上年增长39.35%；社会消费品零售总额23.25亿元，比上年增长17.03%。

招商引资 扩大有效投资，引进落地项目12个，总投资15.49亿元。全年完成开工项目5个，竣工项目7个。

【城镇建设与管理】 城镇建设 盛世名城二期等地产项目陆续交付。新建提升岐阳二期路网、东大路等市政道路。启动圣水街综合整治提升、三中田径场施工便道建设。完成莲花东区、岐阳小区9～10号等老旧小区改造，推进城区步道、岸线夜景等串珠公园项目建设。推动管柄村省级乡村振兴试点村文旅观光、乡村记忆展示馆和道路改造提升3个项目建设。

基础设施建设 推进垃圾分类，新增生活垃圾分类屋10座。老旧小区增设电梯7部，城市品质提升。

【社会事业发展】 科教文卫 凤山镇完成凤山镇新时代文明实践所建设，打造南门社区、凤美社区新时代文明实践示范站。举办各类文艺会演30余场，组织“我们的节日”等主题志愿服务活动52场。开展最美家庭、明星楼栋等评选活动。

社会保障 提高低保、特困、残疾人两项补贴标准，全镇纳入低保402户627人，特困43户；给予临时救助132户，发放补助金35.88万元；新增低保边缘户11户25人。启动闽凤社区长者食堂建设，新建城关、方厝村等2所农村幸福院。成立凤山镇就业服务驿站，建立村级就业服务驿站17个，推荐签约县重点企业100人，签约一般企业800人。

生态建设 全面落实河湖长制，开展“护河爱水，清洁家园”行动11场。保持打非治违高压态势，完成39处卫片图斑整改。深入整治河湖“四乱”，整治散乱污企业6家。构建“周实践月行动”常态长效机制，开展环境卫生专项整治244场，打造青禾小区等10个环境卫生标杆小区。推行“积分制”激励措施，实现9个农业村人居环境积分制全覆盖。推进“美丽庭院”创建，培育17个省市县级美丽庭院示范户。

平安建设 推进平安凤山建设，设置全县首家“凤美警务室”。注重机制创新，小区联席议事机制经验做法在《福建日报》《福州日报》上刊登，凤山镇“三微三制三联”治理模式在市委政法委公众号刊登推广。发挥评理作用，增设由退休社区支部书记组成的“和睦里”调解队，全镇排查矛盾纠纷299起，调解率100%。整合提升城区防汛视频平台和综治监控平台质量，实现辖区防汛重点地段可视化调度。

【全面从严治党常态化机制】 党员教育培训 加强理论武装，坚持“关键少数”带头，开展党委理论学习中心组学习14次，举办常态化“党委理论学习读书班”39场次。依托乡镇党校、小区“微党校”开展学系列讲话、上基层党课、宣讲中共二十大等活动

50余场。

村级组织建设　深化“五有近邻”党建引领社会治理模式，培育“美时美刻”微党校、“邻里话坊”评理室等一批党建亮点。北门社区获评市级最佳志愿服务社区，凤美社区“厝边他力量”获评市级最佳志愿服务项目。成立东片区中心村党委，完成苏区村组织振兴建设红色美丽村庄一期项目建设，苏区村获评市级乡村振兴四星级村。试点推行村党组织领办合作社，成立苏区井红、亿家园2家农业专业合作社。全镇9个村集体经营性收入均在20万元以上，其中4个村超百万元。推进“两新”组织党建工作，组建县餐饮协会党支部等6个非公有制党组织，43个非公有制组织按期完成换届。

（郑晓君）

松山镇

【概况】　松山镇地处罗源湾畔，区域面积146.29平方千米，耕地面积1213.13公顷，林地面积3743.87公顷，水域面积4666.67公顷。下辖22个行政村、5个社区，有12752户42987人。获评福建省“全域生态旅游小镇”、福州市劳动关系和谐乡镇（街道）等。

【经济建设】　松山镇农业总产值22.2亿元，规上工业产值2.37亿元，地方级财政收入4600万元，固定资产投资14.33亿元（其中工业固投3.21亿元），限额以上社会消费品零售总额3.84亿元；限上服务业产值1.37亿元。

农业　实现农业总产值22.2亿元，比上年增长3.1%。重视粮食生产安全，整治抛荒撂荒地38.13公顷，完成粮食播种311.33公顷，发放耕地地力补贴125万元；推进高标准农田建设158公顷，种植高优水果133.33公顷，改造低产果园66.67公顷，推广使用商品有机肥46.67公顷、绿肥60公顷；完成农业产业推广项目34项、申报绿色产品6项、无公害产品8项；发展设施农业，新增大棚13.33公顷、智能大棚4.2公顷。

工业　实现规上工业产值2.37亿元，比上年增长1.7%。扶持兴闽威、鼎中源、立雅家具、中网电器等工业企业增产扩能，引进道尔非等优质项目落地，逐步提升工业产值。

服务业　实现限上服务业产值1.37亿元，比上年增长18.7%。用好星级酒店（世纪金源大酒店）、国家AAAA级旅游景区（海洋世界）及大型商超等辐射作用，发展中国玉石文化街、夜色经济、现代服务业等，有限上服务业17家。

招商引资　完成招商落地项目9个，总投资17.87亿元。其中，围绕钢铁产业链下游配套项目延伸领域，重点引进鑫铭泰等新型建材项目4个、高胜鑫物流等仓储物流产业2个；依托数字罗源湾文创园平台，引进罗源恒忆网络科技有限公司等互联网项目3个。

【重点项目建设】　松山镇坚持专班作战、合力攻坚，服务重点项目，完成德胜能源二期项目林地征用、巽屿盛头取土点征地及坟墓征迁、兴拓重工项目征地、凤贵山一期二期征地、台商区扩区建设项目征地、沪闽项目征地、县法院档案馆项目征地，全年交地约113.33公顷；扩种金港工业区垦外滩涂红树林107公顷；完成县总院（第二医院）一期填方工程。推动高级职业中学新校区（实训基地）、松山幼儿园等6个项目开工，畲族红色文化旅游项目如期竣工。

【城镇建设与管理】　城镇建设　松山镇推进“六清一改一管”行动及人居环境积分制运营，推进“两违”综合治理，完成卫片图斑整治328宗，拆除面积21.9万平方米；推进生活垃圾分类试点工作，建成生活垃圾屋13个。继续开展城区商业环境卫生、交通秩序等10个专项整治行动，打造15分钟近邻便民服务圈，创新建立“近邻驿站”“就业服务驿站”等服务品牌，塑造整洁文明的城镇形象。

基础设施建设　健全水利设施，完成7座水库、2座水闸维修养护；完成小获溪山洪沟防洪治理、移民点河道整治、前房村河道防护栏杆及拦水坝建设、外洋村排水沟修复及防洪建设等工程；完善农村交通路网，完成迹乘线（Y024）G228迹头路口至乘风村海防执勤公路、上土港村水尾厝道路、小获村村内道路扩建、下姚支路翁前宫路扩建等项目建设，推动罗源湾高速出口交通枢纽改造。

【社会事业发展】　文教卫体　松山镇提升文化阵地品质，完成小获村高级版综合文化活动中心、外洋村、巽屿村文化活动中心改建，打造滨岐社区法治文化长廊、八井村“有福之州·石榴籽精神家园”、岐屿社区民族团结进步“七进”宣传点等，举办各类群众性主题活动100余场。开展卫计工作，慰问计生特殊家庭母亲13人，完成关爱女性健康保626人、农村妇女“两癌”检查237人；2022年出生人口235人，人口出生率5.38‰，出生人口性别比97.58，人口自然增长率1.69‰。镇域内共有中小学校9所，生源约1.2万人。

社会保障　全面落实城乡低保、特困供养等提标扩面政策，新增低保对象126人、特困供养对象5人，发放临时救助437人次43.9万元；着力提升养老服务，完成松山镇农村区域性养老服务中心项目和57户困难老年人家庭适老化改造项目；实施“福蕾行动计划”，为孤儿和事实无人抚养儿童发放救助资金21.8万元；继续巩固拓展脱贫攻坚成果，发放乡村振兴补助资金11.5万元、“雨露计划”补助3.3万元，完成脱贫人口小额信贷27户，推动128户162人就近就业。

生态建设 完成2021年农村生活污水治理项目扫尾工作，新建改造八井村、竹里主村、竹里横埭3座集中污水处理站；完成白水可湖区域入海排污口专项整治，建设2座污水提升泵站；整改散乱污企业27家；先后开展“河长日”活动10场，营造爱河护河良好氛围；完成造林绿化929.33公顷，松材线虫病除治小班180.47公顷，清除零星枯死木3326株。

平安文明 技防、人防水平全面提升，新增监控探头，组建平安志愿服务队、治安巡逻队和综治维稳安保服务队；深化平安创建，推送平安“三率”宣传短信6万条，开展集中宣传活动7场；落实安全生产责任制，开展安全生产检查行动58次；完善基层防汛防台体系，完成5个村的防汛能力标准化建设工作。

【全面从严治党常态化机制】 **党员教育培训** 重视党员干部培训教育，开展党委中心组学习18次、中共二十大精神宣讲活动32场；修缮提升乡镇党校，开展镇村（社区）干部培训12期；加强党风廉政建设，开展廉政警示教育3次、覆盖200余人次。组织前往松山围垦精神展示馆、竹里红色记忆馆、县政治生活馆、白塔乡等地外出拓展学习，坚定党员干部红色信仰。

村级组织建设 深化党建引领基层治理，探索北山“五彩党建”、八井“125”党建等工作法，推广香约微党校、离退休干部党建工作室等多个阵地；全面推行“1436有事好商量”治理机制，北山村获评全国乡村治理示范村、水岸菁华小区党支部获评全省优秀党建案例。依托中心村党委构建大党建工作格局，以党建引领乡村振兴，全年发展党员16人，实现村集体经济年收入10万元以上的村全覆盖，其中5个村突破50万元。推进基层组织“一去一立”整治行动，整顿违规社会组织3个，逐步成立乡贤促进会，促进基层社会组织管理法治化、规范化。

（林莉玲）

碧里乡

【概况】 碧里乡位于罗源县东部沿海，罗源湾北岸，与连江马鼻、坑园隔海相望，距罗源县城20千米，全乡总面积199平方千米，其中海域面积102平方千米，陆域面积97平方千米。辖12个行政村，有7696户25809人。

【经济建设】 **经济指标** 全乡固定资产投资完成10.44亿元，比上年增长15.09%；工业固投完成1.96亿元，比上年增长1101.17%；规模以上工业产值完成39.95亿元，比上年增长11.2%；地方财政收入5254.95万元，比上年增长18.62%；社会消费品零售总额完成2.45亿元，比上年增长14.6%；规上服务业增加值完成2.76亿元，比上年增长29.68%；农业产值12.2亿元，比上年增长3.1%。

招商引资 推进“项目攻坚落实年”建设。立足罗源湾北岸深水良港、临港产业、山海旅游等优势，推介现代物流、生态旅游等招商引资项目。招商引资成效显著，全面完成招商与开竣工年度工作任务，2022年县下达招商落地任务数12个，完成12个，完成全年任务，项目总投资103.9亿元；县下达建设提速任务目标11个，完成11个，完成全年任务；前期深化目标任务16个，完成16个，完成全年任务。全乡经济总量稳步提升，综合实力不断提升。

村级经济 坚持党建引领，凝聚红色动能，科学制定“一村一策”，着力实施“‘村+村’合作、村企共建、健全基础设施、盘活固定资产”等发展模式，村级集体经济收入不断发展壮大，西洋、碧里、濂澳、吉壁、牛澳村村级集体经济收入50万元以上，梅花、溪边、廪尾、新澳村村集体经济收入20万元以上，其他3个行政村村级集体经济收入10万元以上。

特色农业 乡党委、政府打造罗源下廪羊、西洋花卉、吉壁鲍鱼等“碧里三宝”农业特色品牌，碧里下廪羊在海边放牧，喜食断肠草，其味鲜美，腥

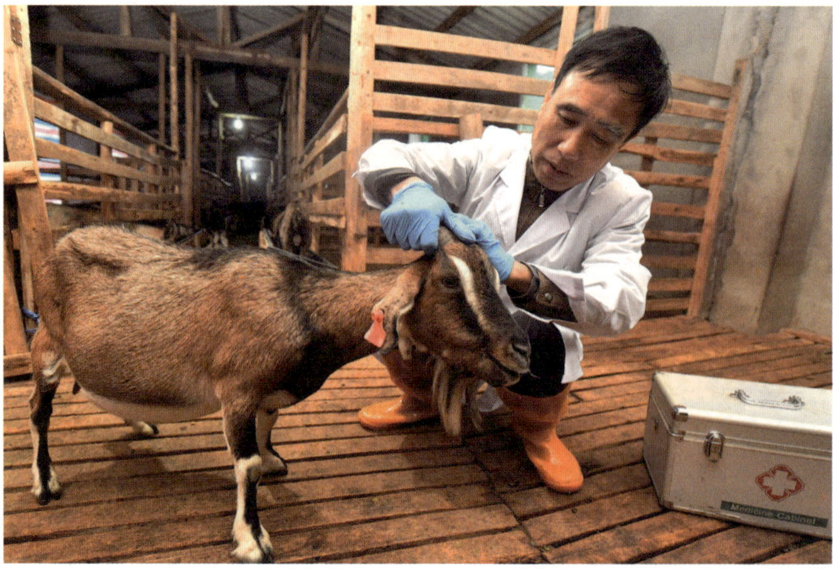

碧里乡下廪羊

味轻，富含多种维生素和氨基酸，享誉省内外，2016年“罗源下廪羊”注册为国家地理商标；“罗源碧里吉鲍”因湾外水质好，具有“肉质鲜美，质优价高”的特点，申请注册“吉鲍”商标，并成立互联网销售平台，申报国家地理标志；打造西洋村特色花卉苗木基地，花卉种植面积360多公顷，举办4届花卉节，加强宣传推广，打响花卉知名度，花农年均收入20多万元。

特色旅游　开发利用乡内丰富的山海旅游资源，依托千年古刹碧岩寺及佛光寺、濂澳苍鹭基地、小笔架山、西洋花海、牛澳沙滩等诸多景点资源，吸引游客，连点成线、以线带面，结合开发海上牧场旅游观光项目和牛澳湾休闲渔业旅游开发综合项目，谋划生成碧里乡“海系列”旅游产品，串联看日出、观鸟台、品海鲜、吹海风、游古寺等特色景点，形成海上旅游观光带，做大做强滨海旅游休闲产业。继续推进“醉美碧里”旅游品牌，带动沿线乡村旅游观光、摄影采风、农家乐等快速发展，打造不断提高山海休闲特色旅游的知名度。

【乡村建设与管理】　乡村建设　碧里乡抓好乡村规划，提升村容村貌。推进西洋村、吉壁村省市级乡村振兴示范村村庄规划，推进西洋花卉苗木特色小镇打造建设，改善吉壁村人居环境。常态化开展“两违”巡查，推进农村“两违”治理，拆除违建15宗，违建面积4890.4平方米，清整违法占地3440.4平方米。严格落实河湖长制要求，开展巡河1045次。全面完成造林绿化年度任务250.67公顷，并超额完成森林抚育、植树造林、封山育林18.93公顷，森林覆盖率68.6%。投入160万元，完成乡污水处理站设施及配套管网实施改造提升工程，有效提升全乡污水处理能力，日均处理污水量可220吨；开展环境空气质量专项整治行动，明确责任，督促重点企业完成场内喷淋降尘、净车出厂、VOCs（挥发性有机物）规范排放等措施；开展沿海岸线海漂垃圾清理转运工作，营造干净整洁蓝色海湾，打好蓝天、碧水、净土“三大保卫战”，提升农村人居环境。

基础设施建设　全面推动水利建设。新澳、濂澳、吉壁、牛澳4村纳入罗源县第一批城乡供水一体化项目库，新澳村开始进行自来水主管道建设，濂澳、吉壁、牛澳3个村完成项目设计，并优化线路，加快推进动工建设；西洋村纳入罗源县第二批城乡供水一体化项目，待以上各村实现通水，将彻底解决饮水难问题，全面实现城乡供水一体化。西洋花卉灌溉干渠修复工程完成主体路面铺设，并新建水渠1.2千米，完成水渠修建工程30%，预计将于年底完成建设，保障西洋花卉苗木基地农业用水。加快推进道路建设。继续实施罗源县碧里乡吉壁隧道改建工程，最大限度消除吉壁隧道安全隐患，基本完成洞内隧道拓宽与两端洞口改建工程，完成总体工程50%。继续实施罗源县碧里乡碧牛线Y022国道228至牛澳段（228国道连接线）道路改建工程，改善牛澳村出行条件，截至道路修坡（爆破）工程、桥梁（打桩）工程完成工程80%。加强道路隐患整治，有序推进道路生命防护工程建设，修护护栏300余米，增设安全警示标志12处，清理路边塌方5处，完善交通路网。

【社会事业发展】　科技与教育　碧里乡引进昊辰新能源汽车整车回收配套预处理项目，开展华东船厂二期技改、碧里作业区5号泊位扩能改造、华能电厂超级电容等项目，推动科技新兴产业发展。23人享受“两免一补”等教育扶贫政策，享受教育补助1.365万元，无脱贫户义务教育阶段适龄儿童、少年有因贫辍学的现象；雨露计划为中高职在校生提供职业助学金7人次2.1万元。

文化与体育　继续完善、提升乡综合文化站及12个行政村公共文化服务场所建设，及时更新电子阅览室、图书馆、12个农业村农家书屋藏书，各村配有文体活动室、多功能活动室和室外文化场所，基本实现群众“娱乐有去处、活动有场地”。

（陈少华）

鉴江镇

【概况】　鉴江镇位于罗源县东部沿海、福建东北天然深水良港三都澳口，是福州市最北端的乡镇。区域面积70.12平方千米，其中海域面积8.6平方千米，耕地面积479.27公顷，林地面积5220公顷。辖9个行政村，36个自然村，有3745户12441人。

【经济建设】　农业　实现农业总产值21.43亿元，比上年增长4.99%；实现服务业总额1.68亿元，比上年增长28.24%；实现社会消费品零售总额2.82亿元，比上年增长21.55%；

工业　实现规模以上工业产值7137万元；实现固定资产投资7.55亿元；实现地方财政收入600万元。

【镇村建设与管理】　城镇建设　获评福建省卫生乡镇。常态化开展“清洁家园，美丽鉴江”活动，定期举办环保志愿服务和“全民护河 爱我罗川”活动，引领群众共创美丽家园。履行属地管理职责，加强“两违”日常巡查、监管，核查“美丽罗源”平台举报件29件。整改卫片违建图斑9宗，针对生态环境保护开展督导检查9次，整治“散乱污”、畜禽养殖问题单位4家。围绕实施乡村振兴五大工程，推动4个村庄规划编制，获批省级试点示范村2个、市级试点示范村1个、鉴江镇被评为市级试点示范镇。

基础设施建设　完成卫生院迁建

工程项目主体建设；完成鉴江镇农贸市场迁建；完成鉴江湾基础设施项目、鉴江湾深水抗风浪网箱智能化养殖项目开工建设。支持清华大学重点科研项目建设，完成指挥部办公场所及设备采购，完成项目建设取土场进山便道征地工作；推进圣塘二级渔港二期征地工作；井水陆岛交通码头项目及污水处理项目进入收尾阶段；实施井水村人居环境整治提升项目，完善旅游基础设施，激发乡村旅游发展动力。

【社会事业发展】 科技与教育 鉴江镇完成14项实用新型专利，6项软件著作权申请、1项外观设计专利申请。鉴江小学2021年6月获评福州市文明校园、2021年9月获评福建省平安校园，鉴江幼儿园曾获县级示范园。建设“鉴江暴动”旧址纪念点，弘扬光荣传统、赓续红色血脉。尤光被故居被中共福州市委文明办授予“福州市级公民思想道德教育馆（家风家训乡贤文化馆）”称号。推选“最美家庭”3户，传承家风家教、培育良好风尚。

社会保障 推进公益性公墓用地预审、设计及项目立项等前期工作，有效构建鉴江镇基层公共事业发展新格局。统筹推进乡村振兴与脱贫攻坚有效衔接，落实动态监测与跟踪帮扶，确保131户353人建档立卡扶贫对象不发生规模性返贫。发放城乡居民最低生活保障金共计193.6272万元，发放临时救助5.35万元，发放特困人员补助金56.8290万元，发放残疾人护理补贴9.2604万元，残疾人生活补贴22.479万元。

综合治理 深化扫黑除恶斗争，保持打击养老诈骗、电信诈骗等高压态势。受理办结信访事项，答复“12345”诉求；普及平安建设宣传，提升广大群众知晓率。抓紧安全领域工作，深入推进消防安全，企业生产安全等5个专项领域安全排查整治，未雨绸缪做好防汛防台各项准备，开展安全检查15次，排查发现各类安全隐患9个，完成整改9个，维护社会大局安定稳定。

海域整治 完善智慧海域管理平台，理好“海域账本”，海域养殖区位、养殖户、养殖品种等数据一键可视。开展渔排升级改造；完成筏式养殖设施改造、深水网箱建设。海权改革稳步推进，收取海域租金263.5万元左右，发放养殖凭证928本，占比66.62%。推进圣塘二级渔港建设征地工作。完成4.53公顷土地征收项目，拆除违规鲍鱼笼加工厂1家150平方米。

（谢 平）

起步镇

【概况】 起步镇位于罗源县城郊，区域面积72.73平方千米，其中耕地面积12.91平方千米，林地面积43.98平方千米。辖21个行政村，有8132户26430人。

【经济建设】 起步镇完成一般公共预算收入4945万元，比上年增长89.03%；完成限额以上社会消费品零售总额2.421亿元，比上年减少15.08%；完成限额以上零售总额1.182亿元，比上年增长10.91%；完成限额以上批发总额16.937亿元，比上年增长47.74%；完成出口交货值1.906亿元，比上年增长45.6%。

农业 实现农业总产值10.617亿元，比上年增长4.4%。以全国农业产业强镇建设为抓手，起步镇坚持龙头带动食用菌产业发展，重点项目食用菌珍稀品种（绣球菌）示范推广基地一期建成投产，日产菌包1万袋。深化与国家级重点龙头企业华绿生物及食用菌种业创新研究院合作，打造食用菌文旅园和“三产融合”项目。依托“菇菇工坊”等平台实现食用菌加工产品的终端销售与品牌营销，“精深加工+农旅融合”有新突破。遏制耕地抛荒撂荒，72.78公顷撂荒地完成整治。推进土地流转，培育种植大户，引导农户扩大种植规模。发放种粮奖补148万余元，调动农户种粮性。完成粮食播种面积538公顷，粮食总产量2750吨。

工业 实现规模以上工业产值9.007亿元，比上年增长10.74%；完成固定资产投资10.742亿元，比上年减少10.1%，其中，完成工业固投9.116亿元，比上年增长4.1%。

招商引资 “重大项目招商落地攻坚行动”行动深入开展，完成项目17个，总投资16.810亿元。落地4个废钢回收贸易项目，引进地方级税收3365.57万元；“矿业商务核算中心”平台招徕入驻企业17家，缴纳地方级税收288.73万元。“项目攻坚落实年”专项行动全年完成3个开工项目，总投资7.220亿元，竣工4个项目，总投资8.780亿元。

村级集体经济建设 创新思路发展壮大村级集体经济，通过购买固定资产、发展旅游、种植业等方式全面盘活资源，拓宽致富增收渠道。庭洋坂村“小径竹”苦笋项目二期建设、潮格村文旅产业基地、桂林村生态共享主题农场等6个项目全部按照序时推进，村级集体经济增收100万元。21个村集体经济全面10万元以上，15个村完成20万元以上，其中5个村完成50万元以上。庭洋坂村获评福建省乡村振兴实绩突出村，潮格村、桂林村、上长治村被评为福州市乡村振兴四星级村。

【镇村建设与管理】 起步镇集镇环境整治项目二期工程完成，修复建筑立面156栋2.1万平方米，实施270米主干道白改黑，建成710米步行古街，打造10个特色区域；建设便利老年人就餐的“田园风光”长者食堂，

起步镇创新打造“榕树下”党建特色品牌

规划集“红色领航影院”、书画室、棋牌室、健身房等多功能于一体的长者怡养中心；活化利用多座闲置古厝，打造“留灯讲堂”、公益图书馆、文化研学基地、大众茶馆和妇女活动中心；旧幸福院活化为“菇菇工坊”，打造成起步镇农特产品展销中心。推进防洪排涝工程建设，罗源起步溪沈厝段防洪工程（右岸）等项目完成。省重点项目昌西水库工程加快建设，管理房项目征地及场地平整完成。罗源县起步镇Y005洪高线黄家湾至高洋段公路改建工程完成。推进乡村雨污管道改造，列为省政府“为民办实事”农污项目的6个村生活污水治理提升项目完成，上、下长治村农村生活污水治理项目被列为市级样板工程；起步集镇生活污水处理设施配套管网项目建设完成，村庄生活污水治理成效稳步提升。

【社会事业发展】 教育与文化 起步镇加大历史文化建筑保护力度，活化起步村黄厝为国学讲堂、辛厝为儿童公益图书馆、柯厝为起步航运文化研学基地。深化青年教育品牌建设，与北京大学中文系、中央民族大学等高校开展共建合作，联合北京大学中文系开展第三期思政实践课程。起步镇团委获评福州市五四红旗团委。

卫生和计划生育 年内出生198人，出生率6‰。年内政策内出生196人，政策符合率98.99%，出生性别比为115.22%。全年发放计生慰问金3.3万元，其中年终慰问24户、母亲节慰问10户；发放“闽都助学”资助金3户1.5万元。为全镇育龄女性建档立卡贫困户购买女性健康保险，推广家庭医生签约健康服务、“两癌”筛查和免费优生检测。

社会保障 依托就业服务驿站村级点，带动农村富余劳动力转移就业200人。加大民生保障投入力度，临时救助资金发放82人次17.02万元，公益性岗位提供43个。实行低保人员动态管理，年度低保增员53户84人。健全养老服务体系，建成起步村长者食堂，投入20万元打造起步村五星级幸福院。关爱妇女儿童，“两癌”筛查完成255人，起步镇妇联获关爱女性健康活动先进单位。解决蒋店村三峡移民房屋不动产权办理历史遗留问题，办理不动产权证9户。

乡村振兴 深入推进脱贫攻坚与乡村振兴有效衔接，衔接推进乡村振兴补助资金发放249万元，惠及贫困家庭学生5人、建档立卡脱贫户20户。下长治村、曹垅村转投上级补助资金21万元，拓宽省级脱贫村村集体经济收入渠道。同四创科技有限公司深化合作，打造数字化乡村振兴线上管理服务平台“云上起步”。每月开展“护河爱水、清洁家园”行动，实现农村人居环境积分制全覆盖，全年创建省市县三级“美丽庭院”示范户151户。

生态建设 开展“两违”专项整治，拆除违法建设面积4151.8平方米。推进“散乱污”企业（场所）第二阶段整治工作，整治完成20家。致力打赢“蓝天碧水保卫战”，督促企业加快实施技术改造，10蒸吨及以下燃煤锅炉淘汰5台，后阮违法瓦窑拆除3处。起步集镇生态环境补水工程及杭山村水厂“千人以下”农村水源地划、立、治工作完成，流域水质环境有所提升。杭山村获评福建省森林村庄。

综合治理 严格落实安全生产责任制，开展“安全生产专项整治三年行动”。搭建乡村治理平台，深化运用“1436有事好商量”工作法，依托“书记大碗茶”“民主议事亭”“树洞邮箱”等载体，破解基层治理难题。创新社会治理体系，弘扬新时代“枫桥经验”，创新“四三二”矛盾纠纷多元化解模式，排查各类矛盾纠纷306起，化解率100%。潮格村获评全国综合减灾示范社区；上长治村获评福州市反诈先进社区。

【全面从严治党常态化机制】 党员教育培训 起步镇创新打造“榕树下”党建特色品牌，依托起步镇乡村振兴培训学校、青年读书会、汉语和畲语党课等镇村两级教育宣传阵地开展党课11期，覆盖党员群众1013人次。起步镇党校获评福州市五星级乡镇（街道）党校。

村级组织建设　开展“万名干部下基层”专项行动，下沉省市县镇干部70人，深入基层解决“急难愁盼”。举办“一肩挑”村主干述职会议，通过同台竞“绩”，夯实基层党组织队伍建设。庭洋坂村、上长治村、下长治村获评罗源县“五星级党组织”荣誉称号。

党风廉政建设　履行全面从严治党主体责任，组织开展案例学习教育5次、集体廉政谈话活动4次。坚决整治形式主义、官僚主义，全年运用“第一种形态”处理26件，推动干部队伍作风建设向纵深发展。

（林诗泓）

洪洋乡

【概况】　洪洋乡位于罗源县中北部，东邻起步，北接中房，西与西兰乡接壤，全乡面积70.49平方千米，其中耕地面积864.75公顷，林地面积4789.2公顷。全乡辖18个行政村（含3个畲族村），有4068户12666人。

【经济建设】　经济运行　洪洋乡财政收入1186万元；完成固投20.16亿元，比上年增长33.14%；完成工业固投19.80亿元，比上年增长30.55%；完成限上社会消费品零售总额3.75亿元，比上年增长17.58%；完成规上服务业营业额2.50亿元，比上年增长32.04%；完成规上工业产值3.45亿元，比上年增长13.87%；完成农业产值3.21亿元，比上年增长4.1%。

农业　抓好“米袋子”“菜篮子”，压实粮食安全责任制，开展耕地“非农化”“非粮化”专项整治。实行挂图作战和农田挂牌管理，将731.33公顷耕地种植任务细化落实到村到户到田。完成抛荒地水稻种植88.6公顷、旱粮作物种植66.93公顷。

招商引资　全年完成“四上”企业和投资项目“入库入统”27个，完成全年总任务数112%；完成招商项目12个，总投资22.21亿元，“重大项目招商落地攻坚行动”四季度排名位居全县第二。

项目建设　全年完成重点项目开工5项，完成率100%；竣工4项，完成率100%；完成投资14.04亿元，完成年度计划129.72%，“项目攻坚落实年”专项行动排名位居全县第二（乡镇第一）。

【乡村建设】　基础设施建设　洪洋乡投入约40万元，实施洋中村安全饮用水工程，并配合县水利局完成皇万、洪洋、曹营、秋岭、王认、樟溪等村的城乡供水一体化工程前期工作；投入约110万元，实施Y056皇民线与S207交岔口改造工程（民族村道路交叉口改造工程）；投入约30万元，实施盾石线路面修复工程。

乡村振兴　深入推进乡村振兴战略，投入约350万元，完成厝坪溪及两岸景观提升、车头溪入口及休闲步道提升、厝坪村水涨湖景观、环村道路水泥硬化、村口文化景观提升等工程；立足资源禀赋、区位条件、产业基础，实施现代绿色生态园林式富民产业项目，整合洪洋、皇万、后洋、民族村等多村土地资源，连片种植纽荷尔脐橙约100公顷。

【社会事业发展】　疫情防控　洪洋乡构建“横向到边、纵向到底”的“乡—村—片区（自然村）—村民小组—户”的五级组织工作链条，共建有工作微信群（网格微信群）67个；结合“万名干部下基层”活动，加强乡村管理，细化防疫网格，推进“无疫村（厂区）”创建。

科教文卫　提升皇万、厝坪2个新时代文明实践站；深化“我们的节日”活动主题，结合拗九节、植树节、学雷锋日、七夕等节点开展结对帮扶、爱心陪伴、邻里互助等志愿服务10场。

社会保障　医社保缴纳率均90%以上；实施各类社会救助，惠及702人，确保社会保障不脱不漏；开展“漏报”“漏救”摸排，对符合最低生活保障、特困人员供养、孤儿、事实无人抚养儿童保障条件的排查对象，纳入保障范围，低保总人数532人，新增人数86人。

生态环境治理　落实河长制、林长制各项规定要求，常态化抓好水质监测、水环境治理、水污染防治等工作，全年水质保持Ⅲ类以上，实现河畅、水清、岸绿的目标；实施造林绿化工程17.4公顷，松材线虫病改造10.73公顷，坚决守护好“绿水青山”。

人居环境整治　开展村庄清洁“六清一改一管”、农村垃圾分类推广、“护河爱水、清洁家园”志愿服务等活动，宣传倡导绿色低碳生活方式，设立垃圾亭22座，整改问题912处，处理垃圾约185吨，打造环境优美、乡风文明、生态宜居的乡村环境。

平安文明　成立洪洋乡综合巡查工作专班，依托“美丽罗源”监管平台，抓紧抓实日常巡查工作，对占用耕地、私挖滥采石碴等违法行为做到及时发现、及时处置。平台全年收到举报件40件、办结40宗，办结率100%；全面摸排安全隐患点和地质灾害点，建立台账、摸清情况、动态管理，打好安全生产和防汛工作主动战。全年开展安全生产督导检查153次，发现隐患49处，均整改到位。全年受理“12345”诉求件74件，答复74件。

【党的建设】　全年吸收入预备党员13人，转正11人。借助“七一”建党节送“学”入村，上党课19场。组织党员志愿者参与核酸检测采样、“护河爱水、清洁家园”等活动150余场，组建67个网格工作微信群，让党旗在疫情防控、乡村人居环境整治等工作一线高高飘扬；成立厝坪、洋中两个中心村党委，搭建“厝里攀讲堂”和党建便民服务驿站等平台，探索“厝里攀讲·有事好商量”议事模式，培树以厝坪村为重点的党建特色品牌“一厝人”，打通党建联系服务群众的“最后一公里”；设立科技特派员工作站，推动“千名干部进千企”“归雁行动”等活动走深走实，帮带培养专业技术人才60余人，优化组合资金、项目、人才、技术等要素，以党建引领乡村振兴，夯实富民强乡堡垒。

（洪洋乡政府）

中房镇

【概况】 中房镇地处罗源县西北部，区域面积131.12平方千米。辖23个行政村95个自然村，有7232户22861人。

【经济建设】 中房镇实现农业总产值5.39亿元，比上年增长4.8%；完成固定资产投资10.74亿元，比上年增长9.8%；工业固定资产投资8.21亿元，比上年增长94.6%，完成规模以上工业企业产值6.99亿元；完成社会消费品零售总额0.68亿元，比上年增长10.35%；完成地方财政收入641万元。

农业　培育茶产业，“中房野茶”获得中国海丝名师茶王争霸赛“正山小种”银奖。发展立体种养殖产业，建设松洋村农业综合体，建成8.67公顷水稻及稻花鱼种养殖基地，可年产稻花鱼1.5万千克。改造4公顷食用菌大棚，新建2座保鲜冷库，开发新型特色“羊肚菌”“黄金菇”等食用菌品种。发展林下经济，建成66.67公顷林下中草药生产基地，中房镇获评福建省林下经济示范乡镇。完成80公顷抛荒撂荒土地整治，完成规模以上种粮面积333.33公顷，发放种粮一次性补贴59.4万元，保障粮食生产。

工业　中房镇实现工业固定资产投资8.1亿元，比上年增长105%。加快项目带动，增强发展后劲，带动4家重点企业实现增产增效。完成新景驰锐新材料钢结构制造项目等4个项目在建、“互联网+食用菌经济”产业链项目等2个项目开工和精奥磊模具设计制造项目等2个项目竣工。完成入库入统攻坚行动指标20个，总投资16亿元，项目支撑增强。

招商旅游　中房镇整合招商资源，引进孚力（福建）科技有限公司按摩椅生产制造项目，完成牧源高山绿色食品示范基地、通用达新型生态装配材料项目等13个招商落地项目，总投资额21.46亿元。发动乡贤以商招商，对接福建九月文旅集团、上海金山文旅等公司。建设下湖民宿、谷洋里旅游配套设施。串联陈太尉宫、旗杆林等历史文化古迹，县委王家湖驻地旧址、满厝阻击战遗址等红色文化旧址和通天洞、百丈龙潭瀑布等自然风光，推动中房生态文化旅游蓬勃发展。对接九月文旅等文旅集团，利用其技术平台优势，打造“数字+文旅+产业”的旅游线路平台，走好农旅融合发展之路，赋能乡村文旅产业振兴。

【镇村建设与管理】 城镇建设　中房镇实施集镇立面改造工程，开展护河行动和综合环境整治行动，清理河段、道路38千米，垃圾190吨，治理乱搭乱放200余处；新增户外垃圾桶200个、垃圾分类亭13座，完成全镇3208户户厕摸排工作，新增卫生公厕1座。推进“美丽庭院”创建活动，培育美丽庭院示范户100个。全面推行积分制，完成垃圾费收取6830人次，发放人居积分券68.3万份，打造人居环境整治示范带。完成满厝村传统村落改善提升项目；新增溪门村为第六批中国传统村落。

基础设施建设　完成河洋溪流域防洪治理工程（一期乾溪至沙坂），完善集镇污水处理站和部分村居污水管网建设，连接污水管网11千米，修复王沙、下湖、岭兜等村护岸，打造“河畅、水清、岸绿、景美”的水生态空间。开展满厝至宁德叶厝道路改建工程前期工作和下湖、岭兜、显柄、港里、叠石、满厝等村内道路建设，改善交通条件。完成沙坂、寨头、下湖、满厝等村饮用水提升工程，保障村民用水安全。投入125万元完成中房农贸市场改造提升工程，投入280万元开展满叠下革命老区村公益性基础设施建设，补齐基础短板。

生态建设　严厉打击违法排污、破坏生态等违法行为，推进山水林田湖草沙一体化综合治理，关停取缔散乱污企业（场所）15家。推进生态修复治理，落实打击非法违法盗采矿山长效机制，在矿山安装监控，全面遏制非法采矿行为。开展违法用地查处整改39宗，拆除“两违”面积2万平方米。开展违规畜禽养殖整治专项行动5次，拆除非法生猪养殖场20处，拆除面积4000平方米。

【社会事业发展】 文化与体育　中房镇完成松洋村、吉磜村农村文化服务中心3.0提升建设。中房村获评市级乡村振兴文明建设示范村。实施县级文物保护单位岭兜转水桥周边环境提升工程。完成新时代文明实践所、站创建工作，深化“我们的节日”“道德模范帮扶”“诚信主题建设”“读书月”“文明餐桌”等系列活动，社会文明程度和群众文明素质不断提升。

社会保障　坚持优先发展教育，完善中房中学和中心小学教学设施，开展教师节表彰及“同心书屋 关爱成长”等捐赠活动。提高医疗服务水平，完成卫生院提升改造工程。巩固脱贫攻坚成果，为12户脱贫户申请扶贫小额信贷，为40户脱贫户申请产业发展补助资金8万元。推进弱势群体保障工作，全年发放临时救助金217人次26.5万元，发放重度残疾人护理补贴、困难残疾人生活补贴，为60名高龄人员发放高龄补贴。打造王沙村长者食堂，健全养老服务体系。推进慈善事业发展，多方筹集善款20余万元成立镇慈善分会，常态化开展奖教助学、扶贫济困等慈善活动。实施“乡贤回归”工程，举办乡贤恳谈会，推动各村成立乡贤促进会，激活乡贤力量，助力乡村振兴。

平安文明　推进“文明中房”“平安中房”“法治中房”建设。回应群众诉求，办结“12345”诉求事项112件，办结率100%；加大矛盾纠纷化解力度，调处246宗，化解率100%。严格落实安全生产“一岗双责、党政同责”，全面开展食品药品、防汛防台、道路交通、矿山、消防、学校等安全隐患大排查大整治，开展防汛和地质灾害演练，筑牢安全底线。

（陈惠纹）

白塔乡

【概况】　白塔乡位于罗源县西南部，区域面积70.86平方千米，辖15个行政村（含5个畲族村），有4401户14254人。系闽东革命老根据地之一，全乡15个行政村均为革命老区村，保留有罗源县第一个党支部——中共罗源县应德支部和红军北上抗日先遣队罗源（百丈）指挥部等18处革命遗（旧）址。

【经济建设】　基础数据　全乡实现规模以上工业产值15.4亿元，比上年增长14.3%；固定资产投资26.9亿元，比上年增长6.0%；限上商贸业营业额3.0亿元，比上年增长18.2%；规上服务业营业额2.3亿元，比上年增长38.8%；农业总产值3.85亿元，比上年增长5.4%；财政总收入4296万元；农村居民人均可支配收入2.27万元，比上年增长10.0%。

农业生产　农业总产值3.85亿元，比上年增长5.4%。快速发展特色农业项目，种植树葡萄、砂糖橘等优质水果，提升鳗鱼养殖和精深加工产业。完成长基等村高标准农田建设86.67公顷，整治抛荒撂荒耕地80公顷，提升农田耕作条件。配套出台粮食生产奖补政策，发放种粮补贴近200万元，全年粮播面积353.33公顷。培育壮大村级集体经济，全乡15个村集体经营性收入10万元以上，九溪等3个村突破50万元。

乡村旅游　提升百丈指挥部旧址布展内容，推动百丈红色研学基地、红军营地、红廉长廊建设，百丈村获评省级金牌旅游村。完成石别区苏维埃政府和长基青年公园两个红色遗址修缮，举办“世界冠军和你一起过端午”活动，获得多家市级媒体报道。塔里农庄市级乡村振兴项目完工，开发蓝家大院、南坂民宿等旅游资源，引进涓溪中医畲药康养旅游项目，着力打造南洋村、塔里村“四同”党性教育基地。举办全市人居环境整治积分制南洋现场观摩会、“民族一家亲·中秋话团圆”央视直播主题活动，提升白塔形象和人气。

园区建设　完成乡村振兴产业园75.13公顷土地征收成片开发方案报批。实施园区光缆迁移、牛山下片涵洞建设、入口标识及路灯建设等项目，完善园区配套设施。投入专项资金1300万元，完成工业园区污水处理设施项目建设，日污水处理量1000吨。

项目攻坚　“攻坚2022”“项目攻坚落实年”“入库入统”等专项行动考评成绩始终保持全县前三水平。全年对接引进炻艺发泡陶瓷构件等新项目16个，投资总金额31.93亿元。推进三产融合，新发展规上工业企业3家、限上商贸业企业4家、规上服务业企业2家、规上交通业企业1家、引进三级建筑业企业2家，全年建筑业产值1.8亿元。推动润普新型节能环保塑料管材制造等4个项目有序开工，新馨蛋鸡生态养殖等4个项目竣工。

【基础设施建设】　白塔乡完成梅洋、石别等村新增路灯建设，实施白西线道路大中修，完善应百线7.9千米农村幸福路建设，改造拓宽长基、小云村道，保障群众出行安全。完成南洋

9月9日、10日，央视直播白塔乡南洋畲族村“民族一家亲·中秋话团圆”主题活动

红毛里后山排水管渠建设项目，改造修复九溪、长基等村自来水管网。打造1个新时代文明实践所和2个新时代文明实践示范站，完成9栋既有裸房整治。

【社会事业发展】 白塔乡脱贫攻坚成效巩固，发放扶贫各类资金48.4万元，扶持脱贫户小额信贷14户，新增低保对象48户80人，实施临时救助183户22.25万元。设立5个村级就业服务驿站，50余名在家群众与用工企业达成就业协议。推进白塔乡农村区域性养老服务中心项目建设，完成白塔村幸福院、应德村省级示范长者食堂和旺岩村笕下老年人活动中心建设，提升养老服务水平。改造提升乡武装大楼，乡武装部获评三星级基层武装部。修缮白塔中小学宿舍楼，白塔中学中考成绩位列全县农村学校第一名，综合实力快速提升。

【生态环境治理】 白塔乡成立综合行政执法队，及时发现并处置偷挖盗采矿石等违法行为13起，完成“美丽罗源监管平台”举报件整改34宗。完成敖江流域旺岩至长基河道清淤整治项目，实施三宝礤场整治项目，修缮百丈、凤坂、旺岩、钟下等村农村生活污水站，关停“散乱污”企业14家，查处拆除退养违规畜禽养殖点12处，淘汰10吨以下燃煤锅炉1座，全年断面水质达标。完成2021年公开出让的5处废弃石碴点生态修复，推出废弃石碴公开处置出让点1处，实现矿山生态修复和废弃石碴市场化处置“双推进”。完成松林改造提升49.87公顷、森林抚育224.93公顷、封山育林161.13公顷，梅洋村和旺岩村获评2022年度“绿盈乡村”中级版村庄。

【平安创建】 白塔乡巩固市级平安乡镇创建，获评第二批省级乡村治理示范乡镇。落实第七次全国人口普查工作，获得特殊贡献集体称号。优化便民服务质量，全年受理办结便民服务件536件，办理人大代表建议和政协委员提案39件，推进滞留缅北人员核减工作，劝返3人，劝返率位居全县前列。白塔派出所全年破获刑事案件16起，查处治安案件85起。

（吴凌云）

西兰乡

【概况】 西兰乡位于罗源县中西部山区，全乡总面积77.56平方千米，辖17个行政村（其中民族村3个），73个自然村，党支部23个，党员746名。全乡有4005户12806人，其中少数民族人口占总人口的10%。

【经济建设】 全年完成固定资产投资16.4207亿元，比上年增长10.62%；一般公共预算总收入1570.43万元；地方一般公共预算收入850.48万元。

农业 实现农业总产值34902万元，比上年增长4.1%。采取“自主经营”“承包经营”“合作经营”等措施稳步推进寿桥乡村新型果蔬种植采摘基地、许洋乡村振兴田园综合体、西兰·七境茶种植、岭头稻田养鱼示范片等产业项目，盘活土地，消纳富余劳动力，壮大村级集体经济，寿桥、礤石村财收入突破50万元，后路、西兰、洋坪、石别下、甘厝、坑里等村突破20万元，其余各村均完成10万元的目标任务。

工业 完成工业固定资产投资113823万元；规上工业产值71212.4万元。全年招商落地项目11项，引入闽春酒业、中恒陶瓷岩板、永万顺锂电池配套、竹木制品精深加工、必利农智园等重点项目落地建设。

商贸服务业 实现服务业总产值31747.6万元，比上年增长50.23%，排名第一。

【乡村建设与管理】 基础设施建设 西兰乡加快Y011破石至上洋和甘厝、上洋村内道路建设前期工作并尽快启动建设。完成下际通村路、岭尾店至破石、枣岭头至墩厝破板路面修复、岭尾店至洋坪段道路安全隐患整改，打通道路交通“主动脉”。投入160万元完成礤石村、坑里村农村安全饮水提升工程。完善农田设施，解决寿桥、破石、墩厝应急农业用水问题。

生态环境 制定河长制作战图，开展市河长日巡河活动。加强河道水环境整治，投入130万元完成乡村振兴研学小镇墩厝、西兰等片区污水管网、岭尾店片区污水纳管等工程，实现水清、河畅、岸绿、景美。

人居环境 推进市级垃圾分类示范乡镇建设，开展“六清一改一管”“黑纱整治”等行动，建立人居环境积分制和乡村治理公众评议机制，对村民家风道德品行情况进行评议，把得分情况作为贷款授信、宅基地审批、农业项目补助发放等重要依据。垃圾处理费收缴3377人，缴交率99.06%，排名全县前列。

【社会事业发展】 文化旅游 西兰乡打造全县研学旅游乡村振兴示范区，推进研学小镇建设，投入1500万元实施寿桥、洋坪、许洋乡村振兴项目，整合带活周边洋坪、许洋、七境堂等6个乡村旅游项目，完善研旅配套设施，拓展研旅服务内容，引进落地洋坪、礤石休闲民宿，着力打造一核引领、多元联动、多村协同、连片繁荣的研学小镇，不断为乡村带来人气、集聚财气。开展乡村旅游项目以来，共接待学生、事业机关人员和游客20000人。

社会保障　新增低保对象55人、低保边缘对象23人，发放临时救助金17万元。完成计生户865户2109人免费医保审核、录入，办理计生户农村奖励扶助106人、特扶2人。建成西兰村省级长者食堂并投入使用。修缮乡敬老院，完成42户困难老年人家庭适老化改造。就业驿站村级服务点完成率104%，全县排名第二。

平安建设　全面开展防汛防台、道路交通、矿山、房屋结构安全、消防安全、学校安全、民爆物品等重点行业、重点领域、重点企业安全隐患大排查大整治，确保人民群众生命财产安全。抓好常态化扫黑除恶斗争、扫黄打非、禁毒禁赌、反邪教等工作，刑事案件发案数不断下降。

（李晓航）

飞竹镇

【概况】　飞竹镇地处罗源县西北部，区域面积119.56平方千米，均为陆地。辖19个行政村，有4702户15573人。

【经济建设】　基础数据　飞竹镇实现地方一般公共预算收入2211.84万元，比上年增长152%；固定资产投资6.87亿元，比上年增长93.91%；工业固定资产投资2.08亿元；比上年增长114.69%。

农业　实现农业产值3.42亿元，比上年增长3.4%。完成马洋等5个村高标准农田建设，引入罗源县聚谷农业发展有限公司、叶玉冰农场等企业，运用专业化、规模化种植方式，种植水稻320.87公顷。复垦复种抛荒撂荒地200.47公顷，全年粮食产量3600余吨。

工业　实现规模以上工业产值6.16亿元，比上年增长6.27%。

商贸服务业　实现社会消费品零售总额3.89亿元，比上年增长18.43%；其他营利性服务业3.56亿元，比上年增长32.21%；批发业18.42亿元，比上年增长157.82%。新增入库社零企业6家、服务业企业1家、建筑业企业1家。

招商引资　全年完成项目招商11个，总投资23.39亿元，其中产业链项目2个，重点招商项目2个，技改项目1个。3个项目动工建设，3个项目竣工。

【镇村建设与管理】　飞竹镇完成斌溪至安后道路修复、塔里洋村村道拓宽等工程，飞斌线飞竹至刘洋段道路扩宽改造工程有序推进。建成洋头村生命公园，推进殡葬改革。完成灌区农业水价综合改革项目、斌溪流域水系连通（二期）工程，群众生活品质提升。

【社会事业发展】　乡村振兴　洋柄村入选市乡村振兴四星级村；飞竹、梧桐、外坂、塔里洋等4个村完成三星级创建考评。完成洋头等村高产竹林地示范区道路工程建设，完善竹林基地基础设施。完成陶洋、洋头市级乡村振兴试点项目、斌溪文化旅游项目建设，余音绕群山音乐谷项目开工。完成仓前红色文化旅游项目，启动丰余火烧水尾厝旧址红色项目，罗源县苏维埃革命教育基地获评“福州市党性教育现场教学市级示范点”，全镇红色氛围越发浓厚。

人居环境整治　开展村庄清洁“六清一改一管”、拆除“黑纱”专项治理等行动，组织“护河爱水 清洁家园”等系列活动。推行农村人居环境整治积分制，有效推动人居环境整治。组建镇文明创城巡查劝导队，定期到飞竹街进行巡查劝导，开展车辆违停、占道经营等问题整治，改善农村风貌。

生态环境建设　常态化开展河道巡查和综合治理，推进集镇污水处理站整治提升，启动龙山渣场整治，飞竹溪、丰余溪、新洋溪等流域水环境综合整治工程，全面整治散乱污企业、场所11家，河流水质全面提升。组建镇综合巡查队，完成各类重点区域巡查176人次。依法强制拆除蛤蟆石、官路下等村猪栏2处，整治卫片图斑69宗，拆除“两违”面积10.2万平方米。

文化与精神文明　以创新管理机制、提升服务效能为重点，推进文化服务中心工程，推动文化活动室、农家书屋、党建室、便民服务窗口、文化广场等建设，助力乡村文化多元发展。

社会保障　落实农村低保、特困救助、残疾人补助等各项民政救助政策，新增低保对象93人、低保边缘对象34人。完成计生户856户2218人免费医保审核、录入，办理计生户农村奖励扶助390人，城镇奖扶2人，特扶3人，高考奖励5人，完成35户困难老年人家庭适老化改造。就业驿站村级服务点建设完成率100%。成立罗源县慈善总会飞竹分会，社会救助更加完善。

平安建设　“平安飞竹”“法治飞竹”深入推进，加大对电信网络诈骗犯罪、传统“盗抢骗”等犯罪的打击力度，推进缅北涉诈人员劝返工作，劝返滞留缅北涉电诈高危人员回国。不断健全矛盾纠纷调处机制，调解各类矛盾纠纷22件。深入开展森林防火、防汛备汛、农村房屋结构安全排查治理等工作，全年安全生产形势总体稳定。

（刘小清）

霍口畲族乡

【概况】　霍口畲族乡位于罗源县西部，与古田、闽侯、晋安、连江四县交界，敖江穿境而过，是福州“二水源”

饮用水保护区，是福州市最大的民族乡。全乡辖24个行政村（其中畲族村8个，老区村19个），有6061户19732人。

【经济建设】 农业　霍口畲族乡实现农业总产值3.87亿元，比上年增长3.9%。建设溪前村、福湖村稻蔬轮作基地，完成溪前农产品冷链物流中心、新品种试种中心等项目主体建设，引导食用菌由烤烘干包装转型升级为冷链物流配送，逐步打通食用菌产业链条。构建“生态+农业”模式，引导农户因地制宜发展特色农业，新建山垄湾“油茶+黄精”产业基地，建成东园亭林下养蜂基地等农业基地，紫竹、黄桃等种植规模稳步扩大，农业新增长点不断涌现，“一村一品”发展格局进一步构建。

商贸服务业　实现线上社零收入10.9亿元，实现其他营利性服务业收入0.27亿元。

招商引资　完成开工项目2个，引进建筑业企业、服务业企业7家。

【乡村建设与管理】 基础设施建设　霍口畲族乡加强数字新基建建设，启动覆盖全乡的39个基站的规划设计，分阶段实现全乡22个村有线网络、5G网络全覆盖。完成溪里至樟后、湖头至仙洋、川边至南墘3条道路的项目报批工作，并着手开展林地审批。完成霍口乡香岭村集中供水工程、塘下村和长柄丘村抗旱保供水项目等工程，全力推动城乡供水一体化项目，保障群众生活生产用水。

重点项目建设　霍口水库安置房、文物安置迁移等工程竣工，过鱼设施工程开工建设，库底清理、古树移植等项目序时启动，移民选房工作完成，霍口水库建设进入收尾阶段。抢抓国家政策机遇，积极向上争取山水林田湖草生态保护修复项目资金，谋划生成敖江流域（霍口段）水生态整治、霍口水库环库林效提升、霍口水库周边生物多样性利用等项目。

【社会事业发展】 民族团结工作　霍口畲族乡成立民族团结工作领导小组，建深建细“党建+民族团结”的指导网络，争取上级少数民族发展资金229万元，建设山垄垮村梨坑护岸及道路修复工程、大王里村河道整治二期工程，修缮霍口中学教学楼、二层教室及化学实验室，推动“畲汉一家亲”更上一个台阶。霍口畲族乡获评“全省民族团结进步重点区重点单位”“铸牢中华民族共同体意识乡村振兴示范乡”。

民生保障工作　全年新增低保对象52户74人，临时救助60户86人次，发放救助资金13.19万元，实现应保尽保、应救尽救。开展双拥和退役军人事务工作，慰问辖区内退役军人、现役军人家属和其他优抚对象。科学安排2022年中央财政衔接推进乡村振兴补助资金6万元，支持10户脱贫户发展特色产业、2户脱贫户学生助学补助，兜住脱贫户发展底线。

环境整治工作　深入开展人居环境整治行动，压实乡村两级责任，发挥党员示范带动作用，动员党员群众2000余人次。开展“清四乱”专项整治行动25次。在全乡范围内推广人居环境整治积分制工作。紧盯文明城市创建工作，常态化开展打非治违纠乱专项行动，完成240余户环境卫生排查，发现并交办问题380余处。开展土地违建处置工作，完成卫片违法图斑整改35宗。对集镇周边残墙断壁、农村危房、主干街道等进行全面修缮整理、清洗，共拆除修整6处，修缮整治路面墙面4处，增加集镇区域停车位100余个。

平安霍口建设　深入开展平安创建活动，健全平安畲乡工作机制，完善信访评理室建设，落实重点人员管控，突出做好霍口库区涉迁工作和矛盾纠纷化解，办结信访件24件，处理矛盾纠纷73件。开展平安畲乡法治宣传，打击整治电信、养老等网络诈骗。创新社会治理模式，以福湖村为试点，开展智慧农村系统基础设施建设，建成“智慧福湖”项目，以“数字+网格+治理”模式，实现社会治理一个平台运行，提高社区治理效率。落细落实安全生产、防汛抗旱等工作，对各类生产经营单位开展“敲门行动”260余次，全年安全生产事故零发生。

（雷弘彰）

（编辑　林烨欣）

先进集体

2022 年罗源县省级（省直部门）先进集体一览表

表 19

单位名称	荣誉称号	授予单位	授予时间
罗源县白塔乡小时候生态农场	福建省巾帼示范基地	福建省妇女联合会	2022 年 2 月 18 日
福建省创隆电器科技有限公司技术部	福建省“工人先锋号”	福建省总工会	2022 年 5 月
福州市罗源公路事业发展中心	福建省“安康杯”竞赛先进单位	福建省总工会、福建省应急管理厅、福建省卫生健康委员会	2022 年 7 月
侨源气体（福州）有限公司	福建省“安康杯”竞赛先进单位	福建省总工会、福建省应急管理厅、福建省卫生健康委员会	2022 年 7 月
中国电信股份有限公司罗源分公司	福建省“安康杯”竞赛先进单位	福建省总工会、福建省应急管理厅、福建省卫生健康委员会	2022 年 7 月
国网福建省电力有限公司罗源县供电公司	福建省“安康杯”竞赛先进单位	福建省总工会、福建省应急管理厅、福建省卫生健康委员会	2022 年 7 月
福建罗源闽光钢铁有限责任公司轧钢厂高棒生产甲作业区	福建省“安康杯”竞赛先进班组	福建省总工会、福建省应急管理厅、福建省卫生健康委员会	2022 年 7 月
罗源县应急管理局	福建省“安康杯”竞赛组织工作优秀单位	福建省总工会、福建省应急管理厅、福建省卫生健康委员会	2022 年 7 月
罗源县妇联	全省妇联系统先进集体	福建省人力资源和社会保障厅、福建省妇女联合会	2022 年 7 月 14 日
福建省罗源县百谷农业发展有限公司	福建省巾帼示范基地	福建省妇女联合会	2022 年 11 月 19 日
罗源县松山镇五里社区家长学校	福建省家庭教育创新实践基地	福建省妇女联合会	2022 年 12 月 26 日

2022 年罗源县市级（市直部门）先进集体一览表

表 20

单位名称	荣誉称号	授予单位	授予时间
福建罗源闽光钢铁有限责任公司轧钢厂	福州市“工人先锋号”	福州市总工会	2022 年 4 月

续表 20

单位名称	荣誉称号	授予单位	授予时间
福州港罗源湾码头有限公司工程建设部	福州市“工人先锋号”	福州市总工会	2022 年 4 月
福建省南铝工程股份有限公司生产技术环保部幕墙车间	福州市“工人先锋号”	福州市总工会	2022 年 4 月
福州德塔电源技术有限公司工程技术部	福州市“工人先锋号”	福州市总工会	2022 年 4 月
福建联塑新材料科技有限公司品管部	福州市“工人先锋号”	福州市总工会	2022 年 4 月
侨源气体（福州）有限公司生产技术部	福州市“工人先锋号”	福州市总工会	2022 年 4 月
世纪金源物业服务集团有限公司罗源分公司人事行政部	福州市“工人先锋号”	福州市总工会	2022 年 4 月
罗源湾滨海旅游文化开发有限公司工程部	福州市“工人先锋号”	福州市总工会	2022 年 4 月
福建省罗源县百谷农业发展有限公司包装车间	福州市“工人先锋号”	福州市总工会	2022 年 4 月
国网福建省电力有限公司罗源县供电公司营销部	福州市“工人先锋号”	福州市总工会	2022 年 4 月
中国电信股份有限公司罗源分公司松山支局	福州市“工人先锋号”	福州市总工会	2022 年 4 月
中共罗源县委办公室综合科	福州市“五一先锋号”	福州市总工会	2022 年 4 月
罗源湾开发区管委会土地规划建设部	福州市“五一先锋号”	福州市总工会	2022 年 4 月
罗源县纪委监委信访室	福州市“五一先锋号”	福州市总工会	2022 年 4 月
罗源县公安局起步派出所	福州市“五一先锋号”	福州市总工会	2022 年 4 月
罗源县人民法院	福州市第二批节约型机关	福州市机关事务管理局 福州市发展和改革委员会 福州市财政局	2022 年 11 月 28 日
罗源县消防救援大队	福州市“青年文明号”	福州市创建青年文明号活动组织委员会	2022 年 12 月
罗源县农村信用合作联社滨海信用社	福州市“青年文明号”	福州市创建青年文明号活动组织委员会	2022 年 12 月
福建罗源闽光钢铁有限责任公司炼铁厂	福州市“青年文明号”	福州市创建青年文明号活动组织委员会	2022 年 12 月
罗源县委文明办	“美好家风我传承”家庭家教家风主题活动最佳组织单位	中共福州市委文明办 福州市教育局 海峡教育报社	2022 年 12 月 9 日
罗源县委文明办	2022 年福州市公益广告大赛组织奖	中共福州市委文明办	2022 年 12 月 15 日
罗源县凤山镇妇联	福州市“三百五有”创建活动达标乡镇妇联	福州市妇女联合会	2022 年 12 月 20 日
罗源县鉴江镇妇联	福州市“三百五有”创建活动达标乡镇妇联	福州市妇女联合会	2022 年 12 月 20 日
罗源县中房镇妇联	福州市“三百五有”创建活动达标乡镇妇联	福州市妇女联合会	2022 年 12 月 20 日

续表 20

单位名称	荣誉称号	授予单位	授予时间
罗源县凤山镇管柄村	福州市“三百五有”创建活动达标村（社区）妇联	福州市妇女联合会	2022 年 12 月 20 日
罗源县松山镇五里社区	福州市“三百五有”创建活动达标村（社区）妇联	福州市妇女联合会	2022 年 12 月 20 日
罗源县碧里乡西洋村妇联	福州市“三百五有”创建活动达标村（社区）妇联	福州市妇女联合会	2022 年 12 月 20 日
罗源县鉴江镇鉴江村妇联	福州市“三百五有”创建活动达标村（社区）妇联	福州市妇女联合会	2022 年 12 月 20 日
罗源县起步镇下长治村妇联	福州市“三百五有”创建活动达标村（社区）妇联	福州市妇女联合会	2022 年 12 月 20 日
罗源县洪洋乡洪洋村妇联	福州市“三百五有”创建活动达标村（社区）妇联	福州市妇女联合会	2022 年 12 月 20 日
罗源县白塔乡南洋村妇联	福州市“三百五有”创建活动达标村（社区）妇联	福州市妇女联合会	2022 年 12 月 20 日
罗源县西兰乡寿桥村妇联	福州市“三百五有”创建活动达标村（社区）妇联	福州市妇女联合会	2022 年 12 月 20 日
罗源县飞竹镇斌溪村妇联	福州市“三百五有”创建活动达标村（社区）妇联	福州市妇女联合会	2022 年 12 月 20 日
罗源县霍口乡福湖村妇联	福州市“三百五有”创建活动达标村（社区）妇联	福州市妇女联合会	2022 年 12 月 20 日

先进个人

2022 年罗源县省级（省直部门）先进个人一览表

表 21

姓 名	性别	工作单位及职务	荣誉称号	授予单位	授予时间
林 勇	男	罗源县人民法院民事审判庭副庭长	“天平奖章”	福建省高级人民法院	2022 年 1 月
于 艳	女	罗源县百谷农业发展有限公司总经理	福建省首届“最美基层妇联执委”	福建省妇女联合会	2022 年 3 月
向志华	男	华能（福建）海港有限公司港口业务部主任	福建省“五一劳动奖章”	福建省总工会	2022 年 5 月
陈希鹏	男	罗源县人民法院刑庭审判员	第十九届“福建青年五四奖章”	共青团福建省委	2022 年 5 月 4 日
黄宗斌	男	罗源县人民法院飞竹人民法庭庭长	全省法院系统首届年度优秀案例分析三等奖	福建省高级人民法院	2022 年 8 月 29 日
兰丽群	女	罗源县人民法院党组成员、副院长	福建省审判业务专家	福建省高级人民法院	2022 年 9 月 26 日
薛丽惠	女	罗源县教师进修学校附属小学辅导员	福建省优秀少先队辅导员	共青团福建省委 福建省教育厅 福建省少工委	2022 年 10 月
陈丹丹	女	罗源县人民法院海滨人民法庭审判员	《福建省法学会婚姻家庭法学研究会关于 2022 年婚姻家庭法学专题研讨征文》二等奖	福建省法学会	2022 年 12 月 19 日

2022 年罗源县市级（市直部门）先进个人一览表

表 22

姓 名	性别	工作单位及职务	荣誉称号	授予单位	授予时间
黄宗斌	男	罗源县人民法院 飞竹人民法庭庭长	第二届“推进新时代市域治理现代化”二等奖	中共福州市委宣传部 中共福州市委政法委 福州市社科联 福州市法学会联合	2022 年 1 月 5 日
于 艳	女	罗源县百谷农业发展有限公司总经理	福州“最美女科技特派员”	福州市科学技术局 福州市妇女联合会	2022 年 2 月 10 日
杨爱玲	女	罗源县农业技术推广站	福州“最美女科技特派员”提名奖	福州市科学技术局 福州市妇女联合会	2022 年 2 月 10 日
江洪、林振旺家庭	—	松山镇五里社区	第十三届福州市“五好”家庭	福州市妇女联合会 中共福州市委文明办	2022 年 6 月 29 日
叶文停、万强家庭	—	凤山镇闽凤社区	第十三届福州市“五好”家庭	福州市妇女联合会 中共福州市委文明办	2022 年 6 月 29 日
郑照、林珊家庭	—	松山镇五里社区	2022 年福州市“最美”家庭	福州市妇女联合会 中共福州市委文明办	2022 年 6 月 29 日
黄海兵、郑玲惠家庭	—	凤山镇凤美社区	2022 年福州市“最美”家庭	福州市妇女联合会 中共福州市委文明办	2022 年 6 月 29 日
王文斌、游淑英家庭	—	凤山镇闽凤社区	2022 年福州市“最美”家庭	福州市妇女联合会 中共福州市委文明办	2022 年 6 月 29 日
陈青、林晓红家庭	—	凤山镇东门社区	2022 年福州市“最美”家庭	福州市妇女联合会 中共福州市委文明办	2022 年 6 月 29 日
郑俭、叶艳琛家庭	—	起步镇桂林村	2022 年福州市“最美”家庭	福州市妇女联合会 中共福州市委文明办	2022 年 6 月 29 日
陈兆城、范锦娴家庭	—	起步镇兰田村	2022 年福州市“绿色”家庭	福州市妇女联合会 福州市生态环境局	2022 年 6 月 29 日
谢斌斌、李美丽家庭	—	松山镇岐屿社区	2022 年福州市“绿色”家庭	福州市妇女联合会 福州市生态环境局	2022 年 6 月 29 日
许启盛、周美玉家庭	—	西兰乡蒋山村	2022 年福州市“绿色”家庭	福州市妇女联合会 福州市生态环境局	2022 年 6 月 29 日
卓宝锦、卓翠珍家庭	—	凤山镇管柄村	2022 年福州市“绿色”家庭	福州市妇女联合会 福州市生态环境局	2022 年 6 月 29 日
黄宗斌	男	罗源县人民法院 飞竹人民法庭庭长	福州中院“贯彻实践习近平法治思想”一等奖	福州市中级人民法院	2022 年 9 月 19 日
邱瑞镧	男	罗源县人民法院 飞竹人民法庭副庭长	福州中院“贯彻实践习近平法治思想”三等奖	福州市中级人民法院	2022 年 9 月 19 日
郭茹洁	女	罗源县人民法院 海滨人民法庭庭长	“巾帼志愿十大最美志愿者”	福州市妇女联合会	2022 年 12 月 19 日
黄 迁	女	罗源县白塔乡妇联主席	福州市“三百五有”创建活动优秀妇联主席	福州市妇女联合会	2022 年 12 月 20 日
邓美星	女	罗源县凤山镇南门外村妇联主席	福州市“三百五有”创建活动优秀妇联主席	福州市妇女联合会	2022 年 12 月 20 日

（编辑　林烨欣）

罗源县人民政府办公室关于印发防止耕地“非粮化”巩固提升粮食综合生产能力实施方案的通知

罗政办〔2022〕4号

各乡（镇）人民政府、县直各有关部门：

《防止耕地“非粮化”巩固提升粮食综合生产能力实施方案》已经县政府研究同意，现印发给你们，请认真贯彻执行。

罗源县人民政府办公室

2022年1月24日

（此件主动公开）

罗源县防止耕地“非粮化”巩固提升粮食综合生产能力实施方案

为全面贯彻落实《国务院办公厅关于防止耕地“非粮化”稳定粮食生产的意见》（国办发〔2020〕44号）、《福建省人民政府办公厅关于印发防止耕地“非粮化”稳定粮食生产实施方案的通知》（闽政办〔2021〕6号）以及福州市《防止耕地“非粮化”稳定粮食生产实施方案》（榕政办〔2021〕117号）文件精神，为切实防止耕地“非粮化”，全力稳定粮食生产，结合我县实际，制定本实施方案。

一、总体目标

坚持以习近平新时代中国特色社会主义思想为指导，认真落实党中央、国务院和省委、省政府决策部署，实行粮食安全党政同责，把确保粮食安全作为“三农”工作的首要任务，着力稳政策、稳面积、稳产量，实施最严格的耕地保护制度，确保耕地“非粮化”增量得到坚决遏制，耕地“非粮化”存量得到分类稳妥处置，防止耕地“非粮化”长效机制建立健全，粮食综合生产能力稳步提高，“十四五”期间年粮食播种面积稳定在9.33万亩以上。

二、重点任务

（一）坚决防止耕地“非粮化”倾向

1. 坚决保护好耕地。严格执行《中华人民共和国土地管理法》《基本农田保护条例》等有关规定，坚决落实耕地保护目标和永久基本农田保护任务。强化国土空间规划管控和用途管制，严格建设项目占用耕地审批，一般建设项目不得占用永久基本农田，符合条件的重大建设项目确需占用永久基本农田的，按规定严格审核论证后报国务院审批。严格执行“占优补优、占水田补水田”，落实耕地占补数量、质量双平衡。转变补充耕地方式，重点通过土地综合整治、高标准农田建设、生态修复等方式补充耕地，减少未利用地开发。强化补充耕地项目监管，加强后期管护。

〔责任单位：县自然资源和规划局、县农业农村局、各乡（镇）人民政府〕〔备注：以下均需各乡（镇）人民政府落实，不再逐一列出〕

2. 依法依规加强基本农田管理。各级各有关部门要综合运用现代信息技术，定期开展永久基本农田种植情况动态监测。乡（镇）人民政府要通过多种渠道和载体，及时向社会公告永久基本农田的位置、范围并设立保护标志。禁止占用永久基本农田从事林果业和挖塘养鱼、非法取土等破坏耕作层的行为，禁止闲置、荒芜永久基本农田。利用永久基本农田发展稻渔、稻虾、稻蟹等综合立体种养，应当以不破坏永久基本农田为前提，沟坑占比要符合稻渔综合种养技术规范通则标准。根据国家相关法律法规，对占用永久基本农田从事林果业、挖塘养鱼等，根据时间节点明确政策界限和范围，依法依规分类处置。

（责任单位：县自然资源和规划局、县农业农村局、县林业局）

3. 有序引导工商资本下乡。鼓励和引导工商资本到农村从事良种繁育、粮食加工流通和粮食生产专业化社会化服务等。建立健全农村承包地日常管理服务机制，加强农村土地流转合同管理，推动有条件的乡镇探索建立土地经营权流转合同网签制度，通过信息化手段为流转双方提供便捷服务，提高农村承包地管理信息化水平。建立健全工商企业等社会资本流转土地资格审查、项目审核和风险防范等制度，加强事中事后监管，防止耕地“非粮化”，确保农地农业用途。对工商资本违反相关产业发展规划大规模流转耕地不种粮的“非粮化”行为，一经发现要坚决予以纠正，并立即停止其享受相关扶持政策。

（责任单位：县农业农村局、县自然资源和规划局、县市场监管局）

4. 坚持耕地利用优先序。永久基本农田是依法划定的优质耕地，要重点用于稻谷等粮食生产；一般耕地应主要用于粮油和蔬菜等农产品生产。耕地在优先满足粮食和食用农产品生产基础上，适度用于非食用农产品生产。严格控制耕地转为林地、园地等其他类型农用地，保证可用于粮食生产的耕地数量、质量不下降。

（责任单位：县农业农村局、县自然资源和规划局、县林业局）

5. 统筹利用撂荒地复耕种粮。各乡镇要按照“村有清单、乡（镇）有台账”的要求，建立撂荒地基本情况和统筹利用信息台账，摸清撂荒地底数，加强撂荒地动态管理，每半年乡（镇）级台账至少更新一次。要根据耕地撂荒原因，因地制宜制定切实可行的政策措施，统筹利用撂荒地复耕种粮。

（责任单位：县农业农村局、县自然资源和规划局）

（二）稳步提升粮食综合生产能力

6. 切实稳定粮食播种面积。各乡镇要压紧压实属地责任，坚决落实粮食安全党政同责，毫不放松抓好粮食生产，认真落实省市县重点农产品区域布局及分品种生产供给方案，及时将年度粮食生产目标分解到乡到村，落实到户到田，确保全县粮食年播种面积稳定在 9.33 万亩以上。

（责任单位：县农业农村局）

7. 全面加强水稻生产功能区建设管理。各地要积极引导农民在水稻生产功能区（以下简称功能区）至少种植一季水稻，种植经济作物的要在一季后能够恢复水稻生产。不得擅自调整功能区，不得违规在功能区内建设种植和养殖设施，不得在功能区内超标准建设农田林网。加大对功能区政策支持，相关涉农资金向功能区倾斜，到 2025 年实现功能区高标准农田建设全覆盖。综合运用现代信息技术，建立功能区监测监管体系，定期对功能区范围内作物品种和种植面积等进行动态监测评价，摸清粮食生产实情，深入分析相关情况，推进信息化、精细化管理，切实保护水稻生产功能。

（责任单位：县农业农村局、县发改局、县财政局、县自然资源和规划局）

8. 扎实推进高标准农田建设。积极争取国家政策和资金支持，省、市、县（市）区共同承担农田建设支出责任，列入本级预算。加大土地出让收入、旧村复垦等补充耕地指标跨域调剂收益、政府债券等对高标准农田建设的支持力度，健全农田建设投入稳定增长机制。支持农业新型经营主体和社会资本采用 PPP 模式或直接投资等方式建设高标准农田，拓展高标准农田建设资金投入渠道。开展土地平整、土壤改良、灌排设施、田间道路、生态防护等建设，推进农田宜机化改造，提升灌排水平，提高耕地地力，提升建设内涵，增强耕地产粮能力。到 2025 年，全县高标准农田保有量持续增加，建设标准和质量持续提升，农田防灾减灾能力明显增强，粮食产能明显提高。

（责任单位：县农业农村局、县发改局、县财政局、县自然资源和规划局、县水利局）

9. 提升粮食生产机械化服务水平。依托全国粮食绿色高质高效行动项目、福建省粮食产能区增产模式攻关与推广项目等粮食关键性增产项目建设。深入开展农作物全程全面机械化推进行动，积极落实农机购置补贴政策，进一步推广农机新机具，建设新机具推广基地和水稻、特色农业产业全程机械化示范基地。创新农机服务机制，做大做强“全程机械化 + 综合农事”服务中心，继续推动智慧农机示范作用与推广“互联网 + 农机”服务新模式，持续提升机插、机收、机烘等社会化服务能力，到 2025 年全县水稻耕种收综合机械化率达到 83% 以上，基本实现水稻生产全程机械化。

（责任单位：县农业农村局、县财政局）

10. 不断提高风险保障能力。加大对农业保险政策的宣传力度，做好县级财政补贴水稻和马铃薯等种植保险工作。巩固提升水稻种植保险覆盖面，扩大马铃薯种植保险投保面积。对愿意缴费参保的农户，要做到应保尽保。

（责任单位：县农业农村局、县财政局）

三、保障措施

（一）强化组织领导。各乡镇要严格落实粮食安全生产主体责任，细化工作方案，完善保护耕地、支持粮食生产相关政策措施，对本区域耕地种粮情况进行动态监测评价，发现问题及时整改，重大情况及时报告。加大政策宣传力度，及时曝光违法行为。各有关部门要按照职责分工，协同作战，形成合力，切实做好相关工作。

（责任单位：县农业农村局、县自然资源和规划局）

（二）强化政策扶持。各级各有关部门要认真贯彻落实国家、省、市、县有关扶粮惠农政策，加大对种植粮食作物的扶持力度和金融支持力度，促进我县粮食生产。加大对规模种粮主体的扶持，适当提高补助标准，耕地地力保护补贴资金向 30 亩以上规模种粮主体倾斜。根据市政府下达给我县的储备订单粮食收购任务，实行储备订单粮食收购直接补贴政策。粮食类农民合作社、家庭农场优先参评示范社、示范场，各类扶持农民合作社、家庭农场建设的政策措施要向粮食类农民合作社、家庭农场倾斜。大力推进代耕代种、土地托管、统防统治等农业生产社会化服务，切实提高种粮效益，保护调动农民种粮积极性。

（责任单位：县财政局、县农业农村局、县发改局）

（三）强化考核监督。县发改局、县农业农村局、县自然资源和规划局等部门在开展粮食安全责任制考核时，要突出对防止耕地“非粮化”、耕地质量保护提升、粮食种植面积、产量和高标准农田建设等重点内容的考核，提高考核分值权重，增强考核评价的导向性和针对性。加强考核结果运用，对成绩突出的乡镇进行表扬，对落实不力的乡镇进行通报约谈。农业农村和自然资源部门要会同有关部门做好对本实施方案执行情况的监督检查。

（责任单位：县发改局、县自然资源和规划局、县农业农村局）

罗源县人民政府办公室关于印发 2022 年罗源县提升空气质量行动方案的通知

罗政办〔2022〕42 号

各乡（镇）人民政府，福州台商投资区管委会、罗源湾开发区管委会，县直各有关单位：

经县政府研究同意，现将《2022 年罗源县提升空气质量行动方案》印发给你们，请认真贯彻执行。

罗源县人民政府办公室

2022 年 5 月 19 日

2022 年罗源县提升空气质量行动方案

为深入贯彻中共中央国务院、省委省政府和市委市政府决策部署，进一步提升罗源县空气质量，在《2022 年福州市提升空气质量行动计划》要求的基础上，结合我县实际，特制定本行动方案如下：

一、总体要求

以习近平新时代中国特色社会主义思想为指导，全面贯彻党的十九大和十九届五中、六中全会精神，深入践行习近平生态文明思想，深入贯彻习近平总书记来闽考察重要讲话精神，以实现减污降碳、协同增效为总抓手，深入实施“蓝天保卫战”，推动罗源县空气质量持续改善。

二、主要目标

2022 年，罗源县持续提升大气环境质量，空气质量优良天数比例高于 99.4%，重污染天气比例小于 0.6%，六项污染物指标达到国家二级标准，其中：细颗粒物（$PM_{2.5}$）年均浓度≤ 17 微克 / 立方米、可吸入颗粒物（PM_{10}）年均浓度≤ 35 微克 / 立方米，臭氧浓度升高趋势得到有效控制。

三、组织领导

调整充实罗源县提升环境空气质量领导小组，由县政府林志斌县长任组长，县政府常务副县长陈启辉、县政府副县长徐忠琼、县政府副县长周宇骋、县政府副县长张昆鹏、县政府副县长黄国安、县政府副县长钟凤金、县政府副县长张端帆任副组长，各县直各相关部门主要领导为领导小组成员。下设罗源县提升环境空气质量办公室，由县政府副县长张昆鹏兼任办公室主任，罗源生态环境局局长许兆文任副主任，成员由各县直相关部门分管领导组成。（领导小组成员名单附后）

罗源县提升环境空气质量领导小组按照工作需要召开专题协调会，协调解决存在问题。

四、重点工作

（一）开展“碳达峰碳中和”行动

1. 制定“碳达峰”行动方案

配合福州市开展福州市碳达峰研究，梳理经济社会发展现状和二氧化碳排放现状，围绕能源、城乡建设、交通运输等重点领域和钢铁、化工、陶瓷建材、纺织等重点行业，分析降碳潜力和达峰路径，制定 2030 年前“碳排放达峰”行动方案，明确达峰时间表、路线图、施工图。

（责任单位：县发改局、县工信局，罗源生态环境局）

2. 实施“碳达峰”行动

（1）推动能源体系清洁低碳发展。严格落实能耗“双控”目标责任，实施节能降碳行动。大力推进能源结构优化，提升非化石能源、清洁能源比重。推进现有火电机组升级改造，提高火电行业平均发电效率。进一步优化天然气使用方式，坚持“增气减煤”，推进重点用煤行业“煤改气”“煤改电”。

（责任单位：福州台商投资区管委会、罗源湾开发区管委会，县发改局、县工信局）

（2）推动产业结构升级优化。构建现代化产业体系，推动产业结构转型升级。坚决遏制高耗能高排放项目盲目发展。严把高耗能高排放项目准入关口，对不符合规划的项目坚决停批停建。严格执行钢铁、水泥、平板玻璃、电解铝等高耗能高排放行业产能置换实施办法，落实污染物排放区域削减要求。深入挖潜存量项目，推动传统高耗能行业升级优化。鼓励钢铁、石化、化工等行业发展并应用碳捕集、利用和封存技术。

（责任单位：福州台商投资区管委会、罗源湾开发区管委会，县发改局、县工信局，罗源生态环境局）

（3）建设低碳交通运输体系。有序推广清洁能源汽车，推动新增新能源汽车占新增汽车的比例稳步提高，持续推进充电桩、充电站等充电基础设施建设。进一步推进公共交通和公用领域用车电动化进程，新增和更新的公交车、城市网约出租车和中心城区新增和更新的环卫、邮政物流车原则上应全部采用新能源汽车，适宜应用新能源汽车的公路客运线路新增和更新车辆，原则上全部采用新能源汽车。推动公务用车电动化，新增和更新的公务用车，原则上采用新能源车辆。推广使用新能源和清洁能源非道路移动机械，不断提高船舶靠港岸电使用率。

（责任单位：县发改局、县交通运输局、县交警大队）

（4）推进城乡建设绿色低碳发展。强化规划引领，优化城乡空间布局，在城乡规划建设管理各环节全面落实绿色低碳要求，推进城乡建设和管理模式低碳转型。大力推广绿色建筑与装配式建筑建设，推动超低能耗建筑、近零碳建筑规模化发展，推广可再生能源、绿色建材在建筑中的应用。持续推进建筑节能和既有建筑节能改造，鼓励在城镇老旧小区改造、农村危房改造、抗震加固等过程中同步实施建筑绿色化改造。

（责任单位：县自然资源和规划局、县住建局，各乡（镇）政府）

（5）持续发展生态碳汇。推进碳汇林建设，严把造林质量关，因地制宜因林施策，推动低质低效林、疏林地等改造，促进森林生态系统正向演替，提升森林生态系统质量和碳汇能力。积极开发林业碳汇项目，持续推动符合条件的林业资源备案，形成可交易碳汇资源，全面增加罗源县森林生态价值。大力发展有机农业，合理控制化肥、农药、地膜使用量，实施化肥农药减量替代计划，推广生态低碳的农业耕作方式，提高土壤固碳水平，加强农作物秸秆综合利用和畜禽粪污资源化利用，增加农田生态系统碳汇能力。积极发展海洋“蓝碳”，探索海洋物理固碳、深海封储固碳、海洋生物固碳、海滨湿地固碳等海洋低碳技术。探索红树林、藻类、贝类等海洋生物固碳作用。

（责任单位：县林业局、县农业农村局、县海洋与渔业局，各乡（镇）政府）

3. 积极推动“碳排放”权交易

积极督促纳入全国和福建省碳市场管理的企业编制并按时报送温室气体排放报告，配合第三方核查机构做好报告核查工作，按时完成“碳排放”配额履约和清缴工作。

（责任单位：罗源生态环境局）

4. 构建绿色低碳生活生产体系

持续开展机关“碳中和”，完成一批低碳社区、低碳园区等低碳试点建设，探索碳普惠、碳积分等碳减排创新工作。大力开展低碳宣传，结合“六五”环境日、全国低碳日、节能宣传周、主题党日等活动，向全社会广泛宣传低碳知识和理念，引导树立低碳发展意识。倡导居民节约用电用水用气、垃圾分类回收、低碳交通等低碳生活方式行为。

（责任单位：罗源生态环境局、县住建局、县工信局、县交运局）

（二）深化工业企业污染防治

1. 强化挥发性有机物（VOCs）治理

（1）深入开展重点行业 VOCs2.0 综合治理。深入开展重点行业 VOCs2.0 治理，纳入治理的工业企业要按时完成“一厂一策”2.0 方案编制以及方案要求的挥发性有机物综合治理工作。

（责任单位：碧里乡政府，罗源湾开发区管委会，罗源生态环境局）

（2）严格涉 VOCs 建设项目环境影响评价审批，新、改、扩建涉 VOCs 排放项目，应使用低（无）VOCs 涂料、粘胶剂等，实施新建项目 VOCs 排放区域内倍量替代（1.2 倍）。VOCs 年排放量大于 10 吨的新建项目投运前应安装 VOCs 在线监控设备，并接入市生态云平台。

（责任单位：罗源生态环境局）

（3）加强加油站油气回收管理。强化加油站日常监管，减少油气挥发污染。

（责任单位：罗源生态环境局）

2. 推进钢铁企业超低排放改造

完成钢铁企业年度超低排放改造任务。推动亿鑫钢铁、宝钢钢铁、闽光钢铁、德胜能源等 4 家企业于 2023 年底前完成炼铁、炼钢有组织排放源、无组织排放源、大宗物料运输等各工序超低排放改造，污染排放检测监控系统基本建成，并同步开展超低排放评估监测。

（责任单位：罗源湾开发区管委会，罗源生态环境局）

3. 强化锅炉炉窑综合治理

（1）严格限制新建锅炉准入。高污染燃料禁燃区禁止新建燃煤锅炉、生物质成型燃料锅炉和燃油锅炉，高污染燃料禁燃区以外的建成区禁止新建 35 蒸吨 / 小时及以下燃煤锅炉、生物质成型燃料锅炉和燃油锅炉；原则上禁止新建 20 蒸吨 / 小时及以下燃煤锅炉、生物质成型燃料锅炉和燃油锅炉，20 蒸吨 / 小时以上新建生物质锅炉要进行脱硝治理，并配备高效除尘设施，新建燃气和燃油锅炉应使用低氮燃烧技术，上述新建燃煤锅炉、生物质成型燃料锅炉和燃油锅炉必须达到超低排放标准要求（烟尘≤ 10mg/m^3、SO_2 ≤ 35mg/m^3、NO_x ≤ 50mg/m^3），并安装烟尘、SO_2、NO_x 等大气特征污染物在线监控接入市生态云平台。

（责任单位：各乡（镇）政府，福州台商投资区管委会、罗源湾开发区管委会，罗源生态环境局）

（2）淘汰燃煤燃生物质燃油小锅炉。于 2022 年 6 月底前完成 2 蒸吨（含）及以下燃煤、燃生物质、燃油小锅炉淘汰；于 2022 年 12 月 15 日前完成 2 蒸吨（不含）—5 蒸吨（含）及以下的燃煤锅炉淘汰。2023 年完成 5 蒸吨（不含）—10 蒸吨（含）的燃煤锅炉淘汰。鼓励企业自愿淘汰 2 蒸吨（不含）—10 蒸吨（含）及以下的燃油燃生物质锅炉，对符合条件的企业积极争取资金补助。

（责任单位：各乡（镇）政府，福州台商投资区管委会、罗源湾开发区管委会，县市场监管局、县工信局，罗源生态环境局）

（3）推进锅炉超低排放改造。2022 年底前完成全市现有 35 蒸吨 / 小时及以上燃煤锅炉超低排放改造。加强锅炉治理。2022 年底前完成现有燃气锅炉低氮改造。

（责任单位：福州台商投资区管委会、罗源湾开发区管委会，罗源生态环境局，县市场监管局、县工信局）

（4）加强在线监控安装。2022 年底前完成现有 10 蒸吨（不含）以上燃煤、10 蒸吨（含）以上燃生物质和燃油锅炉烟尘、SO_2、NO_x 等大气特征污染物在线监控安装并接入市生态云平台。

（责任单位：福州台商投资区管委会、罗源湾开发区管委会，罗源生态环境局，县市场监管局、县工信局）

（三）强化颗粒物污染防治

1. 强化工地扬尘管控

组织开展辖区工地扬尘污染日常巡查，确保辖区工地扬尘污染管控到位。加强台投区福蓉源项目地块填方、开发区边岐山地块等施工作业及城区房地产建筑工地扬尘污染管理，采取有效抑尘措施，严格落实围挡喷水等防尘压尘措施，严禁敞开式作业，做到文明施工，减少施工扬尘对周边环境的影响。落实建筑工地“六个 100%”，并纳入信用管理。强化扬尘污染通报，并从严处罚。加强渣土车“净车出场、平斗密闭”管理，防止出现渣土运输滴、撒、漏污染路面的现象。并对渣土车停放场所规范管理，对地面进行平整硬化，并安装净车出场设施，严格落实净车出场要求。

（责任单位：凤山镇、松山镇政府，福州台商投资区管委会、罗源湾开发区管委会，县住建局，罗源生态环境局）

2. 加强道路保洁

城区主次干道严格落实每日“两机扫、两冲洗、两降尘”，重点地段、重点区域、城市快速通道增加一次夜间降尘作业，确保道路干净、湿润，无扬尘。加强重点区域行道树、人行道冲洗，防止因起风引起的扬尘污染。加强工地周边道路保洁，确保路面见底色。加强道路保洁巡查，发现问题立即整改。严禁焚烧垃圾，加强禁止焚烧垃圾的宣传管理，严肃查处违法单位和个人。同时要加强环卫工人管理，重申环卫规范，严防出现焚烧垃圾行为。

加强村道硬化铺设和维护工作，加快推进农村道路硬化工作，加强对现有硬化村道维护保养，对未硬化村道进行硬化改造。

（责任单位：各乡（镇）政府，福州台商投资区管委会、罗源湾开发区管委会，县住建局）

3. 加强金港区疏港公路扬尘污染管理

加强疏港公路华能码头至迹头路段粉尘污染管理，开展疏港公路扬尘污染专项整治，提高散货运输车辆加盖和保洁工作管理水平；加快推进散货物料廊道运输项目建设，有效解决当前罗源湾港区道路承载能力不足、跑冒滴漏严重、交通事故频发、环境污染严重等环境问题；加强属地管理，督促各重点企业做好源头治理，对露天堆放的煤堆、料堆场须全部采取覆盖或建设自动喷淋装置、防尘网等防风抑尘设施。

（责任单位：碧里乡政府，罗源湾开发区管委会，县公路中心、县交通运输局、县交警大队）

4. 开展餐饮油烟污染整治

加强不同规模和类型餐饮店合理选址的引导，科学划定城区餐饮相对集中经营区，规划配套建设完备的油烟收集、处理及排放设施。推动临街餐饮相对集中的区域建设专用烟道，达标后实施高空排放。加强餐饮油烟监督管理，督促餐饮服务单位按照要求安装油烟净化装置，实现油烟达标排放，加大对油烟超标排放单位的处罚力度，严禁城区露天烧烤。

（责任单位：凤山镇政府，罗源生态环境局，县住建局、县自然资源和规划局、县市场监管局）

（四）强化移动源污染防治

要加强全县施工工地、物流园区、企业以及港口、码头货场等非道路移动机械监管，严禁使用不符合排放标准或未完成编码登记的非道路移动机械，对于使用非国六标准汽柴油或冒黑烟、蓝烟的非道路移动机械，应责令使用者停止使用该移动机械并立即整改。各责任单位发现违规使用非道路移动机械 2 次及以上的，根据职责在资质评分、评优评先等各类奖励方面予以限制，违规使用情况突出的纳入失信企业名单。

（责任单位：福州台商投资区管委会、罗源湾开发区管委会，罗源生态环境局，县交通运输局）

（五）开展重大活动空气质量保障

做好第五届数字峰会等大型会议环境空气质量保障工作，制定空气质量保障专项工作方案，强化会前和会期扬尘污染控制、道路保洁、工业企业治理与管控、移动源监管等，委托福州市专业团队开展会期空气质量走航监测、空气质量预警预报和空气质量形势分析研判等工作，确保会期环境空气质量保持优良水平。

（责任单位：凤山镇、松山镇、碧里乡政府，福州台商投资区管委会、罗源湾开发区管委会，罗源生态环境局，县住建局、县交通运输局、县交警大队等提升办各成员单位）

（六）强化污染天气应急响应

持续落实轻度污染天气应对办法与臭氧污染应对办法，强化空气质量预警预报和污染天气分析研判，适时启动污染天气应急响应。编制重污染天气应急减排清单，根据轻微污染天气应对办法与臭氧污染应对办法开展联防联控，加强对工业企业、在建工地、拆迁工地、道路保洁、建筑垃圾运输、非道路移动机械等污染源的巡查及管控。

（责任单位：凤山镇、松山镇、碧里乡政府，福州台商投资区管委会、罗源湾开发区管委会，罗源生态环境局，县住建局、县交通运输局）

五、保障措施

（一）强化责任落实。强化压力传导，加强部门联动，督促落实环保“党政同责”和“一岗双责”，以及属地主体责任，实施环保监管网格化管理，确保项目任务责任到人、落实到位。

（责任单位：各乡（镇）政府，福州台商投资区管委会、罗源湾开发区管委会，县直相关部门）

（二）发动公众参与环保监督。强化公众监督，发动群众积极举报大气污染现象，形成公众参与大气污染治理的良好社会氛围。

（责任单位：县委宣传部）

（三）加强资金保障。确保大气污染治理资金落实到位，财政部门要对大气污染防治工作予以资金保障。

（责任单位：县财政局）

（四）加强督查。加强巡查督查，建立挂牌督办机制。督促各部门加强执法力度，对大气污染防治问题及时下达整改通知书，通过责令限期整改、行政处罚等手段，确保大气污染防治工作取得实效。

（责任单位：县委督查室、县政府督查室、县效能办，罗源生态环境局）

附件：1. 2022 年度罗源县大气污染防治责任清单
2. 2022 年重点整治项目任务表
3. 2022 年罗源县 VOCs 一厂一策 2.0 综合治理任务表
4. 罗源县提升环境空气质量领导小组成员名单
5. 罗源县轻微污染天气应对办法（修订稿）

附件 1

2022 年度罗源县大气污染防治责任清单

序号	类别	主要措施	具体任务	牵头单位	责任单位
1	（一）空气质量目标	大气环境质量	空气质量优良天数比例高于 99.4%，重污染天气比例小于 0.6%，六项污染物指标达到国家二级标准，其中：细颗粒物（$PM_{2.5}$）年均浓度≤ 17 微克 / 立方米、可吸入颗粒物（PM_{10}）年均浓度≤ 35 微克 / 立方米，臭氧浓度升高趋势得到有效控制	罗源生态环境局	各乡（镇）政府，提升办各成员单位
2	（二）“碳达峰碳中和”行动	1. 制定“碳达峰”行动方案	配合福州市开展福州市“碳达峰”研究，梳理经济社会发展现状和二氧化碳排放现状，围绕能源、城乡建设、交通运输等重点领域和钢铁、化工、陶瓷建材、纺织等重点行业，分析降碳潜力和达峰路径，制定 2030 年前碳排放达峰行动方案，明确达峰时间表、路线图、施工图	县发改局	县工信局，罗源生态环境局
3		2. 实施“碳达峰”行动	推动能源体系清洁低碳发展。严格落实能耗“双控”目标责任，实施节能降碳行动。大力推进能源结构优化，提升非化石能源、清洁能源比重。推进现有火电机组升级改造，提高火电行业平均发电效率。进一步优化天然气使用方式，坚持“增气减煤”，推进重点用煤行业“煤改气”“煤改电”	县发改局	福州台商投资区管委会、罗源湾开发区管委会，县工信局
4			推动产业结构升级优化。构建现代化产业体系，推动产业结构转型升级。坚决遏制高耗能高排放项目盲目发展。严把高耗能高排放项目准入关口，对不符合规划的项目坚决停批停建。严格执行钢铁、水泥、平板玻璃、电解铝等高耗能高排放行业产能置换实施办法，落实污染物排放区域削减要求。深入挖潜存量项目，推动传统高耗能行业升级优化。鼓励钢铁、石化、化工等行业发展并应用碳捕集、利用和封存技术	县发改局	福州台商投资区管委会、罗源湾开发区管委会，县工信局，罗源生态环境局
5			建设低碳交通运输体系。有序推广清洁能源汽车，推动新增新能源汽车占新增汽车的比例稳步提高，持续推进充电桩、充电站等充电基础设施建设。进一步推进公共交通和公用领域用车电动化进程，新增和更新的公交车、城市网约出租车和中心城区新增和更新的环卫、邮政物流车原则上应全部采用新能源汽车，适宜应用新能源汽车的公路客运线路新增和更新车辆原则上全部采用新能源汽车。推动公务用车电动化，新增和更新的公务用车，原则上采用新能源车辆。推广使用新能源和清洁能源非道路移动机械，不断提高船舶靠港岸电使用率	县发改局	县交通运输局、县交警大队
6			推进城乡建设绿色低碳发展。强化规划引领，优化城乡空间布局，在城乡规划建设管理各环节全面落实绿色低碳要求，推进城乡建设和管理模式低碳转型。大力推广绿色建筑与装配式建筑建设，推动超低能耗建筑、近零碳建筑规模化发展，推广可再生能源、绿色建材在建筑中的应用。持续推进建筑节能和既有建筑节能改造，鼓励在城镇老旧小区改造、农村危房改造、抗震加固等过程中同步实施建筑绿色化改造	县住建局	各乡（镇）政府

续表

序号	类别	主要措施	具体任务	牵头单位	责任单位
7	（二）“碳达峰碳中和”行动	2. 实施“碳达峰”行动	持续发展生态碳汇。推进碳汇林建设，严把造林质量关，因地制宜因林施策，推动低质低效林、疏林地等改造，促进森林生态系统正向演替，提升森林生态系统质量和碳汇能力。积极开发林业碳汇项目，持续推动符合条件的林业资源备案，形成可交易碳汇资源，全面增加罗源县森林生态价值。大力发展有机农业，合理控制化肥、农药、地膜使用量，实施化肥农药减量替代计划，推广生态低碳的农业耕作方式，提高土壤固碳水平，加强农作物秸秆综合利用和畜禽粪污资源化利用，增加农田生态系统碳汇能力。积极发展海洋“蓝碳”，探索海洋物理固碳、深海封储固碳、海洋生物固碳、海滨湿地固碳等海洋低碳技术。探索红树林、藻类、贝类等海洋生物固碳作用	县林业局 县农业农村局 县海洋与渔业局	各乡（镇）政府
8		3. 积极推动碳排放权交易	积极督促纳入全国和福建省碳市场管理的企业编制并按时报送温室气体排放报告，配合第三方核查机构做好报告核查工作，按时完成碳排放配额履约和清缴工作	罗源生态环境局	
9		4. 构建绿色低碳生活生产体系	持续开展机关碳中和，完成一批低碳社区、低碳园区等低碳试点建设，探索碳普惠、碳积分等碳减排创新工作。大力开展低碳宣传，结合“六五”环境日、全国低碳日、节能宣传周、主题党日等活动，向全社会广泛宣传低碳知识和理念，引导树立低碳发展意识。倡导居民节约用电用水用气、垃圾分类回收、低碳交通等低碳生活方式行为	罗源生态环境局	县住建局 县工信局 县交运局
10	（三）深化工业企业污染防治	1. 强化挥发性有机物（VOCs）治理	深入开展重点行业VOCs2.0综合治理。深入开展重点行业VOCs2.0治理，纳入治理的工业企业要按时完成一厂一策2.0方案编制以及方案要求的挥发性有机物综合治理工作	罗源生态环境局	碧里乡政府，罗源湾开发区管委会
11			严格涉VOCs建设项目环境影响评价审批，新、改、扩建涉VOCs排放项目，应使用低（无）VOCs涂料、粘胶剂等，实施新建项目VOCs排放区域内倍量替代（1.2倍）。VOCs年排放量大于10吨的新建项目投运前应安装VOCs在线监控设备，并接入市生态云平台	罗源生态环境局	
12			加强加油站油气回收管理。强化加油站日常监管，减少油气挥发污染	罗源生态环境局	
13		2. 推进钢铁企业超低排放改造	完成钢铁企业年度超低排放改造任务。推动亿鑫钢铁、宝钢钢铁、闽光钢铁、德胜能源等4家企业于2023年底前完成炼铁、炼钢有组织排放源、无组织排放源、大宗物料运输等各工序超低排放改造，污染排放检测监控系统基本建成，并同步开展超低排放评估监测	罗源生态环境局	罗源湾开发区管委会

续表

序号	类别	主要措施	具体任务	牵头单位	责任单位
14	（三）深化工业企业污染防治	3. 强化锅炉炉窑综合治理	严格限制新建锅炉准入。高污染燃料禁燃区禁止新建燃煤锅炉、生物质成型燃料锅炉和燃油锅炉，高污染燃料禁燃区以外的建成区禁止新建 35 蒸吨 / 小时及以下燃煤锅炉、生物质成型燃料锅炉和燃油锅炉；原则上禁止新建 20 蒸吨 / 小时及以下燃煤锅炉、生物质成型燃料锅炉和燃油锅炉，20 蒸吨 / 小时以上新建生物质锅炉要进行脱硝治理，并配备高效除尘设施，新建燃气和燃油锅炉应使用低氮燃烧技术，上述新建燃煤锅炉、生物质成型燃料锅炉和燃油锅炉必须达到超低排放标准要求（烟尘≤ $10mg/m^3$、SO_2 ≤ $35mg/m^3$、NO_x ≤ $50mg/m^3$），并安装烟尘、SO_2、NO_x 等大气特征污染物在线监控接入市生态云平台	罗源生态环境局	各乡（镇）政府，福州台商投资区管委会、罗源湾开发区管委会，县市场监管局、县工信局
15			淘汰燃煤燃生物质燃油小锅炉。于 2022 年 6 月底前完成 2 蒸吨（含）及以下燃煤、燃生物质、燃油小锅炉淘汰；于 2022 年 12 月 15 日前完成 2 蒸吨（不含）—5 蒸吨（含）及以下的燃煤锅炉淘汰。2023 年完成 5 蒸吨（不含）—10 蒸吨（含）的燃煤锅炉淘汰。鼓励企业自愿淘汰 2 蒸吨（不含）—10 蒸吨（含）及以下的燃油燃生物质锅炉，对符合条件的企业积极争取资金补助	县工信局	各乡（镇）政府，福州台商投资区管委会、罗源湾开发区管委会，县市场监管局，罗源生态环境局
16			推进锅炉超低排放改造。2022 年底前完成全市现有 35 蒸吨 / 小时及以上燃煤锅炉超低排放改造。加强锅炉治理。2022 年底前完成现有燃气锅炉低氮改造	罗源生态环境局	福州台商投资区管委会、罗源湾开发区管委会，县市场监管局、县工信局
17			加强在线监控安装。2022 年底前完成现有 10 蒸吨（不含）以上燃煤、10 蒸吨（含）以上燃生物质和燃油锅炉烟尘、SO_2、NO_X 等大气特征污染物在线监控安装并接入市生态云平台	罗源生态环境局	福州台商投资区管委会、罗源湾开发区管委会，县市场监管局、县工信局
18	（四）强化颗粒物污染防治	1. 强化工地扬尘管控	组织开展辖区工地扬尘污染日常巡查，确保辖区工地扬尘污染管控到位。加强台投区福蓉源项目地块填方、开发区边岐山地块等施工作业及城区房地产建筑工地扬尘污染管理，采取有效抑尘措施，严格落实围挡喷水等防尘压尘措施，严禁敞开式作业，做到文明施工，减少施工扬尘对周边环境的影响。落实建筑工地“六个 100%”，并纳入信用管理。强化扬尘污染通报，并从严处罚。加强渣土车“净车出场、平斗密闭”管理，防止出现渣土运输滴、撒、漏污染路面的现象。并对渣土车停放场所规范管理，对地面进行平整硬化，并安装净车出场设施，严格落实净车出场要求	县住建局	凤山镇政府、松山镇政府，福州台商投资区管委会、罗源湾开发区管委会，罗源生态环境局
19		2. 加强道路保洁	城区主次干道严格落实每日“两机扫、两冲洗、两降尘”，重点地段、重点区域、城市快速通道增加一次夜间降尘作业，确保道路干净、湿润、无扬尘。加强重点区域行道树、人行道冲洗，防止因起风引起的扬尘污染。加强工地周边道路保洁，确保路面见底色。加强道路保洁巡查，发现问题立即整改。严禁焚烧垃圾，加强禁止焚烧垃圾的宣传管理，严肃查处违法单位和个人。同时要加强环卫工人管理，重申环卫规范，严防出现焚烧垃圾行为。加强村道硬化铺设和维护工作，加快推进农村道路硬化工作，加强对现有硬化村道维护保养，对未硬化村道进行硬化改造	县住建局	各乡（镇）政府，福州台商投资区管委会、罗源湾开发区管委会

续表

序号	类别	主要措施	具体任务	牵头单位	责任单位
20	（四）强化颗粒物污染防治	3. 加强金港区疏港公路扬尘污染管理	加强疏港公路华能码头至迹头路段粉尘污染管理，开展疏港公路扬尘污染专项整治，提高散货运输车辆加盖和保洁工作管理水平；加快推进散货物料廊道运输项目建设，有效解决当前罗源湾港区道路承载能力不足、跑冒滴漏严重、交通事故频发、环境污染严重等环境问题；加强属地管理，督促各重点企业对露天堆放的煤堆、料堆场须全部采取覆盖或建设自动喷淋装置、防尘网等防风抑尘设施	县公路中心县交通运输局	碧里乡政府，罗源湾开发区管委会，县交警大队
21		4. 开展餐饮油烟污染整治	加强不同规模和类型餐饮店合理选址的引导，科学划定城区餐饮相对集中经营区，规划配套建设完备的油烟收集、处理及排放设施。推动临街餐饮相对集中的区域建设专用烟道，达标后实施高空排放。加强餐饮油烟监督管理，督促餐饮服务单位按照要求安装油烟净化装置，实现油烟达标排放，加大对油烟超标排放单位的处罚力度，严禁城区露天烧烤	县住建局	凤山镇政府，罗源生态环境局、县自然资源和规划局、县市场监管局
22	（五）强化移动源污染防治	强化移动源污染防治	加强全县施工工地、物流园区、企业以及港口、码头货场等非道路移动机械监管，严禁使用不符合排放标准或未完成编码登记的非道路移动机械，对于使用非国六标准汽柴油或冒黑烟、蓝烟的非道路移动机械，应责令使用者停止使用该移动机械并立即整改。各责任单位发现违规使用非道路移动机械2次及以上的，根据职责在资质评分、评优评先等各类奖励方面予以限制，违规使用情况突出的纳入失信企业名单	罗源生态环境局	福州台商投资区管委会、罗源湾开发区管委会，县交通运输局
23	（六）开展重大活动空气质量保障	重大活动空气质量保障	做好第五届数字峰会等大型会议环境空气质量保障工作，制定空气质量保障专项工作方案，强化会前和会期扬尘污染控制、道路保洁、工业企业治理与管控、移动源监管等，委托福州市专业团队开展会期空气质量走航监测、空气质量预警预报和空气质量形势分析研判等工作，确保会期环境空气质量保持优良水平	罗源生态环境局	凤山镇政府、松山镇政府、碧里乡政府，福州台商投资区管委会、罗源湾开发区管委会，县住建局、县交通运输局、县交警大队
24	（七）强化污染天气应急响应	强化污染天气应急响应	持续落实轻度污染天气应对办法与臭氧污染应对办法，强化空气质量预警预报和污染天气分析研判，适时启动污染天气应急响应。编制重污染天气应急减排清单，根据轻微污染天气应对办法与臭氧污染应对办法开展联防联控，加强对工业企业、在建工地、拆迁工地、道路保洁、建筑垃圾运输、非道路移动机械等污染源的巡查及管控	罗源生态环境局	提升办各成员单位

附件 2

2022 年重点整治项目任务表

序号	项目名称	项目建设规模与内容	完成时限	责任单位
1	福建亿鑫钢铁有限公司烧结系统超低排放改造工程	1. 现有烧结机拆二建一，并建设环冷机、原料处理系统、环保除尘系统、水处理系统、成品处理系统，电器自动化 系统以及皮带运输系统。 2. 烧结机脱硫脱硝系统超低排放改造，包含脱硫塔系统、石灰粉磨系统、布袋除尘系统、压缩空气系统，电气自动化系统	2022 年 12 月	罗源生态环境局 罗源湾开发区管委会
2	宝钢德盛不锈钢有限公司高炉超低排放技术改造项目	对 1#、2# 高炉系统进行超低排放改造，并对炼钢厂房增设屋顶二、三次除尘设施，厂房封闭改造	2022 年 12 月	罗源生态环境局 罗源湾开发区管委会
3	福建德胜能源有限公司 福建德盛镍业配套煤气工程节能减排改造升级项目	1. 对干法熄焦、封闭式原料存储系统、煤气净化、脱硫脱硝、除尘设施现有生产设施进行超低排放改造。 2. 改炭化室高度 4.3m 捣固焦炉为 6.25m 单热式捣固焦炉；建设制酸（脱硫废液制酸）、硫铵、洗脱苯、动力系统、各类储罐、公辅及其他配套辅助设施等	2022 年 12 月	罗源生态环境局 罗源湾开发区管委会

附件 3

2022 年罗源县 VOCs 一厂一策 2.0 综合治理任务表

序号	企业名称	治理内容	完成时限	责任单位
1	福建华东船厂有限公司	VOCs 一厂一策 2.0 综合治理	2022 年 7 月 30 日	罗源生态环境局 碧里乡政府
2	福建德胜能源有限公司	VOCs 一厂一策 2.0 综合治理	2022 年 7 月 30 日	罗源生态环境局 罗源湾开发区管委会
3	宝钢德盛不锈钢有限公司	VOCs 一厂一策 2.0 综合治理	2022 年 7 月 30 日	罗源生态环境局 罗源湾开发区管委会
4	福州闽联木业有限公司	VOCs 一厂一策 2.0 综合治理	2022 年 7 月 30 日	罗源生态环境局 罗源湾开发区管委会
5	福建景泰包装材料有限公司	VOCs 一厂一策 2.0 综合治理	2022 年 7 月 30 日	罗源生态环境局 罗源湾开发区管委会
6	福建时代包装材料有限公司	VOCs 一厂一策 2.0 综合治理	2022 年 7 月 30 日	罗源生态环境局 罗源湾开发区管委会
7	福建悦得软包装有限公司	VOCs 一厂一策 2.0 综合治理	2022 年 7 月 30 日	罗源生态环境局 罗源湾开发区管委会

附件 4

罗源县提升环境空气质量领导小组成员名单

为深入贯彻中共中央国务院、省委省政府和市委市政府决策部署，进一步提升罗源县空气质量，经研究，决定调整罗源县提升环境空气质量领导小组。现将有关事项通知如下：

组　长：林志斌　县委副书记、县政府县长
副组长：俞章龙　福州市台商投资区党工委副书记、管委会主任
陈启辉　县委常委、县政府常务副县长
徐忠琼　县政府副县长
周宇骋　县政府副县长
张昆鹏　县政府副县长
黄国安　县政府副县长
张端帆　县政府副县长
雷邦淼　县政协副主席、罗源湾开发区管委会党工委书记、主任
组　员：林文义　县委督查室主任
刘宇亮　县政府办副主任、县效能办常务副主任、县金融办主任
李晶晶　县政府办副主任
黄良兴　县委宣传部副部长
许兆文　罗源生态环境局局长
雷立斌　县工信局局长
谢建斌　县住建局党组书记
叶潮炎　县交通运输局局长
叶自楠　县财政局局长
兰凉平　县市场监管局局长
陈秋生　县交警大队大队长
林秀华　县发改局局长
陈新强　县自然资源与规划局局长
陈敏国　县海洋与渔业局局长
姚仕旺　县林业局局长
兰广星　县公路中心主任
黄晓龙　县城建监察大队大队长
周应琢　凤山镇政府镇长
林　农　松山镇政府镇长
林　霞　碧里乡政府乡长
于　宏　鉴江镇政府镇长
李　宏　起步镇政府镇长
黄鼎泉　洪洋乡政府乡长
黄乾文　中房镇政府镇长
周晨曦　白塔乡政府乡长
郑秀华　西兰乡政府乡长
郑晓孟　飞竹镇政府镇长
雷震昊　霍口畲族乡政府乡长

领导小组下设办公室，办公室设在罗源生态环境局，主要职责：负责日常工作及交办的其他事项。

办公室主任：张昆鹏　县政府副县长（兼）
副　主　任：许兆文　罗源生态环境局局长（兼）
成　　　员：朱锦炎　罗源生态环境局党组成员
丁金华　县工信局副局长
方建根　县住建局副局长
朱庆华　县交通运输局副局长
陈姜汀　县财政局总会计师
尤庆嵩　县市场监管局党组成员、质监总工程师
郑　颖　县交警大队副大队长
蓝雄狮　县发改局副局长
吴邵中　县自然资源与规划局总规划师
兰银喜　县海洋与渔业局一级主任科员
郭乾友　县林业局副科级干部
王义利　县公路中心副主任
林朝铧　县城建监察大队教导员
赵新水　福州台商投资区管委会经发局副局长
柯汀标　罗源湾开发区管委会副主任
陈秋斌　凤山镇政府副镇长
王朋育　松山镇党委统战委员
黄智敏　碧里乡政府副乡长
尤传盛　鉴江镇政府副镇长
欧义汉　起步镇政府副镇长
辛晴知　洪洋乡人大主席
陈国栋　中房镇党委副书记、政法委员
谢　锋　白塔乡党委副书记
彭文光　西兰乡综合行政执法队队长
陈崇训　飞竹镇政府副镇长
张　铭　霍口畲族乡政府副乡长

附件 5

罗源县轻微污染天气应对办法
（修订稿）

为进一步改善我县环境空气质量，提高轻微污染天气防范和应急处置能力，为我县持续提升大气环境质量，结合我县实际情况，在 2017 年印发的《罗源县轻微污染天气应对办法》的基础上，修订本办法。

第一条 适用范围

本办法适用于 AQI（空气质量指数）小时均值达到 60 ～ 150 区间时，开发区、各乡镇、相关单位根据职责分工开展相关应对措施。当 AQI 日均值高于 151 时或预测到未来连续两天 AQI 日均值高于 151 时，按照市政府印发的《福州市大气重污染应急预案》有关规定执行。

第二条 工作机制

一、响应启动

县提升环境空气质量办公室（以下简称县提升办）牵头组织开展全县轻微污染天气应对工作，实时监控全县 AQI 小时均值变化情况，通过监测信息预警平台发送预警短信，并通知乡镇、开发区管委会及县直有关部门启动轻微污染天气应对措施。其中：当全县连续 6 个小时 AQI 均值在 60 ～ 80 区间，或预测未来 2 天 AQI 小时均值可能超过 80 时，启动轻微污染天气三级响应；当全县连续 2 个小时 AQI 均值在 81 ～ 100 区间，或预测未来 2 天 AQI 小时均值可能超过 100 时，启动轻微污染天气二级响应；当全县连续 2 个小时 AQI 均值在 101 ～ 150 区间时启动轻微污染天气一级响应。

二、响应措施

（一）轻微污染天气三级响应

1. 加强环境空气质量监测，加强大气巡查工作，督促台商投资区管委会、开发区管委会、各乡（镇）政府、县直相关单位启动应对轻微污染天气的各项措施。

（责任单位：罗源生态环境局）

2. 强化重点区域（重点区域具体指梅岭公园、罗源生态环境局、滨海学校周边 1 公里范围内）道路清洗、洒水及喷雾作业，保持道路湿润，金港工业区工地、罗源湾开发区边岐山工地、福州台商投资区（大拇指地块等）的建设、城区房地产工地喷淋作业。

（责任单位：县住建局，凤山镇，福州台商投资区管委会、开发区管委会）

3. 加强渣土运输的路面巡查，对运输过程中存在的渣土滴、洒、漏等问题采取顶格处罚措施。

（责任单位：县公路中心、县交通运输局、县交警大队、县城建监察大队）

4. 加强施工工地扬尘管控，渣土车必须做到净车出场、平车出场，喷雾设施、洒水车等在施工作业期间全程使用，保持作业面全覆盖不扬尘。采取有效的抑尘措施，落实建筑工地“六个 100%”，严格落实围挡喷水等防尘压尘措施，严禁敞开式作业，做到文明施工，减少施工扬尘对周边环境的影响。

（责任单位：县住建局）

5. 出动洒水车、雾炮车实施降尘，作业频率为每 4 小时出动一次。加强巡查，重点针对辖区施工工地、拆迁工地、锅炉在用企业、露天烧烤、垃圾焚烧等大气污染源，发现问题要求立即整改。

（责任单位：县住建局、县城建监察大队，凤山镇）

（二）轻微污染天气二级响应

1. 加强环境空气质量监测，加强大气巡查工作，督促台商投资区管委会、开发区管委会、各乡（镇）政府、县直相关单位启动应对轻微污染天气的各项措施。

（责任单位：罗源生态环境局）

2. 强化重点区域（重点区域具体指梅岭公园、罗源生态环境局、滨海学校周边 1 公里范围内）道路清洗、洒水及喷雾作业，保持道路湿润，金港工业区工地、罗源湾开发区边岐山工地、福州台商投资区（大拇指地块等）的建设、城区房地产工地喷淋作业。

（责任单位：县住建局，凤山镇，福州台商投资区管委会、开发区管委会）

3. 开展工地巡查工作，要求喷雾设施、洒水车等在施工作业期间全程使用，保持作业面全覆盖不扬尘，渣土车必须做到净车出场、平车出场；同时，采取有效的抑尘措施，落实建筑工地“六个 100%”，严格落实围挡喷水等防尘压尘措施，严禁敞开式作业，做到文明施工，减少施工扬尘对周边环境的影响。

（责任单位：县住建局）

4. 开展渣土运输路面巡查工作，对运输过程中存在的渣土滴、洒、漏等问题采取顶格处罚措施；加强巡查执法，取缔垃圾露天焚烧、流动露天烧烤等违法行为。

（责任单位：县公路中心、县交通运输局、县交警大队、县城建监察大队）

5. 出动洒水车、雾炮车实施降尘，作业频率为每 3 小时出动一次。加强巡查，重点针对辖区施工工地、拆迁工地、加油站、锅炉在用企业、露天烧烤、垃圾焚烧等大气污染源，发现问题要求立即整改。

（责任单位：县城建监察大队、县住建局，凤山镇、

松山镇、碧里乡，开发区管委会）

6. 加强大气重点污染源巡查，强化金港工业区钢铁企业、加油站及其他排放废气的工业企业的监管。

（责任单位：罗源生态环境局，县工信局、县市场监管局，开发区管委会）

7. 华能码头、亿鑫、宝钢、闽光、德胜能源、德胜新建材的堆场等必须增加洒水、喷雾频次，减少柴油机械、柴油货车作业。

（责任单位：罗源湾港务站、罗源生态环境局，碧里乡，开发区管委会）

（三）轻微污染天气一级响应

1. 加强环境空气质量监测，加强大气巡查工作，督促台商投资区、开发区管委会、各乡（镇）政府、县直相关单位启动应对轻微污染天气的各项措施。

（责任单位：罗源生态环境局）

2. 开展工地巡查工作，要求县区所有拆迁工地停止作业；重点区域（梅岭公园、罗源生态环境局、滨海学校）、金港工业区周边 1 公里范围内的所有工地全面停工，周边 2 公里范围内的工地暂停土方开挖、石料开采和各类场平工作。金港工业区工地、罗源湾开发区边岐山工地、福州台商投资区（大拇指地块等）的建设、城区房地产工地暂停作业。同时，渣土车必须做到净车出场、平车出场，喷雾设施、洒水车等在施工作业期间全程使用，保持作业面全覆盖不扬尘，梅岭公园施工工地喷淋作业。

（责任单位：县城建监察大队、县住建局，凤山镇、松山镇、碧里乡，福州台商投资区管委会、开发区管委会）

3. 强化城区所有道路的清洗和洒水作业，保持重点区域道路湿润。

（责任单位：住建局，凤山镇）

4. 出动洒水车、雾炮车实施降尘，作业频率为每 2 小时出动一次。加强巡查，重点针对辖区施工工地、拆迁工地、加油站、锅炉在用企业、露天烧烤、垃圾焚烧等大气污染源，发现问题要求立即整改。

（责任单位：县城建监察大队、县住建局，凤山镇、松山镇、碧里乡，福州台商投资区管委会、开发区管委会）

5. 开展渣土运输路面巡查工作，对运输过程中存在的渣土滴、洒、漏等问题采取顶格处罚措施；加强巡查执法，取缔垃圾露天焚烧、流动露天烧烤等违法行为。

（责任单位：县公路中心、县交通运输局、县交警大队、县城建监察大队）

6. 加强大气重点污染源巡查，强化金港工业区钢铁企业、加油站及其他排放废气的工业企业的监管。

（责任单位：罗源生态环境局，县工信局、县市场监管局，开发区管委会）

7. 华能码头、亿鑫、宝钢、闽光、德胜能源的堆场等必须增加洒水、喷雾频次，减少柴油机械、柴油货车作业。

（责任单位：罗源湾港务站、罗源生态环境局，碧里乡，开发区管委会）

8. 启动城区治堵专项行动，疏导交通，减少机动车尾气污染。

（责任单位：交警大队）

三、响应终止

当全县 AQI 数值连续 2 个小时分别回落至 90、70、50 以下后，县提升办即在监测信息预警平台（微信群）发送短信通告，通知各单位逐级调整相应响应措施或终止响应。

第三条 其他措施

一、如遇雨天，县提升办在发布轻微污染天气应对措施时应根据实际情况对喷雾、洒水等措施稍作修改。

二、罗源生态环境局加强环境空气质量分析和预报工作，提前发布轻微污染天气预警信息。

三、气象局根据实际情况组织人工影响天气作业，以改善环境空气质量。

第四条 响应发布格式

一、响应发布格式

等级	一般天气	雨天
轻微污染天气三级响应	通知：现启动轻微污染天气三级响应： 1. 加强环境空气质量监测，加强大气巡查工作，督促台投区管委会、开发区管委会、各乡（镇）政府、县直相关单位启动应对轻微污染天气的各项措施。（责任单位：罗源生态环境局） 2. 强化重点区域（重点区域具体指梅岭公园、罗源生态环境局、滨海学校周边 1 公里范围内）道路清洗、洒水及喷雾作业，保持道路湿润，金港工业区工地、罗源湾开发区边岐山工地、福州台商投资区（大拇指地块等）的建设、城区房地产工地喷淋作业。（责任单位：住建局，凤山镇，福州台商投资区管委会、开发区管委会） 3. 加强渣土运输的路面巡查，对运输过程中存在的渣土滴、洒、漏等问题采取顶格处罚措施。（责任单位：公路中心、交运局、交警大队、城建监察大队） 4. 加强施工工地扬尘管控，渣土车必须做到净车出场、平车出场，喷雾设施、洒水车等在施工作业期间全程使用，保持作业面全覆盖不扬尘。采取有效的抑尘措施，落实建筑工地“六个 100%”，严格落实围挡喷水等防尘压尘措施，严禁敞开式作业，做到文明施工，减少施工扬尘对周边环境的影响。（责任单位：住建局） 5. 出动洒水车、雾炮车实施降尘，作业频率为每 4 小时出动一次。加强巡查，重点针对辖区施工工地、拆迁工地、锅炉在用企业、露天烧烤、垃圾焚烧等大气污染源，发现问题要求立即整改。（责任单位：住建局、城建监察大队，凤山镇）	通知：现启动轻微污染天气三级响应： 1. 加强环境空气质量监测，加强大气巡查工作，督促台投区管委会、开发区管委会、各乡（镇）政府、县直相关单位启动应对轻微污染天气的各项措施。（责任单位：罗源生态环境局） 2. 强化重点区域（重点区域具体指梅岭公园、罗源生态环境局、滨海学校周边 1 公里范围内）道路清洗、洒水及喷雾作业，保持道路湿润，金港工业区工地、罗源湾开发区边岐山工地、福州台商投资区（大拇指地块等）的建设、城区房地产工地喷淋作业。（责任单位：住建局，凤山镇，福州台商投资区管委会、开发区管委会） 3. 加强渣土运输的路面巡查，对运输过程中存在的渣土滴、洒、漏等问题采取顶格处罚措施。（责任单位：公路中心、交运局、交警大队、城建监察大队） 4. 加强施工工地扬尘管控，渣土车必须做到净车出场、平车出场，喷雾设施、洒水车等在施工作业期间全程使用，保持作业面全覆盖不扬尘。采取有效的抑尘措施，落实建筑工地“六个 100%”，严格落实围挡喷水等防尘压尘措施，严禁敞开式作业，做到文明施工，减少施工扬尘对周边环境的影响。（责任单位：住建局） 5. 出动洒水车、雾炮车实施降尘，作业频率为每 4 小时出动一次。加强巡查，重点针对辖区施工工地、拆迁工地、锅炉在用企业、露天烧烤、垃圾焚烧等大气污染源，发现问题要求立即整改。（责任单位：住建局、城建监察大队，凤山镇）

续表

等级	一般天气	雨天
轻微污染天气二级响应	通知：现启动轻微污染天气二级响应： 1. 加强环境空气质量监测，加强大气巡查工作，督促台商投资区、开发区管委会、各乡（镇）政府、县直相关单位启动应对轻微污染天气的各项措施。（责任单位：罗源生态环境局） 2. 强化重点区域（重点区域具体指梅岭公园、罗源生态环境局、滨海学校周边 1 公里范围内）、金港工业区周边 1 公里范围内道路的清洗、洒水及喷雾作业。保持重点区域道路湿润，金港工业区工地、罗源湾开发区边岐山工地、福州台商投资区（大拇指地块等）的建设、城区房地产工地喷淋作业。（责任单位：住建局，凤山镇、松山镇、碧里乡，福州台商投资区管委会、开发区管委会） 3. 开展工地巡查工作，要求喷雾设施、洒水车等在施工作业期间全程使用，保持作业面全覆盖不扬尘，渣土车必须做到净车出场、平车出场；同时，采取有效的抑尘措施，落实建筑工地“六个 100%”，严格落实围挡喷水等防尘压尘措施，严禁敞开式作业，做到文明施工，减少施工扬尘对周边环境的影响。（责任单位：住建局） 4. 开展渣土运输路面巡查工作，对运输过程中存在的渣土滴、洒、漏等问题采取顶格处罚措施；加强巡查执法，取缔垃圾露天焚烧、流动露天烧烤等违法行为。（责任单位：公路中心、交运局、交警大队、城建监察大队） 5. 出动洒水车、雾炮车实施降尘，作业频率为每 3 小时出动一次。加强巡查，重点针对辖区施工工地、拆迁工地、加油站、锅炉在用企业、露天烧烤、垃圾焚烧等大气污染源，发现问题要求立即整改。（责任单位：城建监察大队、住建局，凤山镇、松山镇、碧里乡，开发区管委会） 6. 加强大气重点污染源巡查，强化金港工业区钢铁企业、加油站及其他排放废气的工业企业的监管。（责任单位：罗源生态环境局，工信局、市场监管局，开发区管委会） 7. 华能码头、亿鑫、宝钢、闽光、德胜能源、德胜新建材的堆场等必须增加洒水、喷雾频次，减少柴油机械、柴油货车作业。（责任单位：罗源湾港务站、罗源生态环境局，碧里乡，开发区管委会）	通知：现启动轻微污染天气二级响应： 1. 加强环境空气质量监测，加强大气巡查工作，督促台商投资区、开发区管委会、各乡（镇）政府、县直相关单位启动应对轻微污染天气的各项措施。（责任单位：罗源生态环境局） 2. 强化重点区域（重点区域具体指梅岭公园、罗源生态环境局、滨海学校周边 1 公里范围内）、金港工业区周边 1 公里范围内道路的清洗、洒水及喷雾。保持重点区域道路湿润，金港工业区工地、罗源湾开发区边岐山工地、福州台商投资区（大拇指地块等）的建设、城区房地产工地喷淋作业。（责任单位：住建局，凤山镇、松山镇、碧里乡，福州台商投资区管委会、开发区管委会） 3. 开展工地巡查工作，要求喷雾设施、洒水车等在施工作业期间全程使用，保持作业面全覆盖不扬尘，渣土车必须做到净车出场、平车出场；同时，采取有效的抑尘措施，落实建筑工地“六个 100%”，严格落实围挡喷水等防尘压尘措施，严禁敞开式作业，做到文明施工，减少施工扬尘对周边环境的影响。（责任单位：住建局） 4. 开展渣土运输路面巡查工作，对运输过程中存在的渣土滴、洒、漏等问题采取顶格处罚措施；加强巡查执法，取缔垃圾露天焚烧、流动露天烧烤等违法行为。（责任单位：公路中心、交运局、交警大队、城建监察大队） 5. 出动洒水车、雾炮车实施降尘，作业频率为每 3 小时出动一次。加强巡查，重点针对辖区施工工地、拆迁工地、加油站、锅炉在用企业、露天烧烤、垃圾焚烧等大气污染源，发现问题要求立即整改。（责任单位：城建监察大队、住建局，凤山镇、松山镇、碧里乡，开发区管委会） 6. 加强大气重点污染源巡查，强化金港工业区钢铁企业、加油站及其他排放废气的工业企业的监管。（责任单位：罗源生态环境局，工信局、市场监管局，开发区管委会） 7. 华能码头、亿鑫、宝钢、闽光、德胜能源、德胜新建材的堆场等必须增加洒水、喷雾频次，减少柴油机械、柴油货车作业。（责任单位：罗源湾港务站、罗源生态环境局，碧里乡，开发区管委会）

续表

等级	一般天气	雨天
轻微污染天气一级响应	紧急通知：现启动轻微污染天气一级响应： 1. 加强环境空气质量监测，加强大气巡查工作，督促台商投资区、开发区管委会、各乡（镇）政府、县直相关单位启动应对轻微污染天气的各项措施。（责任单位：罗源生态环境局） 2. 开展工地巡查工作，要求县区所有拆迁工地停止作业；重点区域（梅岭公园、罗源生态环境局、滨海学校）、金港工业区周边 1 公里范围内的所有工地全面停工，周边 2 公里范围内的工地暂停土方开挖、石料开采和各类场平工作。金港工业区工地、罗源湾开发区边岐山工地、福州台商投资区（大拇指地块等）的建设、城区房地产工地暂停作业。同时，渣土车必须做到净车出场、平车出场，喷雾设施、洒水车等在施工作业期间全程使用，保持作业面全覆盖不扬尘，梅岭公园施工工地喷淋作业。（责任单位：城建监察大队、住建局，凤山镇、松山镇、碧里乡，福州台商投资区管委会、开发区管委会） 3. 强化城区所有道路的清洗和洒水作业，保持重点区域道路湿润。（责任单位：住建局，凤山镇） 4. 出动洒水车、雾炮车实施降尘，作业频率为每 2 小时出动一次。加强巡查，重点针对辖区施工工地、拆迁工地、加油站、锅炉在用企业、露天烧烤、垃圾焚烧等大气污染源，发现问题要求立即整改。（责任单位：城建监察大队、住建局，凤山镇、松山镇、碧里乡，开发区管委会） 5. 开展渣土运输路面巡查工作，对运输过程中存在的渣土滴、洒、漏等问题采取顶格处罚措施；加强巡查执法，取缔垃圾露天焚烧、流动露天烧烤等违法行为。（责任单位：公路中心、交运局、交警大队、城建监察大队） 6. 加强大气重点污染源巡查，强化金港工业区钢铁企业、加油站及其他排放废气的工业企业的监管。（责任单位：工信局、罗源生态环境局、市场监管局，开发区管委会） 7. 华能码头、亿鑫、宝钢、闽光、德胜能源的堆场等必须增加洒水、喷雾频次，减少柴油机械、柴油货车作业。（责任单位：罗源湾港务站、罗源生态环境局，碧里乡，开发区管委会） 8. 启动城区治堵专项行动，疏导交通，减少机动车尾气污染。（责任单位：交警大队）	紧急通知：现启动轻微污染天气一级响应： 1. 加强环境空气质量监测，加强大气巡查工作，督促台商投资区、开发区管委会、各乡（镇）政府、县直相关单位启动应对轻微污染天气的各项措施。（责任单位：罗源生态环境局） 2. 开展工地巡查工作，要求县区所有拆迁工地停止作业；重点区域（梅岭公园、罗源生态环境局、滨海学校）、金港工业区周边 1 公里范围内的所有工地全面停工，周边 2 公里范围内的工地暂停土方开挖、石料开采和各类场平工作。金港工业区工地、罗源湾开发区边岐山工地、福州台商投资区（大拇指地块等）的建设、城区房地产工地暂停作业。同时，渣土车必须做到净车出场、平车出场，喷雾设施、洒水车等在施工作业期间全程使用，保持作业面全覆盖不扬尘，梅岭公园施工工地喷淋作业。（责任单位：城建监察大队、住建局，凤山镇、松山镇、碧里乡，福州台商投资区管委会、开发区管委会） 3. 强化城区所有道路的清洗和洒水作业，保持重点区域道路湿润。（责任单位：住建局，凤山镇） 4. 出动洒水车、雾炮车实施降尘，作业频率为每 2 小时出动一次。加强巡查，重点针对辖区施工工地、拆迁工地、加油站、锅炉在用企业、露天烧烤、垃圾焚烧等大气污染源，发现问题要求立即整改。（责任单位：城建监察大队、住建局，凤山镇、松山镇、碧里乡，福州台商投资区管委会、开发区管委会） 5. 开展渣土运输路面巡查工作，对运输过程中存在的渣土滴、洒、漏等问题采取顶格处罚措施；加强巡查执法，取缔垃圾露天焚烧、流动露天烧烤等违法行为。（责任单位：公路中心、交运局、交警大队、城建监察大队） 6. 加强大气重点污染源巡查，强化金港工业区钢铁企业、加油站及其他排放废气的工业企业的监管。（责任单位：工信局、罗源生态环境局、市场监管局，开发区管委会） 7. 华能码头、亿鑫、宝钢、闽光、德胜能源的堆场等必须增加洒水、喷雾频次，减少柴油机械、柴油货车作业。（责任单位：罗源湾港务站、罗源生态环境局，碧里乡，开发区管委会） 8. 启动城区治堵专项行动，疏导交通，减少机动车尾气污染。（责任单位：交警大队）

二、响应降级或终止格式

响应降级	通知：经过各级各部门共同努力，我县 AQI 已有所回落。全县 AQI 小时均值浓度从最高的 *** 下降至目前的 ***，根据《罗源县轻微污染天气应对办法》相关规定，现将响应等级从一级调整为二级，谢谢
	通知：经过各级各部门共同努力，我县 AQI 已有所回落。全县 AQI 小时均值浓度从最高的 *** 下降至目前的 ***，根据《罗源县轻微污染天气应对办法》相关规定，现将响应等级从二级调整为三级，谢谢
响应终止	通知：经过各级各部门共同努力，全县 AQI 小时均值已连续 2 个小时为优，根据《罗源县轻微污染天气应对办法》相关规定，响应终止，谢谢

罗源县人民政府印发关于进一步推动大众创业万众创新工作的实施意见的通知

罗政规〔2022〕4号

各乡（镇）政府，福州台商投资区管委会、罗源湾经济开发区管委会，县直各有关单位：

《关于进一步推动大众创业万众创新工作的实施意见》已经县政府研究通过，现印发给你们，请认真抓好贯彻落实。

罗源县人民政府

2022年10月12日

关于进一步推动大众创业万众创新工作的实施意见

推进大众创业、万众创新，是发展的动力之源，也是富民之道、公平之计、强国之策，对于推动我县经济结构调整、打造发展新引擎、增强发展新动力、走创新驱动发展道路具有重要意义，是稳增长、扩就业、激发群众智慧和创造力，促进社会纵向流动、公平正义的重大举措。为坚持“3820”战略工程思想精髓，全方位推进高质量发展超越，进一步推进我县大众创业、万众创新工作，经县政府研究同意，制定以下意见：

一、加大“双创”平台扶持力度

1. 对认定为国家、省级创业创新示范中心的，按照市级奖励金额的50%给予配套奖励；对认定为市级创业创新示范中心的，给予65万元奖励。

（责任单位：县发改局、财政局）

2. 对认定为国家级、省级、市级科技企业孵化器的，分别给予65万元、35万元、10万元奖励；对认定为省级互联网孵化器的，给予7.5万元奖励。

（责任单位：县发改局、财政局）

3. 对认定为国家级、省级、市级“众创空间—孵化器—加速器”科技创业孵化链条建设示范单位的，分别给予150万元、100万元、50万元奖励。

（责任单位：县发改局、财政局）

4. 对认定为国家级专业化众创空间的，给予50万元奖励；对认定为国家级、省级、市级众创空间、星创天地的，分别给予20万元、15万元、7.5万元奖励。

（责任单位：县发改局、财政局）

5. 对每两年考核优秀的市级众创空间、星创天地给予运营补助5万元。

（责任单位：县发改局、财政局）

二、完善“双创”平台场地补助

6. 入驻企业租金补助。落实扎实稳住经济的“一揽子”政策措施，对承租县属国有产权双创平台孵化载体的小微企业，2022年减免6个月租金。鼓励其他市场主体经营的双创平台孵化载体在充分协商的基础上，减免入驻的小微企业2022年不超过6个月的租金，县财政按减免租金总额的100%，给予最高不超过50万元补助。

（责任单位：县财政局、发改局、国资中心）

7. 创业租用场地补贴。在榕高校在校生及毕业5年内毕业生在我县双创平台创业（在各类创业孵化基地、创业园等已享受政府租金优惠政策的除外）租用1年以上经营场地的，可在我县创业享受最长2年、不超过实际支付场地租金50%、每年最高3000元的创业资助。

（责任单位：县人社局、发改局）

三、开展创业项目补贴

8. 给予一次性创业补贴。对首次创办小微企业或从事个体经营的毕业5年内高校毕业生，在创办企业或以灵活就业人员身份缴纳职工社会保险的，县财政给予5000元的一次性创业补贴，带动就业人数5人及以上的，给予1万元的一次性创业补贴。

（责任单位：县人社局）

9. 扶持优秀创业项目。鼓励我县创业团队参加每年的100个“植根榕城”优秀创业项目评选，按照市级奖励金额的50%，给予资金奖励。

（责任单位：县人社局）

四、做好信贷基金扶持

10. 用活用足引导基金。鼓励企业争取“三创”产业发展基金、科创走廊基金、闽都院士村基金、科技成果转化基金和海创汇基金，通过吸纳社会资本，委托国内头部的专业化基金管理机构运作，重点促进高校院所、科研机构与我县企业的产学研深度融合，加快科创成果转化。

（责任单位：县发改局）

11. 加大信贷支持。(1) 创业担保贷：符合条件的大中专院校在校生及毕业5年内大中专院校毕业生（含技校）、城镇登记失业人员、返乡入乡创业人员、复员转业军人等14类人群，可申请最高额度为15万元的个人创业担保贷款。(2) 人才贷：向符合条件的借款人提供信用类、抵押类创业贷款。信用贷款最高额度可达250万元，抵押贷款最高额度500万元。

（责任单位：县人社局、金融办）

12. 提高免反担保贷款额度。将符合条件的创业人员、创业项目和创业企业申请免反担保的创业担保贷款额度从10万元提高到30万元。

（责任单位：县人社局、金融办）

上述扶持措施按“就高不重复”原则，本实施意见自印发之日起施行，有效期至2025年7月8日。

罗源县人民政府关于印发《罗源县突发事件总体应急预案》的通知

罗政〔2022〕32号

各乡（镇）人民政府，台商投资区管委会、罗源湾开发区管委会，县直各委、办、局（公司）：

《罗源县突发事件总体应急预案》已经县政府研究同意，现印发给你们，请认真贯彻执行。

罗源县人民政府

2022年12月26日

（此件主动公开）

罗源县突发事件总体应急预案

目 录

1 总则

1.1 编制目的

以习近平新时代中国特色社会主义思想为指导，深入贯彻落实习近平总书记关于应急管理的重要指示批示精神，坚决防范化解重大风险，全面提高我县应对各类突发事件的能力，推进提升应急管理治理体系和治理能力现代化水平，保障人民群众生命财产安全，维护我县公共安全和社会稳定。

1.2 编制依据

根据《中华人民共和国突发事件应对法》《中华人民共和国安全生产法》《突发事件应急预案管理办法》《国家突发公共事件总体应急预案》《福建省突发事件应对办法》《福州市突发事件总体应急预案》《罗源县机构改革实施方案》等有关法律、法规及文件，制定本预案。

1.3 适用范围

本预案所称突发事件是指突然发生、造成或者可能造成严重社会危害，需要采取应急处置措施予以应对的自然灾害、事故灾难、公共卫生事件和社会安全事件。

本预案是我县防范和应对各类突发事件的总纲，用于指导我县负责或参与的突发事件风险防控、应急准备、监测预警、应急处置、资源保障以及恢复重建等工作。

1.4 工作原则

坚持人民至上、生命至上。牢固树立以人民为中心的发展思想和人民至上、生命至上的理念，切实把保障公众健康和生命财产安全作为首要任务，强化预防为主、源头防控，夯实基层基础，做好常态化疫情防控下突发事件的应对处置工作，最大限度防控突发事件风险、减少突发事件及其造成的人员伤亡和危害。

坚持统一领导、协调联动。建立健全党委领导下的应急管理行政领导负责制，加快构建统一指挥、专常兼备、反应灵敏、上下联动、平战结合的应急管理体制。充分发挥应急管理部门的综合协调优势和各相关部门的专业优势，衔接好防抗救的责任链条，形成整体合力。

坚持分级负责、属地管理。建立完善县、乡两级组织指挥机制，按照突发事件级别组织防范应对工作，及时启动应急响应，统筹调度应急资源。发挥属地政府组织领导、统筹协调、提供保障等重要作用，注重组织动员社会力量广泛参与，形成政府与社会力量、市场机制的协调配合。

坚持快速反应、高效应对。建立健全以综合性消防救援队伍为主力、以军队非战争军事行动力量为突击、以专业救援队伍为骨干、以社会力量为辅助的应急力量体系，健全快速反应、联动协调机制，高效应对突发事件。

坚持依法管理、科技支撑。依据有关法律法规，维护人民群众合法权益，推进突发事件应对工作规范化、制度化、法治化。充分发挥专家队伍和专业人员的作用，强化应急管理装备技术支撑，优化整合各类科技资源，提高应急管理科学化、专业化、智能化、精细化水平。

1.5 突发事件分类分级

我县行政区域内突发事件及潜在风险主要包括以下类别：

1. 自然灾害。主要包括气象灾害、地震灾害、地质灾害、海洋灾害、生物灾害和森林火灾等。

2. 事故灾难。主要包括危险化学品、工矿商贸、建筑施工、燃气管道、烟花爆竹、民爆物品等企业的各类生产安全事故，以及交通运输事故、海上溢油事故、公共设施和设备事故、环境污染和生态破坏事件等。

3. 公共卫生事件。主要包括传染病疫情、群体性不明原因疾病、食品和职业中毒，以及食品和药品安全事件、水源污染事件、动植物疫情、其他严重影响公众健康和生命安全的事件等。

4. 社会安全事件。主要包括恐怖袭击事件、刑事事件、群体性事件、油气供应中断突发事件、城市供水持续断供事件、金融突发事件、涉外突发事件、网络与信息安全事件、民族宗教事件等。

按照社会危害程度、影响范围等因素，突发事件一般分为特别重大、重大、较大和一般四级。具体分级标准按照国家突发事件分级标准执行，并在相应专项、部门应急预案中予以明确。

1.6 分级应对与响应分级

应对突发事件遵循统一领导、分类管理、分级负责、协调联动、属地管理为主的原则。发生特别重大、重大、较大突发事件时，由县政府在省、市政府及相关部门统一指挥协调下组织应急处置。发生一般突发事件时，由县政府负责组织应对。当突发事件超出属地政府处置能力时，由上一级政府提供支援或者负责应急处置。涉及跨行政区域的，由有关行政区域共同的上一级政府负责应急处置，或者由各有关行政区域的上一级政府共同负责应对。

突发事件的应急响应级别，按照突发事件的性质、特点、危害程度和影响范围等因素，由高到低分为：Ⅰ级（特别重大）、Ⅱ级（重大）、Ⅲ级（较大）和Ⅳ级（一般）。具体应急响应分级标准及分级响应措施在相应专项、部门应急预案中予以明确，并根据国家、省、市应急指挥体制机制变化做相应调整。

突发事件发生后，各级政府及有关部门、基层组织和单位等根据突发事件初判级别、应急处置能力以及预期影响后果及其发展趋势，综合研判本层级应急响应级别，采取相应应急处置措施。对于事件本身比较敏感，或发生在重点区域、重点时段、重大活动期间的，可适当提高应急响应级别。应急响应启动后，可视情调整应急响应级别。

2 组织指挥体系

2.1 领导机构

在县委领导下，县政府是全县突发事件应急管理工作的最高行政领导机关，统一领导、指挥协调全县应急管理工作。

县政府职责主要包括：贯彻落实党中央、国务院，省委、省政府和市委、市政府关于应急管理工作的战略部署；统筹制定全县应急管理工作发展规划和政策措施；研究提出全县应急管理工作的重大决策和解决全县应急管理重大问题；统筹各类应急救援资源；在省、市政府及相关部门统一指挥协调下组织处置特别重大、重大、较大突发事件，组织指挥处置一般突发事件；组织突发事件应急管理工作的总结评估；根据上级安排或工作需要协助周边县（市）开展应急处置工作。

2.2 专项指挥机构及办事机构

根据应急管理工作需要，县政府设立各类专项指挥部、委员会、应急领导小组等机构作为县相关类别突发事件应急处置的专项指挥机构，负责突发事件预防准备、应急演练和应急处置工作。

县专项指挥机构总指挥一般由县政府分管领导担任，必要时，由县政府分管应急管理工作的领导担任，成员由承担突发事件应急处置职责的有关部门负责同志组成。当处置较大以上或综合性突发事件时，可由县委、县政府主要领导任总指挥，负责指挥协调相关专项指挥机构开展应急处置。

目前相关专项指挥机构尚未涵盖的突发事件发生时或举办重大活动时，由县政府根据事件性质和工作需要成立临时专项指挥机构，并指定指挥机构负责人和组成人员。必要时，应急处置可成立现场指挥机构，负责现场组织指挥工作。

专项指挥机构设立办事机构，由各突发事件应对牵头部门承担，根据职责分工负责本部门（行业、领域）突发事件应急处置工作，主要承担以下职责：起草相关专项、部门应急预案并负责实施；加强相关应急救援队伍、应急物资装备的建设管理；组织协调并指导风险防控、应急准备、监测预警、应急处置与救援、资源保障、恢复重建等工作；承担相关专项指挥机构的综合工作，发挥专项指挥机构办公室作用。

2.3 现场指挥机构

突发事件发生后，根据事件性质和应急处置工作需要，县政府各类专项指挥机构设立现场指挥机构，组织、指挥、协调和实施现场处置工作，并负责较大级别以上突发事件的先期处置。

现场指挥机构可根据实际情况设立综合协调、抢险救援、专家指导、医疗救护、现场管控、舆情引导、后勤保障、环境处理、善后处置、调查评估等工作组，按照职责分工协同高效开展现场应急处置工作。

现场指挥机构指挥长由县委、县政府指定负责同志担任，实行现场指挥长负责制。现场指挥长负责组织研究并确定现场处置方案，指定各工作组负责人员。现场指挥长发生变动或更替的，应做好交接工作。

上级应急指挥机构未到达现场时，由属地应急指挥机构履行应急指挥职责，在上级应急指挥机构到达现场后，将指挥权移交上级应急指挥机构。

2.4 应急联动与智力支持

驻地央属、省属和市属单位，解放军、武警部队、民兵预备役部队及相邻县（市）应急联动部门按照有关规定作为突发事件应急联动机构。各专项指挥机构及其办事机构平时应加强与应急联动机构的联系，通报有关突发事件信息，共同组织应急演练。应急处置时，根据国家和上级相关规定，专项指挥机构应适时请求应急联动机构的支援。

县有关部门应根据实际需要建立各类专家库。应急管理部门会同相关单位组建应急管理专家组，制定专家组服务管理办法，健全专家决策咨询制度，充分发挥专家作用，研究应急管理重大问题，提出全局性、前瞻性政策建议，为重大社会风险防控、突发事件应急处置和调查评估等提供决策咨询服务和智力支持，必要时专家可参加应急处置工作。

2.5 基层组织

各乡镇政府、园区管委会按照“属地管理”的原则，进一步明确职责，做好本行政区域内各类突发事件应对工作，发生一般以上突发事件后，组织实施本辖区突发事件现场的先期处置。村（居）民委员会等群众自治组织应协助做好突发事件应对工作。

突发事件应对牵头部门应优化体制机制、畅通渠道，积极发挥乡镇、村（社区）、社会组织、志愿者和群众在安全隐患排查与消除、突发事件先期处置、信息报告、抢险救援、自救互救和应急处置中的协同作用，推进群众自防自治、社区群防群治、部门联防联治、相关单位协防协治的应急处置机制建设。

3 运行机制

3.1 风险防控

（1）县政府及县直有关部门要建立突发事件各类别风险调查和评估制度，提升多灾种和灾害链综合监测、风险早期识别能力，依法对各类风险点、危险源、危险区域进行调查、辨识、评估、分级、登记，建立台账，定期进行检查、监控，采取安全防范措施，建立信息共享机制，并按照有关规定及时向社会公布。

有关部门要按照职责分工对可能发生的突发事件进行综合评估和趋势分析，研究制定风险分级分类标准和管理办法。突发事件应对主要牵头部门于每年年底前对下一年度突发事件发生发展趋势进行研判和预测分析，提出防范措施建议。

（2）各级政府、县直有关部门要坚持协同防控原则，统筹建立完善社区、村、重点单位网格化风险防控体系。有关部门要及时发现和处置各类风险隐患，落实风险管控措施。对重大风险点和危险源，对易发重特大事故的行业和领域采取风险分级管控和隐患排查治理双重预防工作机制，制定防控措施和应急预案，做好监控和应急准备工作。对一些影响大、群众反映强烈的普遍性和倾向性社会矛盾问题，要研究采取治本措施，力求从源头上解决。必要时立即向县政府报告，并向上级政府有关部门及当地驻军和可能受到危害的毗邻或相关地区的政府通报。

（3）对水利水电工程、战略物资储备库、重大油气管道或储运设施、重要水上航道、铁路客运干线专线、超高压输变电工程、大型桥梁、重要通信枢纽、支付清算系统等重大关键基础设施，设计单位要科学选址、优化布局，进行风险评估和可行性论证，增强风险管控和防灾抗灾能力；运维单位要建立健全风险管理制度；属地政府和有关部门要加强监督检查。

（4）县直有关部门制定城乡规划应当充分考虑公共安全风险因素，按照底线思维统筹安排应对突发事件所必需的设备和基础设施建设。加强城乡防灾减灾能力建设，抓好以源头治理为重点的安全基础能力建设，完善城乡医疗救治体系和疾病预防控制为重点的公共卫生保障体系，健全以利益协调、诉求表达、矛盾调处等机制为重点的社会安全基础能力建设。

3.2 监测与预警

3.2.1 监测

县政府及县直有关部门应建立健全突发事件监测制度，整合监测信息资源，完善信息资源获取和共享机制，牵头部门负责相应突发事件监测信息集成。根据突发事件种类特点，建立健全地震、地质、气象、洪涝、干旱、森林火灾、危险化学品生产经营储存运输使用废弃和烟花爆竹批发经营储存运输、排污单位、重大关键基础设施、传染病疫情、动物疫情、城市供水等基础信息数据库，完善监测网络，划分监测区域，确定监测点，明确监测项目，配备设备设施和人员，对可能发生的突发事件进行监测。加强有关行业重大风险监控研究，对重大风险点、危险源进行辨识、监测、分析，采取有效措施进行防范，减少或杜绝重特大事故的发生。

3.2.2 预警

县政府及县直有关部门应建立健全突发事件预警制度，各级预警发布工作机构应充分发挥突发事件预警信息发布系统作用，为预警信息发布责任单位无偿提供预警信息发布服务，并充分运用各类发布手段和传播渠道，解决预警信息发布“最后一公里”问题。

（1）确定预警级别

对可以预警的自然灾害、事故灾难和公共卫生事件，按照突发事件发生的紧急程度、发展势态和可能造成的危害程度分为Ⅰ级、Ⅱ级、Ⅲ级、Ⅳ级，分别用红色、橙色、黄色和蓝色标示，Ⅰ级为最高级别。预警级别对照国家有关部门制订的具体划分标准执行，要结合实际制订具体实施办法。对即将发生或者已经发生的社会安全事件，应当按照规定报告，必要时可越级上报并视情向社会公众发布安全警示，具备条件的，应当进行网络直报或者自动速报。

（2）发布预警信息

可以预警的自然灾害、事故灾难或者公共卫生事件即将发生或发生的可能性增大时，应当根据有关法律、行政法规和国务院规定的权限和程序，发布相应级别的预警，决定并宣布相关区域进入预警期，同时按规定报告，必要时可越级上报，并向当地驻军和可能受到危害的毗邻或者相关的地区政府通报。县政府应当根据事态的发展，按照有关规定适时调整预警级别并重新发布。预警信息包括突发事件的类别、预警级别、起始时间、可能影响范围、警示事项、应采取的措施和发布机关、发布时间等。

预警信息的发布和调整要充分发挥突发事件预警信息发布系统作用，或通过广播、电视、报刊、通信、信息网络、手机、警报器、宣传车、大喇叭或组织人员逐户通知等方式进行，对老、幼、病、残、孕等特殊人群以及学校、医院、老年公寓等特殊场所和警报盲区应当采取有针对性的公告方式。承担应急处置职责的单位接到预警信息后，应及时向发布预警信息的单位反馈接收结果。

（3）采取预警措施

发布Ⅲ、Ⅳ级警报，宣布进入预警期后，专项指挥机构针对即将发生的突发事件的特点和可能造成的危害，依据相关应急预案立即做出响应，采取下列一项或多项措施：

①责令有关部门、专业机构、监测网点和负有特定职责的人员及时收集、报告有关信息，向社会公布反映突发事件信息的渠道，加强对突发事件发生、发展情况的监测、预报和预警工作。

②组织有关部门和机构、专业技术人员等，随时对突发事件信息进行分析评估，预测发生突发事件可能性的大小、影响范围和强度以及可能发生的突发事件的级别。

③定时向社会发布与公众有关的突发事件预测信息和分析评估结果，并对相关信息的报道工作进行管理。

④及时按照有关规定向社会发布可能受到突发事件危害的警告，宣传应采取的有关特定措施、避免或减轻危害的建议和劝告，公布咨询电话。

发布Ⅰ、Ⅱ级警报，宣布进入预警期后，专项指挥机构在采取Ⅲ、Ⅳ级预警响应措施的基础上，还应针对即将发生的突发事件的特点和可能造成的危害，采取下列一项或多项措施：

①责令应急救援队伍、负有特定职责的人员进入待命状态，并动员后备人员做好参加应急救援和处置工作的准备，视情预置有关部门队伍、装备、物资等应急资源。

②调集应急处置和救援所需物资、设备、工具，准备应急设施和避难场所，并确保其处于良好状态、随时可以投入正常使用。

③转移、疏散或者撤离易受突发事件危害的人员并予以妥善安置，转移重要财产。

④关闭或者限制使用易受突发事件危害的场所，控制或者限制容易导致危害扩大的公共场所活动。

⑤加强对重点单位、重要部位和重要基础设施的安全保卫，维护社会治安秩序。

⑥采取必要措施，确保交通、通信、供水、排水、供电、供气、供热等公共设施的安全和正常运行。

⑦法律、法规、规章规定的其他必要的防范性、保护性措施。

（4）解除预警

有事实证明不可能发生突发事件或者危险已经解除的，县政府或授权的有关部门应当立即宣布解除警报，终止预警期，并解除已经采取的有关措施。

3.3 应急处置与救援

3.3.1 信息报告

（1）县、乡（镇）政府及县各有关部门应当创新基层网格员管理体制机制，统筹灾害信息员、群测群防员、气象信息员、网格员等资源，建立统一规范的基层网格员管理制度，实现社区（村）网格员全覆盖，并落实风险隐患巡查报告、突发事件第一时间报告、灾情第一时间统计报告等职责。

（2）突发事件发生或发现重大风险隐患后，基层网格员和有关社区、村、企业、社会组织及相关专业机构、监测网点等要及时向所在地乡镇政府及有关主管部门报告突发事件信息。有关主管部门要向县政府相关部门通报。事发地乡镇政府及有关部门按照相关规定向县政府及有关部门报送信息。根据事态进展，及时续报突发事件处置等情况。

报告内容一般包括事件发生时间、地点、信息来源、时间性质、影响范围、后果损失情况（人员伤亡、失联等情况）、事件发展趋势、现场救援情况和已采取的措施等，并根据事态进展及时续报事件处置情况。

（3）接到突发事件信息后，县政府及有关部门要按照有关规定及时限要求，如实向市政府及其有关部门报告，最迟不得超过一小时，不得迟报、谎报、瞒报和漏报，同时通报可能受影响的区域、部门和企业。

（4）涉及港澳台侨、外籍人员，或影响到境外的突发事件，需要向有关国家、地区、国际机构通报的，按照相关规定办理。

（5）各应急牵头部门要建立健全信息快速获取机制，完善突发信息报送和信息共享系统，融合相关部门、应急资源信息、地理信息、预案和案例信息、事件动态信息等，为突发事件应对提供信息保障。鼓励获悉突发事件信息的公民主动向所在地人民政府、有关主管部门或者指定的专业机构报告。

3.3.2 先期处置

（1）事发单位应当立即组织本单位应急救援队伍和工作人员开展应对处置工作，营救受害人员，疏散、撤离、安置受威胁人员，并统筹考虑老年人等特殊人员需要，提供突发事件风险提醒、紧急避难场所提示以及救援、救助、疏散、撤离、安置等方面的线上线下服务工作；控制危险源，标明危险区域，封锁危险场所，并采取其他必要措施防止危害扩大；迅速控制可疑的传染源，积极救治病人，组织医疗救护，加强个体防护；同时立即向县政府及有关部门报告。对因本单位的问题引发的或者主体是本单位人员的社会安全事件，有关单位负责人要迅速赶赴现场开展劝解、疏导工作。

（2）事发地村（居）民委员会和其他组织要立即进行宣传动员，组织群众开展自救和互救，协助维护社会秩序，或按照当地政府的决定或命令组织开展突发事件应对工作。

（3）事发地乡镇政府调动所属应急队伍，采取措施控制事态发展，组织开展应急处置与救援工作，并及时向县政府报告。

（4）县政府接到报告后，应立即启动应急响应机制，在现场指挥部还未成立之前，先期到达现场的各应急机构、应急救援队伍，应在县政府的协调指挥下，采取果断有效的应急处置措施，优先保护人民群众生命安全，全力控制事态发展，防止和阻止次生、衍生和耦合事件的发生。

（5）在境外发生涉及我县的突发事件，县有关部门应第一时间启动应急机制，采取措施保护我县相关人员和机构生命财产安全及合法权益。

3.3.3 指挥协调

上级政府及有关部门指导下级政府及有关部门开展应对工作。上级专项指挥机构设立后，下级专项指挥机构按照上级要求做好应急处置与救援有关工作。本级政府对本行政区域内各类突发事件应对负有属地管理责任，切实做好突发事件应对工作，按照上级政府要求组织实施应急处置与救援措施。

各专项指挥机构按照前述分级应对与响应分级原则，分别负责相应级别突发事件应急组织指挥。超出事发地政府处置能力的，上一级政府根据事发地政府的请求或应对工作需要，逐级提升指挥权。必要时，县政府可报请市政府指导协调和组织应对。

上级政府设立现场指挥机构的，下级政府的现场指挥机构应纳入上级现场指挥机构，在上级现场指挥机构的统一领导下组织开展应对工作。现场指挥机构要开设统一的救援队伍集结点、物资接收点和分发点、新闻发布中心，提供必要的后勤保障，并且要充分听取专家意见建议。到突发事件现场的各方应急力量要及时向现场指挥机构报到、受领任务，接受现场指挥机构的统一指挥调度，严格遵守现场管理、信息发布等工作要求，并及时报告现场情况和处置进展情况，实现各方信息共享。

当上级工作组在现场时，现场指挥机构要与其对接，接受业务指导，并做好相应保障工作。

参与应急处置的解放军、武警部队、消防救援队伍、专业应急救援队伍等在现场指挥机构的统一调度下，参加突发事件应急处置和救援，按规定的指挥关系和指挥权限指挥。

社会力量参与应急处置与救援，纳入现场指挥机构的统一管理、统一调动、统一行动。现场指挥机构根据突发事件现场实际情况，及时调度相关应急资源支持应急处置与救援行动。

3.3.4 处置措施

自然灾害、事故灾难或者公共卫生事件发生后，现场指挥机构应采取（或请求有关事发地政府采取）下列一项或多项应急措施：

（1）组织现场人员、应急测绘、勘察队伍等，利用无人机、雷达、卫星等手段获取现场事故灾害信息，分析研判道路、桥梁、通信、电力等基础设施和居民住房损毁情况，重要目标物、人员密集场所和人口分布等信息，提出初步评估意见，并向现场指挥机构和有关部门报告。

（2）组织营救受灾和被困人员，疏散、撤离并妥善安置受威胁人员，必要时组织动员社会力量有序参与应急处置与救援和受灾人员救助工作。

（3）组织开展医疗救治、卫生防疫和公共卫生调查处理、应急心理救助、健康教育等医疗卫生救援工作，治疗传染病人和疑似病例，控制传染源，对密切接触者进行隔离和医学观察，根据需要对易感人群采取应急接种、预防性服药、非药物干预措施和卫生防疫知识宣传等。

（4）组织开展抢险工作，控制危险源、减轻或消除危害，标明危险区域，封锁危险场所，划定警戒区，实行交通管制以及采取其他控制措施；铁路、交通、公安等部门应当保证紧急情况下应急交通的优先安排、优先调度、优先放行，确保抢险救灾物资和人员能够及时、安全送达。

（5）抢修被损坏的交通、水利、通信、供水、排水、供电、供气、供热等公共设施，短时难以恢复的，实施过渡方案，保障生产生活基本需要。

（6）开展环境应急监测，追踪研判污染范围、程度和发展趋势，切断污染源，控制和处置污染物，保护水源地等环境敏感目标，减轻环境影响，开展灾后环境风险排查，整治污染隐患，妥善处置事件应对产生的废弃物。

（7）禁止或者限制使用有关设备、设施，关闭或者限制使用有关场所，中止人员密集的活动或者可能导致危害扩大的生产经营活动，以及采取其他保护措施。

（8）启用本级政府设置的财政预备费和储备的应急救灾物资，必要时调用其他急需物资、设备、设施、工具。

（9）做好受灾群众的基本生活保障，提供食品、饮用水、衣被等基本生活必需品和临时住所，开展卫生防疫工作，确保受灾群众有饭吃、有水喝、有衣穿、有住处、有病能得到及时医治，确保大灾之后无大疫。

（10）开展遇难人员善后处置，妥善处理遇难人员遗体，做好遇难人员家属安抚等工作。

（11）组织开展救灾捐赠活动，接受、管理、分配捐赠款物。

（12）依法从严惩处囤积居奇、哄抬物价、制假售假等扰乱市场秩序的行为，稳定市场价格，维护市场秩序。依法从严惩处哄抢财物、干扰破坏应急处置工作等扰乱社会秩序的行为，维护社会治安。

（13）采取必要措施防止发生次生、衍生灾害和事件。

社会安全事件发生后，根据相关应急预案成立的应急指挥机构针对事件的性质和特点，采取（或请求有关事发地政府采取）下列一项或者多项应急措施：

（1）了解分析事件起因，有针对性地开展法治宣传和说服教育，及时疏导、化解矛盾和冲突。

（2）维护现场治安秩序，对使用器械相互对抗或以暴力行为参与冲突的当事人依法实行强制隔离，妥善解决现场纠纷和争端，控制事态发展。

（3）对特定区域内的建筑物、交通工具、设备、设施以及燃料、燃气、电力、水的供应进行控制，必要时依法对网络、通信进行管控。

（4）封锁有关场所、道路，查验现场人员的身份证件，限制有关公共场所内的活动。

（5）加强对易受冲击的核心机关和单位的警卫，加强对重点敏感人员、场所、部位和标志性建筑的安全保护。

（6）发生严重危害社会治安秩序的事件时，立即依法出动警力，加大社会面检查、巡逻、控制力度，根据现场情况依法采取相应的强制性措施，尽快使社会秩序恢复正常。

（7）法律法规等规定的其他必要措施。交通运输、医疗救援、通信、抢险救援物资装备、群众生活、社会秩序、新闻、专家技术、能源供应、灾害现场信息等应急保障工作牵头协调部门和支持部门，应组织编制相关保障方案，督促做好保障体系建设，完善快速反应联动机制。保障方案管理参照应急预案管理。

突发事件发生后，履行统一领导职责的政府必要时可以依法向单位和个人征用应急救援所需设备、设施、场地、交通工具和其他物资，请求其他地方政府提供人力、物力、财力或者技术支援，要求生产、供应生活必需品和应急救援物资的企业组织生产、保证供给，要求提供医疗、交通等公共服务的组织提供相应的服务。组织协调运输经营单位，优先运送处置突发事件所需物资、设备、工具、应急救援人员和受突发事件危害的人员。

3.3.5 信息发布与舆论引导

各应急指挥机构要制定统一的信息发布与舆论引导方案，与突发事件应对处置工作同时研究、同时部署、同时行动。对于可能受到突发事件直接威胁的社会公众，应按照“3.2 监测与预警”的要求及时发布预警信息。信息发布由县政府或其设立的应急指挥机构按照有关规定组织。

（1）重大以上突发事件发生后，县政府或应急指挥机构要第一时间通过主流媒体向社会发布简要信息，最迟要在 5 小时内发布权威信息，随后发布初步核实情况、政府应对措施和公众防范措施等，最迟应在 24 小时内举行新闻发布会，并根据事件处置情况做好后续发布工作。发生较大、一般突发事件后，最迟要在 3 小时内发布权威信息，根据处置进展动态发布信息，视情举行新闻发布会。法律法规和国家另有规定的，从其规定。

（2）信息发布形式主要包括通过新闻网站和官方微博、微信等新媒体平台发布信息，以及提供新闻通稿、举行新闻发布会或接受媒体采访等，具体按照有关规定执行。

（3）县有关部门要加强网络媒体和移动新媒体信息发布内容的管理和舆情分析，及时回应社会关切，迅速澄清谣言，引导网民依法、理性表达意见，形成积极健康的社会舆论。

（4）未经县政府设立的现场指挥机构批准，参与突发事件应急处置工作的单位和个人不得擅自对外发布事件原因、伤亡数字、责任追究等突发事件处置工作情况和事态发展的信息。任何单位和个人不得编造、传播有关突发事件事态发展或应急处置的虚假信息。

3.3.6 紧急状态

发生或即将发生特别重大突发事件，采取一般处置措施无法控制和消除其社会危害，需要全县进入紧急状态的，依法由县政府报市政府提请省政府决定。进入紧急状态的决定应当依法通过县级以上主要新闻媒体公布。

3.3.7 应急结束

突发事件的相关威胁和危害得到控制或消除后，县政府或应急指挥机构可宣布应急结束，逐步停止有关应急处置措施，应急队伍和工作人员有序撤离。同时采取或者继续实施必要措施，防止发生自然灾害、事故灾难、公共卫生事件的次生衍生事件或者重新引发社会安全事件。现场指挥机构停止运行后，通知相关方面解除应急措施，逐步恢复生产生活秩序。

3.4 恢复与重建

3.4.1 善后处置

受突发事件影响区域的乡镇政府应会同相关部门根据遭受损失的情况，制定救助、补偿、抚慰、抚恤、安置等善后工作方案。对突发事件中的伤亡人员、应急处置工作人员以及紧急调集、征用有关单位及个人的物资，按照规定给予抚恤、补助或补偿，并提供心理咨询及司法援助，妥善解决因处置突发事件引发的矛盾和纠纷。有关部门要做好疫病防治和环境污染消除等工作；事发地保险监管机构要组织、督促保险机构及时开展查勘和理赔工作。

3.4.2 恢复重建

按照市级统筹指导、县乡两级为主体、灾区群众广泛参与的原则，健全灾后恢复与重建机制。应急行动结束后，县政府和有关部门要立即组织制订恢复与重建计划，并向市政府报告，事发地乡镇政府和有关部门负责具体实施。上级人民政府要根据实际情况对需要支持的下级人民政府提供资金、物资支持和技术指导，组织其他地区提供资金、物资和人力支援。需要县级援助的，由事发地乡（镇）政府提出请求报县政府。需要市级援助的，由县政府提出请求，按有关规定报经审批后组织实施。

3.4.3 调查与评估

承担统一领导和协调突发事件应急处置职责的政府应当及时成立突发事件调查组，查清突发事件的发生经过和原因，对突发事件造成的损失进行评估，组织参与处置的单位对应急处置工作进行复盘分析，总结经验教训，制定改进措施；将调查评估情况向上一级政府报告。

一般突发事件由县有关部门会同事发乡镇政府进行调查评估，并向县政府作出报告。较大突发事件由市有关部门会同县政府进行调查评估，并向市政府作出报告。重大以上突发事件的调查评估，按照国家、省有关规定执行。法律法规另有规定的，从其规定。

县有关部门或单位于每年第一季度组织对本行业（领域）上年度发生的突发事件进行全面评估，向县政府报告，抄送相关类别突发事件应对牵头部门。县政府组织对本行政区域上年度突发事件进行全面评估，并向市政府报告，抄送市级相关类别突发事件应对牵头部门。

4 准备与支持

4.1 人力资源

综合性消防救援队伍是应急救援的主力军，应全面加强能力建设，适应全灾种应急救援需要。县、乡（镇）政府及县直有关部门应提供必要支持保障。

专业应急队伍是应急救援的骨干力量。县应急、公安、工信、住建、自然资源、生态环境、交通运输、农业农村、水利、林业、文旅、卫健、市场监管、电力、通信等主管部门根据职能分工和实际需要，加强本行业（领域）的专业应急队伍建设。

解放军和武警部队是应急救援的突击力量。县政府及县直有关部门要加强与当地驻军联系，建立健全信息共享和军地协调联动机制。

基层应急队伍是第一时间先期处置的重要力量。乡镇政府要整合各类应急资源，组建由消防员、民兵、森林防火人员、防汛人员、保安员、基层警务人员、医务人员等构成的乡镇综合性应急救援队伍，积极培育村（社区）自治性、志愿性应急救援队伍，引导中小企业加强应急救援力量建设，增强自救互救能力。

社会应急力量是应急处置与救援的辅助力量。由县相关部门负责，在社会应急队伍的组织、技术装备、能力培训、训练演练、救援行动人身保险等方面给予指导和支持。通过健全法律、法规、规章和建立服务协作平台、建立与专业应急队伍的联训联动机制等，充分发挥红十字会、共青团作用，鼓励企事业单位、社会组织及公民个人等有序参与应急救援工作。

应急专家队伍是应急处置与救援的支撑力量。县直有关部门在自然灾害、事故灾难、公共卫生事件、社会安全事件以及综合管理等领域，建立由专家学者和实践经验丰富的行政管理人员组成的应急专家队伍。根据需要，应急专家队伍为我县中长期公共安全规划、信息系统建设与管理、灾害科学最新发展趋势跟踪等方面提供意见和建议；对突发事件的发生和发展趋势、救灾方案、处置措施、灾害损失和恢复方案等进行研究和评估，并提出相关建议，为突发事件应对工作提供科学有效的决策咨询。

县直有关部门要加强应急力量训练条件统筹共用、开放共享，构建救援合作机制，创新组织实施模式。

建立健全应急队伍县际间交流合作机制，加强各类应急救援队伍跨区域应急能力建设，积极参与跨县区域突发事件应急行动。

4.2 财力支持

县政府及县直有关部门防范和应对突发事件所需经费由县财政予以保障。

处置突发事件所需财政负担的经费，按照现行事权、财权划分原则，分级负担。对受突发事件影响较大和财政困难的乡（镇）启动县级应急响应的，应根据实际情况和乡（镇）的请求，县财政和相关县级单位按规定予以适当支持。

县有关部门研究提出相应的征用补偿或救助政策，报县政府审批。县财政、审计部门会同有关主管部门对突发事件财政应急保障资金的使用和效果进行监督和评估。

鼓励公民、法人或其他组织按照《中华人民共和国慈善法》《中华人民共和国公益事业捐赠法》等有关法律、法规的规定，为应对突发事件提供物资、资金、技术支持和捐赠。

建立健全灾害风险保险体系，鼓励单位和公民参加保险。加快推进巨灾保险制度，推行安全生产、环境污染和食品安全责任保险等。县直有关部门应当为专业应急救援人员购买人身意外伤害保险，配备必要的防护装备和器材，减少应急救援人员的人身风险。志愿服务组织安排志愿者参与可能发生人身危险的志愿服务活动前，应当开展必要的安全、应急知识培训，并为志愿者购买相应的人身意外伤害保险。

4.3 物资装备

县直有关部门应根据有关法律、法规和应急预案的规定，做好应急物资和装备的储备工作，或与有关企业签订协议，保障应急救援物资、生活必需品和应急处置装备的生产、供给。

应急管理、发改（粮储）等部门按照集中管理、统一调拨、平时服务、灾时应急、采储结合、节约高效的原则，制定应急物资储备和应急救援装备规划并按职责分工组织实施。

4.4 公共设施

（1）指定或建立与人口密度、城市规模相适应的应急避难场所，完善本区域紧急疏散管理办法和程序，明确责任人，确保在紧急情况下公众安全、有序地转移或疏散。应急避难场所要选择在开敞区域，适合应急疏散人员，可与公园、广场等公共设施的建设或改造相结合。

（2）确保在应急状态下城市交通、供水、供电、供气、通信等公用设施的安全和正常运行，保证群众基本的用水、用气、用电，以及对废水、废气、固体废弃物等有害物质的监测和处理。

4.5 科技支撑

建立健全应急指挥平台体系。县应急管理局及有关部门要充分利用现有政府系统业务资源和专业系统资源，建立健全应急指挥场所、基础支撑系统和综合应用系统，规范技术标准，配置移动指挥系统，建立县级综合应急指挥平台和有关部门应急指挥平台，并实现互联互通，满足突发事件监测监控、风险防控、预测预警、应急值守、信息报告汇总与发布、视频会商、综合研判、辅助决策、指挥协调、资源调用和总结评估等功能。有条件的乡镇要建设适用的应急指挥平台，并与县应急指挥平台互联互通。

5 预案管理

5.1 应急预案体系

全县突发事件应急预案体系包括：县政府及有关部门，乡镇、园区、村（居）等基层组织和单位制定的各类突发事件应急预案，以及为应急预案提供支撑的工作手册和事件行动方案。县应急管理部门负责指导本县行政区域内应急预案体系建设和管理工作；相关部门在各自职责范围内，负责本行业（领域）应急预案体系建设和管理工作。

（1）总体应急预案。总体应急预案是应急预案体系的总纲，是本级政府组织应对突发事件的总体制度性安排。主要规定突发事件应对的基本原则、组织体系、运行机制以及应急保障的总体安排等，明确统一的应急指挥体系以及相关各方的职责和任务。

（2）专项应急预案。专项应急预案是本级政府及有关部门为应对涉及面广、情况复杂的某一类型或某几种类型突发事件，或者针对重大危险源防控、重要目标物和重要基础设施保护、应急救援、应急资源保障等重要专项工作而预先制定的涉及多个部门（单位）职责的工作方案。

（3）部门应急预案。部门应急预案是有关部门为应对本部门（行业、领域）某一类型突发事件，或者针对应急资源保障等涉及部门工作而预先制定的工作方案。

（4）企事业单位应急预案。企事业单位应急预案是指企事业单位为最大限度减少生产经营过程中的突发事件及其造成的损害而预先制定的工作方案。

（5）重大活动应急预案。重大活动应急预案是为保障我县重大集会、节会、庆典、会展、文化体育等活动顺利进行而制定的应急预案。必要时，重大活动预案应分别制定总体应急预案和若干专项应急预案。

（6）基层组织应急预案。基层组织应急预案是基层组织为应对本单位、本区域内各类突发事件而预先制定的工作方案，由居委会、村委会、社会团体等法人和基层组织制定和实施。基层组织根据突发事件应对需要，制定完善本单位和本区域内的应急预案。

（7）现场工作方案。县政府及其有关部门、有关单位和基层组织可根据应急预案、并针对突发事件现场处置工作灵活制定现场工作方案，侧重明确现场组织指挥机制、应急救援队伍分工、不同情况下的应对措施、应急装备保障和自我保障等内容。

（8）应急预案工作手册。各级各类应急预案中涉及的相关单位要结合本辖区、本部门和本单位具体情况编制工作手册，侧重对自身承担职责进一步分解细化，明确工作内容、流程、具体责任人、联络方式等。

（9）事件行动方案。事件行动方案是应急救援队伍、保障力量等针对参与突发事件应对的具体任务编制行动预案，侧重明确应急响应、指挥协同、力量编成、行动构想、综合保障、其他有关措施性要求等具体内容。

5.2 预案编审与衔接

县应急管理局应当会同相关部门，针对本行政区域多发易发突发事件、主要风险等，编制本行政区域应急预案编制修订工作计划，报县政府批准后实施。县应急管理局应当将本行政区域应急预案编制计划抄送市应急管理局。

县总体应急预案由县应急管理局牵头组织编制；县专项应急预案由县相关类别突发事件应对牵头部门组织编制。我县重大活动应急预案由县政府及相关部门根据国务院、省政府、市政府以及活动筹办机构的整体安排或总体预案制定。县有关部门应急预案，乡镇政府、单位和基层组织等应急预案由有关制定单位组织编制。

编制应急预案应当依据有关法律、法规、规章和标准，紧密结合实际，在开展风险评估、组织资源调查、剖析相关案例的基础上进行。

政府及其有关部门在应急预案编制过程中，应当广泛听取有关部门、单位的意见，组织有关专家进行论证，做好与相关应急预案衔接。涉及其他单位职责的，应当书面征求意见。必要时，向社会公开征求意见。单位和基层组织应急预案编制过程中，应根据法律、法规要求或实际需要，征求相关公民、法人或其他组织的意见。

金属冶炼、建筑施工单位，易燃易爆物品、危险化学品等危险物品的生产、经营、运输、储存、使用、废弃单位以及公共交通工具、公共场所和其他人员密集场所的经营单位或者管理单位，应当制定具体应急预案，建立健全风险管控和隐患排查治理双重预防机制，防止发生突发事件。

县总体应急预案应当经县政府常务会议审议，以县政府名义印发；县专项应急预案应当按照程序送县应急管理局衔接协调，报县政府审批，必要时经县政府常务会议或专题会议审议，以县政府办公室名义印发；部门应急预案审批印发程序按照县政府和市有关部门的应急预案管理有关规定执行。

单位和基层组织应急预案须经本单位或基层组织主要负责人签发，以本单位或基层组织名义印发，审批方式根据所在地政府及有关行业管理部门规定和实际情况确定。

县应急管理部门综合协调本行政区域内相关应急预案衔接工作。

5.3 预案备案

（1）县总体应急预案报市政府备案，径送市应急管理局，同时抄送有关部门。

（2）县专项应急预案报市相应部门备案，并抄送市应急管理局和有关部门。

（3）部门应急预案报县政府备案，径送县应急管理局，同时抄送有关部门。

（4）联合应急预案按所涉及区域抄送市应急管理部门和有关部门。

（5）涉及需要与所在地政府联合应急处置的央属、省属和市属单位应急预案，应当报县政府备案，并抄送县应急管理局和突发事件牵头部门。

（6）乡镇应急预案报县政府备案，径送县应急管理局，同时抄送有关部门。村（社区）应急预案报乡镇备案。

（7）县属以上企业应急预案报县级以上行业主管部门备案。应急预案处置措施涉及多个行业主管部门（或单位）的，同时抄送县级以上应急管理部门。法律、法规另有规定的从其规定。

应急预案备案受理按相关规定执行。

5.4 预案演练

（1）应急预案编制单位应当建立应急预案演练制度，通过采取形式多样的方式方法，对应急预案所涉及的单位、人员、装备、设施等组织演练。通过演练发现问题，进一步修改完善应急预案。政府专项应急预案、部门应急预案每 3 年至少进行一次演练。

（2）鼓励应急预案印发前组织开展研究性或检验性演练。应急预案关键环节和重要工作手册、行动预案等应当及时进行演练。

5.5 预案评估与修订

应急预案编制单位应当建立应急预案定期评估制度，分析评价预案内容的针对性、实用性和可操作性，并根据评估情况提出修订应急预案意见，实现应急预案的动态更新优化。县政府及有关部门应急预案原则上每 5 年评估一次。应急预案的评估工作，可以委托第三方专业机构组织实施。

有下列情形之一的，应急预案应当及时修订：

（1）有关法律、法规、规章、标准、上位预案中的有关规定发生变化的；

（2）应急指挥机构及其职责发生重大调整的；

（3）面临的风险发生重大变化的；

（4）重要应急资源发生重大变化的；

（5）预案中的其他重要信息发生变化的；

（6）在突发事件实际应对和应急演练中发现问题需要作出重大调整的；

（7）应急预案制定单位认为应当修订的其他情况。

应急预案修订涉及组织指挥体系与职责、应急响应程序、主要处置措施、突发事件分级标准等重要内容的，修订工作应按有关规定执行。

5.6 宣传与教育

应急预案公布后，应急预案编制单位应做好组织实施和解读工作，并对与应急预案实施密切相关的管理人员、专业救援人员等组织应急预案培训。对需要公众广泛参与的非涉密的应急预案，编制单位应当组织广泛宣传。

县有关部门应当建立健全应急管理培训制度，将应急预案培训作为有关业务培训的重要内容，纳入干部教育培训体系。针对本县特点，通过图书、报刊、音像制品、电子出版物、广播、电视、互联网和手机通信等多种形式，广泛开展突发事件预防与应急、自救与互救、防灾减灾等方面的宣传教育。

5.7 责任与奖惩

根据有关规定，建立健全突发事件应急处置工作领导责任制和责任追究制，将突发事件应对工作纳入地方政府及有关部门绩效考核。

公民按照县、乡（镇）政府及县直有关部门要求，参加应急救援工作或者协助维护社会秩序期间，其在本单位的工资福利不变，可视情给予补助；对突发事件应急处置工作作出突出贡献的集体和个人，按照国家有关规定给予表彰奖励。

对迟报、谎报、瞒报和漏报突发事件重要情况，应急处置不力，或者在应急处置工作中有其他失职、渎职行为的，依照有关规定进行处理。

6 附则

本预案由县应急管理局负责组织实施，县应急管理局根据需要及时组织评估，向县政府提出修订建议。

各级、各部门、各单位要按本预案规定履行职责，并制定相应的应急预案及其支撑性文件。

本预案自发布之口起实施，由县应急管理局承担具体解释工作。

附件：1. 突发事件有关应急预案牵头部门

2. 应急保障牵头协调和支持部门

3. 罗源县县级层面应急响应流程图

附件 1

突发事件有关应急预案牵头部门

编号	事件类别	有关应急预案牵头部门
一、自然灾害		
1	自然灾害救助	县应急管理局
2	水旱灾害	县应急管理局
3	地震灾害	县应急管理局
4	地质灾害	县应急管理局
5	森林火灾	县应急管理局
6	农业灾害	县农业农村局
7	海洋灾害	县海洋与渔业局
8	低温雨雪冰冻灾害	县应急管理局
9	气象灾害	县气象局
10	生物灾害	县农业农村局
二、事故灾难		
11	生产安全事故	县应急管理局
12	危险化学品生产安全事故	县应急管理局
13	工贸及电力行业生产安全事故	县应急管理局
14	建筑施工生产安全事故	县住房和城乡建设局
15	大面积停电事故	县工业和信息化局
16	石油天然气长输管道安全事故	县工业和信息化局、县发展和改革局
17	城市燃气事故	县住房和城乡建设局
18	环境污染和生态破坏事故	罗源生态环境局
19	通信网络事故	县工业和信息化局
20	民用航空事故	县应急管理局
21	道路交通（不含高速公路）事故	县公安局
22	高速公路交通事故	福州高速交警支队
23	铁路交通事故	中国铁路南昌局集团有限公司
24	海上交通事故	罗源海事处
25	内河交通事故	县交通运输局
26	海上溢油事故	罗源海事处
27	烟花爆竹事故	县应急管理局
28	民用爆炸物品事故	县工业和信息化局、县公安局
29	火灾事故	县消防救援大队
30	特种设备事故	县市场监督管理局
31	建筑物坍塌事故	县住房和城乡建设局
32	公共场所安全事故	各类公共场所对应的主管部门

续表

编号	事件类别	有关应急预案牵头部门
三、公共卫生事件		
33	传染病疫情	县卫生健康局
34	职业中毒	县卫生健康局
35	群体性不明原因疾病	县卫生健康局
36	动物疫情	县农业农村局
37	食品安全事件	县市场监督管理局
38	药品（含疫苗）安全事件	县市场监督管理局
39	生物安全事件	县卫生健康局
四、社会安全事件		
40	突发粮食事件	县发展和改革局
41	金融突发事件	中国人民银行罗源县支行
42	群体性事件	县公安局
43	恐怖袭击事件	县公安局
44	刑事案件	县公安局
45	涉台突发事件	县政府台港澳事务办公室
46	涉外突发事件	县政府外事办公室
47	网络与信息安全事件	县委宣传部（网信办）
48	民族宗教事件	县民族与宗教事务局
49	影响市场稳定的突发事件	县工业和信息化局
50	舆情突发事件	县委宣传部（网信办）
51	影响校园安全稳定事件	县教育局
52	医患纠纷事件	县卫生健康局、县司法局
53	油气供应中断突发事件	县工业和信息化局、县发展和改革局
54	城市供水持续断供事件	县住房和城乡建设局

附件 2

应急保障牵头协调和支持部门

编号	应急保障措施	牵头协调部门	支持部门和单位
1	交通运输保障	县交通运输局、县公安局	县应急管理局、罗源海事处、县气象局、县人武部、中国铁路南昌局集团有限公司
2	医学救援保障	县卫生健康局	县发展和改革局、县工业和信息化局、县市场监督管理局、县人武部、县红十字会
3	通信保障	县工业和信息化局	福建广电网络集团罗源分公司、县应急管理局、县公安局、县人武部、县气象局、各通讯运营商
4	抢险救援物资装备保障	县应急管理局	县消防救援大队、县专业森林消防队伍、县发展和改革局、县工业和信息化局、县水利局、县自然资源和规划局、县国资管理中心、县人武部、武警部队
5	群众生活保障	乡镇人民政府	县工业和信息化局、县发展和改革局、县应急管理局、县民政局、县住房和城乡建设局、县财政局、县农业农村局、县卫生健康局、县人武部、县红十字会
6	社会秩序保障	县公安局	县人武部、武警部队、县交通运输局、县卫生健康局、突发事件有关牵头部门
7	新闻保障	县委宣传部（网信办）	县融媒体中心、有关主要牵头部门
8	专家技术保障	突发事件主要牵头部门	县各行业应急专家
9	能源供应保障	县工业和信息化局	县发展和改革局、县国资管理中心、县应急管理局、国网罗源供电公司、县人武部、武警部队
10	灾害现场信息保障	县自然资源和规划局、县气象局	县应急管理局、罗源生态环境局、县工业和信息化局、县人武部、武警部队

附件 3

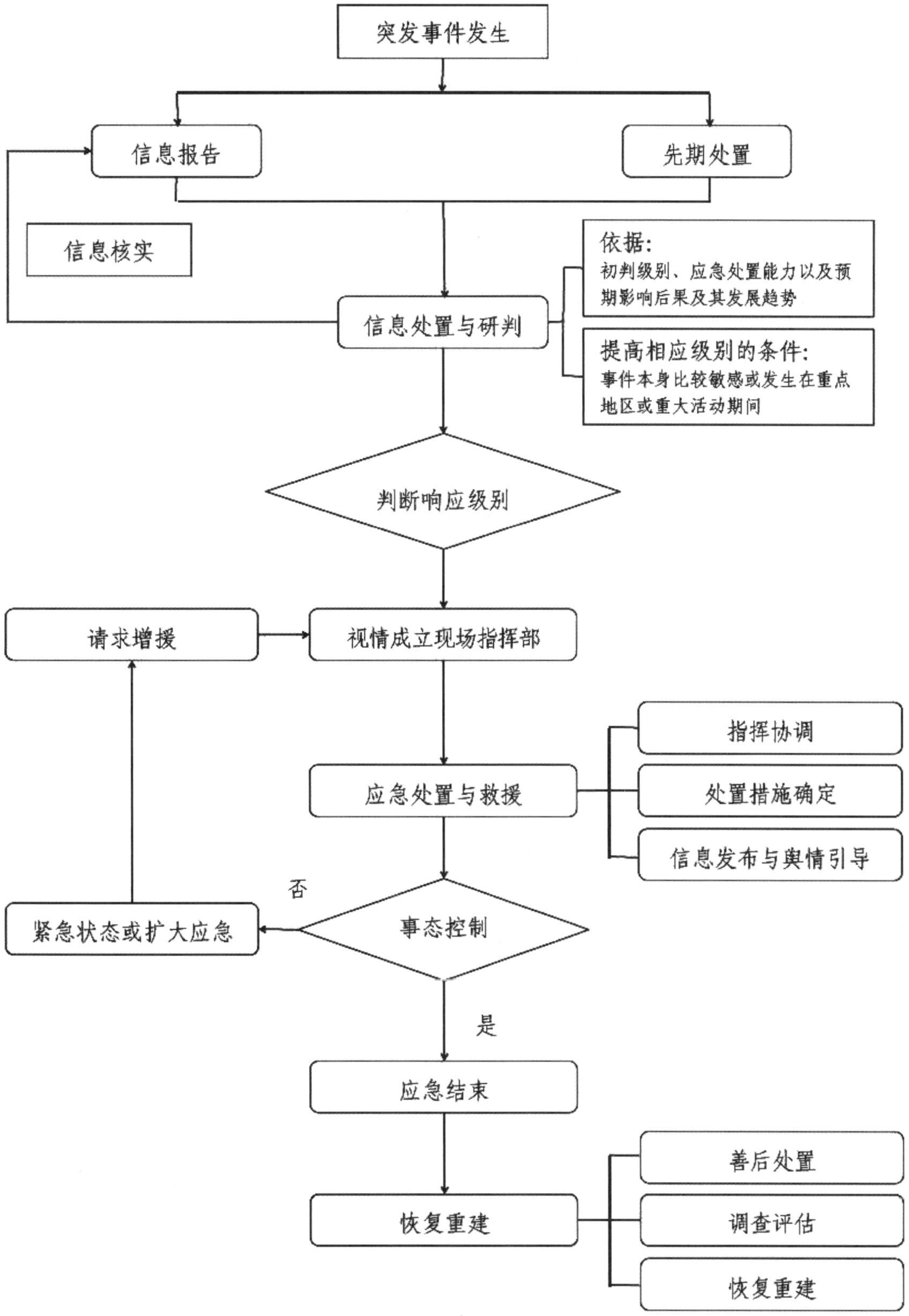

罗源县县级层面应急响应流程图

2022 年县政府、政府办规范性文件目录

2022 年县政府、政府办规范性文件一览表

表 23

序号	文件名称	发文字号
1	罗源县人民政府关于印发民宿管理办法（试行）的通知	罗政综〔2022〕4 号
2	罗源县人民政府印发罗源县关于促进民宿发展三年行动方案的通知	罗政综〔2022〕5 号
3	罗源县人民政府办公室关于印发防止耕地“非粮化”巩固提升粮食综合生产能力实施方案的通知	罗政办〔2022〕4 号
4	罗源县人民政府关于开展海上养殖转型升级行动的通告	罗政〔2022〕7 号
5	罗源县人民政府办公室关于印发罗源县新（改）建住宅小区生活垃圾分类集中投放设施建设标准和导则（试行）的通知	罗政办〔2022〕11 号
6	罗源县人民政府关于印发《罗源县进一步加强农村宅基地和村民住宅建设管理实施办法（试行）》的通知	罗政综〔2022〕28 号
7	罗源县人民政府关于印发 2022 年度罗源县促进粮食生产七条措施的通知	罗政综〔2022〕31 号
8	罗源县人民政府办公室关于印发罗源县建立完善老年健康服务体系实施方案的通知	罗政办规〔2022〕1 号
9	罗源县人民政府办公室关于印发罗源县积极应对疫情影响进一步帮助市场主体纾困解难若干措施的通知	罗政办规〔2022〕2 号
10	罗源县人民政府关于印发罗源县高层次教育人才引进和培育实施细则的通知	罗政规〔2022〕1 号
11	罗源县人民政府关于公布行政规范性文件清理结果的决定	罗政规〔2022〕2 号
12	罗源县人民政府关于印发罗源县县属国有企业资产租赁管理办法的通知	罗政规〔2022〕3 号
13	罗源县人民政府办公室关于印发《罗源湾卷羽鹈鹕公园管理办法》的通知	罗政办规〔2022〕3 号
14	罗源县人民政府印发关于进一步推动大众创业万众创新工作的实施意见的通知	罗政规〔2022〕4 号
15	罗源县人民政府办公室关于印发健康罗源行动实施方案的通知	罗政办规〔2022〕4 号
16	罗源县人民政府办公室关于印发罗源县克服疫情影响决胜年末收官战行动方案的通知	罗政办规〔2022〕5 号

机构及负责人

截至2022年12月31日

中共罗源县委员会领导班子名单

书　记：张新怿
副书记：林志斌
杨大兴
常　委：郑育新
黄雨涛
林　颖
张　凯
陈启辉
陈登兴
陈模煜
许庆海

罗源县人大常委会领导班子名单

主　任：肖永建
副主任：赖时铿
董智先
黄垂卫
辛　捷

罗源县人民政府领导班子名单

党组书记、县长：林志斌
党组副书记、副县长：陈启辉
党组成员、副县长：徐忠琼
周宇骋
张昆鹏
黄国安
副县长：钟凤金
党组成员、副县长：张端帆
党组成员：陈　武
卢然新

政协罗源县委员会领导班子名单

党组书记、主席：兰可明
党组副书记：陈模煜
陈明娟
副主席：于贤杰
党组成员、副主席：雷邦淼
副主席：郑立峰
党组成员、秘书长：陈唐锋

罗源县人民检察院及负责人名单

党组书记、检察长：陈　森
党组成员、政治部主任：黄义平
党组成员、副检察长：章学娟
党组成员：陈裕佳
党组成员、纪检监察组组长：
陈　宝
检委会专职委员：姚钟旺

罗源县人民法院及负责人名单

党组书记、院长：池开通
党组成员、副院长：马榕武
兰丽群
审委会专职委员：林剑辉
党组成员、审委会专职委员：
郑惠婷
党组成员、纪检监察组组长：
黄剑鸣
党组成员、执行局局长：陈　胜

中共罗源县委 机构及负责人名单

县纪律检查委员会、监察委员会

纪委书记、监察委主任：黄雨涛
纪委副书记、监察委副主任：
周晓文
郭尚民
纪委常委、监察委委员：林学信
纪委常委：黄昌辉
林晋杰
监察委委员：吴思辉
富小栋
纪委监委组织和宣传部部长：
陈汉榕
纪委监委信访室主任：余敏忠
纪委监委案件监督管理室主任：
吴祥勇
纪委监委党风政风监督室主任：
林晓榕
纪委监委第一纪检监察室主任：
林　杰
纪委监委第二纪检监察室主任：
魏积函
纪委监委第三纪检监察室主任：
游志朗
纪委监委第四纪检监察室主任：
郑国强
纪委监委第五纪检监察室主任：
空缺
纪委监委第六纪检监察室主任：
邱日新
纪委监委案件审理室主任：
李贞珍
纪委监委纪检监察干部监督室主任：
姚旺胜

县纪委监委派驻纪检监察组

县委办公室纪检监察组组长：
林启谋
县政府办公室纪检监察组组长：
叶　丹
宣传部纪检监察组组长：郑　俊
司法局纪检监察组组长：林　新
教育局纪检监察组组长：刘建勋
市场监督管理局纪检监察组组长：
杨善平
财政局纪检监察组组长：彭国钱
农业农村局纪检监察组组长：
叶蔚宜
公安局纪检监察组组长：朱新华
检察院纪检监察组组长：陈　宝
法院纪检监察组组长：黄剑鸣

县委巡察工作领导小组办公室

主　任： 黄昌辉

正科级巡察专员： 雷桃金

曾高用

尤　乾

副主任： 李瑞瑞

黄剑华

副科级巡察专员： 吴　健

县委办公室（挂县委政策研究室、县委保密委员会办公室、县委机要局、县档案局牌子）

主　任： 陈　腾

纪检监察组组长： 林启谋

副主任： 陈　贤

王　旭

林文义

督查室主任： 林晨风

县委政策研究室

主　任： 陈　腾

县委保密委员会办公室

主　任： 陈　贤

县委机要局

局　长： 陈　贤

县档案局

局　长： 游宝枝

县委组织部（挂县委非公企业和社会组织工委、县委老干部局、县公务员局牌子）

部　长： 张　凯

部务会议成员、副部长：

黄文贤（常务）

阮宪铣

余晓玲

黄向锋

黄清亮

部务会议成员： 陈岩青

黄常锦

组织员办主任： 张伦旺

县委非公企业和社会组织工委

书　记： 黄向锋（兼）

副书记： 黄常锦

县委老干部局

局　长： 余晓玲

县公务员局

局　长： 黄清亮

县基层党群服务中心

主　任： 李晓颖

县委宣传部（挂县新闻出版局牌子）

部　长： 林　颖

部务会议成员、副部长：

陈　忠（常务）

姚明荣（兼）

游垂元

张宗清

部务会议成员： 林克城

部务会议成员、纪检监察组组长：

郑　俊

县新闻出版局

局　长： 陈　忠

县委精神文明建设办公室

主　任： 姚明荣

副主任： 陈建锋

县委统一战线工作部（挂县民族与宗教事务局、县人民政府侨务办公室牌子）

部　长： 陈模煜

副部长： 余　勇（常务）

朱仲福

郑建华

黄元生

县民族与宗教事务局

局　长： 朱仲福（兼）

县人民政府侨务办公室

主　任： 郑建华（兼）

县委政法委

书　记： 郑育新

副书记： 张端帆

委务会议成员、副书记：

黄晓东（常务）

谢长云

王炯超（挂职）

委务会议成员、政治处主任：

黄　铠

委务会议成员： 林家钿

林国忠

县综治服务中心

主　任： 余　飞

县委台港澳工作办公室（挂县人民政府台港澳事务办公室牌子）

主　任： 黄良兴

副主任： 郑炳旺

县人民政府台港澳事务办公室

主　任： 黄良兴

县委机构编制委员会办公室（县政府机构编制委员会办公室）

主　任： 阮宪铣

副主任： 李享森

县委县直机关工委

书　记： 张　凯

副书记： 余养叶（常务）

赵　阳

雷　静

委　员： 黄忠文

陈　宁

委员、纪工委书记： 张玉婷

罗源县人大常委会机构及负责人名单

县人大常委会办公室

主　任： 邱锦明

副主任： 游向涛

县人大人事代表工作委

主　任：陈新传

副主任：尤淑玲

县人大农业和农村工作委

主　任：兰玲玲

副主任：张孟溪

县人大财政经济工作委

主　任：魏如禄

县人大教科文卫工作委

主　任：吴传杰

县人大法制工作委

主　任：陈云梅

县人大城乡建设与环境保护工作委

主　任：黄文芳

县人大监察和司法委员会

主任委员：林　华

县人大社会建设委员会

主任委员：陈　熙

县人大信访局

局　长：姚丽英

县人大常委：吴晨曦

吴乐文

曾福斌

罗源县人民政府机构及负责人名单

县政府办公室（挂县政府外事办公室、县人民防空办公室、县金融工作办公室牌子）

党组书记、主任：卢然新

副主任：李恒来

党组成员：陈　锋

党组成员、纪检监察组组长：

叶　丹

党组成员、副主任：刘宇亮

林应鑫

李晶晶

党组成员、督查室主任：空缺

党组成员：陈　广

县政府外事办公室

主　任：李晶晶

县人民防空办公室

主　任：陈　锋

县金融工作办公室

主　任：刘宇亮

县机关效能建设领导小组办公室

副主任：刘宇亮（常务）

县发展和改革局（挂县粮食和物资储备局、县科学技术局、县大数据管理局牌子）

党组书记、局长：林秀华

党组副书记、总经济师：黄晖华

党组成员、副局长：杨莹霞

蓝雄狮

陈　机

党组成员：刘其锋

县粮食和物资储备局

局　长：林秀华

县科学技术局

局　长：林秀华

县大数据管理局

局　长：林秀华

县工业和信息化局（挂县商务局、县投资促进局牌子）

党组书记、局　长：雷立斌

党组成员、总工程师：丁金华

党组成员、副局长：黄宝强

游　星

党组成员：黄向康

县商务局

局　长：雷立斌

县投资促进局

局　长：雷立斌

县住房和城乡建设局（挂县城市管理局牌子）

局　长：郑立峰

党组书记：谢建斌

党组成员、副局长：张谋根

方建根

党组成员：黄晓龙

陈　武

县城市管理局

局　长：郑立峰

县交通运输局（挂县交通战备办公室牌子）

党组书记、局　长：叶潮炎

党组成员、副局长：林蔓文

林宋华

党组成员：何启翰

县卫生健康局

党组书记、局长：项新耀

党组成员：余伙新

党组成员、副局长：余泽京

林延挺

党组成员：丁海英

县教育局（县委教育工委）

工委书记，党组书记、局长：

陈　闽

工委委员、党组成员、副局长：

范云千

工委委员、纪工委书记、党组成员、纪检监察组组长：刘建勋

工委委员、党组成员、副局长：

郑艳锋

工委委员、党组成员：陈世春

陈建忠

党组成员：邓信泉

县文化体育和旅游局

党组书记、局长：黄宝忠
党组副书记：叶朝峰
党组成员、副局长：姚剑雄
余灿俤
党组成员：游　春

县公安局

党委书记、局长、督察长：张端帆
党委副书记、政委：高　湛
党委副书记、副局长：林凌峰
党委委员、副局长：范友明
林茂建
党委委员、政工室主任：欧　强
党委委员、副局长：谢晓东
党委委员、纪检监察组组长：
朱新华

县民政局

党组书记、局长：郑良亨
党组成员、副局长：黄丽珍
郑胜超

县司法局

党组书记、局长：黄国桢
党组副书记、副局长：徐永银
党组成员、副局长：张　燕
党组成员、政治处主任：郑逸翔
党组成员、纪检监察组组长：
林　新

县财政局

党组书记、局长：叶自楠
党组副书记：吴高枝
党组成员、副局长：郑赛玉
党组成员、总会计师：陈姜汀
党组成员、副局长：黄秀国
党组成员、纪检监察组组长：
黄剑鸣

县人力资源和社会保障局

党组书记、局长：黄云峰
党组成员、副局长：刘智勇
兰德华
党组成员：胡力刚
王小春

县自然资源和规划局

党组书记、局长：陈新强
党组成员、副局长：吕广文
黄勇胜
杨建华
党组成员、总规划师：吴绍中
党组成员：陈　武
陈奇真
黄介川

县应急管理局

党委书记、局长：游永棋
党委副书记：俞兆东
党委委员、总工程师：陈建新
副局长：李　刚
党委委员、副局长：林增俤

县农业农村局（挂县扶贫开发领导小组办公室、县委实施乡村振兴战略领导小组办公室、县海洋与渔业局牌子）

党组书记、局长：林　辉
党组副书记、副局长：陈敏国
党组成员、副局长：黄仰昌
副局长：陈振煌
党组成员、副局长：龚　琪
党组副书记：郑宝用
党组成员：吴泽英

县扶贫开发领导小组办公室

主　任：林　辉

县委实施乡村振兴战略领导小组办公室

主　任：林　辉

县海洋与渔业局

局　长：陈敏国

县林业局

党组书记、局长：姚仕旺
党组成员、副局长：彭建松
党组成员：肖善斌
陈言程
卓思发

县水利局

党组书记、局长：游勇辉
总工程师：陈从容
党组成员、副局长：吴克通
魏耀明
党组成员：周应庶

县市场监督管理局（挂县知识产权局牌子）

党组书记、局长：兰凉平
党组副书记、副局长：黄　健
彭鼎雄
党组成员、副局长：张世进
林　晶
郑晨曦
党组成员、纪检监察组组长：
杨善平
党组成员、质监总工程师：尤庆嵩

县知识产权局

局　长：兰凉平

县审计局

党组书记、局长：钟立强
党组成员、副局长：倪清泉
吴礼明
党组成员、总审计师：郑　阳
党组成员：李孝广

县统计局

党组书记、局长：黄　霖
党组成员、副局长：雷其华
党组成员、总统计师：陈李学
党组成员：唐佺卫
杨建铭

县退役军人事务局（挂县双拥共建工作领导小组办公室牌子）

党组书记、局长：余光健
党组副书记：陈国辉
党组成员、副局长：陈仰丛

县双拥共建工作领导小组办公室
主　任：余光健

县行政服务中心管委会
党组书记、主任：吴　霖
党组成员、副主任：黄伙彬
　　　　　　　　　黄维东
党组成员：赵桂芳

县信访局
党组书记、局长：李恒来
党组成员、副局长：谢文山
　　　　　　　　　游宝宜

政协罗源县委员会机构及负责人名单

办公室
主　任：陈唐锋
副主任：杨淑玲

科教卫体委
主　任：黄乃通

经济建设委
主　任：林　真

提案委
主　任：林惺毅

文化文史和学习委
主　任：郑建鼎

农业和农村委
主　任：郑国忠
政协专职常委：陈　强

社会法制委
主　任：吴高斌

民族宗教委
主　任：陈家华

罗源县委直属事业单位及负责人名单

县委党史和地方志研究室
主　任：林建坚
副主任：孟　斌
　　　　李晓静

县档案馆
馆　长：游宝枝
副馆长：阮聿璟
　　　　郑瑶汀

县委党校（县行政学校）
校　长：张　凯
副校长：龚庆忠（常务）
　　　　赵　敏
教学副校长：黄淑惠
校委会成员：阮庄希
　　　　　　辛　影
　　　　　　郑小晴

县机关事务服务中心
主　任：林应鑫
副主任：尤　荧
　　　　曾之恒

县事业单位登记管理局
局　长：程礼风

县关心下一代工作中心
秘书长：钟建慈

罗源县政府直属事业单位及负责人名单

县融媒体中心
专职副书记：叶琴祥
副主任：黄振法
　　　　陈韶华

县防震减灾中心
主　任：林珍群
副主任：刘登芳

县旅游事业发展中心
主　任：游其俤
副主任：李　霖
　　　　陈乐堤

县“智慧罗源”管理服务中心
主　任：朱康宇
副主任：池敬灶

县城镇集体工业联合社
主　任：黄宝强

县城建监察大队
大队长：黄晓龙

县城市社会经济调查队
队　长：廖旭艳

县供销合作社联合社
主　任：吴智亮
监事会主任：朱维棉
副主任：郑秀杰

县农业机械发展中心
主　任：谢丁俤

县物资公司
经　理：周宜钦

县商业总公司
经　理：林华伟

罗源县政府部门管理的事业单位及负责人名单

县政府教育督导室
主　任：空缺

县国有资产管理中心
副主任：林　敏
　　　　林应磊

县水电站库区移民中心

主　任：许立焱

县不动产登记交易中心

主　任：陈　超

县土地收购储备中心

主　任：吕广文
副主任：黄介川
　　　　林国盛
　　　　许巧明

县自然资源综合执法大队

大队长：郑宝国
教导员：甘庆斌

县运输管理所

所　长：朱庆华

县交通综合行政执法大队

大队长：杨增泉
教导员：蔡　挺

县农业综合执法大队

大队长：叶　榕
教导员：康高艳

县市场监督管理综合执法大队

大队长：黄向阳
教导员：郑培峰

县文化市场综合执法大队

大队长：郑少航
教导员：陈　雯

县松山围垦管理处

主　任：林则江

县农科所

所　长：钟建裕

县卫生监督管理所

所　长：聂岩峰

县疾病预防控制中心

主　任：林　旭

县医院

院　长：张文标

县中医院

院　长：余光清

县妇幼保健院

院　长：丁海英
副院长：赵兴葵

县农村经济调查队

队　长：刘乔东

县教师进修学校

校　长：陈世春
副校长：高　琛
　　　　郑树雄

罗源一中

校　长：陈树康
副校长：康　响
党总支专职副书记：曾丽琴
副校长：朱佃春

福州民族中学

校　长：吴雪峰
党支部书记、副校长：雷元炳
副校长：李亨连
　　　　尤永礼
　　　　林　航

罗源二中

校　长：郑继忠
副校长：郑和伟

罗源三中

校　长：阮贤明
副校长：黄立新
　　　　何启芳

县高级职业中学

校　长：沈庆焉
党支部副书记、副校长：郑云滨
副校长：张善湘
　　　　范瑜艳
　　　　胡福康

县机关事业单位社保中心

主　任：胡力刚

县国有资产营运公司

董事长、总经理：李振权

罗源县直社会团体及负责人名单

县总工会

主　席：陈登兴
党组书记、副主席：张昌宝（常务）
党组成员、副主席：林美芳
党组成员：陈碧芬

共青团罗源县委

书　记：雷全福
副书记：于　佳

县妇女联合会

副主席：张赛明

县妇女儿童工作委员会

主　任：叶小祯

县残疾人联合会

理事长：郑晓刚
副理事长：杨立国

县科学技术协会

党组书记、主席：林　升
党组成员、副主席：陈晨然
党组成员：黄秋秀

县工商业联合会

党组书记：黄元生
主　席：许彭多

党组成员、副主席： 李国武

县归国华侨联合会

主　席： 雷康俤

县文学艺术界联合会

主　席： 陈继焰

县社会科学界联合会

主　席： 游垂元
副主席： 易建忠

县贸促会

会　长： 李昌耀
副会长： 叶品光

县红十字会

会　长： 钟凤金
副会长： 姚丽云

县计划生育协会

会　长： 雷光秀
副会长： 余伙新（常务）
副会长、秘书长： 范东耀

罗源湾开发区管委会（罗源湾开发区工委）领导班子名单

书记、主任： 雷邦淼
委员、副主任： 吴　飞
黄向明
林登汉
副书记： 柯汀标
委员、纪工委书记： 吴思辉

各乡镇党政班子及负责人名单

凤山镇

中共凤山镇委员会

书　记： 黄　翚
副书记： 周应琢
王德斌
委　员： 徐忠庄（纪委书记）
林　栋
吴　贤
林文杰
林尧新
陈奇晟（派出所所长）
谢文东（挂职）

人大主席团

主　席： 周孟希

人民政府

镇　长： 周应琢
副镇长： 林尧新
林舒茜
程　波
贾博群（挂职）
谢文东（挂职）
综合行政执法队队长： 黄珍华
综合便民服务中心主任： 陈　青

松山镇

中共松山镇委员会

书　记： 申友国
副书记： 林　农
丁忠钦
委　员： 钟建明
林榜荣
王朋育
梁文贤
林美娜
倪文挺（纪委书记）
吴智钰（派出所所长）
林　靖（挂职）

人大主席团

主　席： 苏文杉

人民政府

镇　长： 林　农
副镇长： 钟建明
汪其火
肖金伟
成　前（挂职）
林　靖（挂职）
综合行政执法队队长： 黄庄富
综合便民服务中心主任： 李晓岚
综合技术保障中心主任： 黄昌灯

碧里乡

中共碧里乡委员会

书　记： 廖应铿
副书记： 林　霞
谢　锋
委　员： 陈秋斌
凌　翔
赖时航
叶　纶（纪委书记）
郭丽清
潘　清
陈思号（派出所所长）

人大主席团

主　席： 张文亮

人民政府

乡　长： 林　霞
副乡长： 陈秋斌
黄智敏
陈重桥
综合行政执法队队长： 陈　刚
综合便民服务中心主任： 黄　健
综合技术保障中心主任： 杜鸿润

鉴江镇

中共鉴江镇委员会

书　记： 赵秀瑛
副书记： 于　宏
张　东
委　员： 尤传盛
阮以强
张锦森（纪委书记）
林　夏
何晓锋
谢钧驰
张孟杰（派出所所长）

人大主席团

主　席： 李敬元

人民政府

镇　长：于　宏

副镇长：尤传盛

林文义

叶兆武

王柏东（挂职）

综合行政执法队队长：周　志

综合便民服务中心主任：游　惠

起步镇

中共起步镇委员会

书　记：肖用良

副书记：李　宏

陈魁辉

委　员：欧义汉

黄邦富

余　升（纪委书记）

陈　菲

李　滢

董书强

万桂忠（派出所所长）

人大主席团

主　席：雷　旭

人民政府

镇　长：李　宏

副镇长：欧义汉

邱小峰

卓珊珊

科技副镇长：黄璟菲（挂职）

综合行政执法队队长：魏有冬

综合便民服务中心主任：吴晓淞

洪洋乡

中共洪洋乡委员会

书　记：游淦冰

副书记：黄鼎泉

黄闽君

委　员：陈建铭（纪委书记）

兰　娟

彭盛强

郑维芝

杜水明

王　坤

黄垂俊（派出所所长）

人大主席团

主　席：辛晴知

人民政府

乡　长：黄鼎泉

副乡长：郑维芝

辛海滨

陈　武

综合行政执法队队长：陈伟鹏

综合便民服务中心主任：吴自洪

中房镇

中共中房镇委员会

书　记：林　云

副书记：黄乾文

陈国栋

委　员：叶　侦（纪委书记）

叶　吹

陆松标

陈　芳

林若婷

叶晓江（派出所所长）

人大主席团

主　席：叶若昀

人民政府

镇　长：黄乾文

副镇长：叶　吹

林秦晋

陈孝焕

综合行政执法队队长：黄双林

综合便民服务中心主任：张和强

白塔乡

中共白塔乡委员会

书　记：程　鹏

副书记：周晨曦

张发为

委　员：谢祥铃

魏俤俤

胡小丹（纪委书记）

兰灿其

黄学健

陈碧燕

林　义（派出所所长）

人大主席团

主　席：黄　华

人民政府

乡　长：周晨曦

副乡长：黄学健

李　棋

郑椏玲

王金磊（挂职）

综合行政执法队队长：兰　杨

综合便民服务中心主任：倪梦涛

综合技术保障中心主任：

叶　捷（试用期一年）

西兰乡

中共西兰乡委员会

书　记：杜武义

副书记：郑秀华

黄新春

委　员：雷莉平

邱奕锋

周建平

游宇靖

魏丽霜（纪委书记）

张华珲

邱勇忠（派出所所长）

人大主席团

主　席：汪文火

人民政府

乡　长：郑秀华

副乡长：雷莉平

林雪英

谢晨东

综合行政执法队队长：彭文光

综合便民服务中心主任：董春英

综合技术保障中心主任：

黄凌楠（试用期一年）

飞竹镇

中共飞竹镇委员会

书　记：周　彦

副书记：郑晓孟

吴彩桑

委　员：雷丽斌

谢　昌（纪委书记）

黄粦琛

陈大玲

林　辉

郑跃松（派出所所长）

人大主席团

主　席：黄光金

人民政府

镇　长：郑晓孟

副镇长：黄粦琛

陈崇训

林灿滔

综合行政执法队队长：陈犹灿

综合便民服务中心主任：李恒星

霍口畲族乡

中共霍口畲族乡委员会

书　记：雷农水

副书记：雷震昊

雷文福

委　员：周光辉

黄文杰

邓建明（纪委书记）

王李新

陈　影

林　真

兰可清（派出所所长）

人大主席团

主　席：陈志健

人民政府

乡　长：雷震昊

副乡长：林　真

张　铭

林宇航

钟江伟（挂职）

综合行政执法队队长：兰必德

综合便民服务中心主任：黄　杰

（县委组织部）

统计资料

2022 年罗源县地区生产总值一览表

表 24

指标名称	按现行价格计算（万元）		按可比价格计算（万元）		比上年同期增长（%）
	2022 年	2021 年	2022 年	2021 年	
GDP	4170410	3890180	3610323	3449869	4.7
第一产业	595711	550753	536989	519617	3.3
第二产业	2240917	2123103	1842446	1751691	5.2
第三产业	1333782	1216324	1230888	1178561	4.4
农林牧渔业	617672	571010	557556	539226	3.4
# 农林牧渔专业及辅助性活动	21961	20258	20568	19609	4.9
工业	1975668	1864730	1597629	1510934	5.7
# 开采辅助活动	0	0	0	0	
# 金属制品、机械和设备修理业	3448	3074	3916	3457	13.3
建筑业	268697	261447	248733	244213	1.9
批发和零售业	298362	262756	272360	249334	9.2
批发业	133166	110458	118738	102296	16.1
零售业	165196	152299	153623	147038	4.5
交通运输、仓储和邮政业	196920	170373	159292	157214	1.3
住宿和餐饮业	30674	28471	30451	28304	7.6
住宿业	12400	11656	13968	12586	11.0
餐饮业	18274	16815	16482	15718	4.9
金融业	146533	140426	142373	134992	5.5
房地产业	59608	56541	53097	51343	3.4
房地产业（K 门类）	5777	5325	5572	5205	7.0
自有房地产经营活动	53832	51216	47525	46137	3.0
其他服务业	576275	534426	548832	534309	2.7
营利性服务业	332822	306388	323297	317440	1.8

2022 年罗源县主要经济指标完成情况表

表 25

指标名称	2022 年（万元）	比上年同期增长（%）
地区生产总值	4170410	4.7
第一产业	595711	3.3
第二产业	2240917	5.2

续表 25

指标名称	2022 年（万元）	比上年同期增长（%）
#工业	—	5.7
建筑业增加值	—	1.9
第三产业	1333782	4.4
农业产值	1050697	3.7
规模以上工业增加值	—	7.3
规模以上工业产值	—	12.9
全社会固定资产投资	—	18.2
工业固投	—	22.4
社会消费品零售总额	657066	4.6
进出口总额	423439	24.0
#出口总额	160392	0.4
实际利用外资（万美元）	859	—
一般公共预算总收入	148241	15.3
地方一般公共预算收入	117647	34.6
财政总支出	397847	48.9
一般公共预算支出	285402	12.8
金融机构存款余额	1958963	10.9
#个人存款余额	1349329	13.6
金融机构贷款余额	2498800	6.2
城镇居民人均可支配收入（元）	41401	4.1
农村居民人均可支配收入（元）	20481	5.6
全社会用电量（万度）	510960	18.4
#工业用电量（万度）	446691	19.4
工业产品销售率	—	7.2

注：扣除留抵退税因素后，全县一般公共预算总收入 23.7 亿元，同口径增长 15.3%，其中地方一般公共预算收入 16.2 亿元，同口径增长 34.6%。

2022 年罗源县工业生产与销售一览表

表 26

指标名称	2022 年（万元）	比上年同期增长（%）
一、规模以上工业产值	—	12.9
1. 轻工业	—	0.5
重工业	—	14.2
2. 国有企业	—	-74.6
集体企业	—	0

续表 26

指标名称	2022 年（万元）	比上年同期增长（%）
股份合作企业	—	0
股份制企业	—	15.7
外商及港澳台商投资企业	—	1.9
其他企业	—	0
3. 在总计中：国有控股企业	—	28.4
大中型企业	—	13.3
二、规模以上工业销售产值	—	7.2
1. 国有企业	—	-74.8
集体企业	—	0
股份合作企业	—	0
股份制企业	—	10.9
外商及港澳台商投资企业	—	-7.7
其他企业	—	0
2. 在总计中：国有控股企业	—	20.4
大中型企业	—	6.1
3. 工业出口交货总值	—	6.8

2022 年罗源县财政、金融收支一览表

表 27

指标名称	2022 年（万元）	比上年同期增长（%）
财政总收入（不含基金）	182126	-9.7
公共财政预算收入	117647	34.6
1. 税收收入	55595	0.7
工商各税	50115	0.5
农业两税	5480	4.3
2. 非税收入	62052	194.9
财政总支出	397847	48.9
公共财政预算支出	285400	12.8
政府性基金预算支出	112447	685.4

2022 年罗源县乡镇（开发区）固定资产投资一览表

表 28

乡镇（开发区）名称	2022 年（万元）	累计增长（%）
全　县	—	18.2
凤山镇	—	-11.2

续表 28

乡镇（开发区）名称	2022 年（万元）	累计增长（%）
松山镇	—	14.4
碧里乡	—	15.1
鉴江镇	—	154.0
起步镇	—	-10.1
洪洋乡	—	32.1
中房镇	—	9.8
白塔乡	—	9.1
西兰乡	—	10.6
飞竹镇	—	93.9
霍口畲族乡	—	-40.6
开发区	—	13.5
台商投资区	—	263.4

2022 年罗源县乡镇（开发区）规模以上工业产值一览表

表 29

乡镇（开发区）名称	2022 年（万元）	比上年同期增长（%）
罗源县	—	12.9
在总计中：		
凤山镇	—	-35.8
松山镇	—	1.4
碧里乡	—	11.2
鉴江镇	—	-55.0
起步镇	—	10.7
洪洋乡	—	13.4
中房镇	—	-12.8
白塔乡	—	14.0
西兰乡	—	-17.1
飞竹镇	—	6.3
霍口畲族乡	—	—
开发区	—	14.2
台商投资区	—	40.4

2022年罗源县乡镇（开发区）公共财政预算收入一览表

表30

乡镇（开发区）名称	2022年（万元）	比上年同期增长（%）
地方一般公共预算收入	162243	34.6
在总计中：		
凤山镇	12660	-8.1
松山镇	4613	-42.7
碧里乡	5302	18.4
鉴江镇	563	-52.1
起步镇	4945	89.0
洪洋乡	1168	-8.5
中房镇	641	-29.7
白塔乡	2404	-57.6
西兰乡	774	-56.2
飞竹镇	2212	151.6
霍口畲族乡	770	-67.0
开发区	42037	3.1

（县统计局）

（编辑　林烨欣）

说明

一、本索引采用主题词分析法，按主题词首字汉语拼音字母（同音字按声调）顺序排列。

二、栏目、分目标题用黑体字。“特载”“专文”“大事记”“附录”内容不作索引。

三、索引主题词后的数字表示页码，数字后的 a、b、c 表示栏别左中右。

四、空两格起排的词条为上一主题的“附见”，并依据该款目在具体主题词下的实际位置标注 abc 栏。

D

E

F

G

H

M

N

P

T

W

X

Y

Z

图书在版编目（CIP）数据

罗源年鉴. 2023 / 中共罗源县委党史和地方志研究室编. —北京 : 方志出版社, 2023.12

ISBN 978-7-5144-6042-1

Ⅰ. ①罗… Ⅱ. ①中… Ⅲ. ①罗源县－2023－年鉴 Ⅳ. ①Z525.74

中国国家版本馆CIP数据核字(2023)第253181号

责任编辑：王娜
责任校对：张玉霞
责任印制：梅中英
出 版 者：方志出版社
地　　址：北京市朝阳区潘家园东里 9 号（国家方志馆 4 层）
邮　　编：100021
网　　址：http://www.zgfzcb.cn
发　　行：方志出版社图书营销中心（010-67110500）
印　　刷：福州大坤彩色印刷有限公司
开　　本：889 毫米 ×1194 毫米　1/16
印　　张：18.25
字　　数：685 千字
版　　次：2023 年 12 月第 1 版
印　　次：2023 年 12 月第 1 次印刷
定　　价：210.00 元